ルドルフ・スメント 著
永井健晴 訳

憲法体制と実定憲法

――秩序と統合

Verfassung und Verfassungsrecht

風行社

Verfassung und Verfassungsrecht

von

Rudolf Smend

(1928)

in

Staatsrechtliche Abhandlungen und andere Aufsätze

Berlin, Duncker & Humblot, 1955

〔目　次〕

【凡例】

1 本訳書では、煩瑣になるのを厭わず、重要と思われる用語の訳語にできるだけ原語を付した。定訳がある場合でも、原語は両義的、多義的、あるいは諸含意が入り組んでいることが多いからである。また、ドイツ語表現で的確な日本語表現が見つからないような場合も、原文を付した。

2 また本訳書では、パラグラフごとに原典にはない見出し語ないし要点を付した。なにぶん内容そのものが分かりにくいので、このようにしたが、これも読解には、かえって煩わしく感じられるかもしれない。

3 （ ）は原文にある場合と、訳者が訳語の他の候補を入れた場合がある。〔 〕は訳者のコメントなどである。〈 〉は、キー・ワードなどを強調する場合に付した。

4 底本では書名が立体になっているが、本訳書では、日本での慣行にしたがってイタリックにした。また、公刊書には『 』を、論文などには「 」を付した。

5 スメントのテクストでは、例えば、„Verfassung“, „Integration“, „Leben“, „Sinn“（これらについては「解題にかえて」で触れた）等、いくつかの用語が頻出するが、これらについて若干の注意を促しておきたい。

第一に、これらは概念、範疇、術語といっても、もともと自然言語、日常語、あるいはそこから派生した語であることが多いが、それゆえに多義的であり、含意は文脈と議論の全体において定まる。

第二に、これらの用語のほとんどは印欧語起源の言葉であるが、時代やそれぞれの言語によって含意がずれることがある。これらには、西欧における古代に発して、中世や近世の神学や哲学によって継承された諸概念があり、また現代の社会科学や言語哲学などにおいても使われる諸概念もある。例えば、ヘーゲルやスメントは„Wirklichkeit“という語を頻用するが、これには、単なる〈現実〉というより、アリストテレスにおける〈可能態〉„dynamis“に対する〈現実態〉„energeia“、すなわち、語源的に、〈活動中（en-ergon）〉の含意がある。

第三に、さらにいえば印欧語の文法構造を、とりわけ動詞、動名詞、現在分詞、完了分詞等を、意識しておく必要がある。これらは、動態（能相）や静態（所相）を含意しうる。例えば、„Faktum“という言葉は、ラテン語の自動詞„fio“と他動詞„facio“の完了分詞に由来するから、この語には、〈なった〉こと、〈なされた〉こと、この両含意がある。また、„Gesetz“という語は、„setzen“された、ということを含意していることに注意が必要である。さらに訳書では、例えば„Wirklichkeit“と„Leben“を、〈活動現実態〉と〈生活活動〉とあえて訳しているが、これらは上で触れたことを踏まえて、„wirken“, „leben“という動詞の意味を活かそうとしたからである。

最後に、統合の三類型、„persönlich“, „funktionell“, „sachlich“についてであるが、概ね前二者は形式的 formell, „sachlich“は実質的 material を含意するといえよう。„persönlich“の両義性については「解題にかえて」で触れた。„funktionell“は機能・相関を意味する。„sachlich“は物件・物象、事態、事柄、実態、さらに基体・実体 Substanz, hypokeimenonn をも含意する。これはヘーゲルやスメントにおいては、固定的な即自態 an sich を意味しない。

序（Vorbemerkung）

【国家理論と憲法理論の精神科学的根拠づけ】

本著（本論文）のタイトル〔憲法体制と実定憲法（*Verfassung und Verfassungsrecht*）〕によって、本著の内容と意図は不完全にしか標示されていない。

本著の要諦はその細部にはない。すなわちそれは国家学（Staatslehre）の諸断片にも、憲法理論（Verfassungstheorie）の試みにも、あるいは実定的なドイツ国法（das positive deutsche Staatsrecht）のためにこれらの探究から示唆された個々の推論にもない。むしろ本著固有のテーゼは、これらのさまざまな研究領域や研究様式の間には必然的に内的関連があるということなのである。すなわち〔このテーゼによれば〕ひとつの一般的な国家学かつ憲法学（eine Staats- und Verfassungslehre）における自覚的で方法的に明晰な根拠づけ（Begründung）を欠いては、満足すべき真に充実した国法学（Staatsrechtslehre）はありえないし、そして固有の――法学的方法（juristische Methode）ではなく――精神科学的方法（geisteswissenschaftliche Methode）を欠いては、満足すべき充実した国家学も憲法学もありえないのである。もっとも、この精神科学的方法は、何らかの精神科学の方法がそうであるように、厳密かつ認識論的に委曲を尽くして細心に根拠づけられなければならない。

したがって、導入に際してこの国家理論的な諸論究は、さしあたりこれらの認識論的基礎（根拠）を獲得しようとしている。こうした諸論究の課題は、この基礎（根拠）を固有の哲学的な諸道程において獲得することではありえなかった。それらの課題は、むしろ現前している精神科学的労作の哲学的基礎づけの諸々の試みの中から、実際にもっとも充実しかつもっとも使用可能な試みを選び抜き、そしてこの選び抜かれた試みは国家学が特殊な形で必要とすることに適用可能であることを証明（dartun）すること、これ以外にはありえなかった。国家学と法学の方法的根拠づけ（methodische Begründung）についていえば、本著の試みとパラレルな〔似かよった〕他の諸々の試みがなされている。わたしは本質的に、一面では社会学的（soziologisch）な、他面では目的論的（teleologisch）な性格を有する、そういう諸労作のみを想起しているにすぎないが、こうした諸々の他の試みには、ここではわずかにしか立ち入らなかった。わたしはここで自らが果たすべきことを次のことに自覚的に限定した。すなわち、わたしの議論に根拠を与えるテオドール・リット（Theodor Litt）の諸労作に照らしてみて、どれほど精神諸科学のこのような一般理論は国家学の基礎として実り多いものにされうるのか、これを示すことに自覚的に限定したのである。そしてわたしはこうした目的のために、煩瑣になることを厭わず、自分自身の諸見解を可能なかぎり該当するリットの諸労作からの引用箇所に依拠せしめ、その上で方法的な諸基礎を個々に検証しかつ可能なものにした。〔リット以外の〕他の精神諸科学〔例えば、ヘーゲル、ディルタイ、フッサール、ハイデガー等々〕は、大抵は無意識に、しかしきわめて効果的に、必要な変更を付すならば（mutatis mutandis）〔リットの精神科学と〕対応する手続きを果たしている（entsprechend verfahren）のであるが、このことをより印象深く論証することは、ここでは諸々の明白な理由〔精神科学の形式と内容の多様性、ここでの主題や紙幅の限定性等々〕からして、完遂するわけにはいかなかった。

〔第一部における〕国家理論的基礎づけ（Grundlegung）の題材上の内容はここでは自己目的ではなかったので、その内容は全体的な関連にとって本質的な諸論点に限られている。その内容は国家理論全体の一つの梗概を示唆しているわけでも、いわんやそれに代わるわけでもないからである。ここで展開された〈統合〉という意味原理（Sinnprinzip der Integration）は国家一般のそれではなく、国家の憲法体制〔国憲〕のそれである。

第二部におけるひとつの一般的な憲法理論（allgemeine Verfassungstheorie）の梗概は、法理論（Rechtstheorie）を基礎にしてではなく、精神科学的国家理論（geisteswissenschaftliche Staatstheorie）を基礎にして構想されていること、このことはここではより詳細に根拠づけられてはいない。自明のことながら、それはまたいかなる方向においても完全なものとは考えられていない。

あまつさえ、第三部における実定的なドイツ国法（das positive deutsche Staatsrecht）〔ドイツの実定憲法、ヴァイマール共和国憲法〕にとって第一部と第二部の諸成果が個々に適用可能であることを示唆しているところは、たまさかの選択としてのみ、そして実り多い仕事が可能であることのスケッチ風の諸例証としてのみ理解していただきたい。

これらすべての細部の議論はそのまま評価するのではなく、すなわち国家理論（Staatstheorie）、憲法理論（Verfassungstheorie）、国法学（Staatsrechtslehre）は不可分離的に関連しているという本著の一般的主張の論拠として、すなわち第一部、第二部、第三部のすべては相互に支え合い（sich tragen）、証明し合い（sich bestätigen）、正当化（sich richtigstellen）し合っているということの例証として、評価していただきたい。全体はさしあたり多くの観点からしてむしろ、ひとつのスケッチ、ひとつの作業プログラムでしかありえない。あらゆる精神科学の本質において根拠づけられていることであるが、このプログラムの正当性（Richtigkeit）はそれが展開しつくされることでようやくはじめて、十全かつ最終的にその真実性が証明（bewähren）されうる。このことは、本著の一般的根拠づけ（Begründung）についても、本著の個々の国家理論的な概念世界や直観世界（Begriffs- und Anschauungswelt）の説得性（Überzeugungskraft）についてと同じく、そしてあまつさえ、本著が実定的国法〔実定憲法〕（das positive Staatsrecht）を扱う際に実り多きものでありかつ不可欠のものであることについてと同じく、言えることである。

さまざまな困難のために、本著の公刊は遅れることになり、本著の体裁は内容的にも形式的にも均整を欠くものとなった。

ベルリン・ニコラスゼー、一九二八年年頭に、R・スメント

第一部　国家理論的基礎づけ（Staatstheoretische Grundlegung）

第一章　国家学の危機（Die Krisis der Staatslehre）

【国家理論の危機と移行：認識論的懐疑——イェリネク、ケルゼン】

ドイツにおける国家理論（Staatstheorie）と国法学（Staatsrechtslehre）は、これまでのところ危機（Krisis）の——少なくとも移行（Übergang）の——徴候を呈している。当然ながらこの〔危機・移行の〕状態は実定国法学（staatsrechtliche Disziplin）の領域においても表われているが、しかしその本性からして、本来的な国家理論の領域におけるのと同じように先鋭に表われているわけではない。法律家（Jurist）にとっては、自分の技術的な作業手段は〔敗戦後のドイツにおける〕精神的革命によっても政治的革命によってもなお破壊されてはいないからである。ここでは、新旧両派の信奉者に共通のひとつの基礎が依然として広く存在しているし、危機は——いずれにしても、その深層においては、いまだ一般的に認識されていない——〔学派の〕志向の対立（Richtungsgegensatz）に限られているからである。(1) これに対して国家理論においては、政治（Politik）〔敗戦による帝政の崩壊〕においてと同じく崩壊と退位〔解任〕(Zusammenbruch und Abdankung)の視覚像《イメージ》(Bild)がある。というのも、四半世紀以来まったく正当にも一般国家学(allgemeine Staatslehre)を代表してきたG・イェリネク(Georg Jellinek)の〔当の〕著述〔叙述〕(Darstellung)が、〔まさしくその〕認識論的懐疑(erkenntnistheoretische Skepsis)において国家理論の大きな諸問題の全系列から、その問題設定の正当性や真率性(Recht und Ernst)を、あるいはそうでなければその問題設定に解答を与える材料を失わせることによって、その〔国家理論の〕意義や重要性を奪い取っているとするならば、このことは〔国家理論の〕退位〔解任〕(Abdankung)〔いわば、国家理論の自己解体〕に他ならないからである。(2) この著作〔イェリネクの『一般国家学』〕には依然として充分価値のある部分があるが、この部分は〔明示的であれ、黙示的であれ〕〔いわば〕方法的に死を宣告された人のために建立される理念史的な記念碑であり、このことはまさにこの〔危機と移行の〕時代を特徴づけている。――こうした諸々の人間的誤謬の歴史という同じ課題のケルゼン(Hans Kelsen)による新たな解決策(Lösung)は、先行する世代に当然ながら表明されるべき件《くだん》の敬意(Ehrenbezeugung)さえ拒んでいるが、このことはまた〔ケルゼンが〕イェリネクの国家学から諸々の推論を仮借なく正確に引き出していることを特徴づけている。

【活動現実態・生活活動から切断された法実証主義的なドイツ国家学・国法学】

〔ドイツ国家理論や国法学が置かれていた〕状況(Lage)の固有性を特徴づけていることであるが、ドイツ語圏の国家理論や国法〔学〕の最大の、かつもっとも成果を収めている学派の第一教則(Lehrsatz)にしたがえば、国家を現実〔活動現実態〕(Wirklichkeit)の一断面(ein Stück)として考察することは許されないことになる。こうした状況は、国家学の危機のみならず国法〔学〕のそれをもまた意味している。というのも、国家についての〔活動現実態から〕根拠づけられた知識(begründetes Wissen)なしには結局充実した国法理論は存在しないし――こうした知識なしには、国法〔学〕を充足させる生活〔生活活動〕(Leben)そのものは持続的には存在しないからである。

【国家学の危機の淵源とされる新カント主義】

国家学の危機は必ずしも戦争や革命（Umwälzung）に基づいているわけではない。それは精神史的（geistesgeschichtlich）な、さしあたり学問史的（wissenschaftsgeschichtlich）な出来事（Ereignis）である。まったく当を得ていることであるが、ひとはこの国家学の危機〔が由来するところ〕を新カント主義（Neukantianismus）へと、あるいはより一般的にいえば、それを新カント主義が哲学的に代表する流儀の学問的信条（Gesinnung）へと遡及させてきた。(3)――何ら偶然なことではないが、ケルゼンの諸々の方法的基礎は実証主義に対する新カント派的な闘争諸定式（Kampfformeln）に基づいているが、これらの諸定式を新カント主義そのものはとっくに放棄してしまった。(4)

【国家学・国法学の諸前提としての国家理論：①経営体としての国家（ヴェーバー）、②運命の諸力としての国家理性（マイネッケ）】

しかしながら、こうした〔国家学の危機という〕現象の諸前提や諸作用を学問的認識の領域においてのみ、そしてとりわけ国家や国法についての理論の領域においてのみ探究することは、正しくないであろう。

それらの学問外的な諸前提（außerwissenschaftliche Voraussetzungen）は、ドイツにおける国家理論の本来的に生彩のある現在の思想（思惟範疇）的水準の代表者たち――かれらは〔国家学や国法学の〕きわめて狭い専門の諸々の境界の外に立っている――において、例えばマックス・ヴェーバー（Max Weber）あるいはマイネッケ（F. Mainecke）において、より明瞭なものとなる。ここでは、すくなくとも、ひとつの現実的で実証的な国家理論が展開される。すなわちこうした国家理論は、①〔ヴェーバーにおいては〕「経営体（Betrieb）」としての国家（Staat）について展開される。この国家の内在的目的論（immanente Teleologie）は個人を、他律的に（heteronom）自己の中へと、その〔国家の〕手段の悪魔性（Dämonie）の下へと、免れがたい習俗規範（人倫）的な責務（sittliche

Verschuldung）へと強いる。そしてまたこうした国家理論は、②〔マイネッケにおいては〕自然力と運命（Naturkraft und Schicksal）としての国家について、〔すなわち〕その「国家理性（Staatsräson）」という〈生の理念（Lebensidee）〉について展開される。この理念は〈クラートスとエートス（Kratos und Ethos）〉の解きがたい二律背反（Antinomie）の中に導き入れられるが、〈クラートスとエートス〉はいずれも、自らの内に閉じられた固有の法則を有する運命の諸力（Schicksalsmächte）であり、これらの諸力に個人は多かれ少なかれ客体かつ犠牲（Objekt und Opfer）として対立する。ここでは理論の懐疑（Skepsis der Theorie）は実践的信条（praktische Gesinnung）の生粋にドイツ的な究極的〈国家疎遠性（Staatsfremdheit）〉〔国家と個人の相互疎外〕によって担われる（支えられる）――この思惟様式は、内面的に究極的には国家に関与しないという意味において自由主義的（liberal）である。いかにしてこうした〔いわば国家と個人の相互疎外という〕欠陥（Mangel）が、ここでもここ以外でも、ひとつの基本的誤謬（Grundfehler）として認識論的基礎づけ（erkenntnistheoretische Grundlegung）に対しても影響（作用）を及ぼしているか、これはまもなく示されることになろう。

【ドイツ国家理論における倫理的懐疑、理論的不可知論、内面的国家疎遠性】

こうしたこと〔国家と個人の相互疎外〕とこの国家理論的な思惟様式の諸々の作用（影響）（Auswirkungen）とは、きわめて密接に関連している。ひとつの特に目立った例を提供しているのは政治的倫理（politische Ethik）である。〔ドイツ国家理論の置かれている〕運命的な窮状（困惑）（Verlegenheit）はここ〔その政治倫理〕に〔その本質が〕存しており、そしてトレルチ（Troeltsch）、マックス・ヴェーバー、マイネッケの著作において顕著に表現されているのであるが、こうした窮状（困惑）は理論の機能不全（Versagen der Theorie）を意味し、しかし同時にここでまさしくドイツのためにきわめて喫緊な説明や安全に寄与する代わりに、われわれの実践的態度の不安定性に根拠を与え、こうした不安定性を昂進させている。ここでは、支配的な倫理的懐疑（ethische Skepsis）と並んで、再び理論的な不可知論（theoretischer Agnostizismus）と内面的な国家疎遠性（innere Staatsfremdheit）とがまぎれもなく作用している（am Werk sein）。

【理論的・実践的な国家疎遠性から帰結する非政治的な国家放棄と権力崇拝】

このように理論的かつ実践的な国家疎遠性に基づいて、同様にかつ多様に、同じ魂の中で、ドイツ人の二つの政治的な主要な欠陥が、〔すなわち〕①非政治的な国家放棄（Staatsenthaltung）と、②同じく非政治的な権力崇拝（Machtanbetung）とが育っている。それらは同じ事柄の二つの側面である。国家に対する内面的な不安定性は、国家の過小評価と過剰評価との間で動揺している。この問題における蹉跌（Scheitern）は、国家理論的文献における危機がツンフト的国家学の外部で明瞭になっている形式である。しかし、原因はいたるところで同じである。

【国家学・国法学に先行する国家理論的基礎づけ】

この目下なお存続している状態を克服することは、さまざまな側面からすでに効果的に取りかかられている。以下の諸論究（Erörterungen）は、これらの試みに結び付けられている。この論究はひとつの個別的な国家理論的問題に制限されているが、この問題はいずれにしても法学者（Juristen）にとってはもっとも重要なものであり、そしてあらゆる国法に関する仕事は国家理論的な先行する仕事によって制約されていることをとりわけ明確化する。〔国家学・国法学と国家理論との〕こうした対立的な制限にもかかわらず、諸問題の今日的な水準に鑑みるならば、方法的な基礎づけ（methodische Grundlegung）と国家理論的なそれとが、ある程度不均衡になることは避けられなかった。

第二章　方法的諸基礎（Methodische Grundlagen）

【前批判的な国家理論と批判的な国家理論：ギールケ vs. イェリネク、ケルゼン】

ドイツ的国家理論においては大抵、認識論や方法について意を凝らしていなかった個々の著述家たちのほうが、むしろ逆に持続的で事柄に即した（sachlich）な諸成果をあげていたこと、このことは帝国〔第二帝制〕創設以来のドイツ的国家理論の歴史のひとつの注目すべき、そしてしばしば確定された固有性である。ギールケ（Otto von Gierke）の非批判的（unkritisch）ないし前批判的（vorkritisch）な研究様式は[1]、その方法的な素朴さ（Naivität）にもかかわらず、あるいはおそらくまさにそれゆえに、大きな諸問題〔への取り組み〕を不朽の仕方で促進した。これに対してイェリネク・ケルゼン路線は、前進的できわめて有意義な批判の路線であるが、しかし同時に〔ギールケにおけるような〕実質的（事柄に即した）成果を前進的に空無（空疎）化（Entleerung）してしまう路線であり、この路線はケルゼンの『一般国家学』（一九二五年）によっていまやまったく自覚的に達成された零地点（Nullpunkt）にまで至っている。

こうした〔イェネリク・ケルゼンの批判的〕路線が〔ギールケにおけるような〕事柄に即した労作にとって持続的な意義を有しているのは、ケルゼンの大仰な批判以来、かの〔ギールケにおけるような、非批判的・前批判的な〕素朴さ、方法的諸前提の完璧な明晰性を欠く諸労作がもはや不可能であるかぎりにおいてである。

このことはともかく、この〔イェリネク・ケルゼンの批判的〕路線は目的と目標を欠く袋小路である。というのも、この路線は方法的な無頓着さ（Unbefangenheit）をあげつらって、同時にまた、従来の思惟や労作の様式においていつでもなお実り豊かなものであったものを、すべて破壊するからである。この〔イェリネク・ケルゼン〕路線は代替するもの（Ersatz）の可能性を許容することさえしないで、一般国家学なるものを、総じて従来価値あるものとされたものであれそうでないものであれ、すべて一掃してしまった。この路線はそのもっとも固有な領域、一般的国法学と実定的国法との領域、こうした領域における前進を、これまで時熟（zeitigen）させてこなかった。この路線は、それが自己自身を放棄しないならば、それらを決して時熟させることもないであろう。だれもケルゼン以上にうまく示さなかったことであるが、〔ギールケにおけるような〕素朴な形式主義（der naïve Formalismus）は、実際〔ケルゼンにおけるような〕純粋な形式主義（der reine Formalismus）でも方法一元論（der Methodenmonismus）でもなかった。しかしそうであるがゆえに、そうした素朴な形式主義には可能であった諸々の業績（Leistungen）が、純粋な形式主義には、まさにこれが純粋であるがゆえに拒まれているのである。

【国法学の前提としての実質的国家理論（精神・文化についての精神科学）】

法学的形式主義は、むしろその諸規範の前提かつ対象である実質的（material）な――社会学的かつ目的論的とは言わないにしても[2]――諸内実を、方法的に獲得（処理）（methodisch erarbeiten）することを必要としている。したがって、なかんずく国法学はひとつの実質的（material）な国家理論を必要としている。しかしそのことはともかくこうした国家理論はまた、国家生活（Staatsleben）の自立的な〈精神〉や〈文化〉の領域についての精神科学（Geisteswissenschaft）として、その固有の権利を有している。

【国家学の方法的基礎づけ：国家理論と国法解釈の認識論的・文化哲学的諸前提】

こうした方向性においてひとはまた、出自をウィーン〔学派〕としていないかぎり、少なくともきわめて一般的な意味では一致している。これに対して、このような国家学の方法的基礎づけ（methodische Grundlegung）についての一致は、いまだまったく見てとることができない。以下の論考はこのような基礎づけを示唆的かつ暫定的に試みる。

その〔国家学の方法的基礎づけの〕ための認識論的かつ文化哲学的な諸前提は、ここでは手短に特徴づけられるにすぎない。ここで企てられたような探究（Untersuchung）は、これらの諸前提に対して証明責任（Beweislast）を負っていない。この探究はその権利を、そのもっとも固有の領域においてのみ、それが国家についての理論と国法の解釈にとって実りあるものであること、このことを論証することを通じて証明しなければならない。

【価値問題ではなく構造問題としての、個人と共同体、個人と国家、個人主義と集団主義、人格主義と超人格主義の二律背反】

従来の実質的（material）な国家理論の機能不全（Versagen）は、それが免れ難くその中に絡めとられている特定の二律背反（Antinomien）においてきわめて明確になる。個人と共同体（Individuum und Gemeinschaft）、個人と国家（Individuum und Staat）、個人主義と集団主義（Individualismus und Kollektivismus）、人格主義と超人格主義（Personalismus und Transpersonalismus）、これらの二律背反の問題は、いたるところで解決しがたい難問として立ちはだかっている。[3] しばしば正面切って認識されていることであるが、この問題は大抵価値序列（Wertrangordnung）の問題として理解され、①個人主義かあるいは集団主義か、このいずれかを決定する〔二者択一の〕意味において、あるいは②より現代的にいえば、そしてしばしば相対主義的な困惑（窮境）（relativistische Verlegenheit）においていえば、両者の間の解き難い「緊張（Spannung）」の意味において決定される。しかしながら実際には、この問題は〈価値〉問題（Wertproblem）ではなく、〈構造〉問題（Strukturproblem）なのである。

【切断された主体（自我）と客体（社会）（quid iuris et quid facti）との実体化と対置：生理的人格と法学的人格の分離・客体（客観）化的遊離（孤立）化→機械論的空間化】

この〔両項の二律背反の〕問題は、〈構造〉問題（Strukturproblem）として、あらゆる〈精神諸科学（Geisteswissenschaften）〉にとって現存しているが、自我と社会的世界（Ich und soziale Welt）とが強固な実体性（Substanzialität）において互いに対置されるかぎり、いたるところで同様に解き難いものである。しかしながら、両領域のこのような対置と客体（観）化的遊離化（Gegenüberstellung und objektivierende Isolierung）とは、あらゆる素朴な思惟には、その無意識的な機械論的空間化（mechanistische Verräumlichung）への傾向ゆえに、自明なのである。さらにいえば、法学の修練を積んだ社会理論家にとっては、それ〔両項の二律背反の問題〕は一面では物理（生理）的人格（physische Person）の、他面では法学的人格（juristische Person）の、法（権利）諸領域が厳格に閉じられていることに慣れ親しんでいることを通じて、とりわけ身近なことなのである。

しかしながら、こうした思惟様式は、いかなる精神科学的領域においても、貫徹されえない。

【自己外在化・自己理解しながら自己形象化する精神的生活活動】

精神諸科学における自我の現象学的な〈構造〉（die phänomenologische Struktur des Ich）は、精神的生活（生活活動）（das geistige Leben）のひとつの客体（客観）化可能なエレメント（ein objektierbares Element des geistigen Lebens）――このエレメントはこの〔精神的〕生活（生活活動）と因果的関係（kausale Bezieungen）にあるであろうが――のそれではない。精神的生活（生活活動）は、即かつ対自的（an und für sich）に（それそのものにおいて、ありのままに）あらかじめ（先験的に）（vorher）思惟しうるのであって、そしてその後に（後験的に）（alsdann）、この〔精神的〕生活（生活活動）にとって因果的なもの（kausal）として思惟しうるのではない。そうではなく、精神的生活（生活活動）は、それが精神的に生活を営み（geistig leben）、自己を外在化（sich äußern）し、〔自己を〕理解（verstehen）し、精神世界に関与するかぎりにおいてのみ、すなわち何らかのきわめて一般的意味においてもまた、共同体の分肢（成員）（Gemeinschaftsglied）が意図的に他者たちに関係づけられている（intentional auf andere bezogen sein〉かぎりにおいてのみ、思惟しうるのである。その精神的生活（生活活動）が〈本質存在〉を充溢化し形象化する運動（作用）（Wesenserfüllung und Wesensgestaltung）は、その〈構造〉からして〈社会的なもの（sozial）〉である精神的生活（生活活動）においてのみ完遂される。[4]

【諸個人の意味体験が構成された統一性としての集団性：個人的生活活動と超個人的生活活動の相互作用としての本質存在の発展と意味形象化】

〔個体的〈自我〉（individuelles Ich）なるものは遊離化された実体として存在することはないが〕自己の内に依拠する集合的〈自我〉（ein in sich beruhendes kollektives Ich）〔なるもの〕が〔遊離化された実体として〕存在することは、なおさらないことである。諸々の集合性（集団性）（Kollektivitäten）は、諸個人の〈意味体験〉が構成された統一性（das Einheitsgefüge der Sinnerlebnisse der Individuen）にすぎない。いずれにしても、〔それらの集合性（集団性）は〕それら〈諸個人の〈意味体験〉〉の産物（Produkt）ではなく、それらの必然的な本質存在（Wesen）である。〈本質存在の発展〉と〈意味形象化〉（Wesensentwicklung und Sinngestaltung）とは、必然的に「社会的に交錯しており、本質存在に照らしていえば、個人的な生活活動と超個人的な生活活動との相互関係（作用）（ein Ineinander individuellen und überindividuellen Lebens）である。[5]

【諸科学における対象の遊離化・客体化に先立つ精神的生活活動、文化的活動現実態＝意味組成体の現象学的構造：Geist ― Leben ― Wirklichkeit ― Sinngefüge ― Wesenentwicklung】

心理学は個人を遊離（孤立）化（isolieren）かつ客体（客観）化（objektivieren）しうる。しかし、そのことによって心理学は精神的生活活動そのものの洞察を放棄する。[6] ひとつの文化領域の客体（客観）的な意味組成体（Sinngefüge）についての諸科学は、同じくそれらの対象を客体（客観）的システムとして遊離化しうるし、もっぱらその対象の内在的内実にしたがって扱いうる。[7] 生活活動（das Leben）、生活活動事象（der Lebensvorgang）、文化の活動現実態（Wirklichkeit der Kultur）は、〔自然科学であれ、人文社会科学であれ〕どちらのケースにおいても捉えられていない。生活活動に対して正当でありうるのは、その前提が示唆されたその現象学的〈構造〉であり、したがって個別の魂（Einzelseele）や意味諸体系（Sinnsysteme）の件《くだん》の客体（客観）化に徹頭徹尾対立して先行する、そういう考察様式だけである。

【弁証法的相互秩序化の諸契機としての個人、共同体、意味連関：現象学的抽象化の過程で獲得される対象の内在的構造の〈より先なるもの（Apriori）〉】

したがって、精神的生活活動についてのあらゆる学問（科学）は、そのもっとも重要な諸対象を、すなわち個人（der Einzelne）、共同体（die Gemeinschaft）、客体（客観）的意味連関（der objektive Sinnzusammenhang）——これらの相互関係（Beziehung zueinander）を、その学問（科学）は探究しなければならないであろう——を、精神的生活活動の遊離化された諸境位《エレメント》、諸要因《ファクター》、担い手《トレーガー》たち、あるいは諸対象としてではなく、それらの諸分肢（Glieder）があらゆるケースにおいて（挙げられた諸例におけるように）互いに両極的に秩序づけられている（einander polar zugeordnet sein）、そういうひとつの弁証法的な相互秩序化（eine dialektische Zusammenordnung）の諸〈契機〉（Momente）としてのみ、把捉（auffassen）しうるのである[8]。ここにおいて、精神的生活活動についてのどのような学問（科学）も、そのアプリオリ（より先なるもの、先験的なるもの）（Apriori）を有しているのであるが、しかも、これは〈超越論的なアプリオリ（ein transzendentales Apriori）〉ではなく、その〔学問（科学）の〕対象の内在的〈構造〉のひとつの〈アプリオリ〉である。この〈アプリオリ〉は、現象学的抽象化（phänomenologische Abstraktion）の特殊な道程において獲得され、ここにおいて前提されているはずだからである[9]。

【理解的学問としての精神科学：自我概念の弁証法、集合的諸概念の弁証法：弁証法的構成体としての精神世界】

精神科学的方法へのこの転換が正当にも国家理論と国法論のために時代の要請として要求されたのであれ

ば、[10] ここにはこの転換がとるべき方向が特徴づけられている。精神科学は〈理解的〉学問（科学）（verstehende Wissenschaft）であり、そしてここで問題になるのは、個々の精神諸科学において経験的に、かつたいてい無意識的になされたような、〈理解（Verständnis）〉の諸前提を説明することである。自我概念の弁証法（Dialektik des Ichbegriffes）[11] だけが、この自我概念に「諸分肢と諸関節（Glieder und Gelenken）における内的な柔軟性と運動性（Elaszität und Beweglichkeit）」[12] を与えるのであるが、これなしには活動現実態《ヴィルクリヒカイト》の社会的構造（die soziale Wirklichkeitsstruktur）の中に自我概念を組み入れることは不可能であり、自我概念の絶対化ないし客体（客観）化的な遊離（孤立）化は不可避である。集合的諸概念の弁証法（Dialektik der Kollektivbegriffe）だけが、精神的世界の運命的な客体（客観）化と実体化に対して、「非我（Nicht-Ich）」とすべての「有機体論的な」社会理論（„organische" Gesellschaftlichstheorien）のために有効に対置されうる。[13] 精神的世界の全体――この全体を固定的な諸論点の間の「諸関係」ないし「相互作用」の中に解消することが支配的社会学の無益な試みである――は、ひとつの弁証法的組成体（ein dialektisches Gefüge）としてのみ理解しうるのである。[14]

【精神世界の実体化と機能化の二者択一の回避――機械論的・空間化的な思惟の拒否】

以上のことを以て、この種の基礎づけ（Grundlegung）は、精神的かつ社会的な世界の〈実体化〉と〈機能化〉（Substanzialisierung und Funktionalisierung）という支配的な二者択一に対立し、すなわち同時に従来の「社会学」に、つまり機械論的・空間化的な思惟へのあらゆる傾向に対立し、そしてその上でさらに詳細に展開されるべきことであろうが、それらを何らかの目的論的図式（teleologische Schemata）に還元することに対立することになる。

第三章　実在的意思団体としての国家（Der Staat als realer Willensverband）

【憲法学の国家理論的諸前提】

以下において展開されるのは、国家学の梗概ではなく、ひとつの憲法学の国家理論的な諸前提だけである。

【国家三要素説：空間的・静態的な思惟】

ここで展開される議論の出発点は、いまなお完全には消滅していない〔国家の〕三要素《エレメンテ》説（die Lehre von den drei Elementen）ではありえない。これについては、正当にもすでに以下のことが呈示された。[1] すなわち、この〔三要素説という〕直観的見解（Anschauung）は人間（Menschen）、領土（Gebiet）、権力（Gewalt）を身体のように（körperlich）ひとまとめに秩序化し——いずれにしてもその見解は、この領土上の人間たちを出発点として、そして同時に心的支配力（psychische Herrschaftskraft）の客体として想定し——全体としての国家（Staat als Ganzes）を、まさしく身体のように、なお不明瞭であるがゆえに、なお苛立たしいことに、それ自身として「把握しうる（greichbar）」心的・物的な視覚像（psycho-physisches Gebilde）として想定している、と。[2]〔たしかに〕三要素説は、疑いなく国家理論の諸問題として、そしてなかんずく憲法体制の問題（Verfassungsproblem）[3] として存立しているような諸問題を思念（私念）してはいるが、しかし、国家学の基礎づけ（Grundlegung der Staatslehre）としては、空間的・静態的な思惟（das räumlich-statischen Denken）という邪道（Irrwege）に陥っている。

【遊離化された因果論的・目的論〔目的合理〕的・原子論的な個人の不可能性】

しかしながら、〔国家学・憲法学の国家理論的な基礎づけの〕出発点は、遊離化された個人（der isolierte Einzelne）ではありえない。すなわち国家は個人（Individuum）から出発する一つの因果系列（kausale Reihe）として、あるいは個人から特定の諸目的に向けて起動される（in Gang gesetzt werden）であろう目的論〔目的合理〕的系列（teleologische Reihe）として理解されるであろうという意味では、その出発点は遊離化された個人ではありえないのである。

【個人と共同体の生活活動の両極性（社会的交差：相互限定）】

諸集団（Gruppen）の生活活動（Leben）は、諸個人（Einzelnen）の生活活動から因果的に演繹されえない。社会的な生活活動のための〈精神〉の装備（Ausstattung des Geistes）は、最広義においてなお包括的に解明（aufklären）されよう。[4]〔とはいえ〕ひとは個体性のこうした諸形象〔化〕（Gestaltungen der Individualität）から超個人的・社会的な諸形式（die überindividuellen sozialen Formen）に、〔すなわち〕国家（Staat）に至るわけではない。なぜならば、こうした超個人的・社会的な諸形式はひとつの特殊な概念形成（Begriffsbildung）を独自に（für sich）要求するからであり、そして〔それらの超個人的・社会的な諸形式は〕かの諸要素《エレメンテ》からは説明しえないからである。[5]すでにして社会的個人（das soziale Individuum）が社会的個人であるのは、まさしくそれが集団の生活活動（Gruppenleben）に関与するかぎりにおいてのみであり、すでにして即自的にその自然的「装備（Ausstattung）」によってではないがゆえに、そうではありえない〔超個人的・社会的な諸形式は、かの諸要素からは説明しえない〕のである。とするならば、社会的個人はまた、〈社会的なもの（das Soziale）〉からのみ概念把握（begreifen）されうるにすぎないのである。もちろん、この〈社会的なもの〉はそれはそれでまた、超個人的なもの（das Überindividuelle）という単純に構造化された実体（einfach struktuierte Substanz）としてではなく、諸個人によって担われたもの（von den Einzelnen getragen）として、そして諸個人においてのみ生活活動を営んでいるもの（lebend）として——すなわち「社会的交差（soziale Verschränkung）〔相互限定〕」の本質である個人と共同体の両極性（Polarität von Individuum und Gemeinschaft）において——のみ理解されうるにすぎない。[6]

【主体と客体（目的と手段）を分離する（原子論的）個人主義的・合理主義的な空間化的思惟からは解明しえない〈社会的なるもの〉の固有の構造と法則性】

〈社会的なもの（das Soziale）〉は、個人から全体への因果的系列（kausale Reihe）――〔この系列は〕もっぱら全体から個人への逆向きの系列と絡み合っている（verwickelt sein）のであるから――としては理解されえない。とするならば、これに伴い、目的論的系列（teleologische Reihe）として、すなわち個人から出発する計画的あるいは無意識的な目的実現化としてそれ〔〈社会的なもの〉〕を捉えることもまた不可能である。これに伴い、国家についての分かりやすい種類の思惟は、すなわち国家の目的、国家の文化諸業績からの国家の説明や正当化は、いずれにしても出発点としては遮断されている。〈社会的なもの〉、そしてとりわけ〈政治的なもの〉、〈国家的なもの〉、これらの考察は、〈社会的なもの〉、〈国家的なもの〉の圏域（Bereich）を即自的に超越している〈意味〉の諸領域（Singebieten）から、こうした圏域そのもののために基礎づけをあたえる説明を獲得しようと試みるわけにはいかない。いずれにしても、文化生活活動（Kulturleben）全体の考察は、最広義の〈社会的なもの〉をこれに対立する「実質的（material）な」他の〈意味〉諸領域との関係において、その構造からすれば〈形式〉として、その序列（Rang）からすれば補助的〈価値〉（Hilfswert）として理解することに傾いているであろう。[7] しかしながらこれに伴い、ここでまさに問題となるその〔〈社会的なるもの〉の〕固有の法則性（Eigengesetzlichkeit）への洞察は放棄されるのである。合理主義（Rationalismus）はその目的論〔目的合理〕的思惟（teleologisches Denken）によってあらゆる精神諸科学を解明（klären）し、その上でそれら〔精神諸科学〕を危険に晒した。そして今日の言語学、宗教学、芸術学は、こうした目的〔目的合理〕論（Teleologie）の自覚的克服なしには考えられない。これに対して法理論や国家理論においては、この目的論〔目的合理〕的志向（teleologische Orientierung）は、自余の誤謬の諸源泉に、すなわちいまだなお完全には克服されていない個人主義的な思惟様式に付け加わっている。こうした個人主義的な思惟様式は諸個人を遊離化して互いに並列しているものと考え、その上で、空間化する思惟〔思惟範疇〕の諸形像（verräumlichende Gedankenbilder）において法〔権利〕の諸関係（Rechtsverhältnisse）を通じて結合し、一つの国家人格（eine Staatsperson）（国家法人）を通じて高め、そしてこのすべてを法外的（außerrechtlich）、国家外的（außerstaatlich）な諸目的へと高めるが、これらの〔法と国家の外にある〕諸目的は、説明原理としては、あらゆる特殊諸科学に課されているその対象のさしあたり一度は理解されるべき固有な法則性（Eigengesetzlichkeit）を探究することを妨げている。とりわけ国家に無縁な自由主義（自由主義的な国家疎遠性（liberale Staatsfremdheit））は当然ながら国家の中に文化の一技術（eine Technik der Kultur）しか見ないし、このような目的〔目的合理〕論を介して、国家の固有の構造法則（das Strukturgesetz des Staats）にしたがう第一義的かつ本質的な問題提起を無視している。

【諸個人の精神的・社会的な生活活動の意味体験から成る統一態――個人と共同体の相互形成的な関係・構造・運動において把捉しうる事態連関】

さらにいえば、われわれの思惟の機械論的習性（mechanistische Gewöhnung）とは相容れないとしても、精神的かつ社会的な生活活動（Leben）が辿る活力の諸経路（Kraftlinien）にとっては、いかなる「実体的支点（substantielle Stützpunkte）」[8]も存在しない。諸個人はそうした実体的支点ではない。というのは、諸個人が精神的かつ社会的な生活活動に関与する能力を有するようになるのは精神的共同体からの励起（Anregung von der geistigen Gemeinschaft her）を通じてのみであり、したがって、この励起は諸個人から導き出（演繹）されることはありえないからである。[9]〔けれども逆に〕全体（das Ganze）は、〔やはりまた〕こうした実体的支点ではない。というのも、諸個人の流動的な諸々の〈意味体験（Sinnerlebnisse）〉から組成された統一性（Einheitsgefüge der fließenden Sinnerlebnisse der Einzelnen）としての全体の役割を越えて全体を高めて実体化すること（Substanzialisierung）は、（実際に客観化可能な体系的〈意味内実（Sinngehalt）〉を叙述することだけでなく、精神的生活活動の活動現実態（Wirklichkeit des geistigen Lebens）を理解すること（das Verstehen）が問題であるとすれば）①精神的かつ社会的な生産性（Produktivität）を集合的全体（das Kollektiveganze）に還元すること、そして②あらゆる理解的な精神諸科学のアプリオリ（Apriori aller verstehenden Geisteswissenschaft）とはおよそまったく相容れない（矛盾した）受容的・受動的な役割（eine empfangende, passive Rolle）へと諸個人を制限すること——こうしたことを意味しているからである。(10)

【相互作用のシステム（全体の諸契機の弁証法的関係）としての精神的・社会的な活動現実態：円環的叙述様式——説明（Erklären）ではなく理解（Verstehen）】

精神的・社会的な活動現実態（Wirklichkeit）の構造に相対的にもっとも近づくのは、この活動現実態を相互作用（Wechselwirkungen）の体系(11)として捉えようとし、あるいは、ひとつの循環のように、テオドール・リット（Theodor Litt）によって受け取られた——フリードリヒ・シュレーゲル（Friedrich Schlegel）の表現を以ていえば、「円環的（zyklisch）」に(12)追求する——ひとつの叙述様式である。精神的な活動現実態の諸契機が相互に存している弁証法的関係にとっては、こうした誤りやすい叙述（表現）形式だけが存在し、適切な叙述（表現）形式（Darlegungsform）は存在しない。したがって、以下において試みられた国家的生活活動（das staatliche Leben）の図式的スケッチに対しては、ここではいかなる契機も他の契機からは概念的ないし因果的に演繹されえず、あらゆる契機は全体（Ganze）からのみ理解されうるということが確保されなければならない。それゆえに、問題になりうるのはまた、ひとつの理解的記述（ein verstehendes Beschreiben）であり、ありきたりな意味でのひとつの説明（Erklären）ではない。

【国家的生活活動の契機としての政治的権力衝動を備えた国民個人】

これらの留保を付すならば、国家的生活活動の考察は、国家のための個人の自然のままの装備（natürliche

Ausstattung）から出発しうるであろう。ここでは、たとえば政治的な権力衝動（politische Machttriebe）において明らかになっている錯綜した衝動の基礎が問題になる。[13] かくしてマックス・ヴェーバー（Max Weber）は、感受性の見事な直接性（schöne Unmittelbarkeit der Empfindung）において、権力を充分に備えた国民（die machtvolle Nation）を、権力を充分に生得的に備えた人間の拡大された身体（der Leib eines machtvoll veranlagten Menschen）として、そしてその肯定を自己肯定（Selbstbejahung）として、特徴づけた。[14]

【実在的・時間的な生活活動と理念的・没時間的な意味諸連関とにおける政治的な生活活動と人格的な自己形象化としての国家的な生活活動：Leben–Sinn の統括：政治的倫理】

とはいえ、国家をこの衝動の基礎（Triebgrundlage）から説明的に導き出すこと（erklärende Herleitung）は不可能である。ひとつには、国家は諸々の自然的素質が解き難く編み込まれたもの（ein unentwirrbares Geflecht der natürlicher Anlagen）を要求するからである。[15] さらには、個別の生活活動領域における活動性（Aktivität）の背後では、個別化された「素質（Anlage）」だけでなく、人格性の全体（ganze Persönlichkeit）が作用している（wirksam werden）からである。[16] しかし、とりわけ政治的な生活活動は、あらゆる精神的な生活活動と同じく理念的・没時間的な意味諸連関（die ideell-zeitlosen Sinnzusammenhänge）の中に入り込み、それゆえに一面では生活活動（Leben）の、他面では意味（Sinn）の法則性（Gesetzlichkeit）から、統括（zusammengenommen）されてのみ理解されうるからである。[17] 国家的世界（staatliche Welt）は、個人にとって精神的作用（geistige Auswirkung）のひとつの可能性を、そしてそれに伴い同時に人格的な自己形象化（persönliche Selbstgestaltung）を、意味している[18]——ここには、従来の叙述によっては大抵見過ごされてきた政治的倫理（politische Ethik）のもっとも重要な手がかり（Ansatzpunkt）が存するが、しかし、ここに存するのは、国家理論にとってはその対象の基礎（Grundlage）というよりは、むしろそこにそれがそうしたものとして復帰しうるであろうその対象のひとつの一貫した契機（ein durchgehendes Moment）である。

【国家の活動現実態からの国家の憲法体制・実定憲法の概念と対象との展開】

以下において、国家の活動現実態（die Wirklichkeit des Staates）から国家の憲法（憲法体制・実定憲法）の概念と対象（Begriff und Gegenstand der Staatsverfassung）が展開されることになるが、この国家の活動現実態は、従来の研究にしたがえば、呈示された意味での精神的な活動現実態（geistige Wirklichkeit）の一部分領域のそれでしかありえない。この〔国家の〕活動現実態は、それに対して主張されている諸々の疑念に対する擁護を、さらにその構造の能うかぎり詳細な特徴（標識）づけを必要としている。

【ケルゼン国家理論の意義と限界――精神科学的ニヒリズム】

国家は「社会的実在性（soziale Realität）」ではないというのがケルゼンの国家理論の基礎を成す消極的テーゼである。[19] このテーゼは、①それが通常の法学的思惟の機械論的・空間化的（mechanistisch-verräumlichend）な諸前提に対して、②ジンメル、フィアカント、フォン・ヴィーゼ的な社会学（Simmel-Vierkandt v. Wiesesche Soziologie）に対して、そして③あらゆる種類の実体化的なオルガノロギー（器官論・有機体論）（substanzialisierende Organologie）に対して向けられているかぎりで、多くの賛同を博している。〔けれども〕このテーゼがとっくに克服された認識論〔事実と規範を排他的に切断する二元論〕[20] に基づいてひとつの精神的な活動現実態のあらゆる認識可能性を否定するかぎり、このテーゼの精神科学的な虚無主義《ニヒリズム》（geisteswissenschaftlicher Nihilismus）は、学問（科学）史の幸いなことに通常は遮断された章にあってしかるべきである。そのテーゼがここでなお反論を必要としているのは、それがここで主張されている立場からも深刻な諸困難として呈示されている諸々の疑念をいだかせることを主張するかぎりにおいてのみである。

【本質形象化的関連における諸人格：体験総体の個別的関与の統一的組成体としての全体：精神的な生活活動への関与による精神的モナドの自己形象化】

閉じられた集団、「閉じられた圏域（ein geschlossener Kreis）」[21]が問題になりうるのは〔グループやサークルが実質的に生き生きと一体になりうるのは〕、多くの諸人格（eine Personenmehrheit）の「各人が各人とともに本質存在を形象化しあっている関連（wesengestaltender Zusammenhang）にある」[22]ところだけである。超個人的人格（eine überindividuelle Person）というものは成立しない。というのも、全体（das Ganze）はあくまでも体験総体への諸々の個別的関与の「統一的組成体」（„das Einheitsgefüge“ der Einzelanteile an dem Gesamterlebnis）であるからである。「実体的担い手たち（substanzielle Träger）」としての〔原子論的〕諸個人の間の諸々の「関係（Beziehungen）」あるいは「相互作用（Wechselwirkungen）」もまた問題にならない。というのも、精神的な生活活動の本質は、まさしく固定的実体（starre Substanz）として考えられてはならない精神的モナドがこの〔精神的〕生活活動に関与することを通じて果たす自己形象化（Selbstgestaltung）であるからである。しかし、この統一的組成体（Einheitsgefüge）そのものは、それが諸々の象徴、形式、規約（Symbole, Forme, Satzungen）において固定化（verfestigen）されるとしても、やはり絶えず流動的である（stets im Flusse sein）。というのも、それは絶えずアクチュアル〔活動現実〕化（aktualisieren）され[23]、あるいはむしろ新たに産出（hervorbringen）される[24]かぎりでのみ活動現実的（wirklich）であるからである。

【国家の社会学的実在性を否定するケルゼン】

〔ケルゼンにおいては〕国家には、閉じられた集団〔活動現実的・自己産出的共同体〕としてのその「社会学的実在性（soziologische Realität）」が、二重の意味で否定される。①ひとつにはここではある程度持続的かつ固定的な集団が総じて問題になりうるのかどうか、これが疑われるという意味で。②そしてさらには次のように主張されることによって。すなわち、いずれにしても法〔権利〕（Recht）ゆえに国家に帰属している者たちの総体——その中には、子ども、狂人、睡眠中の者、そして、この帰属意識（Bewußtsein dieser Zugehörigkeit）をまったく欠いた人たちがいるから——は、実在的な国家的団体（der reale staatliche Verband）のために要求される魂の相互作用（seelische Wechselwirkung）の中に事実上存している人たちの圏域とは重ならない、したがってあらゆる国家社会学の国家概念は現実〔活動現実態〕の考察のそれではなく、純粋に規範的な法学的概念形成のそれでしかありえないと主張されることによって。(25)

【本著の前提——①社会学的実在性としての国家の活動現実態、②こうした国家と国法の対象との自己同一性】

こうしたこと〔規範主義的法学の主張〕に、〔本著の〕支配的〔基本的〕諸想定（Annahme）の、すなわち以下の探究の本質的前提である①「社会学的」国家の現実〔活動現実態〕の、そして②国法の対象とのそうした社会学的国家との自己同一性（Identität）の正当性（Richtigkeit）〔の主張〕は対立している。こうした探究そのものはその前提を、従来行われてきたよりも効果的に論証し、そしてより強固に国法学のために実りあるものにすることになるはずである。それゆえに、規範論的な論争（normlogische Polemik）に対するこの〔探究の〕前提ための決定的な諸根拠は、ここでは暫定的（vorläufig）にのみ示唆されるにすぎない。

【意識的・能動的な国家市民（公民）の人格：個人人格と国家人格との全体像の理解可能性：①国家共同体の政治的体験、②国家市民たちの政治的意思の諸動向、③社会的媒介作用】

問題はすでにして意識的・活動〔能動〕的な国家市民〔公民〕の人格（Person des bewußten, aktiven Staatsbürgers）に存している。そうした国家市民〔公民〕は、かれの政治的な生活共同体と運命共同体のすべての自余の同胞たちと持続的・本質形象化的に関連（dauernder wesengestaltender Zusammenhang）しあっているはずであるという要求には、一見するところすでに数の見通し難さが、そしてあまつさえ他の人たちの政治的な振舞い〔関係態度、行態〉（das politische Verhalten）の見通し難さが、また政治的共同体の事柄に即した内実（der sachliche Gehalt）の見通し難さが対立している。そして、にもかかわらずここで要求された〔国家市民（公民）とその政治的な生活共同体・運命共同体との〕関連は、さしあたりすでに、理解可能性（Verstehensmöglichkeit）という意味において、国家的環境世界（staatliche Umwelt）に対して存立している。〈理解〔すること〕（das Verstehen）〉は、個別の一人格態（Persönlichkeit）に対しても、同じくより大きな一共同体に対しても、こうした人格態を再現前化（代表）（repräsentieren）する個々の契機や表出から、理解する者の必要を充たす一つの全体像（ein dem Bedürfnis des Verstehenden genügendes Gesamtbild）を確立（作出）（herstellen）する。ここで創出（schaffen）されているのは、まさしく理解を可能にする特殊な諸技術（Techniken）である。[26] ここでは、とりわけ①共同体の政治的〈体験〉（politische Gemeinschaftserlebnis）の事態内実（Sachgehalt）に関する報告（記録）（Bericht）が、そして②個人の〈理解〉の必要に絶えず柔軟に適応し、そして個人に総体連関を総じて展望可能にする像（das perspektivisch überhaupt mögliche Bild des Gesamtzusammenhangs）が、これとともに③活動（能動）的な〈共同体験〉の可能性（Möglichkeit des aktiven Miterlebens）を与えるそうした仲間の政治的〈意思〉の諸動向（politische Willensströmungen der Genossen）に関する報告（記録）[27] が、しかしながらそれよりもなによりも、さらに④「社会的媒介作用（soziale Vermittelung）」[28] のその他の無限にある道筋のすべてが創出されているのであるが、これらのうちの政治的にもっとも重要なものは、本著の経過においてより詳しく解明されることになろう。ここでは、まさにこうした展望からの〈把捉〉（perspektivische Auffassung）に基づいて、一面での人間の〈把捉〉可能性を展望することの諸限界（die perspektivischen Grenzen der menschlichen Auffassungsmöglichkeit）の、そして他面での限界づけられない〈理解〉可能性（die unbegrenzte Verstehensmöglichkeit）の――すべての精神的な生活活動に根拠をあたえる――意義づけ（die für alles geistige Leben grundlegende Bedeutung）が、基本的に指摘されうるにすぎない。

【事実的国家帰属性：アクチュアルな体験内容に含まれる過去と未来：国家的な生活活動連関・必然的な意志連関を志向して形成される個人の本質と体験とのモナド的統一性】

多かれ少なかれ受動的な構成員たちの事実上の〔行為結果から成立する〕国家帰属性（tatsächliche Staatszugehörigkeit）の問題は、本質的に異なる形であるわけではない。

睡眠中の国家市民（公民）（Staatsbürger）にこの帰属性が否定されるとすれば[29]、なるほどこのことは、個人の中に瞬間的な刺激や反応の起点だけを見る自然主義的心理学から正当化されている。しかしながら、アクチュアル（活動現実的）な〈体験〉内実（der aktuelle Erlebnisgehalt）が自身の中に、すでに進路が定められた未来と同じく、過ぎ去ったことをなお契機として共に含んでいることを論証するためには、時間の現象学や形而上学についてのお馴染みの文献を想起するだけでよい[30]。「受動的大衆（passive Masse）」やまさしく「死せる大衆（tote Masse）」[31]の〔意識の〕深層に下りていくとしても、そこでもやはり、総じて一度は理解力を有しながら（verstehend）国家的な生活活動の連関（staatlicher Lebenszusammenhang）によって――例えば〔第一次大戦におけるような〕世界戦争の諸々の運命（Weltkriegsschicksale）への関与を通じて――〔魂を〕掴み取られ、そして、それ以来この圧倒的に不可抗力的な（自由意思によって任意には逆らい難い）〈意志〉連関（unfreiwilliger Willenszusammenhang）を（例えば亡命によって）端的には断ち切らなかった誰にも、この〔国家的な生活活動の〕連関の一つの環（ein Glied）は残存しているのである[32]。法的（法権利上の）帰属性（rechtliche Zugehörigkeit）はここではどれほど受動的であれ、あるいはどれほど矛盾していても、抵抗し難く意識の対象となる強力な事実上の〔行為結果としての〕秩序への組み込み（tatsächliche Einordnung）を意味している。そしてこの帰属性は、なお存続し続ける。というのも、人間というものは自分の瞬間的意識の点結的な〈自我〉（das punktuelle Ich）ではなく、自分の〈本質〔存在〕〉と〈体験〉の全体のモナド的統一性（die monadische Einheit seines Wesens und Erlebnisganze）であり、かれが寝ている間もまた、あるいはそれを考えない間もまた、そうなのである。[33] そして、完全に理性を欠く者（der völlig Vernunftlose）が、かれ自身が精神的存在ではないがゆえに、精神的統一化としての国家（Staat als eine geistige Einung）に関与しえないとするならば、かれはやはり、かれが呈示する人間性の断片への敬意から、法的に（法権利上）、そして事実上（行為結果として）、あたかもかれはかくの如く関与しているかのように扱われるのである。あまつさえ子どもは無限の諸関係の中で初期から、しかもそのためのあらゆる計画的教育以前に、国家帰属性を志向して（in die Intention der Staatszugehörigkeit hinein）成長し、この国家帰属性への志向は大抵の精神病者たちにおいてもまた、完全には消されていないのである。

【法によって規範化され、空間化・機械論化された集団としての静態的国家の前提にある、不断に更新される精神的生活過程（文化的成果）としての動態的国家】

法的に（法・権利上）国家に帰属する者たちの団体としての国家の事実性（Tatsächlichkeit des Staates als des Verbandes der ihm rechtlich Angehörenden）〔法・権利上の帰属者たちの行為結果としての国家〕に、疑問を呈する余地はない。にもかかわらず、この事実性〔行為結果性〕は同時に、支配的な国家観が想定するよりも高い度合で、ひとつの問題である。〔そうであるのは〕その〔そうした国家の事実性の〕現実性（活動現実態）（Wirklichkeit）が認識論的に疑問に付されているからではなく、それはひとつの実践（実際・実務）的問題（ein praktisches Problem）であるからである。それ〔そうした行為結果としての国家の事実性〕は、受け入れられうるひとつの自然的事実（natürliche Tatsache）ではなく、精神的な生活活動のあらゆる実在性（Realitäten）と同じく、それ自身流動的な生活活動（fließendes Leben）であり、したがって、絶えざる更新とさらなる展開を必要とし、しかしまさにそれゆえにまた、問いに付されている、そういうひとつの文化的成果（文化的に達成されるもの）（Kulturerungenschaft）である。あらゆる集団におけるように、とりわけ国家においては、その国家の生活活動の諸過程（事象）（Lebensvorgänge）

の際立った部分は、それどころか根拠を与える部分は、この絶えざる自己更新（stetige Selbsterneuerung）に、すなわち国家に帰属する者たちを持続的に新たに把捉し統括（統合）すること（das fortwährende Neuerfassen und Zusammenfassen seiner Angehörigen）に存している。法・権利（Recht）によっては確定されない集団形成（Gruppenbildungen）に際しては、例えば友情もしくは愛の関係に際しては、このことは誰にでも自明かつ明瞭である。これに対して法〔権利〕によって規範化（normieren）された集団形成に際しては、固有な静態的な考察様式が登場するが、こうした〔静態的な〕考察様式は、持続的な規範によって共に統括（統合・秩序化）された者たちの共属性（Zusammengehörigkeit der durch dauernde Norm Zusammengeordneten）を所与のものとして前提にし、そして集団の理論によって観察されうる、そしてその法・権利によって規範化されうるそうした生活活動として、この所与の基礎から出発し、そしてこの共属性を前提にする、そうした集団生活の部分だけを視野に入れる。このような手続きをとる〔法実証主義的・規範主義的な〕国家理論は、その最初の対象〔国家の根底に存する生活活動ないし活動現実態〕を見逃し、そして実際には、それが非難されているように[34]、ひとつの純粋に規範的・法学的な国家概念を基礎にして、しかしその後でこの概念を静態的に空間化・機械論化することでズラして（verschieben）しまい、そしてそのことを通じて、自立的・精神科学的な方法における固有の作業（eigene Erarbeitung）を省き、かつ切り離してしまう。――このことを示すことが本著の課題である。その際、こうした欠陥は国法学に移される。というのは、この国法学はその分かりきった対象を見逃し、そしてそれは――その核心的な点とともにその体系性を喪失して――実定憲法（Verfassungsrecht）によって規範化される第二義的な諸対象だけを見ているにすぎないからである。

第四章　国家を基礎づける生活事象としての統合（Integration als grundlegender Lebensvorgang des Staats）

【精神的な活動現実態としての国家：実在的な精神的生活活動・能動行為の意味統一体】

国家学と国法学は精神的な活動現実態（geistige Wirklichkeit）の一部としての国家に係わっている。精神的な集合諸形象（geistige Kollektivgebilde）は、活動現実態の諸部分である以上、静態的に定在する諸実体（statisch daseiende Substanzen）ではなく、実在的な精神的生活活動（reelles geistiges Leben）の、精神的な能動諸行為（Akte）の、意味統一体（Sinneinheit）である。その〔精神的〕活動現実態は、機能的なアクチュアル（活動現実）化（Aktualisierung）、再生産化（Reproduzierung）の、より厳密にいえば（その価値からすれば、進歩（Fortschritt）でも退化（Entartung）でもありうる）持続的で精神的な克服（Bewältigung）とさらなる形成（Bildung）のそれである。この過程（Prozeß）においてのみ、そしてこの過程によってのみ、それらはあらゆる瞬間において新たに活動現実的（wirklich）に存在し（sein）、あるいは活動現実的に生成する（werden）[1]。

【精神的な関連総体としての国家的な生活活動の過程〔動態的均衡態〕――統合（化）】

かくして、なかんずく国家は、個別的な生活活動の外在化（表出）（Lebensäußerungen）を、すなわち諸々の法則、外交文書、判断、行政行為を自ら発出せしめる（von sich ausgehen lassen）ひとつの静態的全体ではない。そうではなく、国家がこれらの個別的な生活活動の外在化（表出）においてそもそも現前しているのは、これら〔の外在化（表出）〕がひとつの精神的な関連総体（ein geistiger Gesamtzusammenhang）を確証するもの（Bestätigungen）

であるかぎりにおいてにすぎないのであり、しかも、もっぱらこうした関連総体そのものだけを対象にする、なお一層重要な諸々の更新とさらなる形成（Erneuerungen und Fortbildungen）の諸作用においてである。国家は絶えざる更新化（beständige Erneuerung）の、持続的に〈新たに体験されること〈Neuerlebtwerden〉〉の、過程においてのみ、生活活動を営み（leben）、そして定在（dasein）する。国家は、ここでもまたルナンによる国民（Nation）の有名な性格づけを適用するならば、日毎繰り返される人民投票（ein Plebiszit, das sich jeden Tag wiederholt）によって生活活動を営んでいるのである。(2) 国家的な生活活動のこうした核心的事象のために、お望みならば、その核心的実体（基体）（Kernsubstanz）のために、まさしくこのために、わたしはすでに他の場所で、統合（化）（Integration）としての特徴（標識）づけを提起したのである。(3)

【国家を動態的均衡態（統合化）として捉えようとしないアプローチ ↓ 国家の形式化（社会学的機械論化）あるいは実体化（審美化）の二者択一に帰着】

ここ〔統合（化）〕には、活動現実態の領域における〈国家的なるもの（das Staatliche）〉の勘所（Angelpunkt）がある。したがって国家学と国法学はこの勘所から出発しなければならない。それら（国家学と国法学）がそうしないならば、それらに現存しているのは、次のようなほとんど避けがたい二者択一である。すなわち、①国家社会学的な機械論（staatssoziologische Mechanik）を、許され難く実体化された固定的な特定の社会学的諸力の担い手に（すなわち、諸個人か、あるいは不明確な仕方で半ば法学的に半ば空間的に考えられる一つ国家全体か、このいずれかに）依存させることか(4)——あるいは、国家理論の対象としてのこの世界の活動現実態をケルゼンとともに総じて否定することか——あるいはそうでなければ、②とどのつまりは審美化する不可知論（ästhetisierender Agnostizismus）に引き戻されることか、(5) この二者択一である。

【精神的な生活活動としての個人と国家共同体の自己形象化（持続的自己統合過程）：生物学的定在としての個人

に対する精神的実在性としての国家共同体の優位】

あらゆる精神的な生活活動（das geistige Leben）は個人（Einzelnes）の自己形象化（Selbstgestaltung）であると同時に〔国家〕共同体（Gemeinschaft）のそれ（自己形象化）であるとすれば、こうした〔自己〕形象化をその精神的実在性（geistige Realität）の根拠づけ（Begründung）として意義づけること（Bedeutung）は、かの〔精神的な〕生活活動を度外視してもまた生物学的定在を帯びている（ein biologisches Dasein führen）個別的人間（Einzelmensch）においてよりも、〔国家〕共同体において〔なされる〕のほうが、より納得しうること（einleuchtender）である(6)。国家は、それが持続的に統合される（sich dauernd integrieren）がゆえにのみ、そしてそのかぎりにおいてのみ、諸個人において、そして諸個人から、構築（aufbauen）されている。——この持続的な事象〔過程〕（Vorgang）は、精神的・社会的な活動現実態（Wirklichkeit）としての国家の本質（Wesen）である。この本質を根拠づける（ergründen）ことは国家理論の第一の課題であり、これには文化の自余の諸領域とのその諸関係を明らかにすることが第二の課題として付け加わる。この第二の課題は、ここでは第一の課題を少なくともスケッチ風に解明することが要求するかぎりにおいてのみ、触れられることになるにすぎない。

【集団的な生活活動における両境位——①人格的生活活動（時間的な実在性）、②意味の王国（没時間的な理念性）——の弁証法的な統合秩序】

以前の方法的な諸論究（Erörterungen）が国家理論的な問題設定の対象をより厳密に規定することを目的としていたとすれば、ここではすくなくとも、この問題を解決するための道筋（方途）のなお二つの方法的な困難を、できるだけ手短に指摘しておかなければならない。

一般的に精神科学的なひとつの方法的困難は次の点に存する。すなわち、人間のすべての集団生活

〈Gruppenlebens〉の構造は、異なる世界〈Welten〉から成る二つの〈境位〈Elemente〉〉を、諸〈契機〈Momente〉〉として含んでいるという点に。[7] 一面では、①本来的に時間的・実在的〈zeitlich-real〉なそれ〈境位〉としての社会的関係〈soziale Beziehung〉を通じて与えられている、その構造的交差〈strukturelle Verschränkung〉における人格的な生活活動の境位が、そして他面では、②理念的・没時間的な〈意味〉の王国〈das Reich des ideell-zeitlosen Sinnes〉への関与〈Anteil〉という境位がそれである。弁証法的にのみ理解されうるこれら〈両境位〉の統合秩序〈Zusammenordnung〉は、解離〈lösen〉されるわけにはいかない。〔一方で〕〈社会的なるもの〉の本来的な実体〈基体〉〈Substanz des Sozialen〉としての人格的な生活活動の交差〈persönliche Lebensverschränkung〉のために、それら両境位の統合秩序が解離されるならば、社会学的な形式主義〈Formalismus〉あるいは物活論〈Vitalismus〉が成立し、その諸推論は結局首尾一貫した器官論〈Organologie〉に帰着する。――〔他方で〕事柄に即した〈sachlich〉〈意味内実〈Sinngehalt〉〉のために、それら両境位の統合秩序が解離されるならば、これに伴って、すでに以前に退けられたような、国家の多かれ少なかれ合理主義的な目的論〈rationalistische Teleologie〉が与えられていることになる。[8] 両〈契機〉〈Momente〉はまた、形式と内容の相互関係にあるわけでもない。[9] あらゆる精神的交換〈geistiger Austausch〉は、それが同時に前提にしている没時間的〔理念的な〕〈意味〉〈der zeitlose Sinn〉の諸領域の中に、不可避的に導き入れられる。そして、逆に〔没時間的・理念的〕〈意味〉及び〈価値〉〈Sinn und Wert〉は〔時間的・実在的な〕精神的な共同体の生活活動〈geistige Gemeinschaftsleben〉においてのみ、〈意味〉及び〈価値〉の活動現実態〈Sinn- und Wertwirklichkeit〉となる〈へと生成する〉〈werden〉。にもかかわらず、それら〔没時間的・理念的な〈意味〉及び〈価値〉とそれらの時間的・実在的な共同体の生活活動と〕は、概念的にはきわめて鋭く区別されなければならない。[10]

【国家的な生活活動の二重性格――①没時間的・理念的な精神の価値法則性と②時間的・実在的な国家の実定法】

もうひとつの〔方法的〕困難は、①精神の〔没時間的・理念的な〕〈価値法則性〉（die Wertgesetzlichkeit des Geistes）によっても、同じく②国家の〔時間的・実在的な〕実定法（das positive Recht des Staates）によってもまた設定される課題を果たす（履行する）（erfüllen）ものとしての国家的な生活活動の、二重性格（Doppelcharakter）に基づいている。これら〔①、②〕の両〈契機〉もまた、国家理論的な考察にとっては切り離しえない。国法（Staatsrecht）は、件《くだん》の諸々の精神法則的な可能性や課題の実定化（Positivierung jener geistesgesetzlichen Möglichkeiten und der Aufgaben）にすぎず、したがって、これら〔精神法則的な可能性や課題〕からのみ理解（verstehen）されうるにすぎないし、そして逆に、これら〔精神法則的な可能性や課題〕は、持続的かつ充分に果たされる（履行される（erfüllen））ためには、法的実定化（実定法化）（rechtliche Positivierung）を必要としている。したがって、一面では国家理論的な考察は、〔没時間的・理念的な〕本質存在に即した基礎（wesensmäßige Grundlage）の上に主要な重点を置き、そしてその〔そこからの〕推論諸結果（Folgerungen）としての〔時間的・実在的な〕国法秩序（staatsrechtliche Ordnung）に携わることになるであろう。〔他面では〕国法〔学〕的な考察は、逆にこの国法秩序をそれの本来的対象とするが、しかし、その〔没時間的・理念的な〕〈意味〉を正当に処しうる（gerecht werden können）ためには、それ〔時間的・実在的な国法秩序〕をかの国家理論的考察から導き出し（herleiten）、理解（verstehen）しようとするであろう。

【主権的意思団体（国家）の本質存在の活動現実態への持続的統合化】

国家の超経験的〔没時間的・理念的〕に〔使命・課題を〕課されている本質存在（das überempirisch aufgegebene Wesen des Staates）は、主権的意思団体（souveräner Willensverband）としてのその〔国家の本質存在の〕性格であり、そして、その〔国家の本質存在の〕活動現実態そのもの（Wirklichkeit als solche）への持続的な統合（化）

（Integration）であるとするならば、経験的〔時間的・実在的〕考察（empirische Betrachtung）の果たしうる仕事は、この〔国家の本質存在の〕活動現実化（Verwirklichung）の諸要因（Faktoren）を挙示（aufzeigen）することである。

【国家的な活動現実態の根拠づけの（経験的）諸類型——①人格的統合、②機能的統合、③事態的統合（事態内実と意味内実の統合）】

このような諸要因としてはっきり際立てられるのは、一面ではさまざまな種類（Art）の形式的諸事象（formale Vorgänge）であり、他面では多様をきわめる類型（Typus）の事態的諸内実（sachliche Gehalte）である[11]。これらの類型は、実在的〔時間的〕な生活活動の機能（reale Lebensfunktion）と理念的〔没時間的〕な〈意味内実〉（ideeller Sinngehalt）との、上で挙示された対立（Gegensatz）と取り違えられてはならない。というのは、これら〔の諸種類や諸類型〕は両方とも実在的〔時間的〕（real）だからである。ここで問題になるのは経験的〔時間的・実在的〕グループ分け（empirische Gruppierung）であり、この経験的グループ分けの中に活動現実態の個々の諸現象が純粋に区分け（還元）されてしまうことはないが、とはいえ、この経験的なグループ分けは、国家的な活動現実態の根拠づけの主要な諸類型をそれらの固有様式において登場させることを志向している。かの〔形式的〕諸事象の下では、①一面での特定の諸〈人格〉（Personen）に、最広義の「指導者（Führer）」に結びついている種類の〈統合〉〔〈人格的統合〉〕は、②他面でのその他の種類の〈機能的統合（funktionale Integration）〉とは区別されることになる。——③〈事態諸内実（Sachgehalte）〉と〈意味諸内実（Singehalte）〉として共同体を根拠づけ、かつ共同体を制約する、そういう諸内実のもっとも重要な類型は、諸事実〔行為結果〕（Tatsachen）に即しても、同じくまた諸課題（Aufgaben）に即しても、統合的に設定（zusammenstellen）されることになる。

【精神的・社会的な生活活動の構造類型：一回的統合と持続的統合：歴史的に変化する精神の諸構造】

その際、諸集団の総体を貫く構造諸類型（Strukturtypen）は、自明のものとして前提にされているはずである。

このような構造類型として国家的な生活活動においてとりわけ区別されなければならないのは、一面での一回かぎりの登場（das einmalige Auftreten）のそれら〔構造諸類型〕（一定の指導者人格、一回かぎりの運動、その内実を伴う一回かぎりの〈運命〉）と、他面での持続的な統合作用（die dauernde Integrationswirkung）のそれら〔構造諸類型〕とである。後者は再び、事実上存立するもの（地理的諸要因、歴史的に負荷されたもの（geschichtliche Belastung）や資質を与えられたもの（Qualifizierung）、そしてその諸契機の）の持続（Dauer）あるいは規範化する定立条規化（eine normierende Satzung）の持続でありうる。さらなる類型は、とりわけ歴史的に変化する精神の諸構造のそれである。例として挙げうるのは、コント（Comte）やスペンサー（Spencer）における三段階のそれ、ドイツ的理論（テンニエス（Tönnies）とかれから刺激を受けた者たち）における非合理的なものと合理的なものとのそれ、文化の差異化の諸段階（Differenzierungsstadien）（ディルタイ（Dilthey）とかれの学派、ジンメル（Simmel））のそれ、もっとも有名な個別的適用としては、カリスマ的（charismatisch）、伝統的（traditional）、合理的（rational）な支配類型（Herrschaftstypus）の区別（マックス・ヴェーバー[12]）である。さらには、構造類型には国家的統合の国民的（national）な特殊類型がある。例えばロマン〔ラテン〕的諸民族における、感性的な、視覚的、聴覚的、演劇的、修辞的、律動的、身体的な統合の優位（イギリス議会主義に対するフランス議会主義の対立[13]、あるいはファシズムの諸方法、こうしたことだけを指摘しておこう）——そして最後に、統合されるべき国家民族（Staatsvolk）の範囲から生ずる諸類型（大規模な民主制的大衆国家（demokratische Massengroßstaat）という統合類型への進歩）〔などをその例として挙げうるであろう〕。

【国家的な生活活動の構成要素としての意味内実という問題設定】

従来の国家理論的な文献は、こうした問題を設定しなかったし、それゆえにまた、こうした問題を扱わなかった。指導者制（Führlertum）についてのイデオロギーと社会学は、それが総じて学問（科学）性（Wissenschaftlichkeit）を要求するかぎりで、圧倒的に機械論的（mechanistisch）に考えられている。かくしてそれは、まさしくここで主張されている問題設定〔そのもの〕を考察することがない。国家諸機能についての教説は、国家の機能的統合（funktionelle Integration）を扱うことなく、三権力の法（権利）（das Recht der drei Gewalten）を扱っている。そして国家の〈意味内実（Sinngehalt）〉についての教説は、細心の問題設定にもかかわらず、[14]国家の正当化（Rechtfertigung）と国家の諸目的についての教説に解消され、かくして国家の生活活動の構成要素（Lebenskonstituente）としての〈意味内実〉の傍らを通り過ぎてしまう。

【国家的な生活活動の意味内実と統合に関する文献】

より多くの材料を含んでいるのは、記述に専心する政治的文献（beschreibende politische Literatur）である。とりわけそれがこの〔国家的な生活活動の構成要素としての〈意味内実〉という〕問題を、あるいはこの問題の諸部分を、それらの実践〔実際〕的な側面から――特にアングロサクソン的諸国家世界から――視野に入れているかぎりでそうである。ところで、この方向での諸研究にとっての豊富な宝庫は、今日、ファシズムについての文献である。こうした文献は閉じられた〔完結した〕国家学を与えようとはしていないとしても、国家の新たな生成や創成の、国家的な生活活動の、すなわち厳密にいえばここで統合〔化〕（Integration）として特徴づけられることの[15]諸々の道筋や可能性は、そうした文献の対象である。そして、そうした文献がここでなされた問題提起の観点の下で計画的に一貫してモデル化されるならば、豊かな成果がもたらされるであろうし、この成果の価値はファシスト的運動そのものの価値や未来からは独立したものであるであろう。

【ヴァイマール憲法起草者によって見逃された統合化する憲法体制の例証としてのビスマルク憲法体制】

新たな民族共同体や国家共同体（Volks- und Staatsgemeinschaft）の計画的構築の運動は無限の反省（unendliche

Reflexion）によって支えられているが、この運動において意識（自覚）されたものは、通常は無意識（無自覚）なものにとどまっていた。国家理論や国法学の沈黙は、それゆえに何ら驚くべきことではない。合理主義的科学は、意識（自覚）されたことや自然主義的思惟が捉えうるものだけを見ているにすぎない、そして、非合理主義的科学はここでは有機体理論の不可知論にはまり込んだままである。特筆すべきことであるが、ヴァイマール憲法起草者（憲法律制定者）（Verfassungsgesetzgeber）たちのような理論的出自を有する憲法起草者たちは、ここにある最初の憲法（体制）（Verfassung）問題を見逃してしまった。これに対して、ビスマルク憲法（体制）はなお示されることになろうが、統合（化）する憲法（体制）（integrierende Verfassung）のなるほど反省されていない例証であるにしても、しかし完全な例証である。

【精神の価値（規範）法則性の活動現実化としての個人と全体の精神的な生活活動の諸過程の客観的〈意味連関〉：価値（規範）法則性の事後的洞察を通じて自己帰還する精神】

ここで示唆されるべき精神的な生活活動諸事象（die geistigen Lebensvorgänge）は、個人（der Einzelne）の諸事象であると同時に全体（das Ganze）の諸事象であるが、主として（in der Hauptsache）それらはそれらの〈意味〉を完全には意識（自覚）することなく、経過（ablaufen）する。それゆえに、それら〔精神的な生活活動諸事象〕はやはり、ひとつの因果的法則性（kausale Gesetzlichkeit）への還元（Zurüchführung）を通じては説明（erklären）されえず、精神の価値法則性（Wertgesetzlichkeit des Geistes）の活動現実化（Verwirklichung）として、それらの〈意味連関〉（Sinnzusammenhang）の秩序の中へ組み入れること（Einordnung）を通じてのみ理解（verstehen）されうる。[16] 生成する〈精神〉（der werdende Geist）は、その発展を励起するもの（Entwicklungsregungen）がいかなる〈意味（Sinn）〉を有するのか、これを知らないし、成長し来った〈精神〉（der erwachsene Geist）は、「理性の狡知（List der Vernunft）」ゆえに、いかなる文化的諸連関の中にその活動（Tätigkeit）が入り込んで作用（hineinwirken）しているのか、これを知らない。[17] にもかかわらずそれらが理解されるのは、それらの意識からではなく、それらの客観的・精神的な諸連関からである――〈精神〉は、〈精神〉の後の段階においてこそ、〔ひとつの規範と価値の法則性である〕そうしたその〔〈精神〉の〕固有の法則性の洞察を通じて、自己自身に帰還（zu sich selbst kommen）するのである。

【活動現実態の統合事象の諸契機としての統合（化）の三類型】

三つの統合類型（Integrationstypen）についての以下の展望は、最初のそして暫定的な試みにすぎない。とりわけここで基礎におかれている三区分は、実践（実際）的な理由からのみ選ばれているにすぎない。個々の諸類型の下で詳論された諸現象は、しかるべき〔それらに属する〕材料を汲み尽くしていないし、例証として考えられているにすぎない。

これらの例証についても、結局のところ、純粋にその下でそれ〔その例証〕が詳論されている類型だけに属しているという意味における例証は存在しない。事態的内実（ein sachliches Gehalt）の名における、あるいは事態的目標のための、集団や指導の運動ではないであろう、そういう指導（Führung）は存在しない。能動的、指導的、受動的な関与者たち（Beteiligte）を含まなかった、事態的な〈意味〉あるいは〈目的〉を欠いているであろうそういう集団形成的な運動（Bewegung）は存在しない。そして、指導や動かされた集団的な生活活動、これらを欠く〈意味〉あるいは〈目的〉の活動現実化（Sinn- oder Zweckverwirklichung）は存在しない。活動現実態（Wirklichkeit）のあらゆる統合（化）事象はすべてのこれらの諸契機を含んでおり、そして、せいぜいのところ、主としてそれらのひとつを通じて性格づけられているという留保を付してのみ、諸々の統合（化）類型とそれに包摂される個々のケースを以下のようにそれぞれ他から切り離して取り上げること（Isolierung）が図られている。

第五章　人格的統合（Persönliche Integration）

【人格的統合：政治家の指導とその中で体現された民族意思の相互作用——集団的な生活活動における指導と被指導のそれぞれの自発性と生産性の相互作用】

諸人格による統合（die Integration durch Personen）は、とりわけ「指導〔制〕（Führertum）」[1]の社会学やイデオロギーにおいて、文献的に大抵扱われている統合類型である。諸人格による統合〔類型〕が〔他の統合諸類型に対して〕優先的地位を占めうるのは、いずれにしても、それが活動現実的な意義を有するからだけでなく、同時にそれが実践（実際）的かつ理論的な諸々の誤謬（Irrtümer）を帯びるからである。〔人格的統合類型の優位が〕こうした諸々の実践（実際）的な誤謬であるのは、とりわけ、〔第一次〕世界大戦の敗者たちにおいて、「指導者（Führer）」を求める叫びが自分自身の無力感、拠り所の欠如、途方にくれた有様、これらの表現であったかぎりにおいてであり[2]、こうした状態から、〔かれら敗者たちを〕次第に解放しえたのは、個人の天才であるだけではなく、もっぱら①この政治家の指導（staatsmännliche Führung）と、②改善される諸々の政治的可能性の下でこの指導において体現された民族意思（Volkswille）がますます堅固なものとなっていったこと、これら〔①、②〕両者の相互作用であるからである。自由主義的思惟（liberales Denken）は、あるいはH・プロイス（Hugo Preuß）ならそう述べるであろうように、官憲国家的思惟（obrigkeitsstaatliches Denken）は、国家的指導（die staatliche Führung）の問題を、指導者たち（die Führer）の中にのみ追求し、すくなくとも同じようには、指導されるべき者たち（die zu Führenden）の中には追求しない。指導される者（被指導者）たち（die Geführten）を、ひとつの力が外から作用する（物理的意味で）惰性的大衆（träge Masse）として考察することにおいて、理論的にそれ（自由主義的思惟）は作用（sich auswirken）しているのである。(3)——こうした機械論的思惟（ein mechanistisches Denken）は、指導される者（被指導者）たちにもまた必然的な自発性や生産性（Spontaneität und Produktivität）があることを見逃してしまう。なるほど、かれら〔被指導者たち〕は集団の生活活動（Gruppenleben）へと〔活動すべく〕励起（刺激）（anregen）されるが、しかし、ほどなくこの集団の生活活動をかれら固有の生活活動として営むのである。こうした生活活動の〈体験（Erleben）〉においては、指導者は唯一の力ではなく、そして、かれら〔被指導者たち〕自身は受動的に押し動かされる者たち（passive Geschobene）ではない。そうではなく、そうした〈体験〉においてはかれら〔被指導者たち〕自身は生き生きと生活活動を営み、そして指導者たちは、かれら〔被指導者たち〕において社会的かつ精神的に生き生きと活動的（能動的）に生成するものの生活活動形式（Lebensform der sozial und geistig in ihnen lebendig und aktiv Werdenden）なのである。(4)こうした見解だけが理論的には精神的な生活活動一般の基本構造に対応しており、そして実践的には、政治的呪術師（der politische Zauberer）にすべてを期待し、そしてそれゆえに民族同胞（Volksgenosse）には何も要求しない、指導者イデオロギーの〔被指導者たちから〕活力を奪う受動性（lähmende Passivität）から〔被指導者たちを〕解放する。

【精神的な生活活動、文化的共同意思の形成と規範化：持続的な指導と被指導なしには存在しない一般的な〈法（権利）の確信（信憑）〉の形成と前進的な生活活動】

指導（Führung）なしには、いかなる精神的な生活活動も存在しない——〔すなわち〕すくなくとも、文化的な共同意思の形成と規範化（Bildung und Normierung von kulturellen Gemeinwillen）の領域においては、それ〔精神的な生活活動〕は〔指導なしには〕ほとんど存在しない。一般的な〈法（権利）の確信（信憑）〉の形成と前進的な生活活動（die Bildung und das Fortleben einer allgemeinen Rechtsüberzeugung）のような、見たところきわめて同胞的

（協同的）な機能《はたらき》（genossenschaftliche Funktion）は、より詳しく探究すれば、ひとつの持続的な指導と被指導（ein dauerndes Führen und Geführtwerden）であることが判明する。(5) 国家的な生活活動においてはこの現象はとりわけ明瞭であり、そして多様な形姿をとっている（vielgestaltig sein）。それゆえに、ここでもっとも重要な諸類型についての概観を試みることは決してできない。わたしの見るかぎり、従来の理論によっていまだ十分には解明されていないあらゆる国家的な指導（staatliche Führung）に一貫して共通する本質を、以下において展開してみよう。

【指導者の二つの課題：①技術的機能――内政・外政の政策の技術的な立案・遂行、②多数派・政治集団の結集――国家民族（国民）の国家統合】

機械論的な指導者イデオロギーは、指導者の中に内政もしくは外政に係わる客体（客観）化された目的設定及び目的実現の技術者（Techniker）しか見ないが、こうした指導者イデオロギーが退けられることはすでに示唆したところである。しかし、こうした技術者はいつも同時に、第二の課題（任務）を有している。すなわち、これらの事柄に即した諸機能（職務）（sachliche Funktionen）において、それらの技術的な成功はともあれ、自分がかれによって〈指導される者たち（Geführten）〉の〈指導者（Führer）〉であるということを証明（bewähren）するという、第二の課題（任務）を有している。このことは政党幹部（Parteifunktionär）、ジャーナリスト、議院内閣制における大臣において、きわめて明瞭なことである。かれらはかれらの選挙人、読者等々を、もはや後ろ盾にしなくなる（nicht mehr hinter sich haben）や否や、たちまち失墜させられることになる。だから、かれらが使命として職業的に果たさなければならないこと（Berufsleistung）は、とりわけ、かれらを後ろで支えている政治的な諸集団をまとめて保持（zusammenhalten）しておくことである。議院内閣制（parlamentarische Kabinettsregierung）においては、こうした類型は最上位の立憲制度（Verfassungseinrichtung）にまで高められている。内閣（das Kabinett）は、統治と行政（Regierung und Verwaltung）に係わるその技術的諸履行はともかく、議会の多数派をまとめて指導

（zusammenführen）し、そしてまとめて保持〔統合〕（zusamenhalten）し、かくして――後で解明される機能的統合様式（funktionelle Integrationsweisen）によって媒介されて――国家市民（公民）（Staatsbürger）の一部分を統治的連携（eine regierende Koalition）にまで統合（integrieren）することになるだけでなく、国家民族（国民）全体（das ganze Staatsvolk）を国家的統一体（die staatliche Einheit）にまで統合することになる。(6)

【国家指導者の人格的国家統合：国家民族の統一性・国家民族統合の自己意識を体現し、国家共同体の諸価値の歴史的ストックを象徴する君主固有の人格性：技術的機能とは異なる人格的統合機能】

ところで、確固として「〔その地位・職務に〕任用されている」国家幹部（指導者）（die fest „angestellte" staatliche Funktionäre）の課題（任務）は、本質的に異なる種類のものではない。もっともわかりやすい例証は、君主制（Monarchie）のそれである。統帥（Heerführung）や内政と外政に関するその技術的な諸長所（卓越）（Vorzüge）、そして政治家や将軍（Staatsmänner und Heerführer）であった王たちの諸長所（卓越）、あるいはそうでなければ、その技術的な諸短所（欠陥）（Mängel）、そしてこれらの任務（課題）を果たしえなかった君主たちの諸短所（欠陥）――こうした諸々の〔君主制の〕技術的な長所や短所を枚挙することを以て君主制が説明されたり、正当化されたり、あるいは退けられたりするならば、こうしたことはまた、その〔君主制の〕本質の機械論的で不十分な把捉〔理解〕である。歴史的な実例を挙げるならば、君主が果たすべき課題（任務）の〈意味〉のこうした誤解のきわめて衝撃的な事例は、〔ドイツ第二帝国第二代皇帝〕ヴィルヘルム二世〔在位一八八八―一九一八年〕の統治様式である。かれの統治様式は、最上位の国家指導（Staatsleitung）の技術的な諸履行を支配者の人格的諸力を以て強引に無理押しすること（Bewältigung）――このことは君主にとって恣意的（fakultativ）なことであり、しかも今日ではかつて以上に疑わしいことであるが――の中に、すなわち不可避の素人芸（Dilettieren）の中に解消されてしまい、そしてそれどころか、〔かれの統治様式は〕固有の人格において、民族全体（das Volksganze）を体現（verkörpern）

し、統合（integrieren）するという〔君主制に〕不可欠の課題（任務）を、まったく見過ごしてしまったのである。国家民族の統一性（die Einheit des Staatsvolks）を「再現前化（repräsentieren）」あるいは「体現化（verkörpern）」することと、すなわち〔人格的というよりも〕むしろ事態的かつ機能的な〔統合〕類型における国旗、紋章、国歌がそうであるような、そうした国家民族の統一性のためのひとつの象徴（Symbol）であること――これが、多かれ少なかれ、あらゆる国家元首（Staatshaupt）の地位の意味なのである。[7] しかしながら、こうした〔国家民族の〕統一性そのものは、ここではいくらか可視化され、標示され、記憶の中に呼び起こされているにすぎないであろう固定的なもの、静的なものではない。そうではなく、この〔国家民族の〕統一性は、精神的な活動現実態（Wirklichkeit）として、精神的な生活活動の絶えざる流動の中でのみ、生活活動を営んでいる（leben）にすぎず、そして、特徴（標識）づけられた類のすべての「再現前化（Repräsentationen）」、「体現化（Verkörperungen）」、象徴（Symbole）は、この絶えず前進的に更新される体験（Erlebnis）のための、確固としたものとなった諸励起〔活気を与えるもの〕（Anregungen）であり、諸形式（Formen）である。君主制的な統合（Integration）の特殊性[8]は次の点に存する。すなわち正統的君主（der legitime Monarch）は、とりわけ国家的共同体の諸価値（staatliche Gemeinschaftswerte）の歴史的ストック（Bestand）を象徴化（symbolisieren）し、したがって同時に事柄に即した諸価値による統合（Integration durch sachliche Werte）のひとつの事例を呈示するという点に。かれ〔正統的君主〕はここでは、例えば共和制（Republik）においては大抵、テル（Tell）やヴィンケルリート（Winkelried）[9]のような物語的〔歴史的〕（geschichtlich）な、あるいはそれどころか神話的（mythisch）な人物（Figuren）たちだけが果たしうる役割を演じる。主権者への歓呼（die Ovation für den Souverän）は、こうした人格の尊崇（Ehrung dieser Person）というよりも、むしろ「統一的な国家民族の自己意識（Selbstbewußtseins eines einheitlichen Staatsvolkes）」のひとつの能動的行為（ein Akt）[10]、より厳密にいえば、トーマス・マン（Thomas Mann）が性格づけたように、この自己意識のひとつのアクチュアル（活動現実）化（顕在化）（Aktualisierung）、この自己意識の自己直観（Selbstanschauung）の更新化（Erneuerung）である。[11] そして、これに応じて国家頂点（Staatsspitze）における人格性（Persönlickeit）の課題（任務）は、技術的な類のものではなく、なによりもまず特定の国家的業務（Staatliche Geschäfte）の領域に存するのではなく、人格性の本質と態度（Wesen und Haltung der Persönlichkeit）に存するのである。〔ヴィルヘルム二世におけるように〕かれらの本質からして統合する機能（職務）（integrierende Funktion）には相応しくない諸人格（Personen）が存在する[12]――この〔統合機能を果たすという〕任務（課題）とは一致しがたい諸態度（Haltungen）が存在する[13]――〔のであるが、まさに〕ここで、技術的な機能（職務）（technische Funktion）と統合する人格的な機能（職務）（integrierende persönliche Funktion）との対立が、とりわけはっきりする。

【君主制的人格性の統合効果――国家民族の賦活化と形象化】

その際、君主制的人格性の統合効果（die integrierende Wirksamkeit）は、ときにはむしろ伝承された政治的内実の制度的体現化（die institutionelle Verkörperung des überlieferten politischen Gehalts）に解消されうるし、ときにはこの内実を創出し、あるいはさらに形成しうる。その統合効果は、そこでは絶えず規定的（限定的）に（bestimmend）、統合的に（integrierend）、政治的な生活活動へと、国家同胞（同志）たちに対して励起的（anregend）に作用する〔活気を与える〕。――創造的な人格性の事例においては、この統合化作用はあらゆる個人を賦活化（beleben）するだけでなく、形象化（gestalten）する。老シュレーツァー（der alte Schlözer）はきわめて鋭敏にこのことを見ていた。「鷲のフリードリヒの両眼が閉じたことで、六〇〇万人の形象（形姿）が変換される〔プロイセン人のたたずまい（性格）が変えられる〕（„Zwei Augen, Friedrichs des Adlers, schließen sich; und sechs Millionen Menschen werden umgestaltet“[14]）」。

【官僚制における統合的人格：技術的活動と統合的活動を切り離せない精神的活動：行政官僚と司法官僚におけ

る技術的機能と公共的精神】

国家のための〈統合〉的活動と〈技術〉的活動（integrierende und technische Tätigkeit）との対立にもかかわらず、行政（Verwaltung）と司法（Justiz）における官僚制（Bürokratie）もまた、統合する諸人格（die integrierenden Personen）の圏域（Kreis）に属する。合理主義以来、あまつさえマックス・ヴェーバーの〔官僚制についての〕輝かしい諸々の描出（叙述）（Schilderungen）以来、ここには〔官僚制については〕行政の中に合理的機械（rationelle Maschine）だけを、その官僚たち（Beamten）の中にかれらの〈技術〉的職能（technischer Funktionär）だけを見ている、そうした克服され難い偏見が存する。(15) なるほどこうした性格づけにおいては、政治家の活動や人格性（staatsmännliche Tätigkeit und Persönlichkeit）の本質〔と官僚のそれ〕との対立がくっきり表現されている。しかしながら、いかなる精神的活動（geistige Tätigkeit）も、その本質からして〔その活動における〈技術〉と〈統合〉との両アスペクトが〕遊離化されていることはありえないし、あまつさえ社会的全体（das gesellschaftliche Ganze）の名において行われるそれは遊離化されていることはありえないが、このことは見逃されるのである。判事（Richter）や行政官僚（Verwaltungsbeamte）は、〈魂を欠く存在（être inanimé）〉ではないばかりでなく、精神的存在としても社会的（sozial）である。かれの活動は、ひとつの精神的全体（ein geistiges Ganze）の内部のひとつの機能（職務）（Funktion）であり、この全体から限定され、この全体を志向し、そして本質（存在）を限定しながら（wesensbestimmend）全体へと環帰する（zurückwirken）。例えば公僕（公務員）の倫理（die Ethik des öffentlichen Dienstes）は、自分の任務（課題）を正確に（korrekt）履行するだけでなく、公共圏（Publikum）〔ここでは、公務員と公民とが共有する世界〕の精神からもまた、この公共圏の友として履行することを、官僚の胸に刻み込ませるとするならば、この公僕（公務員）の倫理は、これに伴って何ら特別なことも超特権的なことも要求することなく、一定の色合いを帯びたこの即自的に自明かつ不可避的な境位（Element）〔固有の活動の場〕を要請しているにすぎない。したがって、公（共）的活動（öffentliche Tätigkeit）は、あらゆる事情の下で〔公務員と公民とが互いに〕影響を受けつつ、かつ影響を与えながら、活動的な職員（公務員）（tätige Funktionäre）の圏域（Kreis）と、「公共圏（„Publikum"）」と、流動的な関係にあるのである。このような官僚が自分の活動を、修正（監査）のおそれのない（revisionssicher）判断の、エレガントな業務処理ないし無感覚な書類処理の、単なる技術の中に見ているとすれば、それは誤りである。というのも、かれは自分の活動によって、かれの回りに存在し、かれに影響を与えている、そしてかれがかれなりにあらゆる種類の判断、配慮、行政を通じて内容と方向付けを与えながら形象化している、そうした一定の〔公共圏の〕精神を、活動現実化（verwiklichen）しているからである。そのかぎりで、「ブルジョア的」判事たちに対する〔正義・公正を求める〕社会主義的批判は、すなわちそれを文字通り代表しているのが「司直（司法）（„Justiz"）」〔という言葉〕〔Justiz は、語源的には、iustitia（正義・公正）を意味している〕であるそういう思惟様式(16)は、その理論的な基本見解において不当ではない。公的諸機能（職務）の理論〔行政学〕については、将来の官僚たちの実践的教育についてと同様に、この点でいまだ十分には取り組まれていない課題がある。

【官僚の統合的人格類型の特殊性：官僚と政治家・国家指導者】

いずれにしても、〔官僚の〕こうした統合的作用（integrierende Wirkung）は、その第一の課題ではなく、技術的な国家業務（technische Staatstätigkeit）を事柄に即して限定された形で履行するという官僚の本来的な課題の背後に退いているのであるが――このことは、統合的諸人格（integrierende Personen）の自余の類型から、官僚〔の統合的人格類型〕を区別している。これに対して、とりわけ件《くだん》の統合的諸機能（職務）を天職（使命）としている者たち（jene vorzugsweise zu integrierenden Funktionen Berufenen）（国家指導者や政治家）は、本来的な政治的職務（politische Funktionäre）の圏域を形成している。

【国家共同体の本質規定としての統合：当代の内政・外政の政策の性格と国家民族の統合の性格とを規定する国

家指導者の人格】

――ここでいたるところで問題になっている国家的共同体の統合的な本質規定（die integrierende Wesensbestimmung der staatlichen Gemeinschaft）は、もちろん自国の国家民族（国民）にとっての内政的それであるだけでなく、外国に対する外政的なそれでもある。一内閣は、それがもはや多数派（Mehrheit）を有しないがゆえに、すなわちもはやそれが国家民族（国民）の充分に効果的な内政的本質規定の力を有しないがゆえに、失墜させられることがありうる。――しかしまた一内閣は、それがその外交政策を継続しえず、そしてそのさらなる継続を後継者に委ねざるをえないがゆえに、退くこともありうる。〔内閣の〕こうした退陣の必然性を、マックス・ヴェーバーは不当にも、支配するかあるいは消え去るしかできず服従することができない権力的人間としての指導者（Führer als Machtmenschen）の個人心理学から、そしてこれから帰結する個人倫理（Individualethik）から説明した[17]。しかしながら実際には、〔内政・外政の〕両ケースにおいて指導的な政治家たち（die führenden Staatsmänner）が退く（消え去る）のは、かれらはまさしくかれら自身をかれらの政策（Politik）と同一視したので他の政策はかれらには期待されえないであろうし、また要求されえないであろう――官僚はたしかにまた別様にもなしうるに違いないのであるが――〔ということ〕からではない。そうではなく、かれらはまさしく国家全体のその時代の性格を統合的に規定し、かれらの〔内外の〕政策に伴って、そこにおいて国家民族（国民）そのものが政治的に一つであるということの標識であるので、対内的ないし対外的な政策の性格の転換は、かれらの指導者的地位がこうした性格を従来規定し、国家民族（国民）をこうした政策に固定化し、従来こうした綱領の意味において統合してきた諸人格の転換としてのみ可能であるからである。

【人格的統合と事態的統合の不可避的関連】

――ここではいたるところで、人格的な統合（personale Integration）と事態的な統合（sachliche Integration）の、あらゆる理論的分離にもかかわらず不可避的な関連がはっきりする。諸王あるいは指導的な政治家たちを通じての統合は、同時により歴史的に持続的な――あるいはより果敢《はか》ない――国家的・政治的な事態内実（Sachgehalt）を通じての統合である。

【機関概念の国家理論への精神科学的な適用可能性】

述べられたことからすれば、国家諸機関（Staatsorganen）についての従来の教説は、少なくともそれが国家理論的な教説として表されるかぎり、諸々の深刻な置き換え（Umstellungen）を必要としている。一個の法学的な概念技術として〈機関〉概念（der Organbegriff）は、そこでのその通常の適用において不可欠である。この概念がそこから手短に、そしてより詳細な検証なしに国家学の中へ移し入れられるならば、それ〔この概念〕は、ここではまったく当然ながら、法学（Jurisprudenz）以外の何ものでもない国家理論についてのケルゼンの判断の下に属してしまう。いずれにしても、〈機関〉についてのその〔ケルゼンの〕教説は、多かれ少なかれ同時に機械論的な思惟（mechanistisches Denken）によって担われているが、こうした機械論的な思惟は、国家を実体的・目的論〔目的合理〕的な全体（substanzielles, teleologisches Ganzes）として理解し、こうした諸目的に奉仕して、そのために必要な諸道具（Werkzeuge）を自らに創作する。[18]このような諸々な誤謬への傾向の中に国家理論にとってのこの〔機関〕概念の危険性がある。けだし、この概念が国家理論のために依然として適用可能であり続けるのは、ここ〔本著〕で主張される一般的な精神科学的な概念形成の諸境界（限界）（Grenzen）においてのみにすぎないからである。

第六章　機能的統合（Funktionelle Integration）

【人間共同体の生活活動における統合化する諸々の機能あるいは手続き様式：人格と機能の綜合的相関】

統合化する諸人格（die integrierenden Personen）と並んで――事態内実（Sachgehalt）とは対立して――あらゆる種類の人間共同体の生活活動における第二の形式的契機は、統合化する諸機能ないし手続き様式（die integrierenden Funktionen oder Verfahrensweisen）、集合（集団）化する生活活動の諸形式（die kollektivierenden Lebensformen）である。これら〔二つの統合化する形式的諸契機としての人格と機能〕は、わたしの見るかぎり、従来の文献においては〔両契機をまとめて〕綜合化（統合）する形では（zusammenfassend）扱われてこなかった。ここできわめて価値のある予備的仕事を果たしたのは社会心理学（Sozialpsychologie）である。これに対して、国家の諸機能についての法学の影響をうけた教説（die juristisch beeinflußte Lehre）は、ここでもまたこの〔人格的統合と機能的統合との相関という〕問題を見過ごしている。

以下で試みられるのは、対象を汲み尽くすことではなく、あるいはまた体系化することでもなく、ただ対象を若干の特に重要な例証において可視（直観）化（anschaulich machen）することである。

【共同体と個人のそれぞれの生活活動において共通する精神的内実：共通の精神的内実の体験：共同的活動の律動――国家の創出と維持】

その際いたるところで問題として取り上げる諸事象――これらの意味（Sinn）はひとつの社会的綜合（eine soziale Synthese）である(1)――は、共同体（Gemeinschaft）と、同じくそれに関与する個人（der beteiligte Einzelne）

との、高められた生活活動の二重の作用（Doppelwirkungen des gesteigerten Lebens））を伴って、何らかの精神的内実を共同（共通）化（gemeinsam machen）しようとし、あるいは、その共同（共通）性の〈体験〉（das Erlebnis seiner Gemeinsamkeit）を強化しようとする。こうした事象（過程）そのものは、即自的に（そのまま）感覚的な領域上にありうるし、精神的内実に随伴（begleiten）し、それを励起（anregen）し（活気づけ）、象徴化（symbolisieren）しうる。もっとも知られた例は、「労働と律動《リズム》（Arbeit und Rhythmus）」に関するカール・ビューヒャー（Karl Bücher）の有名な研究以来、共同活動の聴覚的ないし起動的な律動（der akustische oder motorische Rhythmus gemeisamer Tätigkeit）である。軍隊の行進やデモ行進における律動は、身体的運動に直接的には参加しない人たちを心的に関係づけることへの最広義における示威的作用（demonstrierende Wirkung）ゆえに、さしあたり身体を動かされる人たち自身を〈統合〉しながら統括（integrierende Zusammenfassung）する手段として、国家的な生活活動において応用される。かくしてF・v・ヴィーザー（Wieser）は、権力諸団体と権力を創出すること（それとともに、国家の創出と維持）を、感情や意思（Gefühl und Wollen）のまさしく軍隊的な同一歩調（Gleichtritt）に大衆を同調させることとして描き出した。(2) このことは、ファシズムや国旗の黒・赤・金〔ヴァイマール共和国期〕の時代における一面では活動現実態（Wirklichkeit）（その諸々の影響を含めて）の事柄に即した記述であり、一面では的確な象徴化（Symbolisierung）である。

【感覚的かつ精神的な統合過程の例証】

一面では感覚的（sinnlich）な、一面では精神的（geistig）な、統合諸事象（過程）の――おそらく構成されたにすぎない――ひとつ例証として挙げられるのは、ヘルパハ（Hellpach）の「工場での集団的作業（Gruppenfabrikation）」の例証、すなわち、労働者が生産過程全体を感覚的かつ精神的に見渡すこと（Überblick）を可能にすることを通じて、この過程に関与する者たちをひとつの精神的統一性へとまとめて統括〔統合〕すること、そして、このことを通じて同時に、個人の内的関与と実際的な作業業績とを高めること、こうした思想（Gedanke）の例証である。(3)舞踏や体操の様式哲学（Modephilosophie）のことはともかく、宗教学、典礼学（Liturgik）、美学、ニーチェから出発する諸提案の、こうしたことに該当する諸問題が想起されるだけでよい。

純粋に精神的な統合様式として、暫定的に選挙（Wahlen）と票決（Abstimmungen）を上げておこう。それらの意義は、特別な国家的統合問題との関連においてのみ呈示されうるにすぎない。

【共同体の〈事態内実〉を構成する〈意味内実〉の統合化的な創出・更新過程：国家的生活活動・国家的意思共同体における〈意思形成〉の諸事象】

一定の共同体類型の統合化する諸事象の特殊性は、次のことによって与えられている。すなわち、これらの諸事象は、大抵、共同体の事態的内容を構成している〈意味内実（Sinngehalt）〉の産出化（Produktion）、アクチュアル（活動現実・顕在）化（Aktualisierung）、更新化（Erneuerung）、さらなる形成化（Weiterbildung）の諸過程であるということによって。したがって、とりわけ国家的な生活活動においては、〈意思形成（Willensbildung）〉の諸事象が存在するのである。とにかく、法学的考察の意味においてではなく、したがって法的に顕著な、最広義での法実務的（rechtgeschäftlich）な〈意思形成〉の意味においてではなく、いずれにしてももっぱらそういう意味においてではなく、〈意思団体（Willensverband）〉一般としての国家共同体のいつも新たな政治（政策）（Politik）の意味において、したがって生活活動の諸表現（外在化）（Lebensäußerungen）と諸成果（Leistungen）にとっての、とりわけまた国家的な〈意思共同体〉（staatliche Willensgemeinschaft）のかの法実務的な作業遂行にとっての、諸前提の持続的な作出（Herstellung der Voraussetzungen）という意味において。

【〈支配〉の基礎に潜む〈契約〉：共同体を根拠づける価値・秩序（正当性）によって規定されている統合形式と

しての〈支配〉：精神の社会的価値法則性が作用する統合諸形式としての契約、票決、多数決原理：〈闘争〉を解消して統一性を回復させる多数決原理】

――〔近代〕自然法論（Naturrechtslehre）は、〈支配（Herrschaft）〉ではなく、〈契約（Vertrag）〉をその国家理論の基礎を成す社会学的カテゴリーにしたが、そうした自然法論は、合理主義的個人主義からそうしただけでなく、持続的な法（権利）（das dauernde Recht）を以てそうしたのである。[4] すなわち、〈支配〉はとりわけマックス・ヴェーバーが示したように、社会的現象としては決して最終的なものではなく、いつも〈正当化〉を必要とし（legitimierungsbedürftig）、同時にその本質において、まさしくこの〈正当性（Legitimität）〉によって限定（規定）（bestimmen）されている。[5]〈支配〉の背後にはいつも、そこから〈支配〉が導き出される他の諸々の〈価値〉や〈秩序〉が、あるいはここで用いられている言語を使えば、その内部で〈支配〉が行われうる一共同体をすでに根拠づけていた、そして持続的にさらに根拠づける、そういう統合化する諸要因（Faktoren）が潜んでいる。それゆえに、主として支配的な国家類型もまた、諸々の〈価値〉や〈秩序〉の主として事態的・静的（sachlich- statisch）なひとつの世界を前提にしている。こうした世界の名において、そしてこうした世界を通じて、正当的にこの〈支配〉は行使されうるからである。[6] これ（〈正当化された支配〉）に対して、〈契約〉、〈票決（Abstimmung）〉、〈多数決原理（Mehrheitsprinzip）〉は、より単純かつより本源的な統合諸形式（Integrationsformen）である。[7] これらにおいては、精神の社会的〈価値法則性〉（die soziale Wertgesetzlichkeit）は、もっとも直接的に作用する。それらは、それらが決着をつける（zu Ende bringen）〈闘争（Kampf）〉に基づいている。――それらがそうなし（決着をつけ）うるかどうかは、統合傾向を伴うこうした〈闘争〉の特殊な様式次第である。[8] 形式を欠く（formloses）〈合意原理（Einstimmigkeitsprinzip）〉や形式化（formalisieren）された〈多数決原理〉[9] は、このような諸〈闘争〉に決着をつける諸形式（Endigungsformen）であり、そして、ひとが〈多数決原理〉の中に、もっぱら〈意思〉が〈共同体〉へと合理的に作用すること（eine rationale Auswirkung des Willens zur Gemeinschaft）[10]を、あるいはもっぱら多数（決）意思の〈正当性〉（die Richtigkeit des Mehrheitswillens）への今日失われている信仰の沈殿物を見るのであれば、〈多数決原理〉はまったく誤解されるのである。[11]〈多数決原理〉が歴史的に成立したのは、一集団の内部において〈闘争〉を形式化（formalisieren）することとしてであり、そして〔〈多数派〉による〕〈少数派〉の――形式化されることなく、大抵はまさに物理的な――圧倒を形式化することとしてである。[12]けだし、その一集団は、共通の〈価値専有（Wertbesitz）〉を通じて、そしてとりわけこの〈闘争〉のために、〈闘争〉の諸規則を通じて、まとめて保持（統括・統合）（zusammenhalten）され、そしてこの〈闘争〉において諸々の緊張の解消へと高められた統一性（Einheit）を獲得しようとするからである。内政的諸〈闘争〉の決着（Austrage）に際しての〈体験〉は、健全な政治的諸関係にあっては、緊張の心地よい解消の〈体験〉、カタルシス（浄化）（Katharsis）の〈体験〉であり、ゲーム（勝負）の終了（Ausgang eines Spieles）に際してのそれに似ている。[13]〔しかし〕こうした心地よいカタルシス的作用のより深層にある根拠は、事態に即した正確な成果（Ergebnis）を介しての満足や形式的な統一性の作出や保持を介しての充足には依存していない。決着（Austrag）は共同体を統合する本質的な生活儀礼（wesentlicher integrierender Lebensakt der Gemeinschaft）であり、それゆえに同時に、決着が多数派を利して、あるいは少数派を利して成立するのか、これには関係なく個人の生活感情（Lebensgefühl）を〔実質的に〕高めるのである。[14]

【議会主義の本質に関するC・シュミットとR・トーマの論争】

ここで扱われている〔国家共同体の機能的統合〕問題は、近年のもっとも魅力的で教えるところのある国家理論的な諸論争のうちの一つ、すなわち議会主義（Parlamentarimus）の本質に関するC・シュミット（C. Schmitt）とR・トーマ（R. Thoma）との間の論争が本来的に対象にしていることである。[15]この問題はここでその問われていることの本来的な核心を成しているが、〔にもかかわらず〕両論争者のいずれからも、他の諸々の理由からして、認識されていない。

【議会主義の理念・イデオロギーが崩壊しても、その統合機能は存続しうる議会制度：フランスとドイツにおける議会イデオロギーの機能的差異】

C・シュミットに従うならば、一九世紀に発展したような〈議会（das Parlament）〉は、その従来の基礎とその意味を失ってしまった。なぜならば、〈議会〔主義〕〉の「理念」、「原理」は、すなわち〈公開性（公共性）（Öffentlichkeit）〉と〈討論（Diskussion）〉の諸原理と、これらに結びつけられた真実性と公正性（正義）（Wahrheit und Gerechtigkeit）とを保証するものであるが、これらは今日、政治的現実においてと同じく政治的信仰において死滅してしまったからである。[16] トーマの（根拠づけが不十分ではあるが）正当な説明によれば、こうした〔シュミットの〕演繹は、あまりにもイデオロギー的で文学的なものである。実際のところ、ひとつの〈制度（Institution）〉〔議会制〕の成否は、そのイデオロギー次第ではなく、C・シュミット自身がその活力、実体、力（Vitalität, Substanz, Kraft）として標識づけたもの次第である。[17] しかし、後者は前者と同一のものではない。そして、まさしく合理主義は、このような政治的な力（Kraft）を諸々の抽象的で合理的な諸イデオロギーの概念的な形姿で捉えることに、[18] すなわちわれわれの事例においては、ひとつの政治的〈統合体系〉を究極の抽象的な諸〈価値〉を実現する機械論的・目的論〔目的合理〕的なメカニズムとして合理化（rationalisieren）することに、傾いている。ここではイデオロギーは崩壊しうるし、そして〈統合〉は存続しうる。フランスでは、〈議会〔制〕〉のイデオロギーは実践的経験に屈していたのと同じく、とっくにこの国のユニークな政治風刺的力に屈していたが、しかし〈議会〔制〕〉は命脈を保っている。なぜならば、〈議会〔制〕〉は依然としてなお、一定の感覚的に見通す能力（sinnliche Übersichtlichkeit）と政治的諸事象の修辞的・演劇的な弁証法とに習熟したロマン〔主義〕的なブルジョアジーに相応しい政治的〈統合形式〉だからである。[19]――〔フランスに対して、ある意味ではむしろ〕より強力に民主〔制〕化された〔社会層の平準化がより進んだ〕ドイツでは、新聞を購読する限られたブルジョアジーが計算に入れられた〈統合様式〉は、うまく作動していない。ここ〔ドイツ〕では、本源的なイデオロギーはおそらく〔社会の〕構造転換において不必要な〔無くて済む〕ものになりかねない〈統合〉の一契機にすぎないのである。――〔別様にいえば、ドイツでは〕イデオロギーがもっぱら有している意義深さ（Bedeutsamkeit）への信仰は、合理主義（Rationalismus）あるいは（C・シュミットにおけるような）概念実在論（Begriffsrealismus）なのである。[20]

【ヴェーバー及びトーマにおける精神科学的な最上位の思惟範疇としての（業務目的としての）〈技術〉と（統合化する）〈制度〉の混同】

したがって、C・シュミットによる「議会国家（Parlamentsstaat）の（ただもっぱら）精神史な死の宣言」[21]に対するトーマの批判に根拠がないわけではないとすれば、シュミットの反批判は、それ〔その反批判〕がトーマに対して〔かれの本質的に〈技術〉的（technisch）な憲法〔(体制)についての〕思惟（Verfassungsdenken）を非難しているかぎりでは、やはりきわめて正当である。[22]〈制度（Institution）〉は目的の変容（Zweckmetamorphose）あるいは構造の変化（Strukturwandelung）があっても生活活動能力を保ちうる（lebensfähig bleiben können）、ということは正しい。[23]しかしながら、自由主義的な初期議会主義の創造的（schöpherisch）な――すなわち、〈統合〉化する（integrierend）――討論（Diskussion）が「党派会議、内閣官房、党派間協議、事務官や経済サークルの創造的な討論」[23]によって代替されると見なすわけにはいかない。後者は一定の業務目的のひとつの〈技術〉であり、前者は自己目的としての統合化する――すなわち民族と国家の本質を規定し根拠づける――〈制度〉であった。ところで、〈技術〉と〈制度〉とは精神科学的思惟の最上位の諸カテゴリーであるが、これらのカテゴリーは混同されてはならない。[24]トーマがこの関連においてマックス・ヴェーバーを援用していることは偶然ではない。ヴェーバーは国家理論において、とりわけ憲法理論において、こうした混同をしている古典的理論家だからである。本著で主張される思惟様式とヴェーバー・トーマ的なそれとの対立は、原則的にはこれまでのところですでに示唆されている。国家理論の諸成果にとってのこの対立の意義づけにおいて、この対立は後に評価（würdigen）されるはずである。

【国家民族・主権的意思団体の政治的個体性の前提を統合（創出）する〈手続き〉としての選挙、議会折衝、組閣、国民投票：〈手続き〉の根底にある精神的な事象・意味】

選挙（Wahlen）、議会折衝（parlamentarische Verhandlungen）、組閣（内閣形成）（Kabinettsbildungen）、人民（国民）投票（Volksabstimmungen）——これらはすべて統合化する諸機能（integrierende Funktionen）〔機能的統合〕である。すなわち、これらがこれらの正当化（Rechtfertigung）を見出すのは、国家の諸機関や諸機能〔について〕の支配的理論がその法学的出自ゆえに教えているのとは異なり、次の点においてだけではない。すなわち、ここで国家もしくは民族全体（Volksganze）を代表する人たち（Stellvertreter）[25]は、代理権を伴って（mit Vollmacht）任命（einsetzen）され、そしていまやこの代理権ゆえに妥当する——被代表に対して賛成したり反対したりする作用（影響）を伴う（mit Wirkung für und gegen den Vertretenen）——諸々の法実務的な意思宣告を発布（rechtsgeschäftliche Willenserklärungen abgeben）するという点においてだけではない。また、マックス・ヴェーバーの意味での憲法体制の技術者たち（Verfassungstechniker）が考えているのとは異なり、ここでは善き諸決議がなされ（gute Beschlüsse gefasst werden）、善き指導者たちが選抜される（gute Führer ausgelesen werden）という点においてでもない。その際、基礎（根底）にある精神的事象（der zugrunde liegende geistige Vorgang）——これを理解することが精神科学の第一の課題であろう——は不明瞭（im Dunkeln）のままである。しかしながら、こうした〔精神的〕事象は、こうした〔選挙、議会折衝、組閣、人民（国民）投票等の〕諸々の〈手続き様式（Verfahrensweisen）〉の第一の〈意味〉なのである。これら〔の〈手続き様式〉〕は、これらの部分として、民族（国民）全体のその都度の政治的な個体性（Individualität）を、そしてそれに伴ってその民族（国民）全体が――内容的な善し悪しはともかく、法的に捉えうる――〈活動的になること（Tätigwerden）〉の前提を統合する、すなわち創出する（integrieren d.h. schaffen）のである。議会国家（Parlamentsstaat）の究極的〈意味〉にとって問題になるのは、議会が総じて決議（Beschlüsse fassen）するかどうか[26]、そして議会がとりわけ善き決議をするかどうかということではなく、議会の弁証法が議会内部において、そして共同で〈体験〉する〈国家民族〉（das miterlebende Staatsvolk）において集団形成、連結、一定の政治的統合の形成（Gruppenbildung, Zusammenschluß, Bildung einer bestimmten politischen Zusammenhaltung）、これらを招来（herbeiführen）するということである[27]。――選挙権（Wahlrecht）がさしあたり政党形成とその後の多数派形成とに作用し、もっぱら個々の代議士を提供するだけでないのと同様に[28]。議会主義的国家においては、民族（国民）（das Volk）は、すでに即自的に（そのまま）現前している（an sich vorhanden sein）のではなく、そしてその後もう一度、とりわけ選挙から選挙まで、組閣から組閣まで、政治的にとりわけ資格づけられる（適格化される（qualifiziert））のではなく――そうではなく、民族（国民）が政治的な民族（国民）として、〈主権的意思団体（souveräner Willensverband）〉として、定在を有するのは、なによりもその都度の政治的な綜合〔統合〕（Synthese）ゆえである。この〔政治的な〕綜合〔統合〕において、民族（国民）はいつも新たに総じて国家的な活動現実態（staatliche Wirklichkeit）として現存することになる（existent werden）のである。いずれにしても、こうした〈手続き（Verfahren）〉は、一国家民族の唯一の〈統合要素（Integrationsfaktor）〉、その政治的な意思能力や活動能力（politische Willens- und Wirkungsfähigkeit）の唯一の条件というわけでは決してない。しかしながら、それ〔こうした〈手続き〉〕は、ひとつの議会主義的な国家の憲法体制の〈意味〉（Sinn einer parlamentarischen Staatsverfassung）からして排他的な条件であり、この条件によって、その都度の政治的な個体性はまずもって規定されるのである。

【国家民族全体を統合化する効力を有する（議会国家における）手続きと多数決】

こうした〔諸々の手続き様式の〕統合化する機能の効力（integrierende Wirksamkeit）は、あらゆる他の統合化する機能のそれと同じく二つの諸契機に、すなわち①その原理（ここでは多数決原理）〔とこれに先行する〈闘争〉〕は総じて統合化する力を有していること、そして②それはこの力を国家民族全体にとって有していること、これらに依存している。

【政治的〈闘争〉によって疑念に晒されない前提としての〈価値共同体〉：支配権力への関与をめぐる〈闘争〉を国家的な生活活動の中に引き入れる議会主義的国家】

この〔〈多数決〉〕原理は総じてこうした〔活動現実的な〕作用（機能）（Wirkung）を有すること、このことは政治的〈闘争〉によって問いに付されることのないひとつの〈価値共同体（Wertgemeinschaft）〉〔国家民族の精神的な生活活動〕によって条件づけられる。〔というのも〕こうした〈価値共同体〉を前提にしてこうした〈闘争〉は遂行されるのであり、この〈価値共同体〉はこの〈闘争〉そのものに、統合化する諸集団の生活活動の一機能である諸〈規則〉と〈意味〉とを付与するからである。〔一面では〕このような〈価値共同体〉によって〔国家民族の〕全体（das Ganze）と充分には結合されていない部分的諸集団は容易に〈闘争〉のゲーム規則（Spielregeln）から、そしてそれに伴いその〔闘争の〕統合する〔活動現実的な〕作用（機能）から、身を引いて〔逃れて〕しまうであろう（sich entziehen werden）。――例えば、阻止（妨害）の道程において（im Wege der Obstruktion）[29]。あるいは、諸〈規則〉はたしかに遵守されるにしても、しかし完全な意味では遵守されず、敵対的諸権力間の交渉〈規則〉（Regeln des Verkehrs zwischen feindlichen Mächte）のように遵守されるにすぎない。例えば、問題を孕んだ多民族国家（das problematische Nationalitätenstaat）の諸〈規則〉のケースがそれである。こうした〔多民族〕国家の〈議会〉は、オーストリアの帝国議会（Reichstag）について言われたように、しばしば「分邦主義的な〔諸邦にまたがる〕共通諸法規（partikularistische Transaktionen）のための諸民族〔諸邦〕会議（Nationalitätenkongreß）」にすぎず、もはや連帯する〈憲法体制の生活活動〉（solidarisierendes Verfassungsleben）の一手段ではない。――他面では、憲法体制を通じて〔選挙、議会折衝、組閣、国民投票といった〕〈憲法体制の諸方式〉（Verfassungswegen）〉によって、統合化する諸〈闘争〉を予め考慮している国家諸形態（Staatsformen）は、特定の民族諸部分（Volksteile）の持続的な少数派の地位を比較的容易に妨げるという利点を有している。けだし、そうした特定の〔少数〕民族部分は、〔一方では〕静態的な諸憲法体制（statische Verfassungen）においては、それらによって退けられた客観的諸〈価値〉を持続的に代表することに伴って、持続的に少数派の地位（Minderheitsstellung）にありかねないし、そして、そのことを通じて持続的に疎外されかねないのであるが、他方では、〈支配〉をめぐるいつも更新される〈闘争〉が、例えば議会主義的国家においては将来の権力関与の可能性を以てこの〈支配〉を宥め、そしてこの〈支配〉を、こうした〔権力〕関与をめぐる〈闘争〉を通じて、いつも繰り返し能動（活動）的に国家的な生活活動の中に引き入れることになるからである。

【憲法体制の生活活動の〈意味〉に即した統合作用の第二の前提――この統合作用に従属する諸個人の内面的関与＝〈承認〉：人格的価値を肯定する受動的大衆による国家肯定：民主制、自由主義、議会に代る直接的行動による無媒介的統合（ファシズム）】

憲法体制の生活活動（Verfassungsleben）の〈意味〉に即した統合作用（sinngemäße Integrationswirkung）の第二の前提は、万人のそれ〔その統合作用〕への内面的な関与である。国家と国家形態は、法〔権利〕（Recht）と同じく、それらに従属している者たちによる〈承認〉（Anerkennung der ihnen Unterworfenen）によって生活活動を営んでいるとすれば(30)、国家のこうした「承認」は、個人がきわめて本質的な国家的統合諸要因の作用（Auswirkung）

に服属していることを通じて、完遂されるであろう。再現前（代表）的な国家〔議会主義的国家〕の生活活動に関与することは、能動的な選挙人と熱心な新聞購読者〔ブルジョア〕のそれでありうる。――ここでは、ひとはこの〔この国家統合諸要因の〕活動現実的な作用効果（Wirksamkeit dieser Wirkung）に疑念を抱かないであろう。フィアカント（Vierkandt）がきわめて正当にも指摘したことであるが、集団内部の「観衆〔大衆、傍観者〕（Zuschauer）」は、見かけ上の〔能動的な〕行為者たち（die anscheinend Handelnden）〔ブルジョア〕に対して、事実上より能動的に活動する者たち（die tatsächlich Aktiveren）でさえある。[31]「観衆〔大衆、傍観者〕」のこうした役割は、多様な諸段階で現象する。より包括的な〈体験諸連関（Erlebniszusammenhänge）〉への関与は、ほとんどの場合間接的なものにすぎないし、「報告（Bericht）」や他の「社会的媒介（soziale Vermittelung）〔諸メディア〕」の〈技術〉を介してのみ可能であるにすぎないから、[32]個人（der Einzelne）は自分が利用するこの媒介の範囲をきわめて多様に測定しうる。――すなわち、広範な新聞購読から、政治をそのために時間を有する人たちに委ね、そして、自分の感覚が占めるところにいる同時代人たちにとって総じて不可避である、政治的世界に伴う〈感情〉に自己を制限してしまう態度に至るまで。そして、この観察（傍観）する関与者たち（die beobachtenden Teilnehmer）〔大衆〕の多様性は――〈指導者〉や政治的に能動的に活動する〈国家市民（公民）〉〔ブルジョア〕から、F・v・ヴィーザー（Wieser）の言うまったく「受動的な」〈大衆〉に至るまで――この多様性の基礎にある情緒的かつ「社会学的」な関与（die emotionale und „soziologische" Beteiligung）の多様性を表現しているにすぎない。こうした〈大衆〉による〈国家〉の肯定（Staatsbejahung）は、次のことに基づいている。すなわち、この〈大衆〉は、他のおそらく純粋に人格的な種類の何らかの諸〈価値〉を肯定し、そしてそれとともに、大抵無意識に、同時にそれらの諸〈価値〉を条件づけている自余のすべての際限なく組み合わされた諸〈価値〉――その中にはもちろん〈国家〉も入るのであるが――を肯定するということに基づいている。こうした肯定を通じて、この〈国家〉と共に半ば無意識で同一歩調をとることは、〈大衆〉にとって不可避となるからである。(33)〈個人〉のこうした幾重にも段階づけられ、きわめて多彩で、多様きわまる意味で媒介可能な政治的〈統合〉は、もっとも重要な政治的事実ではないにしても、もっとも重要な政治的事実の一つとして、きわめて細心の探究に値した。ここには、〈指導者〉をようやくはじめて統合要因にする〈人格的指導〉という媒介作用（Vermittelung persönlicher Führerschaft）がある。(34)こうした媒介作用は、他面では現代の政治的な理論や実践が本来的に取りかかる論点（der eigentliche Angriffpunkt）であるが、こうした理論や実践は、〔ブルジョアにおける〕民主制、自由主義そして議会を、〔大衆における〕直接的な諸行動（direkte Aktionen）によって、あるいはファシズム的諸方法の特徴づけのために言われるであろうような、より無媒介（直接）的な〈統合〉によって、代替しようとする。ソレル（Sorel）に従えば、直接的能動行為（direkte Aktion）においてのみ、〈個人〉もまた直接的に参加し、政治的に活発（lebendig）なのである。――ファシズムが団体主義（Korporativismus）、軍国主義（Militarismus）、神話（Mythus）、他の無数の〈技術〉を通じての無媒介的な〈統合〉に向けて設定されているのは、次のような逆説的な洞察においてである。すなわち、比較的少数の〈国家市民〉〈公民〉（Staatsbürger）〔いわば真正ブルジョア〕だけが〈国家〉との媒介された関係の中で生活活動を営みうるにすぎないのであって、これに対して、〈大衆（Massenbürgerschaft）〉〔いわば多数の疑似ブルジョア〕は、ブルジョア的な代表（制）国家（der bourgeoise Repräsentativstaat）〔議会主義的・自由主義的国家〕の比較的繊細（柔弱）（zarter）な、そしていささか文学的な生活諸形態（生活活動の諸形式）（Lebensformen）によっては正しく捉えられない今日の諸々の民主制〔大衆デモクラシー〕を、すなわち現代の人民投票（prebiszitär）的、サンディカリスト的、感覚的、しかしいずれにしても比較的直接（無媒介）的な生活活動諸形態（Lebensformen）を、必要としている、という逆説的な洞察においてである。

【①〈闘争〉による統合と一つの〈価値共同体〉、②〈支配〉による統合、諸価値の実現化としての支配＝諸価値を通じて統合される共同体――〈体験共同体〉】

憲法体制に即して予め備えられた議会国家的あるいは人民投票的な類型の〈闘争〉を通じての〈統合〉と並んで、統合化する機能（integrierende Funktion）の第二の形式として、〈支配（Herrschaft）〉が登場する。この〈支配〉は、統合化する〈闘争〉よりも一層直接的に、事柄に即した諸〈価値〉によって条件づけられている。――前者〔〈闘争〉による統合化〕においては一つの〈価値共同体（Wertgemeinschaft）〉だけが要求されるにすぎないのに対して、後者〔〈支配〉による統合化〕においては、まさに特定の諸〈価値〉が〈支配〉を根拠づける。〈支配〉に〈正当性（Legitimität）〉を与える非合理的な諸〈価値〉、〈支配〉を〈行政（Verwaltung）〉として正当化（rechtfertigen）する合理的な諸〈価値〉がそれである。[35]〈支配〉は、これらの〔非合理的及び合理的な〕諸〈価値〉の実現（活動現実）化（Verwirklichung）であり、したがって、これらの諸〈価値〉によって統括〔統合〕（zusammenhalten）される〈共同体〉の一形式である。その〈支配〉のあらゆる諸作用（Auswirkungen）、統治（Regierung）と行政（Verwaltung）、法形成（立法）（Rechtsbildung）と司法（Rechtsprechung）において同一の〈支配〉の下にあることは、それらによって条件づけられた〈価値共同体〉と並んで、とりわけまた、こうした形式的な共同体諸機能の〈体験共同体（Erlebnisgemeinschaft）〉をも意味している。そこ〔こうした〈体験共同体〉〕では、こうした諸〈機能〉の体系は、たしかに議会制的ないし人民投票的な〈憲法体制の枠内での生活活動（Verfassungsleben）〉のような、一つの閉じられた誰に対しても自己同一的な〈統一性〉（identische Einheit）を形成しないが、しかしその代りに、各人をそれだけより強くより多面的によりしばしば掴み取る。〈支配〉はまた、あらゆる国家形態における〈憲法体制に即した生活活動（Verfassungsleben）〉が結局のところ支配的〈意思〉の形成と表出を目標としているかぎりで、機能的統合のもっとも一般的な形式である。いずれにしても、〈支配〉は〈個人〈der Einzelne〉の生活活動形態（Lebensform）であるのと同じく、全体（das Ganze）の生活活動形態である。その〈個人〉は、〈支配〉を共に担い（mittragen）かつ可能にし、〈支配〉を経験（erfahren）し、そして、まさにそのことを通じて〈全体〉と他者たちとの精神的な相互作用（Wechselwirkung）の関係に入り、まさしくまた被支配者（Beherrschter）としては統合化する精神的〈交換〉の関係（Beziehung integrierenden geistigen Austauschs）にある。

【〈支配〉の理解に関しても因果科学的方法や規範論的方法とは対立する精神科学的方法――精神的な生活活動の活動現実態の洞察】

〈支配〉のこうした理解は、ひとが〈支配〉を規範論的（normlogisch）に諸々の法規範の妥当（Geltung von Rechtsnormen）として理解するならば、締め出されてしまう。[36] ひとが〈支配〉を、任意の空間像において階層や権力のより高い地位を通じて下位の者を押さえつけることとして捉えるならば、あるいは〈支配〉を――対象の精神科学的（geisteswissenschaftlich）には許されない客体（客観）化において――服従のチャンス（Gehorsamschance）として、[37] すなわち因果科学的（kausalwissenschaftlich）・社会工学的（sozialtechnologisch）に捉えられた一状態として定義するならば、同じように、〈支配〉のこうした理解は締め出される。ここでも、いたるところでそうであるのと同じく、因果科学的方法と規範論的方法は、国家において問題になる精神的な生活活動の活動現実態（Wirklichkeit des geistigen Lebens）への洞察に対して、同じく運命的に対立しているのである。

【対自的には統合目的を欠きながら、行為結果的に実質的な統合目的を帰結せしめる形式的・技術的統合化諸事象】

あらゆる形式的統合化諸事象（formelle Integrationsvorgänge）に共通した本質的なことは、それら自身は目的を欠いていること、それらは技術的には〔技術的なことである以上〕事柄に即した個別的な〈共同体の目標（Gemeinschaftsziel）〉を追求するという意味では考えられていないこと、こうしたことである。――むしろ〔それらが〕比較されうるのは、それらを通じて〔結果的に〕統一性（Einheit）〔政治的統合〕が成立する、平時の軍隊の訓練（Exerzieren）や演習（Manövrieren）であり、また社交（Geselligkeit）[38]、ダンス（Tanz）、体操（Gymnastik）である。ひとが租税や兵役義務（Steuer und Militärpflicht）を欠くならば大衆を国家に繋ぎ止める可能性（Möglichkeit der Verstaatlichung der Massen）は存在しないと考えたとすれば[39]、〔その際〕きわめて特徴的に、財政的かつ軍事的な権力手段という、それらの事柄に即した技術的な意味とは対立して考えられているのは、こうした〔租税や兵役といった〕国家的諸〈制度〉（staatliche Einrichtungen）の、そして、個人をこれら〔こうした国家的諸〈制度〉〕の中に関係づけること（Einbeziehung）の、外向《そとむき》には目的を欠いた統合化する〔活動現実的〕作用〔統合機能〕（die nach außen hin zwecklose integrierende Wirkung）である。

【統合（化）における形式性（人格的統合と機能的統合）と実質性（事態的統合）との弁証法的な相互限定関係：両契機の差異性と同一性との同一性（通約可能性の関係）】

いずれにしても、結局のところ事柄に即した（事態的な）〈価値共同体〉（sachliche Wertgemeinschaft）〔事態的統合・実質的統合〕なしには形式的統合（化）（formelle Integration）〔人格的統合と機能的統合〕は存在しない。これは機能的〔統合〕形式（funktionelle Form）〔人格性と機能性という形式〕なしには事態的諸価値を通じての〔実質的〕統合（化）（Integration durch sachliche Werte）〔事態的統合・実質的統合〕は存在しないのと同様である。しかしながら、大抵は一方あるいは他方〔形式（人格・機能）的統合と実質（事態）的統合〕のいずれかが、決定的に支配的である。すなわち、集団の生活活動（Gruppenleben）の、そしてとりわけ国家的な生活活動の諸々の能動行為（Akte）においては、それらの意図（Intention）からして形式的な統合（化）機能（formale, integrierende

Funktion）〔人格的統合と機能的統合〕が前面に出ているし、他の諸々の能動行為においては事態的・技術的な内実（der sachlich-technische Gehalt）〔事態的統合〕が前面に出ている。第一のケースでは、[40]統合化する形式（die integrierende Form）〔形式性＝人格性・機能性〕がある程度対象的素材（der gegenständliche Stoff）〔実質性＝事態性〕に勝っている。――ここではとりわけはっきりと、形式的（formal）な〈共同体の諸価値（Gemeinschaftswerte）〉〔形式性＝人格性・機能性〕は、それらの自立性において、実質的（material）な〈共同体の諸価値〉、国家の諸目的等々〔実質性＝事態性〕に対抗して現出し、そしてこれらと一定の通約可能性の関係（das Verhältnis einer gewissen Kommensurabilität）に入る。両〈契機〉〔形式性と実質性〕が一つの同じ憲法制度（Verfassungsinstitution）の諸側面として幾重にも結合されているとしても、国家理論や国法理論はやはり、両者を細心の注意を払って区別しなければならない。事態的な価値共同体（sachliche Wertgemeinschaft）〔実質性＝事態性〕を通じての〈共同体の根拠づけ（Gemeinschaftsbegründung）〉の〔統合〕類型〔事態的統合類型〕は、形式的な諸契機〔形式性＝人格性・機能性〕を通じての統合のこれまで扱われてきた諸類型〔人格的統合と機能的統合の諸類型〕とは、鋭く対立している。

第七章　事態（実体）的統合（Sachliche Integration）

【国家契約論的目的（目的合理）論の再定式化の必要】

国家は〔原子論的諸個人の自己保存という〕共通の諸目的の実現のために〔いわば必要悪として〕根拠づけられているということ、あるいは、国家契約論（Staatsvertragslehre）の〔こうした〕プリミティヴな目的〔目的合理〕論（Teleologie）を洗練化（verfeinern）すれば、国家はこうした〔諸個人の生存に係わる〕諸目的を通じていつでも正当化（rechtfertigen）されるということ——これが近現代の国家理論的な思惟（Denken）の主眼である。しかし、こうしたテーゼは、その真実性の内実（Wahrheitsgehalt）が明らかになる（ans Licht treten）ためには正確な定式化（Richtigstellung）を必要としている。

【諸〈個人〉における実在的な生活活動を導く理念的な〈意味内実・意味体験〉（の諸価値）を活動現実化する〈共同体〉：価値（精神的意味）実現（活動現実化）としての生活活動を通じて精神的人格態として生成する〈個人〉と〈共同体〉】

あらゆる理念的な〈意味内実（ideelle Sinngehalte）〉の実在化（Realisierung）は共同体（Gemeinschaft）を前提にし、そして再びこの共同体を高め、豊かにし、確固としたものにし、それどころか根拠づける（steigern, festigen, ja begründen）。ひとは「〈意味体験〉の社会性（Sozialität des Sinnerlebens）」について、そしてなかんずく「文化（的活動）の成果としての共同体（Werkgemeinschaft der Kultur）」について、語りうる[1]。諸〈価値〉が実在的な生活活動（ein reales Leben）を導くのは、それらの諸〈価値〉を体験（erleben）し〔させ〕、実現（活動現実化）（verwirklichen）する〔させる〕共同体によってのみである。しかし、翻って共同体もまた、これらの諸〈価値〉によって生活活動（Leben）を営んでいるのである。すでにして人間個人（Einzelmensch）は、〈価値〉の実現化（活動現実化）（Wertverwirklichung）を通じて、もっぱら精神的人格態（geistige Persönlichkeit）となり〔として生成し〕、もっぱら精神的〈意味〉において生活活動を営み、現前しているにすぎない。とするならば、いわんやあらゆる集合（集団）的な本質存在〔共同体・共同性・社会性〕（Kollektivwesen）はなおさらそうである〔共同体もまた、個人と同じく、価値の活動現実化を通じて、精神的人格態として生成しているのである〕。けだし、〔共同体は、個人における〕心理的・生理的な生活活動の活動現実態という「即自的な側面」（das „Ansich" psychophysischer Lebenswirklichkeit）を欠いているからである[2]。

【意味・価値を活動現実化する活動現実態としての国家】

かくして国家もまた、その際その外部にある諸目的を実現するために手段として利用される（であろう）ような〔いわば必要悪としての〕、ひとつの実在（現実）的な本質存在そのもの（ein reales Wesen an sich）ではない。そうではなく、国家はそもそも、それが〈意味の活動現実化（Sinnverwirklichung）〉（意味実現）であるかぎりにおいてのみ、活動現実態（Wirklichkeit）（現実）なのである。国家はこの〈意味の活動現実化〉と同一（identisch）なのである。したがって国家はまた、その外にある諸目的との目的論〔目的合理〕的な関係を通じて説明も正当化もされえず、その実体（基体）（Substanz）における〈価値の活動現実化（Wertverwirklichung）〉（価値実現）として理解されなければならない。

【内外に向けての権力貫徹を通じて意味・価値を活動現実化する主権的意思団体としての国家――前提としての法と権力による対内治安と対外防衛】

このこと〔国家が意味・価値を活動現実化するものであること〕は、国家的な生活活動（das staatliche Leben）の諸側面にとっては、文句なく明らかである。これらの諸側面は、主権的意思団体（der souveräne Willensverband）としてその国家的な生活活動の本質から直接的に推論した諸結果であるからである。ひとは権力的支配や〔国家の〕内外に向けての〔そうした権力的支配の〕貫徹を、きわめて安易に、人間個人の心理的・生理的な生活活動と類比して、国家の固有の本質として通用させるであろう。〔しかしながら〕①国家はその基盤（Boden）の上で主人（Herr）でなければならない、②諸個人の生気に満ちた権力衝動（der vitale Machttrieb）は、この支配を遂行する共同存在（das herrschende Gemeinwesen）への関与を通じて充足される、そして③そのようにしてのみ同時に、課題とされた文化の〈意味連関〉の一部は、活動現実的（wirklich）になる――かく（①、②、③）あるがゆえに、国家が活動現実的であるのは次のときのみなのである。すなわち、国家が国内において〈法（権利）〉によって（von

Rechts wegen）、そして〈権力（Macht）〉が事実上抵抗されえないものであることを通じて支配（herrschen）するとき、そして国家が対外防衛（Verteidigung nach außen）に勝利を博しうるとき、こうしたときのみなのである。[3]

【精神的な生活活動の共同体として国家の統一的な活動現実態の諸契機（共同体を構成する意味内実）としての法的・文化的な諸目的】

ところで、国家のいわゆる法的ならびに文化的な諸目的の領域においても事情は異ならない。ここでもまた国家は、自らの技術的かつ権力的な諸手段によって、特定の自分の外にある客体的・即物的（objektiv-sachlich）な諸課題に取り組み処理するであろうような、即自的に存立する一人格ではない。そうではなく、国家がそれが精神的な生活活動の共同体（geistige Lebensgemeinschaft）として有する活動現実性を帯びるのは、同じくこうした共同体を構成するすべての〈意味内実〉によっているのである。ひとは、ここではとりわけ形式と内実とを区別するわけにはいかない。ひとは、国家について、国家は文化の一形式であると言いうるのみならず、同様に、国家によって保護された文化的諸領域について、それらは国家という一つの生活活動の形式（eine Lebensform des Staats）であると言いうる。――それら〔国家と文化〕の関連は、形式と内容という精神科学的には総じて危ういカテゴリー[4]を通じてではなく、ひとつの統一的な現象の諸〈契機〉の関連として把捉されうるからである。

【歴史的諸関係における価値法則性の具体化によって規定された個体的統一性としての国家的生活活動：帰属者たちに動機づけを与える持続的・統一的な体験連関としての国家】

一定の国家の「諸目的（Zwecke）」ないし「諸課題（Aufgaben）」の総体は、文化全体（das Kulturganze）からの一断面（Ausschnitt）を呈示（darstellen）する。〔文化全体からの〕一選択（Auswahl）がなされるのは、それ〔その一選択〕が総じて国家的共同体の生活活動の平面に投影されうるかぎりで極大値（Maximum）[5]に向かう、すなわち文化の全領域の中への波及（Übergreifen）に向かう――国家があらゆる他の文化領域と共有する――そうした傾向ゆえである。——ところでこの一選択は、あらゆる国家的なプレオネクシア〈Pleonexie〉〔Mehr-haben-wollen、無際限の所有欲〕にもかかわらず、やはり同時に、こうした仕方における、まさしくこうした共同体の諸目的の〈国家化〉〈Verstaatlichung gerade dieser Gemeinschaftszwecke〉との、その時代〈画期〉〈Epoche〉の一定の親近性〈Affinität〉に基づいている。何故こうした親近性が存立するのかといえば、〈全体としての国家の生活活動〈das Staatsleben als Ganzes〉〉はひとつの集成〔寄せ集め〕〈eine Summe〉ではなく、ひとつの個体的な統一性〈individuelle Einheit〉、すなわちひとつの〈全体性〈Totalität〉〉であり、具体的な歴史的諸関係における諸々の客観的〈価値法則性〉の具体化〈Konkretisierung objektiver Wertgesetzlichkeiten〉によって規定されているからである。こうした〈価値充溢〈Wertfülle〉〉によってのみ国家は支配〔を遂行〕する〈herrschen〉のである。[6] すなわち、国家は〈それ〈この国家〉に帰属する者たち〈die ihm Angehörenden〉〉にとって、動機を与える持続的・統一的な〈体験連関〉〈ein dauernder einheitlicher motivierender Erlebniszusammenhang〉なのである。——しかし、国家はひとつの〈価値全体性〈Werttotalität〉〉としてのみ、ひとつの統一的〈体験〉〈ein einheitliches Erlebnis〉である。

【事態的価値内実への関与：価値充溢の体験・国家体験：第三類型としての事態的統合】

こうした諸々の〈価値充溢〈Wertfülle〉〉の〈体験〈Erlebnis〉〉によって、あるいはそれらから成る個々の〈契機〉を国家そのものの本質的諸〈契機〉として体験〈erleben〉することによって、ひとは国家を体験し、国家に統合〈integrieren〉される。その際、①指導〈Führung〉〔と被指導との相関〕と②統合する〔制度的〕手続き〈過程〉〈ein integrierendes Verfahren〉〔①人格的統合と②機能的統合〕の〈契機〉は、ひとつの役割を演じうる。しかし、それらに対し、ひとつの〈事態的な価値内実〈ein sachlicher Wertgehalt〉〉への関与ゆえの統合は、もう一つの第三の統合類型〔③事態的統合〕である。[7]

【国家的共同体の事態的生活活動の全体性・価値内実を集約化・可視化する政治的象徴：自国の価値と威厳を自

【国民に経験させる他国との対立】

国家的な共同体の〈事態内実（Sachgehalt der staatlichen Gemeinschaft）〉の統合作用（Integrationswirkung）は、その特殊な困難を有している。今日の国家においては、まさしくこの〈内実の充溢（Fülle dieses Gehalts）〉は、その統合作用に対立して作用（wirken）している。この統合作用は途轍もないから、それは個人によってもはや見渡されることはありえないし、そしてそれは同時に、この途轍もなさとその合理性によって、個人にとってきわめて疎遠（fremd）であり、その結果、個人はその印象を疎外するもの（entfremdend）として感じ、それ〔その統合作用〕への自らの固有の関与をまったく体験（erleben）しない。[8] どれほどの統合化する作用を、国家共同体の事態的な生活活動がその個々のケースで気付かれずに有しているとしても、この生活活動の全体性（Totalität）は、いずれのケースにおいても、包括的（拡張的）（extensiv）なそれとして見渡しうるもの（übersehbar）ではなく、そしてそのかぎりにおいて、すなわち包括的（拡張的）なそれとして捉えうるもの（erfaßbar）ではない。体験されるためには、すなわち統合化的に作用（integrierend wirken）するためには、この〈全体性〉はある程度ひとつの〈契機〉に圧縮（zusammendrängen）され、この〈契機〉によって再現前（代表）（repräsentieren）されなければならない。このことが制度的（institutionell）になされるのは、国旗、紋章、国家元首（とりわけ、君主）、政治的儀式、国民的祭典といった政治的〈象徴（Symbol）〉における歴史的にアクチュアルな〈価値内実（Wertgehalt）〉を通じてである。[9] これは歴史の経過において、一国（ラント）（Land）の政治の〈意味内実〉を可視（直観）化（anschaulich Machen）する再現前（代表）的（repräsentativ）な諸事象を通じて行われる。――ヘルベルト・ビスマルク（Herbert Bismarck）へのソールズベリー（Salisbury）の回答に従えば、これは〔大衆〕民主制の時代（Zeitalter der Demokratie）の大衆（die Massen）を政治の外から規定する唯一の可能性である。[10] とりわけ他の諸国家との対立は、自国の〈価値〉及び〈威厳（Würde）〉と自国への〈人格〉的関係づけを、たちどころに経験させる（erleben lassen）。その場合、事情次第では国家の〈本質充溢（Wesensfülle）〉の再現前（代表）的な〈契機〉は眼前で可視化されうる（improvisieren）からである。国家は「その無限性と名誉（Unendlichkeit und Ehre）をどんな個別的な事柄の中にも置きうる[11]」し、そしてそれらにおいて、その作用に伴って、毀損されていることを見出しうる。かくて国家に帰属する者たちもまた、この体験（Erlebnis）を自らのものとして分有（teilen）するのである。

【事態内実・価値内実の充溢を集約的・具体的に再現前化する象徴化・形象化】

いずれにしても、象徴化された〈事態内実〉の高められた統合力は、①その内実が非合理的かつ個体的な〈充溢（Fülle）〉として特殊な集約性（Intensität）をもって〈体験〉されるということだけでなく、②その〔事態〕内実がこの形象（Gestalt）において同時に、拡張的（extensiv）、合理的、法則（定立）的な定式化（Formulierung）の形姿におけるよりも柔軟（elastisch）なものであるということにもまた、基づいている。定式化（formulieren）された、つまり命題（規約）（Satzung）として記（niederschlagen）された内実としては、こうした〔事態〕内実は他律的（heteronom）で固定的（starr）なものであり、そして〈全体〉の中に関係づけられていること（Einbezogenheit in das Ganze）を意識させるし、同じくまた個人と共同体との間の緊張（Spannung）を意識させる[12]。これに対して象徴化すること（Symbolisierung）〔象徴表現〕は、歴史的にいえば、未分化の（差異化されない）〈価値世界〉（undifferenrierte Wertwelt）を伴うより本源的な諸時代の表現の必要（Ausdrucksnot）において根拠づけられている〔太古以来の表現の必要に発している〕が、こうした必要〔禍《わざわい》〕を転じて（aus der Not）、〈価値内実（Wertgehalt）〉のとりわけ効果的で同時にとりわけ柔軟な〈再現前化（Repräsentation）〉という福をなした（die Tugend … gemacht haben）のである。ひとつの象徴化された〈価値内実〉を、誰もが定式化や命題規約が不可避的に呼び起こすような緊張や矛盾なしに、「わたしがそれ（その〈価値内実〉）を〈理解〉する〔自分がその眼前に立っている〕ように（„wie ich ihn verstehen“）」〈体験〉（erleben）しうるし[13]、そして同時に、誰もがその〔価値〕内実を、他のいかなる方法でも達成されえないような仕方で、全体的な〈充溢〉（totale Fülle）として〈体験〉するのである。

【集約的かつ意識的な統合作用を伴う全体としての国家の価値充溢の体験】

とりわけこのような〔象徴化された〈価値内実〉の〕様式において、すなわち拡張的（extensiv）ではなく集約的（intensive）な〈全体性〉（Totalität）(14) として、〈全体〉としての国家の〈価値充溢〉（die Wertfülle des Staates als Ganzes）は、集約的かつ意識的な統合作用（intensive und bewußte Integrationswirkung）を伴って〈体験〉されうる。このような——その本質からして多数者にあっては〔複数形では〕（bei der Mehrzahl）移ろいゆく〔暫定的な〕（vorübergehend）——統合状態（Integrationszustände）の意義は、次の点に存する。すなわち、例えば戦争において国家が個人（der Einzelne）に向けてもっとも高次の要求〔例えば、国家のために個人が死ぬことを要求すること〕をなしうる可能性は、今日おそらく大抵はこうした〈価値充溢〉に結び付けられているという点に。このような種類の特殊な諸前提の下でのみ、こうした要求は事実上可能である。そしておそらくこうした要求は、しばしばその場合にのみ習俗規範〔人倫〕に堪えうる（sittlich erträglich）ものなのである(15)。かくして、ひとが根拠を以て述べてきたところであるが、政治的内実（politisher Gehalt）を信仰の内実（Glaubensgehalt）として捉えることを排除する政治的思惟の合理化（Rationalisierung des politischen Denkens）は、これに伴って同時にあらゆる拘束力のある政治的内実（politische vervindliche Gehalt）を疑問に付しているのである(16)。

【国家的な事態内実の見渡し難い持続的・黙示的な統合作用（諸媒介作用）】

もちろん、これと並んで国家的な〈事態内実〉（der staatliche Sachgehalt）の持続的で暗黙の統合作用（dauernde stille Integrationswirkung）は、あらゆる種類の、上で示唆された(17)「諸媒介作用（Vermittelungen）」を通じて、そしてとりわけあらゆる生活活動の領域（Lebensgebiete）が互いに——とりわけ国家と——無限に噛み合わされていること（Verzahntheit）を通じて見渡される（übersehen werden）わけにはいかない。

【意思団体の生活活動全体と、統合する事態存立を構成するその諸事態内実とは、いずれも流動（動態）的：国家活動の法的可能性と統合する意思団体の活動現実性との差異】

一意思団体（ein Willensverband）の統合化する事態存立（Sachbestand）を構成（ausmachen）する諸〈事態内実〉（Sachgehalte）は、その〔意思団体の〕生活活動（Leben）の一契機として、それ〔その意思団体〕が〈全体（Ganzes）〉としてそうであるのと同じく、流動的である（im Fluß sein）。しかも、全体の生活活動の前進（Lebensfortschritt）によるそれら〔事態諸内実〕の持続的変化（dauernde Veränderung）という意味においてだけでなく、そのことはともかく、それら〔事態諸内実〕は、いつも静態的な占有物（Besitz）ではなく、意思に即した実在化（willensmäßige Realisierung）のいつも新たに〔使命・課題を〕課せられる目標であるというかぎりにおいてもまた、そう〔流動的〕である。キエレン（Kjellén）は、こうした〔流動〕情況の感情（Gefühl dieser Sachlage）において、国民（Nation）の本質をリュートリシュヴール（Rütlischwur）の言葉によって表現した。「我々は兄弟の如く団結した一民族（国民）たらんとしている（Wir wollen ein einig Volk von Brüdern）」と。(18) それゆえに、例えば連邦国家（Bundesstaat）における事柄に即した管轄権の拡張（sachliche Zuständigkeitserweiterung）は、必ずしもまた実際には、単一国家化（中央集権化）する形で（unitarisierend）、すなわち統合化する形で（integrierend）作用しない。なぜならば、国家的な活動の法的可能性（die rechtliche Möglichkeit einer staatlichen Betätigung）は、いまだなおこの方向における統合化する一団体意思の活動現実態（die Wirklichkeit eines integrierenden Verbandswillens）を意味しないし、このような〔国家的な〕活動（Betätigung）に対する民族（国民）の一部分（ein Volksteil）の抵抗に際して、こうした法的可能性はまた、全体（das Ganze）にとっては、脱統合的に（desintegrierend）、つまり負担をかける形で（belastend）作用しかねないからである。――これは、ヴァイマール〔憲法〕において、ライヒ（Reich）の管轄権拡張（Zuständigkeitsausdehnung）と〔その〕強化（Stärkung）とが原則的に同一視されたとき、公然と見逃された可能性である。

【国家の統合過程〈生活活動〉の契機としての目的や課題：精神的本質態・精神的活動現実態・精神的生活活動——本質形成・本質充溢——としての個人と国家共同体】

このように、国家的な「諸目的」や「諸課題」の本質を、国家的な統合過程の事態に即した〈契機〉(sachliches Moment des staatlichen Integrationsprozesses) として洞察すること〔すなわち、本著の立場〕は、それらに国家が手段として奉仕しなければならないとされ、それらの目的〔目的合理〕論 (Teleologie) が国家を正当化するとされる、そうした真の「諸目的」〔対立する諸利害の相殺（妥協）点の発見〕として、それら〔諸目的や諸課題〕を把捉〔理解〕(auffassen) すること〔契約国家論的・自由主義的な見解〕とは対立している。——こうした〔本著の立場からの〕洞察は、国家的な生活活動の〈意味〉(der Sinn des staatlichen Lebens) を総じて正当に扱うためには、ひとつの本質的前提である。ひとが国家をその表向きの（名目的）(angeblich) 諸目的に奉仕する一施設 (Veranstaltung)〔道具・必要悪〕〔あるいは、単なる任意団体・社団としての経営体 (Betrieb)〕として考察するならば、国家についてのこの判断はもっぱら不都合な (ungünstig) ものと見なされかねない。その場合には、国家はそうした諸目的を、粗悪に製造された機械が「いつもギシギシ音をたててうまく作動しない (es geht immer mit Ach und Krach)」[19] ように、きわめて拙劣 (mangelhaft) に充足（履行）(erfüllen) することになるからである。しかし、この点では人間個人 (Einzelmensch) の場合でも事情は異ならない。人間個人の目標、理想、天職としての任務（職業）、願望は、完全には充溢化（履行）(erfüllen) しえないが、しかしかれに課された〈生活活動の充溢化（履行）〉(aufgegebene Lebenserfüllung) は、〔まさに〕それゆえに〔（使命・課題の）課された生活活動の充溢化ゆえに〕、やはり可能なのである。まさしくこの〈生活活動の充溢化（履行）〉によって、かの諦念（断念、忍従）〔脱自的諦観、方法的判断中止、方法的懐疑、決断と禁欲〕(Resignation) が要求されているのである。一人間〔個人〕も一国家と同じく、それらがきわめて多くの部分的成果と失敗との絶えざる闘争において自らを強固にし、〈精神的本質態（geistige Wesenheit）〉としていつも新たに自らを形成する必要がないのであれば、そもそもそれらがまさにそうしたことであるところの諸々の〈精神的な活動現実態（geisitege Wirklichkeit）〉などではまったくないことになろう。こうしたいつも新たな〈本質形成〉と〈本質充溢化（履行）〉（Wesensbildung und Wesenserfüllung）の中に、それらを理解しうるもの（verständlich）にする、それらの〈生活活動（Leben）〉の〈意味（Sinn）〉は存するのである。――それ（生活活動の意味）は、ひとつの目的〔目的合理〕論的な利得効果（ein teleologischer Nutzeffekt）の中に存するのではない。こうした利得効果の観点の下では、人間の〈生活活動〉や国家の〈生活活動〉の理解と正当化（Verständnis und Rechtfertigung）は、同じように不可能なのである。

【言語を技術的人工物として捉える合理主義的言語理論】

あらゆる目的〔目的合理〕論的な国家理論は、かの合理主義的な言語理論（Sprachtheorie）の立場に立っている。この言語理論は、言語を意思疎通（Verständigung）という目的のための理性的（vernünftig）〔形式合理的〕な――つまり技術的な――案出（Erfindung）として、ひとつの本源的人工語（Urvolapük）として、したがって人間精神のひとつのエレメンタールな本質に即して必要な生活活動形式（eine elementare, wesensmäßig notwendige Lebensform des menschlichen Geistes）に代わるひとつの技術的な人工物（Artefakt）として説明した。――これ〔技術的人工物としての言語〕は、聖職者の欺瞞（Priestersbetrug）についての宗教哲学や他の諸々の合理化（Rationalisierungen）に対応しているが、これらは合理主義的系統の近現代の国家理論よりも早期に、それらに相応しい結末（verdientes Ende）を見出した。[20]

【国家秩序の正当性を根拠づけ、法秩序の妥当を担う具体的諸価値：正当性の問題を回避する技術的法律学の形

式主義：歴史と国土との問題】

こうした〈事態内実（Sachgehalt）〉は、そこに全部ではないにしても大部分、国家秩序の正当性（Legitimität）が基づいているかぎり、法理論（Rechtstheorie）の対象である。正当性を根拠づけているのは、一定の国家的法秩序の妥当（die Geltung einer bestimmten staatlichen Rechtsordnung）を一面では促進し、他面では担っている、具体的な諸〈価値〉である。これらの諸〈価値〉はきわめて多様な種類を有しうるから、さまざまな正当性と、とりわけまた正当性のさまざまな度合が存在する。形式主義（Formalismus）は、この問題をもちろん脱落させてしまう。というのも、法〔権利〕の実定性（Positivität des Rechts）の問題は、イエスかノーかのいずれかで答えられうるにすぎず、形式主義にとっては、これ以上にはもはやいかなる法学的問題（juristische Fragen）も存在しないからである。民法（das bürgerliche Recht）のように、本質的に技術的な諸法律学（wesentlich technische Rechtsdisziplinen）〔法実証主義、合法主義〕は、問題を回避しうる。刑法（Strafrecht）においては問題がひしめき合い、国法（Staatsrecht）においては問題は不可避である。[21]

こうした文脈においてなお二つの問題が、歴史の問題と国家領域（Staatsgebiet）の問題とが、それらの体系的場所を占めている。

【歴史的な活動現実態としての国家的な生活活動の〈意味内実〉――過去と未来を弁証法的諸契機として含む活動現実的な生活活動の精神的な〈意味内実〉】

国家的な〈生活活動〉の〈意味内実〉（der Singngehalt des staatlichen Lebens）は、歴史的な活動現実態（geschichtliche Wirklichkeit）である。すなわち、それは人間の個別的定在〔現存在〕（das menschliche Einzeldasein）の精神的な活動現実態と同じく、単に過去と未来の間の点的境界（punktuelle Grenze）〔共時性、没時間性、理念性〕

ではなく、単なる臨在性〔Gegenwärtigkeit〕ではない。精神的な活動現実態〔geistige Wirklichkeit〕が理念的〈意味内実〉〔ideeller Sinngehalt〕と区別されるのは、まさしく以下のことを通じてである。理念的な〈意味内実〉は理念的な没時間性ないし一回性〔ideele Zeitlosigkeit und Einmaligkeit〕の平面に存するが、これに対して実在的内実〔reeller Gehalt〕は、その内在的閉鎖性〔自己完結性〕〔immanente Geschlossenheit〕から理解されうるのではなく、以下のことから理解されうる。すなわち、①生活活動の流れ〔ein Lebensstrom〕は実在的内実の中へと導き入れられ、そしてこの実在的内実の中に過ぎ去ったものとして〔しかし没落したものとしてではなく〕含まれているということ、そして②この〔生活活動の〕流れは実在的内実を貫いてさらに流れて、この実在的内実にひとつの変えられた未来への傾向を本質存在の契機〔Wesensmoment〕として付与するということ、これら①、②のことから理解されうるのである。――こうしたことを通じて〔精神的な活動現実態は、理念的〈意味内実〉と区別されるのである〕。それゆえに、理念的〔ideell〕な〈意味内実〉に対立する活動現実的〔wirklich〕な〈意味内実〉は、もっぱら歴史的に根拠づけられたもの〔geschichtlich begründet〕としてのみ、そして未来を指示〔in die Zukunft weisend〕するものとしてのみ〈意味〉に満ち、かつ理解しうるものである。――活動現実的な〈意味内実〉の全体性〔Totalität〕は、歴史的に流動しかつ活動現実的な〈全体〉〔ein geschichtlich fließendes und wirkliches Ganze〕の〈全体性〉であって、一回的に体系的な〈全体〉〔ein einmalig systematische Ganze〕のそれではない。歴史と未来の傾向〔Geschichte und Zukunftstendenz〕とは、弁証法的諸〈契機〉として、現在の〈意味の活動現実態〉〔Sinnwirklichkeit der Gegenwart〕の中に含まれているのであり、それゆえにそれらは最強の〈統合力〉として作用するのである。――いずれにしても、それら〔歴史と未来の傾向〕は、皮相な党派イデオロギーが考えるようには自立的ではなく、活動現実態を構成する諸〈契機〉〔wirklichkeitskonstituierende Momente〕のこうした固有性において、しかもそれらがこの固有性を有しているかぎりにおいてのみ、自立的なのである。

【因果性や帰責性では評価しきれない歴史の作用力と統合力】

歴史を、現在の因果的基礎（kausale Grundlage der Gegenwart）として、あるいは前進的に持続的（fortdauernd）な帰責（加算）（Zurechnung）の対象として評価することは、歴史の――作用（活動現実化）し、とりわけ統合化する――力（wirkende, besondere integrierende Kraft [der Geschichte]）の意義と限界を、同時に認識しそこなう。[22]

【国家的な生活活動の共同体を規定する地政学的・地理学的条件としての国家領域】

国家領域（Staatsgebiet）の問題は、二つの観点の下のこうした〔活動現実化し統合化する歴史の力の〕連関に帰属している。[23]

ひとつには、ひとつの統合化する〈事態内実〉（ein integrierendes Sachgehalt）の――すなわち、おそらく国家的な生活活動の共同体（die staatliche Lebensgemeinschaft）にとってもっとも重要な〈事態内実〉一般の――観点の下において。最近の地理学及び「地政学（Geopolitik）」のひとつの主要業績は、それがいかに国家的な生活活動がその「生活活動の空間（生存圏）（Lebensraum）」、国家領域、その諸属性、境界、そして空間的な諸関係によって規定されるか、これを切実に示したことである。かくして、ひとはまさしくそれぞれの国家の「特殊な国家理念（Staatsidee）」をその特殊な地理的な諸要因へのその適応努力（Anpassungsstreben）として語ることを常としている。[24]ここでは、この研究領域で扱われている諸事実や諸観点の諸成果を総じて想起しておくことができるだけである。

【自然科学の対象としての生物学的生活空間に還元しえない精神的な生活活動の境位、徳（卓越性）を実現する磁場としての国家領域（政治的な生活活動の空間）】

この研究領域に対して、ここで批判的な注意を凝らしておくことが必要なのは、ここではもっぱら次のかぎりにおいてである。すなわち、こうした地理学的考察が、その自然科学的な出発点とその対象の見かけ上空間的・身体的な自然とに対応して、国家領域を国家の生活活動の因果要因として扱う傾向にあるかぎりにおいてである。すなわち、〔こうした地理学的・地政学的な考察が〕動物地理学的かつ植物地理学的な生活空間を、自然科学の対象である有機的生活の生活条件として理解するのとまさしく同じように、政治的な空間（der politische Raum）を、人間たちの生活活動を条件づけている自然的な生活の空間（der natürliche Lebensraum）として理解する傾向にあるかぎりにおいてである。(25)

【因果的要因ではなく弁証法的契機としての精神的な生活活動の中に含まれる身体性：精神的な活動現実態としての国家的生活活動：精神的体験の対象としての共同の政治的運命の契機、政治的共同体を統合化する契機としての国家領域】

国家領域（Staatsgebiet）と人間の身体（menschlicher Körper）との任意の類比（Analogie）が、一般的にいえば基本的に誤りであるとしても、この類比はここでは教えるところが多い。あらゆる精神的な生活活動の形成が人間たちの身体的定在（das körperliche Dasein）に、そして身体的・生理的な諸事象に結びつくが、やはりこの精神的な生活活動とその認識とは、空間を満たす身体の（機械的かつ有機的な）諸法則には結びつかず、その精神的な生活活動には、その精神的な固有の法則性（geistige Eigengesetzlichkeit）が委ねられる。なぜならば、かの〔人間の〕身体性（Körperlichkeit）は、因果的要因（Kausalfaktor）としてではなく、弁証法的〈契機〉（dialektisches Moment）としてのみ、その精神的な生活活動の中に含まれているからである。――こうしたことと同じく国家的な生活活動もまた、その地理的結び付き（拘束）にもかかわらず、自然科学の有機的生活のようにその地理的な結び付き（拘束）からは説明されえず、こうしたその〔国家の〕本質存在の〈契機〉の関係づけ（Einbeziehung dieses seines Wesensmoments）の下でのみ精神的な活動現実態として理解されうるにすぎない。すなわち、あらゆる国家学は精神的諸〈体験〉の対象としての――それが共同の政治的〈運命〉の〈契機〉（Moment des gemeinsamen politischen

Schicksals）であるかぎり、とりわけそれが課題（Aufgabe）であるかぎり、政治的な共同体を統合化する〈契機〉（integrierendes Moment der politischen Gemeinschaft）としての、すなわち防衛（Verteidigung）、排除（Erschließung）、居住（Besiedlung）、利用（Ausnutzung）、等々の対象としての――領域（Gebiet）に係わるのである。

【ドイツ国法学の領域自然主義に対する批判：法実証主義の粗野とウィーン学派の空疎】

政治的地理学の諸々の自然主義的・機械論的な誤謬が免責しうるものであり、そして作業仮説としては大いに実りあるものであるとすれば、近年のドイツ国法学の十把一絡げの領域自然主義（der massive Gebiets-Naturalismus）には弁解の余地がない。そうしたドイツ国法学は、正面切って空間的な活動現実態としての国家を受け皿（Untertasse）の上に置くように、空間的に支える基盤（eine räumlich tragende Plattform）としてのその領域（Gebiet）の上に置いている。[26] 型通りの教説は三要素〔国民、領土、主権〕を粗雑に接合するのであるが、こうした三要素の接合（Juxtaposition）は、その際、国家民族（Staatsvolk）〔国民〕をこうした土台（Unterlage）〔領域〕の上に置き、そしてそれら〔国民と領域〕を、その上で〔その後に〕、（しばしば適用されるイメージでは）国家権力（Staatsgewalt）の丸天上（Kuppel）によって効果的に高める（überhöhen）か、あるいは、それら〔国民と領域〕がこれ〔国家権力〕によって、操り人形劇（Marionettentheater）の人形たちが人形師の糸束によってそうされるようにひとまとめに保持されるようにさせる（zusammengehalten werden lassen）。ドイツ的な精神欠如史（deutsche Ungeistesgeschichte）のこの恥ずべき章（unrühmliche Kapitel）は、当然ながらウィーン学派（Wiener Schule）の批判が有難がっている一分野（ein dankbares Feld）であり、それゆえにそれを参照することが指示されうるわけである。[27] しかし、ウィーン学派の批判にはこうした諸々の誤謬についての〔次のような〕簡単な説明が付加されなければならない。すなわち、この〔ウィーン学派の〕素朴実在論（dieser naïve Realismus）の粗野さ（Roheit）は、国法学的かつ国家理論的な形式主義（Formalismus）にいつも現存している空虚さ（Leere）を補完するものとして必然的に姿を現す、との説明が。

【国家・民族の価値専有の全体性の直観的要約としての領域の統合機能：価値全体性の統合的象徴化としての領域】

領域（Gebiet）の第二の統合化する機能は、領域の中に、領域とともに立てられている国家的な諸課題の履行（充溢化）が記される（沈殿、沈積する）（niederschlagen）という点に存する。領域は形象を変えられ（umgestaltet）、ひとつの文化的産物となる。しかも、あらゆる種類の個々の経済的かつ文化的な諸〈価値〉の担い手としてのみならず、ひとつの国家及び民族の〈価値専有（Wertbesitz）〉の全体性（Totalität）の直観的な総括（要約）（anschauliche Zusammenfassung）として。そのかぎりで領域は大抵、「祖国（Vaterland）」、「故郷（Heimat）」等々として標識づけられる。領域はそのかぎりで、例えば戦争期の言語使用や感情世界において、何か他のもの以上に、政治的な生活活動の共同体や〈価値共同体〉を再現前化（repräsentieren）する。——ときには、それ（領域）はそれで再び、一部分によって、神聖な境標によって（sacri termini）、その「歴史的側面」、例えばライン河によって再現前化（代表）される。こうした機能に伴って領域は、ひとつの定式化しえない〈価値充溢〉の、ひとつの〈価値全体性〉の、統合化する諸々の象徴化（Symbolisierungen）の系列に入り、しかもこの系列の第一位を占める。その最初のパラグラフにおける統一規約（eine Vereinssatzung）が統一目的（Vereinszweck）を定式化するように、諸々の憲法（体制）（Verfassungen）は、それらがこの内実の諸々の象徴化——領域と紋章、国家形態と国家性格——を前置きしておくことによって、それらによって規則づけられた国家の生活活動（Staatsleben）の定式化しえない内容を標識づける。

【国家の事態的統合諸要因の第一位を占める領域】

この意味で、国家はその領域（Gebiet）によってそのきわめて本質的な具体化（Konkretisierung）を経験

（erfahren）すること、[28] そしてこの領域の諸々の変更は国家の量的な本質変更ではなく質的なそれであること、これらのことは正しい。領域は国家の〈事態的統合〉諸要因の中で第一位を占め、そしてこの観点の下で――国家の諸境位《エレメント》についての無意味かつ不可能な教説の観点の下ではなく――国家理論の対象なのである。

第八章　統合体系の統一性――相互関係にある統合諸様式――内政と外政（Die Einheit des Integrationssystems — Die Integration im Verhältnis zueinander — Auswärtige und innere Politik）

【（使命・課題を）課せられた〈意味諸連関〉の活動現実化の一断面としての〈価値法則性〉〈体系的統一性・客観的全体性＝規範体系・社会体系〉創出――精神的な生活活動】

すべての精神的な生活活動（geistiges Leben）は、課せられた〈意味諸連関〉の活動現実化の一断片である（ein Stück Verwirklichung der aufgegebenen Sinnzusammenhänge）。それ〔精神的な生活活動〕がこうしたものでありうるのは、それがひとつの特殊な〈価値法則性（Wertgesetzlichkeit）〉の担い手であるからである。この〈価値法則性〉ゆえに、それにはこのような最高度の活動現実化への傾向（Tendenz）、「傾斜（勾配）（Gefälle）」が内在している。問題になる〈価値〉領域に応じて、この傾向にはとりわけ何らかの種類の、ひとつの体系的〈統一性〉（systematische Einheit）の、ひとつの客観的〈全体性〉（objekive Totalität）の、すなわちひとつの統一的な総体認識（eine einheitliche Gesamterkenntnis）の作出（Herstellung）が含まれている。それぞれの個別的な洞察は、この統一的な総体認識の一部分であろうとする。――この統一的な総体認識は連関しかつすべてを包括する諸〈規範〉の一つの体系であるが、それぞれの個別的な〈規範〉は、その統一的な総体認識の部分としてのみ、その〈意味〉

を有することを要求する。——この諸〈規範〉の一体系は、何らかの種類の一社会体系（das soziale System）であり、それぞれ個別の社会的な活動（soziale Betätigung）は、この社会体系の実在化（Realisierung）を目指している。

【社会的な生活活動における伝達と理解の諸行為の往復振動：実定的法秩序の絶えざる自己更新運動——実定的規範の欠缺の絶えざる補完過程】

社会的な生活活動（das soziale Leben）においては、こうした傾向は、すでにほんの束の間の人間関係の内部においてさえ、きわめて控えめのものであるにしても、かの〔テオドール・〕リット（Theodor Litt）[1]によってきわめて印象深く浮き彫りにされている——〈了解〉（意思疎通）（Verständigung）の、すなわち精神的かつ社会的な綜合（Synthese）の作出（Herstellung）という、その社会的な生活活動の目標を伴う——「伝達と理解の能動諸行為の往復振動（Hin- und Heroszillieren kundgebender und verstehender Akte）」において、表出されている。より高次の創造（Schöpfungen）においては、その傾向は無矛盾で閉じられた統一性がいつも新たに作出される行程において、すなわちひとつの実定的な法秩序が学問と実践によるひとつの生きた精神的な統一性（eine lebendige geistige Einheit）に向かっていつも新たに高まっていくことにおいて、あるいは絶えざる法（権利）の歴史（Rechtsgeschichte）に対しても、同じく革命による急激な断絶に対しても、ひとつの実定的〈規範〉体系の諸欠缺（Lücken）がいつも新たに補完されていくことにおいて作用（wirken）している。とりわけ国家においては、かの傾向は、個人や集団全体の、それどころか圧倒的多数者のあらゆる受動性や抵抗にもかかわらず、すべての国家に帰属する者たちの意思団体（Willensverband）としてのその国家の活動現実態（Wirklichkeit）の、持続的更新によって活動現実化（verwirklichen）される。

【国家的な生活活動の活動現実態——統合体系としての主権的意思団体の持続的作出作用：国家の統一的な生活活動の体系の諸契機としての内政と外政】

国家的な生活活動の活動現実態（die Wirklichkeit des staatlichen Lebens）が、その活動現実態を主権的な意思団体（die souveräne Willensverband）として持続的に作出（herstellen）することとして呈示されるならば、その活動現実態はその統合体系（Integrationssystem）としてのそれである。そしてこの統合体系は、すなわち国家的な活動現実態は、それが精神の〈価値法則性〉に対応していつも新たに自動的に統一的な総体的作用（Gesamtwirkung）へと統括（zusammenschließen）されるすべての統一的な〈統合〉諸要因の統一性の作用（Einheitswirkung）として捉えられるときにのみ、正しく理解されている。すなわち国家のさまざまな側面は、とりわけ国家の統合の特徴づけられたさまざまな様式は、あるいは、例えば国家的な生活活動の、それらの相互関係においてきわめて問題〔不確定〕的（problematisch）な〔相互制約的な〕二つの主要な方向つまり内政と外政（die innere und die auswärtige Politik）は、国家の統一的な生活活動の体系の、すなわち統合体系の諸〈契機〉としてのみ理解されうる。

この観点の下で、統合諸様式〔人格的、機能的、事態的統合〕の相互関係と、内政と外政の関係とのこうした二つの問題を、少なくとも示唆だけはするべく簡潔に解明することにする。

【歴史問題として観察される〈事態的統合〉と〈機能的統合〉の関係の交替】

さまざまな統合諸様式の関係は、とりわけそれぞれの統合体系の両極の関係は、一面での〈事態的統合〉様式と他面での〈機能的統合〉様式の関係は、理論及び政治のひとつの重要な問題である。いずれにしても、この問題は正面切ってはそのように特徴づけられないか、あるいはまたそのようにのみ理解されるかである。というのも、その問題は体系的（systematisch）な問題として原則的に捉えられかつ扱われることはなく、歴史的（geschichtlich）な問題として観察されるからである。その際とりわけ問題になるのは、歴史的経過（geschichtliche Abfolge）の二つの可能性、すなわち一面では〈機能的統合〉による〈事態的統合〉の交替（Ablösung）、他面での〈事態的統合〉

による〈機能的統合〉の交替である。

【伝統的ゲマインシャフト〔共同性〕における〈事態的統合〉と近現代的ゲゼルシャフト〔集列性〕（ブルジョア社会・大衆社会）における〈機能的統合〉：近現代国家における〈事態的統合〉の〈機能的統合〉とのウェイトの交替】

第一の可能性は、近代の精神史一般の行程に対応している。中世的〈価値〉体系の崩壊は、同時に、成長してきた自然的・没問題的（確定的）（unproblematisch）な〈価値共同体（Wertgemeinschaft）〉の、テンニエス（Tönnies）の意味においてもまた「ゲマインシャフト〔伝統的共同体〕（Gemeinschaft）」の崩壊を、すなわち圧倒的に〈事態的統合〉の時代の終焉を意味している。精神的に原子化、脱実体化、機能化された近代人（der geistig atomisierte, entsubstanzialisierte, funktionalisierte neuzeitliche Mensch）は、〈価値〉や〈基体〉（実体）（Substanz）を欠く人間ではなく、同時に必然的に文化秩序及び社会的秩序である共同体形成的（gemeinschaftsbildend）な、とりわけ伝統的な諸〈価値〉を欠く人間である。したがって、共同体〔共同性〕の形成（Gemeinschaftsbildung）は、かれ（近代人）に対立して、かつて以上に、機能的な統合諸〈技術〉（funktionelle Integrationstechniken）に依存している。静態的秩序の人間〔中世人〕が存立している国家や等族（身分）のヒエラルヒー（位階制、階統制）に組み入れられることによって統合されたように、一九世紀のブルジョアは議会制国家の形式的ゲーム（das formale Spiel des Parlamentsstaats）によって、〔大衆〕民主制の時代のブルジョアは大衆国家の人民投票的な生活活動の諸形態（die plebiszίären Lebensformen des Massenstaats）によって、統合されている。そのかぎりで、大衆心理学が現代の国家理論的な思惟の中に侵入していることは、その心理主義的かつ懐疑主義的な不十分さにもかかわらず、一定の正当性を有する。そのかぎりではまた、きわめて現代的な政治的集団の、例えば共産主義の〔過渡期における一党独裁という〕「過程的様態（das Prozeßartige）」が、より古い〔ブルジョア〕政党形成の構造と対置されることは、不当で

はない。(2)

【ドイツの個別国家（ラント）における〈事態的統合〉に対する〈機能的統合〉の優位】

このような世界史的な発展諸系列からはまったく独立して、この種の諸事象は、ときには小事においてもまた観察されうる。カール・ビルフィンガー（Carl Bilfinger）が印象深く叙述したことであるが、諸々の国民国家（Nationalstaaten）と対立した生活活動の形態としてのドイツの個別国家（Einzelstaat）〔邦、ラント〕にとって特徴的なのは、次のことである。すなわち、ドイツの個別国家が統合（zusammenhalten）されるのは、経済、文化、出自（系統様式）（Stammesart）、そしてこれらと関係する事態に即した諸権限（管轄権）（sachliche Zuständigkeiten）を通じてというよりもむしろ、とりわけ「国家的支配原理（„das staatliche Herrschaftsprinzip"）」を通じて、すなわち国家的支配行使の形式的〈機能〉（das formelle Funktionieren）の形式的ゲームを通じて――すなわち、その事態的な内容がまったく度外視されたその住民たちが、こうした機能的な生活活動へ、共に生活活動を営みながら関与することによる〈機能的統合〉を通じて――であるということである。(3)

【連邦（ライヒ）と対立する邦（ラント）の実践的・政治的なプログラムの国家理論にとっての意義】

国家理論にとって、このような個別諸事例の数、様式、真実性の内実よりも重要なのは、次のような原則的事実である。すなわち①〔前近代と近代、連邦国家と個別国家、〈事態的統合〉と〈機能的統合〉が〕対立する経過もまた登場すること、しかも、同様に個別事例として、そしてこの個別事例においてはとりわけなおさら登場すること、そして②そのかぎりで、〔こうした対立する経過は〕実践（実際）的・政治的なプログラムとして最大の実践的な意義を有していること、こうした原則的事実である。

【ゲマインシャフトのゲゼルシャフトへの変化に伴う〈意味（価値）内実〉――合理化・意識化・定式化：指導者（人格）から理念と抽象（機能）への統合要因の交替】

ひとつには、より古い生活活動共同体（Lebensgemeinschaft）〔ゲマインシャフト〕がテンニエスの意味での合理化（rationalisieren）された近代的「ゲゼルシャフト」へと崩壊したことは、非合理的なゲマインシャフトの内実（irrationals Gemeinschaftsgehalt）が合理化され、意識化され、定式化された——国家契約論、人権、近現代的な国家理論や政党綱領が展開しているような——〈意味内実（Sinngehalt）〉及び〈価値内実（Wertgehalt）〉へと変化したこと、これを意味している。かくして、ひとはまさしく、より古い共同体の形態に対してより新しいそれの本質的な側面を、次の点に見出そうとしてきた。すなわち、より本源的な共同体の形態にとっては、指導者（Führer）は特徴的かつ本質規定的な統合要因であるが、これに対して、より新しい共同体の形態にとっては、この指導者には諸理念や諸々の抽象〈化〉が（Ideen und Abstraktionen）代替している、という点に。[4]

【人民投票的な憲法体制の類型の変化——人格的～実在的】

ひとつの対応する経路は多くの具体的な個別の現象の中に追求しうる。イングランドにおいては人民投票的な憲法体制（plebiszitäre Verfassung）は、〈人格〉的（personal）な類型から〈実在（現実）〉的（real）な類型へと変化し、これが極まっている。このことについてカール・レーヴェンシュタイン（Karl Loewenstein）は叙述したのであるが、わたしはここでは、かれのこの重要な叙述だけを挙示しておこう。[5]

【社会主義的な国家理論の要諦——国家の廃棄＝人間支配（意思〈行為〉）から事物管理（理性〈洞察〉）へ】

わたしの見るかぎり、とりわけこの箇所において、社会主義的な国家理論の諸々の謎を解く鍵がぴたりと当てはまる。このことは、「人間たちに対する政治的な統治（支配）（Regierung über Menschen）から事物の管理（Verwaltung von Dingen）と生産諸過程の指導（Leitung）への移行についての、したがって、国家の廃棄（Abschaffung des Staats）[6]」についてのエンゲルスの定式が、社会主義における国家理論的な解明のライト・モティーフになればなるほど、それだけ明瞭となる。「支配」の廃棄（Abschaffung der „Herrschaft"）の前提である〈連帯〉の作出（Herstellung der Solidarität）は、事態に即して正しい（sachlich richtig）経済的かつ社会的な秩序の作出に基づいている。これが現存するならば、そのときは意思の統一性（Willenseinheit）は、とりわけ政治的なそれは、もはや〈支配（Herrschaft）〉によって、圧政（Überwältigung）によって、総じて意志の能動〈行為〉（Willensakte）によって、作出されるのではなく、この秩序の正当性への〈洞察〉（die Einsicht in die Richtigkeit dieser Ordnung）によって作出されることになる。(7) マルクス主義が〈教育（Erziehung）〉にきわめて大きなウェイトを置くのは、この新しい秩序の人間たちは従来の人間たちとは必然的に異なっていなければならず、そして、従来の人間たちよりも〈より善きもの〉でなければならないからである。(8) しかしいずれにしても、完遂された社会主義は〈政治的な統合体系（politisches Integrationssystem）〉をもはや必要としない。なぜならば、それは完遂された事態的な新秩序においてすでに占有しているからである。——それゆえに、例えばマックス・アドラーにとっては、異論をいだく少数派（dissentiernde Minderheiten）の問題は、もはやおよそ現存しないからである。(9)

【闘争において国家を形成し、歴史を可能にする意思の世界としての政治的な生活活動の活動現実態（支配、闘争、意思）を締め出すブルジョア的、マルクス主義的な国家理論】

われわれに馴染みになっている政治的な生活活動の活動現実態は、ひとつの〈意思〉の世界である。けだし、この生き生きした——それゆえに闘争的な——〈意思〉こそ、この〈闘争〉において、国家を形成し、歴史を可能にするからである。こうした政治的な生活活動の活動現実態が締め出されると、総じてマルクス主義に対するその他のあらゆる異論はともかく、「ブルジョア的」国家理論の諸々の疑念（狐疑逡巡）がはじまる。

【ユートピアの対象としての統合化する事態的内実による政治統合：カトリック教会法における諸権威の階統的秩序：C・シュミットにおける国家理論ならざる法理論】

もっぱら統合（化）する〈事態内実〉のみによる政治的な統合のひとつの状態は、非国家理論（Unstaatstheorie）

〔国家を否定する国家論〕――マルクス主義がそうであろうとしている当のものであるが――の対象、あるいはひとつのユートピアの対象でしかありえない。これはそう〔ユートピアとして〕性格づけられる、失われたないし未来の楽園であり――それゆえに、あらゆる千年王国説的ユートピア（chiliastische Utopien）のロマン主義的な諸特徴（血縁）（Einschläge）への傾きを示している。このことと、ローマ〔カトリック〕教会における世界史的な実現（weltgeschichtliche Verwirklichung）〔「神の国（civitas dei）」の歴史・現世における現実化〕の一事例という事実は矛盾しない。一面において、ここでも〈事態的統合〉の体系（das System sachlicher Integration）は純粋なものに留まっていないし、他面において特徴的なのは、その〔カトリック〕教会の固有の〈法体系（Rechtssystem）〉とその教会の模倣された〈政治的諸体系〉は、事態的な中心〈価値〉の担い手〔教皇〕から派生し導き出される諸〈権威〉の総じて階統的な諸秩序である、ということである。この図式に従って国家の一理論を展開しようとする、すなわち国家の活動現実態を体系的に把捉しようとする、あらゆる試みの法（Recht）と可能性にとって教えるところが多いのは、カール・シュミット（Carl Schmitt）の国家理論において提示されているような、この種のもっとも意義のある近年の試みである。この試みは国家理論（Staatstheorie）ではなく法理論（Rechtstheorie）であり、その諸前提からしてそれ以外ではありえない。――だから、マックス・アドラー（Max Adler）が価値正当化（wertlegitimieren）された〈法（権利）（Recht）〉の諸関係の〔についての〕こうした〔シュミットの〕理論の中に、少なくとも特定の意味で、一人の同志を見出しえているということは特徴的なことなのである。(10)

【事態的価値に対する人格的価値の後退】

それだけより注目に値するのは、われわれの文化全体の内部での諸々の文明的な事態諸価値（die zivilisatorischen Sachwerte）に対する諸々の人文的な人間諸価値（die humanen Menschenwerte）の一般的な後退として、国家的な統合諸要因の相対的な意義の対応する諸変位〔ズレ〕（Verschiebungen）を自らに引きよせ、とりわけ議会主義の没落をおおよそのところ説明している変化（Wanderung）である。[11]

【統合諸要因〔①人格、②機能、③事態〕の統一体によって成立する国家団体の統一性：自己変容する統合諸要因の調和化によって確証される精神の価値法則性】

例えば、多くの段階理論（Stufentheorien）から明らかにされうるような、諸々の統合類型の現実的ないし構成された諸経過のさらなる諸例については、[12]ここでは触れないことにする。このような諸考察のあらゆる権利（Recht）が制約されているにもかかわらず、固執されるべきことは、国家団体（Staatsverband）がその統一性を有するのは統合諸要因の総体によるのであり、したがって、その〔国家団体の〕〈事態内実（Sachgehalt）〉とその〈意思の生活活動（Willensleben）〉とによるのである、ということである。――個々人の人格（個人）的な生活活動が、想起〔過去〕、課題〔現在〕、将来の傾向〔未来〕に関して、その諸機能のゲーム（Spiel）において、そしてその事態的内容において、〔さしあたり一旦は〕統一性のための完結（遮断）（Abschluß zur Einheit）を体験するように。精神の〈価値法則性〉（die Wertgesetzlichkeit des Geistes）はここでも、自らを独力でいつも変容させていくこれら個々の諸要因の絶えざる調和化（Harmonisierug）において、確証（sich bewähren）されうるのである。

【ファシズムにおける機能的統合（技術）と事態的統合（国民的神話、職業（職能）国家）】

ファシズム（Faschismus）は全面的な統合（allseitige Integration）のこうした必然性をきわめて明確に見ていたが、自由主義的なものや議会主義的なものを退けているにもかかわらず、〈機能的統合〉の〈技術〉を巧みに携え、そして、退けられた〔左派〕社会主義的な〈事態統合（Sachintegration）〉を意識的に〔左派社会主義のそれとは〕別の（国民的神話（nationaler Mythus）、職業（職能）国家（Berufsstaat）等々の）それ（事態統合）と代替している。ファシズムについてはいかようにも判断されようが、こうしたことはファシズムの強力な諸側面に属している。

【個々の事例において優勢となる統合類型】

――最後にもう一度、次のことを想起しておこう。すなわち、統合類型〔①人格、②機能、③事態〕のいずれもが、通常純粋には登場することはなく、もっぱら規則的に、一つの類型あるいは別の類型が、個々の事例において優勢となるということを。ときには、それらは分離し難い統一性において現象する。かくして、政治的成果（der politische Erfolg）の統合作用（Integrationswirkung）[13]には、同じように、（1）共同的占有物として獲得された〈事態内実〉（der als Gemeinbesitz errungene Sachgehalt）や、（2）国家的な共同体を通じての、あるいはやはり、すくなくともその名前の〈機関〉を通じての、こうした〈獲得（Erringen）〉〔活動と闘争を通じての占有・所有〕の〈体験〉が、関与している。[14]

【統一的・国家的な生活活動の統合化諸様式（統合諸類型）とそれらの体系的相互作用における内政（自律性）と外政（他律性）の関係】

国家的な生活活動の統一性、統合（化）の諸様式とそれらの体系的な相互作用（協演）（Zusammenspiel）の諸様式とは、これまで本質的に〈内政（die innere Politik）〉の観点の下に扱われ、そして、そのもっとも重要な現象諸形式において直観（可視）化されている（anschaulich gemacht sein）。しかしながら、このような考察は、〔次のような場合には〕感じ取れるひとつの欠缺（Lücke）を開いたままにしておくことになろう。すなわち、その考察が、国家、政治、統合をこの側面〔〈内政〉の観点〕からのみ視野に入れて、そして国家的な生活活動の展開された体系は〈外政（die äußere Politik）〉という一瞥して〔〈内政〉とは〕きわめて異なる様式と法則の領域といかなる関係にあるのか、という問題を無視する場合には。国家は、見るところ（anscheinend）後者〔〈外政〉〕においては権力〈Macht〉として、すなわち堅く閉じられた〔完結した、結合された〕統一性としてあり、前者〔〈内政〉〕においては個々の諸要因や諸機能とそれらの絶えず交替する相互作用（協演）の中に解消されている。後者〔〈外政〉〕においては外政的な諸々の〔物理的な〕諸力の協演（競合関係）（Kräftespiel）の他律性（Heteronomie）が、前者〔〈内政〉〕においては国家的な固有様式の自己形象化（Selbstgestaltung der staatlichen Eigenart）の自律性（Autonomie）が存在する。したがって、後者〔〈外政〉〕においては、よく呼び起こされる「〔〈内政〉に対する〕〈外政〉の優位（Primat der auswärtigen Politik）」という意味で、前者〔〈内政〉〕において存立している自由〔自己決定権、対内主権〕を制限し、これ〔〈内政〉〕と対立する、そういう必然性がある。

【内政と外政の統一性としての政治的な生活活動――国家的な個体性の自己形象化＝統合】

他の文脈でわたしが呈示しようと試みたことであるが、政治的な生活活動（das politische Leben）とは〈内政〉と〈外政〉の統一性（Einheit）であり、この統一性は、両志向が国家的な〈個体性〉（staatliche Individualität）の――つまり統合（Integration）の――〈自己形象化（Selbstgestaltung）〉であるという点に基づいている[15]。わたしにはこうした説明に付け加えることはほとんどない。

【内政と外政の対立と（一方の他方に対する）優位の関係についての見解の歴史的・実践的・理論的な諸前提】

〈内政〉と〈外政〉の深い本質的な対立についての従来の諸見解は、そしてこれら両者の相互に疎遠な諸世界と政治的な力の諸領域（Kraftfelder）の間の関係――この関係は他方が一方に影響を与える関係、すなわち規則的に一方が他方に対して優位にある関係であらざるをえないとされるが――こうした関係の問題についての従来の見解は、規則的に限定された歴史的・実践的な諸前提を、しかしまた、より深いところにある理論的な諸前提を、有している。

【外政あるいは内政の優位性――政治的な生活活動の究極的な起動力として、国家あるいは個人のいずれを基体（実体）とするのか、という二者択一】

理論的にいえば、〈外政〉あるいは〈内政〉のいずれを優位とするかという二者択一は、政治的な目標設定の最終的な担い手として、そしてそれとともに政治的な生活活動の最終的な起動力（letztes Motor）として、一面での権力としての〈国家〉（der Staat als Macht）あるいは他面での〈個人（der Einzelne）〉、このいずれを基体（実体）化（Substanzialisierung）（そして遊離化（Isolierung））するかという二者択一である。このいずれかに応じて、次のような二者択一が成立する。すなわち〈外政〉から〈内政〉を――とりわけ諸々の〈国家形態〉を――規定する政治的出来事の究極の原因は、諸〈国家〉とそれらの〈権力〉諸関係（Machtverhältnisse）であるということになるのか（これはドイツの歴史家たちによってうんざりするほど繰り返されてきた、そしてとりわけドイツ的君主制（die deutsche Monarchie）の正当化のために用いられてきたお馴染みのテーゼであるが）、あるいはそうではなく、〔そうした政治的出来事の究極の原因は〕諸〈個人〉とかれら〔諸〈個人〉〉から出発する内政的な諸々の形象（化）（Gestaltungen）（きわめて多く見られるが、例えば平和主義的イデオロギーがそうである）であるということになるのか、このいずれかということになる。

【精神科学において退けられる団体（国家）あるいは個人のいずれかを実体化・遊離化する因果論的・機械論的な思惟様式―― Kollektivismus と Individualismus】

〔〈国家〉と〈個人〉のいずれかを実体（基体）とするような〕両方の思惟様式は精神科学的には同じく保持しがたい。〔〈個人〉を実体化する〕第二の思惟様式は、固定的・実体的な関係の担い手としての諸〈個人〉の支配的な関係社会学（Beziehungssoziologie）及び相互作用社会学（Wechselwirkungssoziologie）の思惟様式である。――この思惟様式は、精神科学的には不可能なものとして、以前の諸研究においてはいつも繰り返し退けられている。第一の〔〈国家〉を実体化する〕思惟様式は、その〔精神科学の〕領域にとって同じく正しくない。この第一の思惟様式もまた、政治的諸団体（die politischen Körper）を硬化した諸々の所与態（starre Gegebenheiten）に固定化し、それに伴って、それらを精神科学的な理解から引き離してしまう。他方、やはりそれら〔諸団体〕の諸関係（Beziehungen）もまた、精神的な〈交換（Austausch）〉や生活活動（Leben）の、すなわち相互的な形象化（gegenseitige Gestaltung）の、そしてとりわけこの点において完遂される自己形象化（Selbstgestaltung）の諸関係であって、しかし実体的かつ遊離化された諸団体の間の因果的・機械的な諸関係ではない。(16)

【国家全体の本質規定＝統合化としての外政と内政：歴史的・実践的諸条件によって規定される外政と内政の優先順位：内政（経済）に対する外政（政治）の優位：国家の個体性と活動現実態の切り離し難い二契機としての外政と内政】

したがって、〈外政〉と〈内政〉のどちらが本質に即して優位にあるのか、いずれにしてもこの問いに対する答えは、理論的には支持されえない諸前提に帰着するような諸議論を以てしか根拠づけることはできない。とすれば、歴史的・実践〔実際〕的な論究の領域においては（ドイツの歴史的かつ政治的な文献の中では、この問題は大抵こうした領域において扱われている）、当然ながら〔いずれが優位にあるかという問いに対する〕一方もしくは他方の答えは、特定の諸状況のために実際には適宜根拠づけられているのである。その国境（Grenzen）への強圧のない国土（Land）、例えば〔アメリカ〕合州〔衆〕国（die Vereinigten Staaten）においては、〈内政〉が、〔第一次〕世界大戦の前後のドイツにおけるよりも、むしろ前面に出ている。「国民生活が国際関係に優先する（the national life precedes international relations）」(17) ということは、アングロサクソン的自己感情（Selbstgefühl）にとっては、外政に対して受動的・傍観者的で、容易に〔外政を〕審美化（ästhetisieren）してしまうドイツ的な流儀（Art）にとってよりも、自明である。(18) 革命的で内政的に確固とされていない諸国では、〈外政〉は安定的な憲法体制の諸形態の下にある諸国におけるよりも容易に〈内政〉に依存することになる。(19) これらのすべての可能性に対して、ここで問題になるのは、次のことだけである。すなわち、本質に即していえば〈外政〉は〈内政〉がそうであるのと同じく、国家全体（Staatsganze）の本質規定（Wesensbestimmung）、統合（Integration）であるということを確定することだけである。従来の論究の軌道に留まるためには、この事実もまた若干の諸例において直観（可視）化されているべきであろう。誰が考えても自明なこと（das nächstliegende）は、あらゆる〈外政〉は対象〔対象性・客観性〕を欠いている（Objektlosigkeit aller auswärtigen Politk）〔外交は必ずしも土地や物件をめぐる商取引や戦略的な互恵関係などに還元されない〕ということである。[20] このことは、とりわけ帝国主義理論において大いに論究されている。ライン問題〔ラインラント帰属問題〕の眼目は、ライン国境よりも、むしろドイツ民族（国民）とフランス民族（国民）の妥当性〔威信・信望〕の総体（Gesamtgeltung）なのである。[21] かつて打ち出された外交路線の総体的性格（Gesamtcharakter）は、いつもその路線の即物的な動機（sachlicher Anlaß）を超えて規則的に持続（regelmäßig überdauern）している。なぜならば、そうした〔総体的〕性格は、「その陰〔ラインラント帰属問題〕から抜け出せない」国家の本質的な資質を証明するもの（Wesensqualifikation）となったからである。[22] より偉大な諸国家は、リシュリュー（Richelieu）によれば、より卑小な諸国家よりも誠実に条約を遵守する（vertragstreuer）。なぜならば、それら〔より偉大な諸国家〕は名声（Reputation）に、より固執するはずだからである。[23] すなわち、それら〔より偉大な諸国家〕は、より強力な本質存在（Wesen）としてまた、それらの政治（政策）とより強力に一致し、この政治（政策）によって資格づけられている〔資格・能力が適格化（証明）されている〕（qualifiziert sein）からである。とりわけ周知のように、政治的な条約や状況（Verträge und Lagen）は、例えば経済政策的なそれらよりも変更し難い。なぜならば、前者はより高い度合いで関与者たちのこうした本質規定（Wesensbestimmungen）として存在するからである。[24] まさしく国家の本質存在の資質の適格化（証明）（Wesensqualifizierungen des Staats）として、国家の外交姿勢（die Positionen seiner außenpolitischen Lage）は、国家にとって名誉に係わる眼目（Ehrenpunkte）であり、〈統合〉契機であり、[25] そして例えばヴェルサイユ条約のような〈押し付けられた条約（Diktatvertrag）〉は、それが犠牲を強要するのみならず、当事者の合意（Zustimmung）なしに当事者にとりわけ不可変の本質存在を強いるがゆえに、きわめて人倫（習俗規範）に悖ること（unsittlich）なのである。独墺同盟（Bündnis）を憲法体制に即して確定する（verfassungsmäßige Festlegung）というビスマルク（Bismarck）の考えなどは、外交政策を通じて絶えず多かれ少なかれ招来されていた、関与者たち〔独墺〕の総体的な国家的本質存在の資質の適格化（証明）（Qualifizierung des gesamten staatlichen Wesens der Beteiligten）を、量的に高めたり強めたりすることを、意味していたにすぎないであろう。かくして健全な外交政策における実践は、絶えず一民族（国民）の内政上の国家的健全性（Gesundheit）の一条件のみならず、まさしくその一契機を見てきたのである。[26] だから、理論なるものは正当にも、どのような形であれ政治的な本質存在を外側と内側に引き裂くことに対して異を唱えるのである。[27] 国家の内政的内実と外政的関係とは、国家の活動現実態（Wirklichkeit）と個体性（Individualität）の二つの〈部分〉ではなく、二つの〈契機〉にすぎない。この真実性を誤認すること（Verkennung）は、理論的にも実践的にも同様に誤謬（Irre）に導かれる。――例えば次の場合がそうである。すなわちマイネッケ（Meinecke）は〈倫理〉と〈政治〉（Ethik und Politik）の問題をもっぱら外交政策においてのみ見ているにすぎず、〈政治的なるもの〉の統一性おいて、そして問題の本来的対象において、すなわちその事態的充溢（sachliche Fülle）における政治的な統合の流動的な生活活動において見ることなく、そしてこうした生活活動への人格的関与の豊かさ全体を以て、闘争する諸〈権力〉の固定的な諸形姿（die starren Gestalten der kämpfenden Mächte）〔内外における単なる剥き出しの物理的権力闘争〕――これらに対して〈倫理〉は希望を欠くアンチ・テーゼの中にある――を置き換えていないが、[28] この場合がそうである。

第九章　統合論と国家理論（Integrationslehre und Staatstheorie）

【憲法理論の国家理論的根拠づけとしての統合問題】

これまでの諸論究（Erörterungen）は、国家理論であることを要求していないし、いわんや決して国家理論の要綱であることも要求していない。この最初の構想が暫定的なものであることはともかく、これまでの論究が追求しているのは、国家理論の中でこれまで疎かにされてきた主要な問題に光を当てることである。そしてこのこともまた、憲法体制の理論と実定憲法の理論（Verfassungs- und Verfassungsrechtstheorie）の基礎拠づけ（Grundlegung）という観点の下で行なわれた。国家理論のその他の諸問題にとっての〈統合〉の問題の意義を、わたしは後の研究に留保しておかなければならない。

【国家理論的基礎づけの諸思惟範疇を国家学のそれらのストックに関係づけること】

その代わりにわたしがこの国家理論的な基礎づけの締めくくりとして試みるのは、この基礎づけの諸々の基礎的な思惟範疇（Grundgedanken）を、国家学の歴史的かつ現在的な思惟範疇のストック（Gedankenbestände）に関係づけることである。

この関係づけは本質的に論争的（polemisch）な性格を帯びている。とはいえ、一致するあるいはすくなくとも親近する範疇思惟（Denken）との接触点もまた見出される。

【古典古代やシュミットにおける社会的秩序概念の存在論的な範疇的固定性との対立】

このような接触（Berührung）は、さしあたり古典古代（Antike）のすべての範疇思惟（Denken）とともに、あるいは古典古代的基礎の上では締め出されている。諸々の社会的な秩序概念の範疇的な固定性（die kategoriale Festigkeit der sozialen Ordnungsbegriffe）は、〔第一には〕世界秩序（Weltordnung）の存在的な固定性（ontische Festigkeit）に基づき、そして〔第二には〕とりわけ古典古代的な範疇思惟（Denken）やアリストテレス・スコラ学的な範疇思惟を支配しているような、そしてさらにカール・シュミットの国家学におけるこうした範疇思惟の輝かしい今日的な再現前（Repräsentation）に特徴的なものであるような[2]、こうした世界秩序の最上位の〈流出〉（oberste Emanation dieser Weltordnung）[1]としての社会構造――このような社会構造の優位に基づいているが、〔こうした社会的な秩序概念の範疇的固定性は〕政治的諸現象のここで提案された理解とは正反対のものである。これに伴って、社会的構成要件（Tatbestand）の現象学的把握を即自的にはるかに超えて導かれている一つの対立が与えられているが、わたしはなおこの対立に立ち戻らなければならない。

【近代自然法論・契約国家論の精神科学的な再解釈：政治的な生活活動としての「一般意思」：体験総体としての国家的な活動現実態、「日々の人民投票」としての〈統合〉：社会契約の実在的内実という静態の動態化】

〔精神科学的方法に基づき憲法理論を国家理論的に基礎づけようとする本論究と〕世俗的自然法（das weltliche Naturrecht）〔近代自然法論〕との関係は――いずれにしても、正しく理解されているそれとの関係だけであるが――〔本論究と古典古代哲学やキリスト教神学との関係とは〕まったく事情が異なる。従来の批判以後的（nachkritisch）な〔後期カントのいわゆる〈批判哲学〉以後の方法的意識水準（範型）にある〕国家学や国法学における今日的批判は、正当にも、存在論と倫理学の、社会学と法学的技術の、そして素朴な実在論の非批判的（unkritisch）な混乱（Gewirr）を説明し、かつ除去しようとしている。これとまさしく同じように、前批判的な（vorkritisch）な理論〔近代自然法論、契約国家論〕においてもまた、その〔前批判的実在論の〕対象の全面的把捉（allseitige Erfassung）という意図は、認識されなければならないが、しかし、ここ（本論究）においては同時に、精神科学的なものとして正当化され、その強みとして価値づけられなければならない。[3] 国家契約説は、神秘的な歴史構成（mythische Geschichtskonstruktion）としてのみ、国家批判の補助イメージとしてのみ、法的根拠づけとしてのみ考えられ、そして評価されるうるにすぎないのではなく、社会学的な、あるいはより善くいえば現象学的な理解の試みとしてもまた考えられ、そして評価されうる。ドイツではほとんど注目されていないが、意義深い研究においてM・オーリウ（Hauriou）は、ルソーにおける〈一般意思（volonté générale）〉は社会学的な活動現実態（soziologische Wirklichkeit）であるということを示そうとした（すくなくともルソーによってこれ（社会学的な活動現実態）と結び付けられた〈意味〉の構成諸要因（Komponete des Sinnes）によって、とひとは付け加えることが許される）。すなわちオーリウは、組織化されない仕方で、あるいは黙示的にかつ気づかれることなく、あるいは（例えば、大きな国民的爆発において）荒々しく突発し（elementar hervorbrechend）、直接的には支配することはないが、しかし統治を正当化しかつ鼓舞しながら――その対象が〈社会秩序の異論の余地のない境位《エレメント》である異論の余地のない諸理念の塊（der *bloc des idées incontestables, die éléments incontestés de l' ordre social*）〉である――〈全員一致の政治的な生活活動の意思（ein einmütiger politischer Lebenswille）〉は国家を担っている（den Staat tragen）という趣旨のことを示そうとしたのである。[4] これはいってみれば、ある程度は（政治的諸理念（idées politiques）の古典古代的な固定性はともかく）〈体験総体〉としての国家の活動現実態としての、「日々の人民投票」としての、〈統合〉（die Integration als Wirklichkeit des Staats als Gesamterlebnis, als das tägliche Plebiszit）である。[5] これに加えて、オーリウは正当にも次のように指摘している。すなわち、このことはまた社会契約の実在的内実（der reale Gehalt）、動態にある社会契約（der Sozialkontrakt in Bewegung）、その静態と動態的に等価なもの（das dynamische Äquivalent zu dessen Statik）〔社会契約の実在的内実という静態の動態化〕である、と。[6] このような動態（Dynamik）を概念把握すること（Konzeption）を、〔近代〕自然法〔論〕はその諸概念の伝統的な静態（Statik）ゆえにルソー以前にはなしえなかった。しかしながら、われわれがルソーを除く〔近代〕自然法学者たち〔例えば、グロティウス、アルトジウス、プーフェンドルフ、トマージウス、ライプニッツ、ホッブズ、ロック、C・ヴォルフ、さらにはカントも含めてさえ〕においてもまた、以前に展開されていた意味において、国家契約の点結性（瞬間性）（Punktualität）に伴って不十分に表現されていた国家同志たち（Staatsgenossen）の持続的合意（Consensus）[7]の真実性（Wahrheit）を見出すことを、何ものも妨げない。かれらは、かれらをもっともよく知って擁護する人たちが想定するよりも、はるかに大きな思惟範疇（思想）的な充溢（gedankliche Fülle）を有している。ヴォルツェンドルフ（Wolzendorff）が国家契約の理念の中に、国家は民族（国民）の組織である、[8]ということの古びた定式以外のものを見出さないとすれば、それは基本的に誤りであり、そしてひとがその理念の中にひとつのユートピアしか見ないのであれば、〈一般意思（volonté générale）〉に対して不当なことがなされているのである。[9]なにしろドイツの前批判的な範疇思惟（das vorkritische Denken）の理解は、あらゆる外国のそうした思惟範疇の理解（Verständnis）がそうであるのと同じく、ひとがそれをわれわれの批判的に純化された方法一元論（kritisch gereinigter Methodenmonismus）の額縁にはめ込む瞬間に終わっているのである。〔名を挙げたような近代〕自然法学者たちは、国家についてラーバント（Laband）やマックス・ヴェーバーよりも多くのことを知っていたし、かれら（自然法学者たち）を尊敬したり侮蔑したりするひとたち、つまりかれらの批判家たちが、かれらについてのかれらの歴史の諸々の伝統的な叙述が言うべきことを心得ているよりも、はるかに多くのことを知っていた。しかしこの歴史は、その叙述がその材料を何らかの「純粋な」方法の平面へと投影することに制限され、そのことを通じてその材料からあらゆる真実性の内実（Wahrheitsgehalt）とその尊厳（Würde）とを奪ってしまうかぎりでは、使い古された決まり文句（のロザリオ）（locus communus）〔ロザリオを繰りながら反復される祈禱〕（ein Rosenkranz abgegriffener Gemeinplätze）に留まるであろう。

【ドイツ古典哲学から継受された動態的・静態的な国家概念を構成する諸概念：①フィヒテにおける Schweben, Reeles Ganze, Allheit、②シュライエルマッハーにおける Polalität, Oszilation、③ヘーゲルにおける lebendige Totalität, die Erhaltung d.i. die fortdauernde Hervorbringung des Staats und seiner Verfassung, Prozeß des organischen Lebens、④シュタールにおける Lebendigkeit des sittlich aufgefaßten Staats】

ドイツ古典哲学における諸々の接触点（Berührungspunkte）は、特に立ち入った論究を必要とするであろう。ここでは、①一七九八年の『自然法』[10]におけるフィヒテ（Fichte）の「〈浮動（Schweben）〉」の独特の論究（Erörterung）――この〈浮動〉において国家的防衛（der staatliche Schutz）の対象が見出され、これを通じてまさしく〈実在的全体（reeles Ganze）〉、ひとつの〈総体（Allheit）〉という概念が生みだされる――そして、国家概念一般のかれの〔フィヒテによる〕動態化（Dynamisierung des Staatsbegriffes）、これらだけをわたしは暫定的に挙げておく。想起しておくだけでよいのは、②シュライエルマッハー（Schleiermacher）の〈両極性（Polalität）〉の哲学と〈振動（Oszillation）〉の哲学であり[11]、同じく③ヘーゲルにおける〈生活活動〉を営む生きた〈全体性〉（lebendige Totalität）、〈国家〉一般とその〈憲政秩序〉の維持、つまりそれらの持続的な産出（die Erhaltung d.i. die fortdauende Hervorbringung des Staats überhaupt und seiner Verfassung）、有機的〈生活活動〉の過程（Prozeß des organischen Lebens）[12]、④シュタールにおける技術的なものとしてのみ理解された国家に対する〈習俗規範的（sittlich）なもの〉として把捉された国家の〈生活活動態〉（Lebendigkeit des sittlich aufgefaßten Staats）[13]である。

一九世紀中葉以降のドイツ的国家理論に存しているのは、わたしの見るかぎり、ここで代表された見解だけである[14]。

このドイツ的国家理論の方法的に特殊な立場（methodische Sonderstellung）は、これまでの諸論究において展開された。ここではなお、もっぱら締め括りとして総括的にのみ、論争的な側面からこれを特徴づけておくことにする。

【非批判的〈方法折衷主義〉――個人や団体の実体化・遊離化、機械論的思惟、法形式主義的な概念技術と素朴実在論の混淆】

このドイツ的国家理論の方法的に特殊な〔本論究における方法的に特殊な精神科学的〕立場は、なにはともあれ、〔一方の〕従来の方法折衷主義（Methodensynkretismus）と〔他方の〕不適切な方法的一元論（methodischer Monismus）において現出している傾向との間の、今日支配的である二者択一を免れようとしている。

この〔精神科学的な〕立場は、非批判的な折衷主義（der unkritische Synkretismus）のもっとも重要な誤謬の諸源泉を、諸〈個人〉[15]あるいは社会的〈団体〉[16]の実体化と遊離化（Substanzialisierung und Isolierung）の中に、機械論的思惟[17]とひとを誤らせる空間像の中に、法学的・形式的な概念技術と素朴な存在論の混淆（Vermengung）の中に、見出している。例えば、支配関係と同志関係（Herrschaft und Genossenschaft）（や、これに類するもの）などの任意の概念対（Begriffspaar）の中には、諸々の不明確な空間像、法技術的契機と法理論的契機、倫理的・価値評価的契機と心理学的契機[18]が――それゆえに、（ドイツ的な法〔権利〕の歴史と社会の歴史というギールケ（Gierke）の大きな概念設定におけるように）生活活動の充溢の直観化（Veranschaulichung einer Lebensfülle）が問題になるのではなく、概念的論究が問題となるとき、その概念対を適用することの危険性が――含まれていることを常としているからである。M・オーリウのそれのような生産的な理念学（eine produktive Ideenlehre）は、〈国法学的なもの〉、〈心理学的なもの〉、〈生理学的なもの〉[19]の中へその理念学を投影（projizieren）することが可能なのであるが、こうした生産的な理念学の独特な力は、ドイツ的な批判以後の学問科学（deutsche nachkritische Wissenschaft）の領域においては、もはや考えることができない。――そうした理念学は大抵われわれにとって存立していないような静態的な文化秩序（statische Kulturordnung）を前提にしているということは、度外視されている。[20]

【批判主義的方法一元論：イェリネク国家学とヴェーバー社会学における技術的国家思惟】

他面では、批判主義的な反応（die kritizistische Reaktion）が正当化されたことに応じて、それだけその方法一元論（Methodenmonismus）は国家学にとっては宿命的な（命取りになるような）もの（verhängnisvoll）となった。このことを範型的（paradigmatisch）に示しているのは、如何にしてG・イェリネク（G. Jellinek）が精神的世界の一断片としての国家について、かれが眼前に見出している範疇思惟（Denken）を、正当化問題（das Rechtfertigungsproblem）と目的問題（Zweckproblem）へと、すなわち一方の規範的な判断可能性（normative Beurteilungsmöglichkeit）の問題へと、他方の目的合理的な現実性（作用性）（zweckrationale Wirklichkeit）の問題へと、割り振ったのか――その仕方である。国家的な活動現実態（staatliche Wirklichkeit）についてのこうしたこと〔二分化〕に基づく〔イェリネクの〕教説は、その対象への因果的洞察（kausale Einsicht）の可能性を前提にし[21]、これを基礎として、国家を必ずしもいつも明確ではない目的のための諸〈技術〉の一集塊（Konglomerat von Techniken）として理解し、そして国家的な活動現実態を、これらの諸目的の実現化の「機会《シャーンス》（Chance）」として概念把握（begreifen）せざるをえないであろう。国家の本質と実体（Wesen und Substanz）については、この〔イェリネクの〕教説は何も知るところがないのである。この教説は国家を諸関係（Relationen）に解消し、国家をその技術的諸手段からしてのみ定義しうるにすぎない[22]。この教説は、事柄に即していえば、自由主義の完全な〈国家疎遠性〉（die ganze Staatsfremdheit des Liberalismus）によって規定されている。自由主義は、国家の本質問題をおよそ見ることがなく[23]、〈技術〉としての――あるいは、より小さな〈悪〉（geringeres Übel）〔必要悪〕[24]としての――国家を超えて先に進まないのである。〈技術〉としての国家、あるいは「経営（Betrieb）」[25]としての国家、マックス・ヴェーバーの、とりわけ憲法と政治に係わる政治的な著作のこうした基本テーゼは、最近の戦争〔第一次大戦〕の時期と戦後初期のドイツの政治的文献のきわめて意義深いこうした表現を、結局のところ、不毛な「〈非政治的なるもの〉の諸考察」として性格づけている。方法論の批判主義的過剰（Das kritizistische Übermaß an Methodik）は、精神科学的労作をひとつの大きなアポリアの表現とし[26]、そしてその精神科学的労作に委ねられ、可能であるであろう実りある洞察を、安易に印象や思いつき（die Impression und das Aperçu）に置き換えてしまう。その際マックス・ヴェーバーの後裔たちにおいては、かれ〔ヴェーバー〕の技術的国家思惟（technisches Staatsdenken）は大抵まごうことなく粗雑な機械論的な国家思惟に移行し、そして例えばこの国で普及している次のような民主制理論に導かれている。この民主制理論の構成諸要因を、カール・ブリンクマン（Carl Brinkmann）は、「土台（Basis）としての平等思想（Gleichheitsgedanken）及び起動力（Motor）としての指導者思想（Führergedanken）」として的確に性格づけている[27]。最後の例を挙げるならば、Fr.・v・ヴィーザー（Fr. von Wieser）の「権力の法則（Gesetz der Macht）」の深刻な不毛性（Unfruchtbarkeit）もまた、このような機械論的思惟に基づいている。

【精神科学的国家理論の主題――共同意思の統一的活動現実態への諸個体意思の共同体化：価値概念を前提にする統合理論：〈事態的統合〉諸要因の体系の柔軟性：政治的自己形象化としての主権的決断】

ここで呈示された諸論究（Untersuchungen）は、さしあたり、H・ヘラー（H. Heller）によって正当にも等閑視（vernachlässigen）されているものとして特徴づけられた問題、すなわち「諸々の個体意思を一つの共同意思の作用統一体〔統一的活動現実態[28]〕にまで共同（体）化する（Vergemeinschaftung der individuellen Willen zur Wirkungseinheit eines Gemeinwillen）」という問題に取り組むことによって、精神科学的な国家理論に軌道を敷こうとしている。その際、弁証法的内在（dialektische Immanenz）〔「主観化された偶因論」〕というロマン主義的かつ自由主義的な思想（思惟範疇）――こうした思想（思惟範疇）はカール・シュミット（Carl Schmitt）によって決定的に論難されているが――との特定の接触（gewisse Berührungen）は、不可避である。――他面では、カール・シュミットにとって前面にある〈正当性〉問題（Legitimitätsproblem）がここではさしあたり後退すること、これが不可避となる。〔けだし〕統合理論が提供するひとつの国家理論は、まずもって、すくなくとも他の諸〈価値〉を通じて、とりわけ〈法（権利）の価値（Rechtswert）〉を通じて、[29]国家の本質規定や正当化（Wesensbestimmung und Legitimierung）を度外視しうるし、そして、任意の「基本変数（Grundvariablen）」あるいは「優位の要因（Primatfaktoren）」[30]を伴うあらゆる文化体系ために、統合諸要因（Integrationsfaktoren）の体系の――とりわけ〈事態的統合〉諸要因（sachliche Integrationsfaktoren）〉の体系の――柔軟性（Elastizität）ゆえに、〔国家の本質規定や正当化が〕妥当することを、要求しうる〔からである〕。ヘラーとシュミットによって、法学的に主権的「決定（決断）」（die souveräne „Dezision"）が国家問題の核心として提示されるとすれば、ここ〔精神科学的な統合理論・国家理論〕では〈精神科学〉的に、〈政治的な自己形象化（politische Selbstgestaltung）〉としてのこの決断の活動現実態（die Wirklichkeit dieser Dezision）を証明（nachweisen）することが試みられる。

【自明の国民国家的閉鎖性を欠く連邦国家ドイツ：国家秩序の統合的意味の探究】

外国の範疇思惟（Denken）にとっては、本論究において講じられたような思惟範疇（思想）の諸行程（Gedankengänge）は、ドイツ的な範疇思惟にとってそうであるのと同じく、疎遠である。このことはまったく驚くにあたらない。外国の国家理論はどちらかといえば素朴で問題を孕まないものであり、そしてその際フランス、イングランド、〔アメリカ〕合州国においては、〔自然的あるいは歴史的な前提条件に鑑みて〕国民国家的な統一性（nationalstaatliche Einheit）の自然のままの（荒けずりで）素朴な自明性（elementare naïve Selbständlichkeit）を基礎にしているからである。ドイツではこうした前提が欠けている。しかし他面では、〔ドイツのような〕国家総体（Gesamtstaat）と個別的諸国家（Einzelstaaten）との間に多くの緊張を孕む〈連邦国家（Bundesstaat）〉においては、すなわち自明の国民国家的な閉鎖性（自己完結性）（Geschlossenheit）を欠く一民族（国民）（Volk）においては、あらゆる国家的秩序の統合（化）的な〈意味〉（der integrierende Sinn aller staatlicher Ordnung）に向けて思いを凝らす（感覚を研ぎ澄ます）こと（Besinnung）は、まさにそれゆえにまた、それだけより当を得ていること（angebracht）なのである。

第二部　憲法理論的諸推論（Verfassungstheoretische Folgerungen）

第一章　憲法の本質（Das Wesen der Verfassung）

【国家理論の前提としての憲法理論】

〔本著第一部で〕示唆された国家理論の基本的な諸特徴から、それぞれ個別的な国家理論的諸問題を解決するためのかなり限定された諸前提が、とりわけまたかなり限定された憲法理論が、導かれる。

【法実証主義的・形式主義的・自由主義的な憲法及び国憲の概念：法人格としての国家】

支配的な〔法実証主義的・形式主義的・自由主義的な〕教説が憲法（Verfassung）という言葉で理解しているのは、一団体〔社団あるいは任意団体一般〕の意思形成の秩序（die Ordnung der Willensbildung eines Verbandes）と、その諸成員の法的地位の秩序（die Ordnung der Rechtsstellung seiner Mitglieder）とである。またそうした教説が国憲（Staatsverfassung）という言葉で理解しているのは、最上位の国家諸機関〔立法、行政、司法の各機関〕（Staatsorgane）、それらの形成（Bildung）、それらの相互的関係（gegenseitiges Verhältnis）、権限（管轄権）

(Zuständigkeit)、国家権力(Staatsgewalt)に対する個人(der Einzelne)の原則的地位(Stellung)、これらについての諸々の法命題(Rechtssätze)である。[1]〔こうした教説によれば〕憲法は、国家に諸機関を装備(ausstatten)させ、そして、国家を意思及び行為の能力を有するもの(willens- und handlungsfähig)とする。かくして、国家は憲法を通じて法人格態(法人)(Rechtspersönlichkeit)となる。[2]

【形式的憲法概念に対立するラサール、レズロプ、E・カウフマンの実質的憲法概念】

〔憲法と国憲の概念に関する〕こうした法学的な実証主義及び形式主義の見解に対立するもう一つの見解〔ラサール、レズロプ、E・カウフマン等の〕は、一国家の政治的生活の総体の(必ずしも法的(rechtlich)なそれではない)法則(法律)(das Gesetz des politischen Gesamtlebens eines Staates)を国憲(Verfassung des Staates)として考察する。「文書(Stück Papier)」、成文化された憲法典(die geschriebenen Verfassungsurkunde)に対立して、きわめて広範に普及しているのは、国土(ラント、邦)(Land)において存立している事実上の権力諸関係(die tatsächlichen Machtverhältnisse)を、その本来的な憲法(憲政秩序)(Verfassung)として特徴づけているラサール(Lassale)のお馴染みの定式である。[3] レズロプ(Redslob)が「憲法(憲政秩序)の究極的問題」を、つまりその〔憲法の〕本来的な意味を、「有機(的組織)体(Organismus)に刺激(Impuls)を与え、その調和的活動(harmonische Arbeit)を規則づける(規律化する)(regeln)深層の法則(Gesetz)」[4]において、すなわちかれが、いずれにしてもそのとき、一八世紀の〔思惟範疇の〕諸軌道において、機械論的な均衡構成(mechanische Gleichgewichtskonstruktion)の中に見出している、そうしたひとつの法則(Gesetz)において追求するとき、かれ〔レズロプ〕は真実性により近づいている。最後に、E・カウフマン(E. Kaufmann)は「生きた」〔実定〕憲法(das »lebendige« Verfassungsrecht)のために次のことを主張している。すなわち、かれはそのために「活動(作用)現実的に尺度基準を与える社会学的な諸力(die wirklich maßgebenden soziologischen Kräfte)」を――すなわち、とりわけ「生きた憲法の本来的な創成者かつ変更者（Schöpfer und Wandeler des lebendigen Verfassungsrechts）」としての、それらの「あらゆる国家において多様な構造や心理学」においていえば、あらゆる〔近現代的な〕民主制的諸憲法の個体的な固有様式（individuelle Eigenart aller demokratischen Verfassungen）の本来的な基礎としての〔まさしくそうしたものとしての〕議会実践（Parlamentspraxis）や諸政党（Parteien）を――「研究すること」を主張している。[5]

【憲法の法源に関して作用する憲法を形成し変更させる実在的政治的諸力】

ここに存立している問題を、G・イェリネクは初めて立ち入った形で扱った。[6] かれが問題の核心を見出しているのは、「諸々の法命題（Rechtssätze）は、国家的な権力配分（staatliche Machtverteilung）を事実上支配しえないこと」、「実在（現実）的な政治的諸力（die realen politischen Kräfte）は、あらゆる法的な諸形式から独立して作用（wirken）しているそれら固有の諸法則（Gesetze）に従って運動している（sich bewegen）こと」――これらのことにおいてである。[7] これらの〔実在的な政治的〕諸力が憲法変遷（Verfassungswandelung）」を果たしうるかぎり、それら〔の実在的な政治的諸力〕は法を形成（rechtsbilden）しているのであり、したがって憲法〔実定憲法〕（Verfassungsrecht）の特殊な諸法源（Rechtsquellen）についての教説において勘案されなければならない。というのも、この国〔ドイツ〕で普及している諸法源についての教説は、それら〔実在的・政治的諸力〕を扱って（カバーして）はいないからである。[8]

【事実的なるものの規範力か、あるいは事実と規範の並立・対立か】

かくして、憲法の領域でとりわけ包括的な実効性（Wirksamkeit）を有しているのは容易ならぬ（疑わしい）（bedenklich）「〈事実的なるもの〉〔行為結果〕の規範力（normative Kraft des Faktischen）」なのか、[9] それとも成文憲法と「現実的」「社会学的」諸力との不明瞭な並立と対立（Neben- und Gegeneinander）なのか――このいずれなのか〔これが問題となりうる〕。

【憲法理論の核心的問題――国憲による法規律の対象としての国家という特殊な基体】

ここでは正確に看取されてはいるが、しかし不正確に特徴づけられている問題は、憲法理論の核心的問題である。この問題は、当為（Sollen）と存在（Sein）との、意味（Sinn）と生活現実〔生活活動の活動現実態〕（Lebenswirklichkeit）との緊張（Spannung）という、一般的な精神科学的問題の一適用例ではない。それはまた、法源理論（Rechtsquellentheorie）の問題でもない。そうではなく、それは国憲による法規律〔規制〕（rechtliche Regelung durch seine Verfassung）の対象としての、国家（Staat）という特殊な基体〔実体〕（Substanz）の問題でもあるのである。

【①時間的〈生活活動〉の動態〔実在性〕と②没時間的〈意味構造〉の静態〔有意味性〕との両契機から生成する③精神的〈生活活動の活動現実態〉としての国憲の統一性】

さしあたり問題にならないのは、それがあらゆる精神科学の基本的難問を形成しているような、①〈生活活動の活動現実態〉〔時間的・実在的な動態〕（Lebenswirklichkeit）と②〈意味秩序（Sinnordnung）〉〔没時間的・理念的な静態〕との、一般的な対立〔両〈契機〉を切断したまま対立させておくこと〕である。いずれにしても、あらゆる〈精神的な活動現実態（geistige Wirklichkeit）〉の両〈契機〉は、一面ではその〈具体的な生活活動態（konkrete Lebendigkeit）〉すなわちその時間に拘束された心理学的〈実在〔現実〕性〉（psychologische, zeitgebundene Realität）〔実在性・時間性〕であり、他面ではその没時間的〈有意味性〉（zeitlose Sinnhaftigkeit）すなわちその事態的、内在的、理念的（sachlich, immanent, ideell）な〈意味構造（Sinnstruktur）〉〔理念性・没時間性〕である。そして、〈精神的な生活活動（das geistige Leben）〉についてのあらゆる学問〔科学〕は、次のような場合にはその対象〔〈精神的な生活活動〉の本質存在ないし真実性〕を逸することになる。すなわち、それ〔あらゆる学問〔科学〕〕が「思惟範疇の〔不可避の〕振動（in unvermeidlichem »Oszillieren des Gedankens«）」において、対象をその二面性からして（in seiner Doppelseitigkeit)、〈生活秩序〉（生活活動の秩序化）と〈意味秩序〉（意味の秩序化）（Lebens- und Sinnordnung）として把捉（erfassen）しないで、そのかわりに諸々の自然科学に留保されているがゆえに空しい〔無益な〕、そうした方法二元論において（in vergeblichem, weil den Naturwissenschaften vorbehaltenem, Methodenmonismus）、〔一方で〕物活論的・有機体論的（vitalistisch-organologisch）な学問（科学）として、もっぱら活動現実的な生命の流れそのもの（den wirklichen Lebensstrom als solchen）だけを処理（bearbeiten）するか、あるいはそうでなければ、〔他方で〕（ウィーン学派の規範論理学（Normlogik）がそうであるように）理念的に体系化（ideell systematisieren）する学問（科学）として、もっぱら没時間的に理念的な内実（den zeitlos ideellen Gehalt）だけを処理（bearbeiten）するか、このいずれかの場合には、〔〈精神的な生活活動〉についてのあらゆる学問（科学）は〕その対象を逸することになる。(10) しかし、ここで問題になるのは理念的〈意味体系〉としての〈国憲の統一性〉（die Einheit der Staatsverfassung als ideeles Sinnsystem）である。この理念的〈意味体系〉を把捉するためには当然ながら、成文化された憲法典（Verfassungstext）と並んで、かの「社会学的な〔実在的・政治的〕諸力（Kräfte）」を〔その〈意味体系〉の中に〕関係づけること（Einbeziehung）もまた要求される。すなわち、ここで問題になるのは、この精神科学的な特殊領域の一特殊問題なのである。

【国憲解釈の弾力性と固定性：民主制国家における超国家的一般的法命題：基本権】

この〔精神科学的に扱われるべき国憲の〕問題はまた、以下のような一般的な法学的考量（juristische Erwägung）によっても片づけることはできない。――すなわち、一つの具体的事例だけに係るにすぎない一つの法的規則化（rechtliche Regelung）は、まさしくそうであるがゆえに、多くの適用諸事例の抽象的な規則化と個別ケースの具体的な個体性（Individualität）との不可避的な緊張関係にある必要はなく、この〔具体的〕事例の個体的な法則（法律）（das individuelle Gesetz）として、はじめからより柔軟（弾力的）（elastischer）に考えられているし、そして解釈されうる、という一般的な法学的考量によっても、片づけることはできない。[11] というのは、諸憲法は、大抵、まさしく正面切って、かの流動的な社会学的な諸権力（soziologische Kräfte）に対して固定的なもの、かつ弾力性（伸縮性）のないもの（starr und unelastisch）と考えられている、そうした諸々の法命題（Rechtssätze）をもまた含んでいるからである。――とりわけ（しかし、これだけではないが）諸々の〈基本権（Grundrechte）〉における、諸々の超国家的・一般的な基本的法命題（überstaatlich-allgemeine Rechtsgrundsätze）の実定化（Positivierung）における、あるいは個体的な固有様式や国家の多数派形成と対立しても妥当するはずである少数派の諸〈権利〉（Rechte）についての〔諸々の法命題を、含んでいるからである〕。いずれにしても、諸憲法の一定の部分については、とりわけ民主制化された〔近現代〕諸国家（demokratisierte Staaten）においては、[12] 事情は異なっているのである。しかし、こうした〔諸憲法の〕特殊性が「個体的な法則（法律）（„individuelles Gesetz“）」として説明されるのは、憲法の固有性（Eigentümlichkeit）からではなく、その対象の固有性からである。

【憲法：国家の生活・統合過程の法秩序、国家生活の全体性の創出・法律的規範化】

憲法（Verfassung）は国家の法秩序（Rechtsordnung des Staats）である。より厳密にいえば、そこにおいて国家が自らの生活活動の活動現実態（Lebenswirklichkeit）を有している〔国家の〕生活活動（Leben）の、[13] すなわち国家の統合過程（Integrationsprozeß des Staats）の法秩序である。この過程の〈意味（Sinn）〉は、国家の生活活動の全体性（Lebenstotalität des Staats）をいつも新たに創出（作出）（herstellen）することであり、そして憲法は、こうした過程の個々の諸側面の法律（実定）的規範化（gesetzliche Normierung）である。

【個人人格の全体性と国家人格のそれとの両方に作用する国家生活の諸契機：国憲における①政治的〈生活活動〉（動態）と②〈意味〉（精神の〈価値法則性〉（静態）】

国家は、もちろんその憲法〔憲法律〕において規則（規律）化されている生活活動の諸契機（die in seiner

Verfassung geregelten Lebensmomenten）によってのみ生活活動を営んでいるわけではない。憲法〔憲法律〕そのものは、その補完のために、総じて政治的な生活活動の中へ置き換えられるために、この〔政治的〕生活活動の基礎にある衝動（Triebgrundlage）と、そして諸々の社会的動機づけ（soziale Motivierungen）の自余のすべての充溢（Fülle）とを当てに（rechnen）しなければならない。しかし憲法〔憲法律〕は、それ自身によって規則化された、国家の生活活動の諸機能（Lebensfunktionen des Staats）をもまた、完全には把捉（erfassen）しえない。これら〔国家の生活活動の諸機能〕もまた、すべての政治的な生活活動と同じく、個別的な人格態の〈全体性〉（Totalität der Einzelpersönlichkeit）に由来し、そして、あらゆる瞬間において国家という超人格的な〈全体性〉（überpersönliche Totalität）のために、共に〔統合的に〕作用（zusammenwirken）している。このような生活活動の充溢（Lebensfülle）は少数の、さらに加えて大抵まさしく型通りの、いつも新たな人づての受容に基づいた（wenige, noch dazu meist schematische auf immer neue Rezeptionen aus dritter und vierter Hand beruhende）憲法〔律〕諸条項（Verfassungsartikeln）によっては完全には把捉（erfassen）されえないし、そして規範化（normieren）されえない。そうではなく、それ（生活活動の充実）は示唆されうるにすぎないし、そしてその統合化する力（integrierende Kraft）についていえば、励起（anregen）され（活気づけられ）うるにすぎない。それらの憲法〔律〕諸条項から、はたして充分な〈統合〉という課題が果たされるのか（ob der aufgegebene Erfolg befriedigender Integration hervorgeht）、そしていかにして（wie）それは果たされるのか――これらのことは総じて民族〔国民〕全体（Volksganze）の政治的な生活活動のすべての諸力の影響力（作用効果）（Auswirkung）にかかっている。その際、こうした課されている〔〈統合〉課題の〕成果（Erfolg）は、政治的な生活活動の流れ（der politische Lebensstrom）によって、多くの場合（vielfach）厳密には憲法〔律〕に即していない諸軌道において達成されることになろう。そのとき、憲法〔律〕諸条項によって課されているのみならず、精神の価値法則性（Wertgesetzlichkeit des Geistes）

によってもまた課されている、〈統合〉諸課題の履行（充溢化）（Erfüllung der Integrationsaufgabe）は、こうした個々の逸脱（Abweichungen）にもかかわらず〔憲法〔律〕諸条項からの逸脱があったとしても〕、〔憲法律の〕諸パラグラフにより忠実ではあるが、しかし〔〈統合〉課題の〕成果においては、より欠けるところのある（mangelhafter）〔憲法律の遵守だけが問題になるような〕憲法生活〔憲法律が遵守される生活〕（Verfassungsleben）がそうであるよりも、むしろ憲法の意味（Sinn der Verfassung）にも適っているであろう。

【国家の統合過程の全体性を志向する意図＝憲法の意味】

したがって、国家の諸々の個別性（Einzelheiten）に向けられているのではなく、国家の〈全体性（Totalität）〉に向けられている、そしてあらゆる他の法解釈（Rechtsauslegung）から大きく逸脱する、かの弾力的で補完的な憲法〔律〕解釈（elastische, ergänzende Verfassungsauslegung）を許容するのみならず、それどころか促進する、すなわち〈国家〉の〈統合〉過程の〈全体性〉（die Totalität seines Integrationsprozesses）に向けられているそういう志向（意図）（Intention）こそ、憲法そのものの〈意味〉である。

【規範化された統合体系：①〈精神〉の〈価値法則性〉（〈意味連関〉）と②規範化された諸〈制度〉との相互的な変更・補完・修正：定式化された憲法（律）における自己変更・自己補完〔憲法変遷〕に内在する自明の〈意味〉】

諸々の憲法（Verfassungen）は、その〔そうした国家の〈統合〉過程の〈全体性〉に向けられた意図〔憲法の〈意味〉〉の〕ために、特殊な全権（Vollmacht）を表明（aussprechen）する必要はない。憲法〔憲法律〕制定者（Verfassungsgesetzgeber）にとって、憲法の精神法則的〈意味〉（der geistesgesetzliche Sinn einer Verfassung）が自覚（意識）（zum Bewußtsein kommen）される必要はないのである。それは、個人にとってかれの精神生活（精神的生活活動）の〈意味連関〉が、とりわけ国家的〈統合過程〉の構成要因としてのかれの政治生活（政治的生活活動）の〈意味〉が自覚（意識）される必要がないのと同様である。通常、ひとつの憲法典（Verfassungsurkunde）は、その諸課題についての他の〔精神科学的国家理論・憲法理論とは異なる単なる実証法学的な〕教義的諸見解から成立する。わたしの見るかぎり、こうした諸課題について完璧な——反省されていないにしても——明確性（Klarheit）において、ただ一つの近代的な憲法〔典〕、北ドイツ連邦（der Norddeutsche Bund）とカイザー・ライヒ（das kaiserliche Reich）〔ドイツ第二帝国〕の憲法〔典〕が、起草（概念構成化）（konzipieren）されている。[14] しかしこのことは、他のもの〔諸憲法典〕も対応する形で適用することを排除しない。諸々の規範化された〈統合体系〉〔実定憲法体系〕は、おのずから〈精神〉の〈価値法則性〉（Wertgesetzlichkeit des Geistes）によって、そして国民の〈〔自己〕形象化の意思〉（der nationale Gestaltungswille）におけるこの〈精神〉の〈価値法則性〉の作用効果（Auswirkung）によって、諸民族（国民）（Völker）の多かれ少なかれ偉大な政治的才能（Begabung）に応じて、自発的な諸形成体（spontane Bildungen）（諸政党、諸慣習（協約）（Konventionen）、その他）を通じて、補完される。それればかりではない。——規範化された諸〈制度〉〔習律、徳律、法律〕（normierte Institutionen）もまた、それらの立法者（法律（法則）定立者）（Gesetzgeber）の意識や意図の有無はともかく、それらに課された〈意味連関（Sinnzusammenhang）〉の中に入り込み、この〈意味連関〉に対応して作用（wirken）し、こうしたそれらの諸課題にしたがって自らを補完し、修正する。——これらの中に、ひとつの特殊な法学的問題があるわけではないであろう。定式化された憲法〔憲法律〕（formulierte Verfassung）はこうした弾力性（柔軟性）（Elastizität）を有すること、そしてその体系は所与の事例において自ずと補完され変更されること、こうしたことが、端的にいえば定式化された憲法〔憲法律〕の内在的かつ自明的な〈意味〉である。かくして、〔定式化された〕憲法〔憲法律〕によって意志され規則（規律）づけられた対象を、事実的な〈統合体系〉（das tatsächliche Integrationssystem）を、しかしまたその固有の客観的な意図（Intention）を、関連づけながら理解すること（ein zusammenhängende Verstehen）

が可能であるのは、もっぱら、こうした弾力性〔柔軟性〕を、こうした変更と補完の能力〈Wandlungs- und Ergänzungsfähigkeit〉を、そしてこれらに基づく〈意味法則〉的〈singgesetzlich〉に完遂され、活動現実的かつ規範補完的に生成したその体系の諸変更〔変遷〕及び諸拡張の〔運動〕〈die auf Grund davon sinngesetzlich vollzogenen und wirklich und normergänzend gewordenen Wandelungen und Erweiterungen ihres Systems〉を、――こうしたことを、ひとつに関係づけることにおいて〈unter Einbeziehung〉のみである。

【解釈・適用・運用において、それら自身の生活活動の統合化傾向と自己形象化傾向との自由な進展を許容する諸憲法】

したがって、諸々の憲法〔憲法律〕〈Verfassungen〉がそれらの対象を型通り〔図式的〕〈schematisch〉にしか、個別的な諸論点においてしか捉えることができないとしても、このことは驚くには当たらないし、欠陥でもないし、非難にも当たらない。[15] 諸憲法〔憲法律〕は、〔それらの対象を〕〔客観的な意図からして〕示唆しうるにすぎないし、そうしようとするにすぎない。それら〔諸憲法律〕はこのことを、大抵旧来の仕方で、諸受容の形姿〈Gestalt der Rezeptionen〉で〔過去の諸判断を参照〔引証〕規準としておのずから新たな判断・解釈がなされる形で〕行なっているのである。[16] しかしまたそれゆえに、それら〔諸憲法律〕は、多くの個別ケースを抽象的に図式化〔型通りに〕〈schematisieren〉せざるをえない下位に秩序づけられた諸団体の法〔権利〕〈Recht〉を要求しないように、同じく似通った固定的・他律的な妥当〔性〕〈starr-heteronome Geltung〉を要求しない。それら〔諸憲法律〕は、個別的な諸規定によって特定のここでのみ実定的に固定化されるにすぎない憲法生活〔その実定憲法の解釈・適用・運用〕〈Verfassungsleben〉の一般的な〈統合〉傾向と〈自己形象化〈Selbstgestaltung〉〉傾向とが自由に進展することを許容する。――〔ここでは〕次のような諸事例は度外視することにして〔おこう〕。すなわち、それらにおいてはそれらの諸憲法〔諸憲法律〕がこの〈生活活動〉〔国家生活・憲法生活の意味内実〕を厳格に固定化し、この〈生活活動〉に対して厳格に他律的な規範（streng heteronome Norm）として妥当せしめようとするような――こうした場合にはまた、こうした規範は、生粋の慣習法（echtes Gewohnheitsrecht）を通じてのみ排除されうるにすぎないが――そうした諸事例〔憲法の形式と実質とが著しく乖離・切離されているケース〕は度外視することにして〔おこう〕[17]。

【実定法秩序そのものの本質的契機へと規範論的に還元しえない憲法（憲政秩序）の〈意味〉――憲法（憲政秩序）に固有な事態的な生活活動】

憲法〔憲政秩序〕のこうした〈意味〉（Sinn der Verfassung）は、――他の諸々の法規範の複合（Rechtsnormenkomplexe）〔自余の実定的諸法律〕が他のそれらに関する諸々のそれらの事態的〈生活活動領域〉を有しているように――それ（憲法〔憲政秩序〕）にとってのひとつの固有の事態的な〈生活活動領域〉（ein eigener sachlicher Lebensgebiet）を、その対象及び課題として要求することを意味（bedeuten）している。この憲法〔憲政秩序〕の〈意味〉は、それ〔憲法（憲政秩序）〕をあらゆる〈法秩序（Rechtsordnung）〉そのものの一つの本質的〈契機〉へと、一つの条件へと、それどころかその妥当の条件へと、高めようとする規範論的（normlogisch）な試みを退けること、これを意味（bedeuten）している[18]。こうした試みに伴って憲法〔憲政秩序〕には、しかしそれ以上に法（権利）や法（権利）理念の威厳（品位）（Würde des Rechts und der Rechtsidee）には、きわめて重い不法越権（不正）（Unrecht）がなされることになるからである。「憲法理論（Verfassungstheorie）」のこの種の〔憲政秩序を実定的法秩序そのものに還元しきるわけにはいかないという〕反駁は、すでにしばしば成功裏に企てられてきた。――しかしこうした反駁は、憲法〔憲政秩序〕の固有な事態的な（事柄に即した）諸課題（die eigenen sachlichen Aufgabe）の実証的な検証（der positive Nachweis）によってはじめて完全なものとなる。

【法（権利）共同体の統合作用の事例としてのドイツ諸邦における憲法（憲政秩序）】

実定法（positives Recht）として憲法〔憲政秩序、実定憲法〕（Verfassung）は、規範（Norm）であるばかりでなく、現実（活動現実態）（Wirklichkeit）でもある。憲法〔憲政秩序〕そのものは、統合化する活動現実態（integrierende Wirklichkeit）である。この〔統合化する〕活動現実態は、歴史的には近代の立憲（規約構成）的な諸憲法〔諸実定憲法〕（moderne konstitutionelle Verfassungen）がドイツ諸邦の――それらによって眼前に見出された――領域的な分断（territoriale Zersplitterung）〔領邦諸国家の分散割拠〕に与えた作用（影響）（Einwirkung）として観察されてきた[19]。それ（その作用）は、持続的かつ日常的な活動現実態（dauernde und tägliche Wirklichkeit）として、各々の法（権利）共同体（Rechtsgemeinschaft）の疑いえない統合作用（Integrationswirkung）のとりわけ印象深い事例として、容易に証明されうる[20]。いずれにしても、それ（その作用）は、支配的な機械論的社会学の補助諸手段を以てしても、同じく規範論理（Normlogik）のそれらを以てしても、証明されえない。

【絶えず更新される憲政生活としての活動現実態：目的団体における社会性と絶えず更新・作出される規約構成化：自己立法を遂行する規約構成体としての社団一般】

こうした活動現実態（Wirklichkeit）は、「国家的な生活活動（das staatliche Leben）における静態的・固定的な契機[21]」としての憲法〔律〕（Verfassung）によってではなく、絶えず更新される憲政秩序の生活活動（Verfassungsleben）によって、いつも新たに作出（herstellen）される。この点でそれ〔憲政秩序の生活活動としての活動現実態〕は、自余〔国家以外〕の諸集団（Gruppen）〔社団・結社一般〕の――例えば諸集会（Versammelungen）の――「（規約）構成化（Konstituierung）」におけるのと変わるところがない。形式法的・静態的な範疇思惟（formaljuristisches, statisches Denken）は、この活動現実態の下に、それを通じて一集会がその議長を、あらゆる事例においてその事務秩序をみずからに与え、みずからを開かれていると宣言（説明）する（ところの）協約（行為）（Akt）を、理解する。――こうしたことはすべて、その技術的〈意味〉はともかく、こうしたことを通じて、議長や発言者にとっての義務が規範化されるだけでなく、それに伴ってこれまでの諸〈個人〉の自己完結的存在（対自存在〔Fürsichsein〕）から結集された存在の社会性（Sozialität des Versammeltseins）への移行が完遂されるという、より重要な事実（行為結果）的な〈意味〉（tatsächlicher Sinn）を有している。こうした移行（Übergang）は、すべての結集された人たち（alle Versammelten）によって、例外なしに①ひとつの実在的な〈体験（Erlebnis）〉として、②すべての人を貫く統一的事象（過程）（ein einheitlicher Vorgang）として、③それを形成（bilden）し、それとして交渉（折衝）（verhandeln）することが結集〔統合〕すること（Zusammenkommen）の〈意味〉であった（ところの）集団への〈統合〉化（Integrierung）として、感じ取られる。しかし、あらゆる集会指導者たち（Versammelungsleiter）が知るところであるが、規約構成（Konstituierung）を伴う集会は、ネジを巻き上げられた時計のようには、一度かぎりでは軌道には乗らず、規約構成の協約（行為）（Konstituierungsakt）は、ある程度はあらゆる瞬間に更新されざるをえないし、統合的な〔実在的・政治的〕力（die integrierende Kraft）はあらゆる瞬間に新たに展開され、演じられざるをえない。こうしたことは、とりわけ諸機関や諸発言者の事務秩序に即した活動（geschäftsordnungsmäßige Tätigkeit）を通じて生起することである。すなわち、結集された集団やその組織の規範（die Norm）、規約構成（体）（Verfassung）は、即自的に与えられた持続的に存立するもの（Bestand）やその外部への作用の規則ではなく、それは、このように存立するものの根拠づけと絶えざる更新及び作出（Erneuerung und Herstellung）〔自己産出・自己立法〕の形式である。

【政治的な生活活動形式・民族（国民）統合の根拠づけ――民族国家・憲政秩序の不断の自己産出：自然法理論的な国家契約論の社会学的〈意味〉構成要素――正当性理論】

政治的な〈生活活動形式（Lebensform）〉、一民族（国民）の〈統合〉（Integration eines Volkes）〔国民統合〕

の新たな根拠づけ（die Neubegrundung）は、一集会の規約構成化（Konstituierung einer Versammelung）〔の新らたな根拠づけ〕がそうであるのと同じ言葉で特徴づけられるということは偶然ではなく、よく根拠づけられていることである。[22] すでに示唆したように、[23] ここには〔近代〕自然法的な国家契約理論（die naturrechtliche Staatsvertragstheorie）の一つの「社会学的」な〈意味〉構成要素（Sinnkomponente）があり、ここにはまた〈正当性理論（Legitimitätstheorie）〉の核心的真実性があり、そして、一ライヒ（Reich）〔民族（国民）国家、帝国〕を根拠づけ維持する諸手段が同一であること（Gleichheit）についての古典的な命題の核心的な真実性がある。

【憲法の統合化的〈意味〉】

憲法体制と実定憲法（Verfassung und Verfassungsrecht）〔憲政秩序〕の統合化する〈意味〉（der integrierende Sinn）を提示することを以て、同時にそれをさらなる諸連関の中に組み入れるための基礎が獲得されている。

【国家目的の三区分、法（権利）（Recht）、福祉（Wohlfart）、権力（Macht）：①司法価値、②行政価値、③憲法（憲政秩序）の国家的〈統合〉価値】

対内的な法（権利）（inneres Recht）〔国内法〕とともに、国家目的の諸理論（Staatszwecktheorien）においては、いつも新たな諸転換（語法・表現法）（Wendungen）において、いつも繰り返し、国家の法（権利）目的（Rechtszweck）、権力目的（Machtszweck）、福祉目的（Wohlfahrtszweck）の三区分の古い教説が貫徹される。[24] こうした教説は国家理論的に不可避であるが、しかしそれはまた、ますます法理論的にも不可欠であることが判明する。諸々の大きな法（権利）領域（Rechtsbereiche）〔国内法と国際法、公法と私法の区別〕の意味は、このようにしてのみ正確に解明される（in das richtige Licht treten）。このことを、とりわけ行政刑法（Verwaltungsstrafrecht）についてのジェイムズ・ゴルトシュミット（James Goldschmidt）の諸労作は示した。というのは、それらの基本的な思想〔思惟範疇〕（Grundgedanke）は、やはり次のようなものだからである。すなわち、それは公的〔公法上の〕刑法（das öffentliche Strafrecht）の一部を――むしろ公的〔公法上の〕諸機能一般を――支配するものとしての法〔権利〕価値（Rechtswert）と並んで、〔刑法のそれだけでなく〕公的〔公法上の〕諸機能のもう一つの部分にとってまったく異なる統制的原理（ein ganz anderes regulatives Prinzip）としての「行政価値（Verwaltungswert）」が存在するという思想〔思惟範疇〕だからである。[25] しかしこの「行政価値」は、本質的には、普通はたいてい〈福祉目的（Wohlfahrtszweck）〉と呼ばれるもの以外ではない。そして、これらの両〈価値〉とこれらの関係――この関係の詳しい説明を逃れうるのは頑固な唯名論（hartnäckiger Nominalismus）だけである――と並んで、第三の〈価値〉が登場するが、この〔第三の〕〈価値〉の特殊性は、まさしくまた、それを法学的諸問題へと、法的諸機能の〈意味〉へと、投影することにおいて明らかになる。A・ヴェークナー（Wegner）はこの〔第三の〕価値を、特定の司法形式を有する諸機能（justizförmige Funktionen）――これらはしかし、事柄に即していえば、他の司法（Justiz）のようには法〔権利〕価値には役立たず、国家の権力貫徹（Machtdurchsetzung des Staats）すなわち特定の戦争犯罪者（Kriegsverbrecher）、スパイ（Spione）、フランス・パルチザン（Franktireur）の「懲罰（Bestrafung）」その他に役立つのであるが[26]――の特殊な様式（Sonderart）において、説得的に論証した。――こうした一連の事例は、国家形態（Staatsform）の防御のための捕獲審検所設立の可能性（Prisengerichtsbarkeit）、即決裁判（Standgerichte）、特別裁判（Ausnahmegerichte）、特殊裁判（Sondergerichte）、そしてソヴェート裁判所の設立の可能性（Sowjetgerichtsbarkeit）の周知の政治的固有性、そしてその他の諸例をめぐって増やしうるであろう。カール・シュミットはこれ（この第三の〈価値〉）を、独裁（Diktatur）やその心理の固有様式において、とりわけ国家の「特殊な意味で法的な諸規範や諸審理の〔ヴァイマール〕ライヒ憲法第四八条の措置」の深い本質的差異において提示した。しかしその領域ははるかに拡大する。[27] その領域は、G・イェリネクが表現しているように、支配する〈価値〉としての国家（der Staat als beherrschender Wert）、その「維持と強化」[28]、われわれがここで取り組んでいる文脈においては国家の〈統合〉である。この〔国家〕〈統合〉は、第三の等しく秩序立てられた〈価値〉として、〈法（権利）価値〉、〈福祉価値〉（あるいは〈行政価値〉）と並んで登場し、そして、その〔第三の国家〈統合〉価値〕の認識は、〈統制的原理（das regulatives Prinzip）〉として、これまでのあらゆるしかるべき諸現象の、なにより憲法（憲政秩序）（Verfassung）とその〈意味（Sinn）〉の理解のための基礎である。[29]

【国家の機能と制度における三価値：司法、行政（福祉）、統合】

ここでの法理論及び国家理論にとって存立している課題は、ここでは示唆されうるにすぎない。この課題を困難にしているのは、いかなる国家〈機能〉も、いかなる国家〈制度〉も、三つの〈価値〉の内の一つによって純粋にかつ排他的に支配されてはいないという自明の事実である。[30] それゆえに、その都度まずもって基準となっている〈価値〉を省察することが、公法の個々の法命題（Rechtssatz）の理解にとって、そしてとりわけ公的な〔公法上の〕諸制度や諸状態一般の理解にとって、根拠を与えることになる。後の文脈において、個々の適用事例にわたしは立ち戻ってこなければならない。

【統合価値を志向する統合秩序としての国憲】

ひとつの統合秩序（Integrationsordnung）としての国憲（Staatsverfassung）が〈統合価値（Integrationswert）〉を志向していることは、他の〔国家以外の〕諸団体のそれ〔社団規約構成〕（Verbandsverfassungen）に対して、その〔国憲の〕最初の基本的な特殊性である。

【自己原因としての国憲の生活活動：自己権力によって自律する構成体としての国憲：統合体系に内在する客観的価値法則性によって統合される国家：領域普遍的決断統一態としての国家の統合体系からいつも新たに展開される主権的決断：精神の法則性に基づく形式的支配と最終審級的な秩序化権力】

国家（Staat）を他の諸団体（Verbände）から区別している批判基準（Kriterium）は、ここでは原則的には論究されない。いずれにしても、国家の特別な地位に伴って二つのことが与えられている。ひとつには、国家の存立（Bestand）は、大方の他の諸団体のそれとは異なり、国家の外にある権力（Macht）によって保証されていないということである。国家は、それ自身の組成体（構成体）（Gefüge）の外部にある起動者（Motor）ないし裁定者（Richter）によってその行程において（im Gange）維持されてはいないし、ひとつの他律的な原因ないし保証（eine heteronome Ursache oder Garantie）によって担われてもいない。国家は、もっぱら自己の内に重心のある統合体系（ein in sich gravitierendes Integrationssystem）における客観的な〈価値法則性（Wertgesetzlichkeit）〉によってのみ、統合されている（sich integrieren）。――この〔こうした国家の自己〈統合〉との〕関係においては、モンテスキュー（Montesquieus）、フェデラリスト（Federalisten）あるいはレズロプ（Redslob）のそれのような、機械論的な固有の法則性（mechanistische Eigengesetzlichkeit）――ウィルソン（Wilson）は正当にもそれをニュートンの時代（der Newtonsche Zeitalter）の法則性と性格づけたにもかかわらず――に基づいている国家の諸々の構成体（Konstruktionen）は、〔国家〈統合〉の〕活動現実態（Wirklichkeit）のひとつのたまたま当てはまる比喩（ein glückliches Gleichnis）である。[31] それゆえに、ひとつの社団規約（Vereinsverfassung）とはまったく異なる意味で、国家の成文憲法〔実定憲法、憲法律、制定律〕（geschriebene Verfassung）は、むしろ、もっぱら自己の内に重心のある、他律的には保証されえない、この憲法生活〔憲政秩序の生活活動〕（Verfassungsleben）を励起したり（活気づけたり）、制限したりするもの（Anregung und Schranke dieses in sich gravidierenden, nicht heteronom zu gewährleistenden Verfassungslebens）でしかありえない。しかしさらにいえば、「領域普遍的な決断の統一態（gebietsuniversale Entscheidungseinheit）」[32]としての国家のこの統合体系（Integrationssystem）からいつも新たに展開される主権的な「決断（souveräne Dezision）」は、第一義的な〈精神の法則性〉による形式的支配と最終審級的〈秩序化権力〉（formale Herrschaft und letztinstanzliche Ordnungsmacht kraft primärer Geistesgesetzlichkeit）として、必然的なものである。これに対して、かの〔国家以外の〕諸団体一般は、特定の個々の事態に即した諸目的（sachliche Zwecke）のための任意（fakultativ）の諸手段である。この点において、国憲〔国家の憲政秩序〕（Staatsverfassung）の特殊的な地位が根拠づけられている。——すなわち、ひとつには他の〔国家以外の〕諸団体の任意の性格に対して、それ〔その国憲〕に立てられている〈統合課題（Integrationsaufgabe）〉の定言的な〔無条件の〕必然性（kategorische Notwendigkeit）において、そして次に、これらの諸課題を解決するためのそれ自身に内在する〔実在的・政治的〕諸力や諸保証にそれ〔その国憲〕が制限されているということにおいて〔国家の特殊的な地位は根拠づけられている〕。

【憲法学において退けられるべき憲法の実体化、憲法と国家の同一視、機械論や流出論の空間化的・静態的な思惟】

ここ〔本著〕で展開されている種類の憲法学（Verfassungslehre）は、とりわけその精神科学的な問題設定によって、支配的な憲法学と対立している。それゆえこの〔本著で展開されている〕憲法学は、次のような諸理論をいずれも退けなければならない。すなわち、憲法（Verfassung）において、①〔諸団体における社団規約におけるような〕特定の諸目的のための一つの機械論的に客観化された技術的装置を見ている理論を、したがって何よりマックス・ヴェーバー（Max Weber）の憲法理論[33]（これは、例えば、適切な指導者の人格性（Führerpersönlichkeiten）を憲法〔憲政秩序〕（Verfassung）の全体的な〈意味（Sinn）〉として獲得することを目指しているのであるが[34]）を、そしてそれゆえにまた②技術的な目的が同じであるがゆえに国家的な団体諸条項（Verbandssatzungen）とその他〔国家以外〕の団体諸条項との同一視〔国家の憲法と自余の諸団体の社団規約との無差別〕を、退けなければならない[35]。ここ〔本著〕での憲法学は、憲法のあらゆる実体化（Substanzialisierung der Verfassung）と一致しない。――この実体化ゆえに、古典古代的な実在論は憲法（Verfassung）と国家（Staat）とを同置（gleichsetzen）しえたのである。[36] しかしまた、それ〔本著での憲法学〕はあらゆる〈空間化する思惟（verräumlichendes Denken）〉とも一致しない。おそらくこうした〈空間化する思惟〉は、大抵憲法（憲政秩序）（Verfassung）を国家諸機能（Staatsfunktionen）とは対立して安らっている静態的秩序（ruhende statische Ordnung）として性格づけること、こうしたことの基礎にある。こうした〈空間化する思惟〉はまた、以下の事柄の背後に不可避的に潜んでいる。すなわちそれ〔その空間化的思惟〕は、①前もって与えられているものとして想定されている憲法〔憲政秩序〕（Verfassung）の諸要因を機械的に組成すること（mechanische Zusammenfügung）という考え方（思惟範疇）（Gedanke）の背後に、[37] ②これらの諸要因の間に現前するものとして前提にされている「権力（Macht）」の「分割（Teilung）」という視覚像（Bild）の背後に、[38] そして③国家権力（staatliche Gewalt）を一人の「担い手（Träger）」において統一し、この担い手から行使（Ausübung）へと流出（emanieren）せしめるあらゆる流出論（Emanatismus）の背後に、すなわち君主主権（monarchishe Souveränität）と人民主権（Volkssouveränität）とについてのこの国〔ドイツ〕に普及している諸表象の背後に、不可避的に潜んでいる。この空間化的・静態的な思惟（verräumlichend-statisches Denken）は、支配者主権（Herrschersouveränität）についての旧来の教説の、[39] そして同時に一九一九年に受け入れられた〔ヴァイマール〕憲法図式（Verfassungsschema）の一定の固定性の帰結であろう。にもかかわらずまた、その〔憲法学の〕考察がその〔国憲という〕対象を通り過ぎてしまうつもりがないのであれば、そうした〔空間化的・静態的な〕思惟は法学的考察の基礎に置かれてはならないのである。[40]

【自己目的としての国家の定在と生活活動――国憲の唯一の本質的課題】

国憲〔国家の憲政秩序〕（Staatsverfassung）は、他の〔国家以外の〕諸団体や諸結社の諸社団体制〔とそれらの規約〕（Verfassungen anderer Verbände und Vereine）とは異なる対象と内容を有している。後者〔諸社団体制とそれらの規約（Verfassungen）〕が団体の意思形成や領域の境界づけ（Willensbildung und Bereichabgrenzung）と成員たちの地位とを規則づけているとすれば(41)、これらの個々の諸関係を法の強制や裁判所の強制（Rechts- und Gerichtszwang）という他律性（Heteronomie）の下に置くことは、団体そのものの存立（Bestand）を保証（gewährleisten）している。国憲（Staatsverfassung）は、こうした〔国家という団体の存立の〕保証（Gewähr）を、内在的にその〈統合〉諸要因の自由に浮動する体系において（immanent im freischwebenden System ihrer Integrationsfaktoren）保証（gewährleisten）しなければならない。他方、国家的目的ないし国家的活動領域、そしてその成員たちの地位、これらを確定（feststellen）することは、〔国憲・憲政秩序そのものにとっては〕本質的な諸要求ではない。――なんといってもやはり、国家の形式的な定在（Dasein）と生活活動（Leben）〔そのもの〕は、そしてこの定在と生活活動〔そのもの〕を保証（gewährleisten）することは、さしあたり自己目的（Selbstzweck）であり、そしてそれに伴い憲政秩序〔国憲〕（Verfassung）の唯一の本質的な課題なのである。

【国家根拠を事態に即して本質的に具体化する領域（国土）――国家の自明の前提】

それゆえに、国家のいわゆる「諸エレメント（Elemente）」は――いずれにしても、それらの構成的な境界づけ（konstitutive Abgrenzung）は――憲政秩序〔国憲〕に即した規則化の規則に即した対象（regelmäßiger Gegenstand der verfassungsmäßigen Regelung）ではない。とはいえ、いずれにしても領域（das Gebiet）は国家の本質をもっとも基礎づけ、事態に即して具体化するもの（grundlegendste sachliche Wesenskonkretisierung）であり、かくして、〔社団一般における〕社団規約諸条項（Vereinssatzungen）において社団目的（Vereinszweck）が問題になるのと似た意味において、憲法典の最初の条項（Anfangsartikel der Verfassungsurkunden）において、その領域が幾たびも問題になる。しかしながら、この社団（会社）法的な目的規範化（vereinsrechtliche Zwecknormierung）が構成的（konstitutiv）である〔条文化される〕のに対して、隣国との関係において国際法的に確定（völkerrechtlich festlegen）されている領域についての言及は、通常こうした〔社団法的目的規範化の〕意義づけを欠いている。かくして、その〔領域についての〕言及は多くの憲法〔憲法典〕（Verfassungen）において、特徴的な形で欠如している。

【自己目的としての国家の定在：国家への人格的帰属性】

人格的な「国家エレメント」（persönliche »Staatselement«）についても似たような事情にある。[42] 誰が国家に属しているのか（wer zum Staat gehört）、これは領域（領土）（Gebiet）とともに主に実践（実際）的に与えられている（praktisch gegeben）。国籍（国家帰属性）（Staatsangehörigkeit）の獲得と喪失の諸々の個別性（Einzelheiten）は、国家の本質に触れる問題ではなく、本質的に技術的な特殊立法の問題（Spezialgesetzgebungsfrage）である。同じく、憲法〔憲政秩序〕（Verfassung）にとって国家に帰属する者たちの成員の地位（die Mitgliedsstellung der Staatsangehörigen）は問題にならない。国家が定在（da sein）するのはこうした地位ゆえではなく、例えばこうした諸権利（Rechte）ゆえではなく、自己目的（Selbstzweck）としてなのである。そして、例えば基本権のカタログ（Grundrechtskataloge）による法的地位の規則化は、事態に即した諸契機（sachliche Momente）による、すなわち一定の法治国家的かつ文化的な性格（ein bestimmter rechtsstaatlicher und kultureller Charakter）による、国家の立憲化（構成化）（eine Konstituierung des Staats）であり、社団（会社）法的な成員規則化（vereinrechtliche Mitgliedschaftsregelung）と同じものではない。

【憲法の本質を構成する統合諸体系としての諸機関、諸機能、事態的諸課題：その本質存在と現象形式：統合諸体系が共に形成する憲法（憲政秩序）の実質的な法（権利）】

これに対して、諸機関（Organe）、形式的な諸機能（formelle Funktionen）、事態的諸課題（sachliche Aufgaben）、

これらは憲法（Verfassung）の本質的な〔本質を成す〕諸断片（Stücke）である。諸機関の形成（Bildung）、定在（Dasein）、そして憲法に即した活動（verfassungsmäßige Tätigkeit）において、国家は生活活動を営み（leben）、人格的に〈統合〉（persönlich integrieren）される。形式的な諸機能において、国家の過程としての生活活動（Leben als Prozeß）は、すなわち国家の機能的〈統合〉（funktionelle Integration）は存立している。事態内実（Sachgehalt）は国家の領域（Gebiet）によって、すなわち国家の憲法に即した性格（Charakter）と諸課題とによって、国家に与えられているが、この事態内実の中に、国家共同体を根拠づける第三のエレメント（drittes gemeinschaftsbegründendes Element）は存している。何はともあれ、この最後の〔第三の〕エレメント〔事態的〈統合〉体系〕は〔現象諸形式からは〕後ろへ引き下がっている（zurücktreten）。この〔第三の〕エレメントは、領域（Gebiet）においては本質必然的（wesensnotwendig）に与えられているが、それ以外の現象諸形式においては有機体的・人格的な〈統合〉と機能的な〈統合〉との他の両体系に対立して、それだけ本質必然的には与えられていない。しかしながら、三つ〔のエレメント〕すべては憲法の実質的な内容（der materieller Inhalt）を、すなわち憲法の実質的な法（権利）（das materielle Recht der Verfassung）を、共に形成（zusammen bilden）している。――〔それゆえに〕ヴァイマール〔憲法〕において著名な民法学者（Ziviljurist）が、形式的・有機体的な部分としてのこの憲法の第一部を実質法的（materiellrechtlich）な部分としてのその第二部に対置したとすれば、それはこの〔ヴァイマール〕憲法のこうした本質の誤認である。(43)

第二章　国家諸機関（Die Staatsorgane）

憲法（Verfassung）と精神的な活動現実態（Wirklichkeit）としてのその生活活動（Leben）との最初の断片（Stück）は、国家諸機関（Staatsorgane）である。

【ドイツ国家理論において形式法学的に不適切に解釈されている機関概念】

ドイツ的な理論においては長きにわたって、機関概念（Organbegriff）を以てもっぱらその概念の形式法学的（formaljuristisch）な意味内実（Sinngehalt）が考えられている。しかしイェリネク自身は、こうした社会的形象の精神的な活動現実態（geistige Wirklichkeit dieser sozialen Figur）を認識していたし、かつ際立たせていたにもかかわらず、国家諸機関についての教説を「国家の社会的教説（Soziallehre des Staats）」から締め出し、もっぱら法学的問題として扱ってきたこと——このことに対しては、従来正当にも異論が唱えられてきた。実際、ひとは諸々の憲法典（Verfassungsurkunde）を法学的な機関概念の靴型（Leisten）に当てはめるとき、とりわけそれらを誤解し、不適切に解釈しているのである。

【ケルゼンにおける形式主義的法学：Recht=Staat を産出する意思形成の技術的手段にすぎない機関・組織：国家機能の規則化→国家機関の Recht = Technik】

国家機関（Staatsorgan）において法実務的な意思機関（rechtsgeschäftliche Willensorgan）だけを見ているにすぎない支配的な教説にとっては、（最広義の）法実務的活動（rechtsgeschäftliche Betätigung）が、すなわち形式的な国家機能（formelle Staatsfunktion）が第一義的なことであって、そして組織（化）（Organisation）は第二義的なことであり、法実務的な（あるいは、ケルゼンに従えば、法（権利）（Recht）あるいは国家（Staat）を産出する）意思形成（Willensbildung）というかの第一義的な目的のための技術的手段にすぎない。したがって、現実的に考え抜かれている憲法諸条文は、国家諸機能の規則化（Regelung der Staatsfunktionen）を予め設定し、そして諸機関の法（権利）（Recht）を国家諸機能との関係におけるもっぱら形式的・組織的な技術（Technik）として、これ〔国家諸機関の規則化〕に従わせなければならないであろう。――例えば、一九二一年七月九日の国事裁判所（Staatsgerichtshof）に関するドイツの法律が、個々の諸権限（管轄権）（Zuständigkeiten）を前もって定め（§§2, 16, 17）、これらの諸権限に――その都度予め設定された権限の断面に技術的に正確に適合された――裁判所の特殊構成（Sonderzusammensetzung）を従わせているように。

【憲法における機能に対する機関の先在性：自己目的としての諸機関の形成と定在：前提としての憲政秩序の生活活動：ヴァイマール憲法における機関としての大統領、内閣、ライヒ議会、諸ラント：Macht → Recht → Gesetz（Organ → Funktion）】

現代の憲法律制定者（憲法起草者）たち（Verfassungsgesetzgeber）が〔支配的な形式主義的法理論におけるそれとは〕別様の手続きを踏んでいることについては、より詳細な叙述を必要としない。かれらがひとつの憲法〔憲法律〕を権力（powers, pouvoirs）に従って編成（分肢化）（gliedern）しているとすれば、かれらがそれによって考えているのは、法的な諸機能グループ（juristische Funktionsgruppen）ではなく、とことん実在（現実）的な諸権力（höchst reale Mächte）である。これらの諸権力を実際的に結合すること（praktische Kombination）は、憲法起草（憲法律制定）問題（das gesetzgeberische Problem der Verfassung）であって、そのことがこうした問題としてとことん考量（gründlichst erwägen）されるのは、フェデラリスト（連邦主義者）たち（Federalisten）においてのみではない。ヴァイマール憲法が三つの機関グループ（Organgruppen）を前もって設定（前提に）（voranstellen）し、そしてそれらに三つの機能グループ（Funktionsgruppen）を従わせているとすれば、このヴァイマール憲法にとって、第一系列（Reihe）の立憲化（規約構成）（Konstituierung）は、さしあたり自己目的であり、そしてようやく第二系統（Linie）において、機能（職務）法（Funktionsrecht）（より詳しくいえば、ライヒ立法（Reichsgesetzgebung）について の章節（Abschnitt））によって要求された機関諸ポストの補充（Besetzung der Organposten）である。ヴァイマール憲法にとって自己目的として何よりも重要なのは、諸機関の形成と定在（Bildung und Dasein）そのものである。かくして、その〔ヴァイマール憲法の〕系列順序（Reihenfolge）は（欽定帝国《ライヒ》憲法（die kaiserische Reichsverfassung）の系列順序とは対立して）新たな立憲主義的（konstitutionell）な（規約構成上の）序列（Rang）諸関係と価値（Wert）諸関係の本質的な表現である。——かくして、人民投票的大統領（der plebiszitäre Präsident）は、かれの個々の諸機能（職務）はさておき、〔機関として〕ヴァイマール憲法という構築物（Aufbau）のひとつの本質的部分（Stück）である（他方、この〔ヴァイマール〕憲法のこの部分（Stück）は、もっぱらかれ（大統領）の個々の諸機能（職務）（Funktionen）のための機関（Organ）としてのみ理解されるならば、かれが人民投票のために費やす努力（sein plebiszitärer Aufwand）とこれらの諸機能（職務）とは均衡を欠いており、この不均衡は、しばしば、しかし不当に、非難されている）。——かくして内閣（das Kabinett）[1]も、ライヒ議会（Reichsrat）も、かれ（大統領）の定在を通じて、意思された憲政秩序の生活活動（gewolltes Verfassungsleben）の一部（Stück）なのである。こうした憲政秩序の生活活動を、諸ラントは、その諸権限（管轄権）（Zuständigkeiten）はともかくとして、即自的に促進してきた。なぜならば、かれ（大統領）の定在において、それら諸ラントの国家本性（Staatsnatur）はすなわち、それらの政治的実存（現存態）（politische Existenz）は、一つの本質的な表現を見出しているからである。[2]

【ヴァイマール憲法におけるのとは逆の事例——北ドイツ憲法と帝国憲法における機関に対する機能の優位——連邦主義の問題】

もっとも逆に、一つの近代的憲法——北ドイツ連邦憲法、そして、いずれにしても、〔第二〕帝国憲法——は、現実的に、第一次的諸機能（primäre Funktionen）とこれらに直ちに奉仕する諸機関（dienende Organe）という図式に従って理解される必要があろう。それは、新たなものとしての連邦の立法化（Bundesgesetzgebung）を前もって設定（前提に）し、そして、連邦諸機関（Bundesorgane）をこの諸機能のための能うかぎり見てくれだけでない完遂諸機関（Vollzugorgane）として、その法〔権利〕を機関的〔組織的〕遂行規範（Ausführungsnorm）として、その連邦の立法化に従わせている。――このひとつの固有性（Eigentümlichkeit）については、後でより詳しく呈示するつもりである。この〔機関に対する機能の優位という〕固有性は、連邦主義者がこの固有性に留意する〔この固有性を大事にする〕かれらの傾向（ihre Tendenz föderalistischer Schonung）を伴って、稀な諸事例の一つを呈示している。――それらの稀な諸事例においては、ケルゼンの欺瞞や幻想の諸構成（Täuschungs- und Illusionskonstruktionen）が、現実に一旦は、ある程度場所を占めているのであるが。

【諸機関の①存立、②形成過程、③機能から成立するその諸機関の統合作用】

諸機関の統合作用（Integrationswirkung der Organe）は、①それらの存立（Bestand）から、②それらの形成過程（Bildungsvorgang）から、そして③それらが機能すること（Funktionieren）から出発しうる。

【（1）政治的諸機関――技術的・官僚制的な諸機関の存立――人格的統合】

〔第一に、諸機関の統合作用は〕それらの諸機関の存立から――なによりも、かなり狭い意味で政治的諸機関の存立から、しかし、それよりもなによりも、圧倒的に技術的な諸機関から、つまり官僚制（Bürokratie）の諸機関から〔出発しうる〕。この〔官僚制という〕現象は、上では、「人格的統合」として原則的には性格づけられている。こうしたことが、わたしが指摘しうるところである。

【（2）統合化的闘争としての諸機関の形成過程（Bildungsvorgang）――機能的統合過程：多数決選挙の創造的弁証法】

さらにいえば、〔第二に、諸機関の統合作用は〕それらの形成過程（Bildungsvorgang）から〔出発しうる〕。いずれにしても、〔そうであるのは〕この過程が統合手段へと発展するとき、すなわちこの過程が統合化的な闘争（integrierender Kampf）であるとき、このときのみである。こうした統合化的な闘争として、諸機関の形成過程は、「機能的統合」として総括されうる諸過程におけるもっとも重要な一部分（Teil）である。もっとも重要な例証は政治的選挙（politische Wahl）である。政治的選挙の〈統合〉の役割は、繰り返し認識され[3]、そして繰り返し忘れられる。――そうであるのは、比例選挙（Verhältniswahl）によって普通平等選挙権（das allgemeine gleiche Wahlrecht）の諸々の個体主義的な意味構成要因（individualistische Sinnkomponente）が上昇する〔投票数の相対的優位だけが注目される〕あまり、そうした選挙権の統合力（Integrationskraft）が同時に減少するということが見逃されるときである。この統合力は、多数決選挙（Mehrheitswahl）という課題、その創造的弁証法（schöpferische Dialektik）、勝利あるいは敗北のかなり強烈な体験（Erleben）、そして候補者選出（Kandidatenauswahl）と選出盟約（Wahlbündnisse）に際しての地域的な政治的活動への度重なる激励（応援）（Anregung）――これらのことと不可避的に結合されているからである。[4]

【(3) 機能すること：①権限（管轄権）に基づく諸手続き、②それらの意思行為そのもの】

最後に〔第三に〕、〔諸機関の統合作用は、〕それらが機能すること〔職務遂行〕（Funktionieren）から〔出発しうる〕。しかも二重の意味で。すなわち、①諸機関の――〔実定〕憲法に即した権限（管轄権）に基づく諸々の意思行為（Willensakten ihrer verfassungsmäßigen Zuständigkeit）へと導かれる――手続き（Verfahren）から、そして②これらの諸行為（Akte）そのものから〔出発しうる〕。

【諸表現（表出）を通じての人格態の自己形象化：持続的な規範確定の意図】

第二のもの〔意思行為〕は、国家の、あるいはまた集合的諸団体のみの、固有性ではない。それは生活活動における諸行為（Lebensakte）による、とりわけ諸々の表現（表出）（Äußerungen）による、人格態の自己形象化（Selbstgestaltung der Persönlichkeit）という周知の事実（行為結果）（Tatsache）である。まさしくそこに国家的諸行為の〈意味〉（Sinn der staatlichen Akte）が主として存しているところの、持続的な規範的確定の意図（Absicht dauernder normativer Festlegung）は、その諸々の表現（表出）に結びつけられているのである。

【統合作用のために公共性と統合化的諸闘争との中に移転される手続き（選挙、討論、多数決）】

機能（職務）（Funktion）の第一段階である、その機能（職務）を予め用意する手続き（Verfahren）は、通常、それが統合作用（Integrationswirkung）のために、公共性（公開性）（Öffentlichkeit）の中に移転（verlegen）されているとき、このときにのみ意義を有する。(5) しかし、その後にそれは、選挙（Wahlen）、公開討論（Debatten）、票決（Abstimmungen）、議会と政府との間の、あるいは他の政治的諸機関との間の論争（Auseinandersetzungen）といった一連の統合化的諸闘争（integrierende Kämpfe）の中に入り込む。それらの統合化的意図は、それが本質的に自己目的（Selbstzweck）であり、そして外に向かって作用する行為（Akt）おいて頂点に高まること（gipfeln）がないとき、あるいは必ずしもそうしたことがないとき、とりわけ明確になる。——例えば、政府の諸綱領のすべての確定と批判、諸決定、多くの場合国家間協定（Etatsverhandlungen）その他がそれである。統合作用が目標に向かうこと（Erzielung der Integrationswirkung）は、その際次のような周知の諸条件に依存している。すなわち①かなり多くの互いにある程度成長し合う対抗者たち（einander einigermaßen gewachsene Gegner）がこうした弁証法(6)の担い手（Träger dieser Dialektik）として現前していること、②共通の基礎と、これとともに闘争の統合化的な指導（integrierende Führung des Kampfs）を期する意図（Intention）とが現前していること、最後に③この闘争によって住民たちを把捉すること（die Erfassung der Bevölkerung）(7)、これらのことに依存している。まさしくこうした〔統合〕作用が達成されるところでは、こうした〔統合〕作用は、多数決（Mehrheit）は自由の最高度の実現であるという命題の実在（現実）的な真実性の核心である。(8)

【憲法の中に再帰する諸機関の機能的な統合作用】

諸機関のこれらの諸種類の機能的な統合作用は、大抵の諸憲法（Verfassungen）において多かれ少なかれ典型的に再帰（typisch wieder kehren）する。それら〔諸機関のこうした諸種類の機能的な統合作用〕がもっとも強く差異化されている〔特徴的である〕（differenziert sein）のは、かなり多くの諸機関の相互関係の機能的作用（funktionelle Auswirkung）が問題になるところである。E・カウフマンはもちろん正当にも、ここにまさしくひとつの憲法を性格づける側面（das Charakteristische）があると述べた[9]。

【諸国家行為の目標達成・履行のための施設に単純には還元されない機関の本質】

ここで示唆された意味においてのみ、国憲（国家の憲政秩序）（Staatsverfassung）のこの部分〔機関〕は正しく見られ、かつ判断される。機関というものが、もっぱら法学的にのみ妥当性を有する諸国家行為の目標達成のためのひとつの〔目的合理的〕施設（eine Veranstaltung zur Erzielung gültiger Staatsakte）と見なされるとき、あるいは、その機関の事態に即した「諸履行」（sachliche »Leistungen«）という観点の下に判断されるとき、その機関の本質は誤認される。

【憲法組織の理論的問題としての（1）最高機関と（2）再現前（代表）】

少なくとも部分的にはこれらの諸観点の下に、二つの多く論究された憲法組織〔憲政秩序の組織化〕（Verfassungsorganisation）という理論的問題は、すなわち（1）最高機関（das höchste Organ）の問題と、（2）再現前（代表）（Repräsentation）の問題は属している。

【（1）最高機関、最高審級、国事裁判所：司法府（最高裁、憲法裁）の優位：議会主義における最終審級的な調整可能性：統合審級】

憲政秩序の生活活動（Verfassungsleben）という実践的な活動現実態（Wirklichkeit）の問題は、ヘネル（Haenel）によって、「それぞれの共同目的（Gemeinzweck）を伴って定立されている実践的統一性（へ）の衝迫（der praktische Einheitsdrang）において[11]」簡潔かつ的確に根拠づけられているが、最高機関についての教説はまた、この〔憲政秩序の生活活動の実践的な活動現実態という〕問題と同じくらいさまざまな根源を有している。[10] さまざまな統合諸要因（Integrationsfaktoren）の、とりわけさまざまな諸機関の統合作用（Integrationswirkung）は、活動現実的な統一性の〔を志向する〕作用（wirkliche Einheitswirkung）の保証の下に設定されなければならず、そしてそのためには、ひとつの最高審級（eine höchste Instanz）はもっとも単純な解決〔策〕として現象するであろう。法治国家的な思惟（rechtsstaatliches Denken）は、こうした〔最高〕審級を、「最高裁判事たちが最終的諸判決（決断）を脱政治化（entpolitisieren）し、中性化（neutralisieren）するための、もっとも上位かつもっとも高潔な、無答責の地位」の中に、すなわち国事裁判所（Staatsgerichtshof）の中に探求するであろう。[12]〔法治国家的思惟は、この最高審級を〕ヨーロッパにおけるこうした役割〔最終決定〕のための立法府（Legistrative）の優位と対立して、（あまり自覚されずに、そしてようやく歴史的に展開されて）アメリカ[13]がそう〔司法府・連邦憲法裁判所の優位〕であるのと似かよった形で〔探究するであろう〕。――今日では、議会主義（Parlamentarismus）が柔軟な最終審級的な調整可能性（letztinstanzliche Ausgleichsmöglichkeiten）を提供するであろう。この最終審級的な調整可能性は、カイザー的連邦国家（der kaiserliche Bundesstaat）〔ドイツ第二帝国〕においては、とりわけ連邦参議院の駆け引き（外交）（Bundesratsdiplomatie）」による連邦に有利な協調（bundesfreundliche Verständigung）やそうした連邦国家の扱い（運用）（Handhabung）という原則において局在化（lokalisieren）されていた。――いずれにしても、ドイツの至る所で問題になるのは、統合体系という要石（Schlußstein des Integrationssystems）である。そしてこの意味においてこのような最終的な統合審級（letzte Integrationsinstanz）は、とにもかくにも少なくとも大いに望まれてはいる。たとえ〔諸邦における〕諸憲法（Verfassungen）が正面切って意識的にそれを予定（vorsehen）していないとしても。[14]

【議会制的な再現前（代表）：大衆の内に微睡《まどろ》む理性、現前する具体的意思の個体性の再現前（代表）：代理人ではなく（国民全体の）代表（再現前）者である代議士（議員）】

同じく再現前〔代表〕という思惟範疇（Repräsentationsgedanken）の錯綜した理念史的体系のいくつかの枝は、ここで扱われている関連の中に導き入れられる。議会制的な再現前〔代表〕（parlamentarische Repräsentation）という思惟範疇にとって、大陸的出発点が多数者たち〔大衆〕の中で微睡《まどろ》んでいる理性（die in der Menge schlummerunde Vernunft）――これは一面において、再現前〔代表〕する者（der Repräsentant）を通じて代表される者たち（die Vertretenen）において覚醒され、そして意識の中に呼び起こされ、そして他面において、外に向けて再現前〔代表〕（repräsentieren）される[15]――という概念であるとすれば、このことは――多数者たち〔大衆〕の実在〔現実〕的に前もって現存している〈理性占有〉（der real präexistierende Vernunftbesitz der Menge）という合理主義的な思惟範疇が、とにかく現前する具体的な〈意思の個体性〉（eine immerhin vorhanden konkrete Willensindividualität）によって代替されることにおいて――端的にいって、いずれにしてもこの個体性（Individualität）に結びついている統合化する指導〔嚮導〕（die integrierende Führung）を意味している[16]。それによって憲法のテクストが議会制的再現前〔代表〕（parlamentarische Repräsentation）の本質を表現しようとしている[17]、二つに分肢されている定式〔ヴァイマール憲法第二一条における、「代議士〔議員〕は①国民全体の代表であり、②自分の良心にのみ従い、委任されたことに拘束されない」（»①Die Abgeordneten sind Vertreter des ganzen Volkes. ②Sie sind nur ihrem Gewissen unterworfen und an Aufträge nicht gebunden«、という定式〕において、第二の部分〔②〕が代議士〔議員〕たちの拘束が増大することで真実性を失えば失うほど[18]、それだけ多く、ここにおいて一つの基本原理の――現代の議会制国家のそれではないにしても――まったき内実を、とりわけ支配的な機関論の形式主義の犠牲に供する代わりに、示唆された意味における第一の〔①〕命題へと音調《トーン》をずらすことによって、この定式を追完〔回復〕（konvaleszieren）させることが、正当化されている。

【諸国家機関を繋ぎ留める政治的統一性〔諸価値の存立〕の再現前：再現前の段階づけ：諸機関の位階制におけ

る再現前の強化：諸機関の正当性：事態的統合＝事態的価値内実】

政治的統一性の再現前（Repräsentaion der politischen Einheit）のこうした意味は、技術的な業務処理（Geschäftsbesorgung）とは対立して、[19] 議会制的な再現前（代表）〔制〕を自余の政治的な諸国家機関（Staatsorgane）に繋ぎとめている。いずれにしても、この代表（再現前）された者（der Repräsentierte）は、これら諸国家機関においては、多方面からして、〈一般意思（die volonté générale）〉の流動的な活動的現実態（die fließende Wirklichkeit）ではなく、むしろ静態的な、そして国家をより強力に超越している諸価値のひとつの存立（ein Bestand）[20] であり、とりわけ君主制的な再現前（代表）（monarchische Repräsentation）のケースにおいてはそうである。両ケース〔議会制的な再現前と君主制的なそれ〕において共通しているのは、再現前（代表）の段階づけ（Abstufung）[21] である。すなわち、民主制（Demokratie）にあっては議会から「政府官職の諸代表（magistratischen Repräsentationen）」[22] へ〔上昇し〕、君主制（Monarchie）にあっては諸官庁の位階制（Hierachie der Behörden）を通じて〔君主から〕下降する。その際再現前（代表）は、より下級の審級においても、例えば判事（der Richter）が王の名において判断する〔判決を下す〕（Recht sprechen）とき、[23] W・ヴント（W. Wundt）によって的確に観察された作用を伴って、[24] 強化されうる。こうした強化は、その〔下級諸審級（下位諸機関）の〕機能の正当化が高められていることを意味し、そして、これとともに、再現前（代表）の問題全体が同時に事態的統合（sachliche Integration）の領域の上にあるという事実を証拠づけている。というのは、正当性（Legitimität）は、絶えず（正当化されるものを大抵は超越している）事態的な価値内実（sachlicher Wertgehalt）に照らして根拠づけることだからである。

【精神的な活動現実態をイデオロギーに解消する合理主義的国家学】

ウィーン学派の人たちがそうしているように、精神的な活動現実態（Wirklichkeit）を能うかぎり広く虚構、幻想、隠蔽、詐欺の中へと解消するという目標を追い求めているような国家学は――合理主義を遅れて後追いしているものとして――ここでもちろん、とりわけ感謝すべき証拠を見出している。[25]

【統合過程において諸国家機関を諸契機として前進的に生活活動を営む精神的な活動現実態としての憲政秩序】

統合概念（Integrationsbegriff）に基づく機関（器官）学（Organlehre）は、支配的な機関（器官）理論（Organtheorie）の二つの主流のいわば中間地点を保持するであろう。この統合概念に基づく機関（器官）学は、国家を一つの何らかの形で（大抵はまったく不明確な形で）所与の基体（実体）（Substanz）として前提とし、そしていまや国家の諸機能を機関化（器官化）（organisieren）するようなあらゆる見解を退けなければならない。――それが「諸機関」を目的合理的な装置（zweckrationale Apparatur）として理解しようとすることによって、「社会学的な」意味においてであれ、それが「諸機関」を実在的あるいは虚構的な一人格の一種の法業務的代理者たち（rechtsgeschäftliche Vertretern）として構成することによって、法学的〔な意味において〕であれ。しかし、この統合概念に基づく機関学はまた、国家はその諸機関においてのみ定在するのであって、このことを度外視するならばそもそも定在しない、という思惟範疇的（gedanklich）により明確かつより純粋な意見を退けなければならない。[26] こうした意見に伴って精神的な活動現実態に対して不当（不正）なことが行われている。けだし、精神的な活動現実態は、諸統合過程において、そして諸機関において、先へ先へと生活活動を営み更新されているのであり、この精神的な活動現実態に対しては、これらの諸過程や諸機関は諸々の形式かつ担い手にすぎないからである。

第三章　国家諸機能（職務）（Die Staatsfunktionen）

【機能的な統合諸類型としての国家的諸機能】

統合（Integration）が総じて精神的な生活活動（geistiges Leben）、機能（Funktion）であるならば、そのとき国家的な諸機能は統合のきわめて納得しうる〔明白な〕要因である。国家的な諸機能は事実、〔とりわけ、機関形成に際しての、そして個々の諸機能を予め用意する段階においての〕統合化的な闘争（der integrierende Kampf）のさまざまな現象形態と並んで、上で[1]示唆的に標識づけられた機能的な統合（funktionelle Integration）諸類型の主要な部分を形成している。

【国家的生活活動の機能的な統合体系としての権力分立体系】

近代的な諸憲法は、諸機能をそれぞれの個別性（Einzelheiten）としてではなく、一つの体系的全体（ein systematisches Ganze）として、諸権力（Gewalten）として〔国家のへのそれら諸権力の共通の関係は度外視されて〕扱っているが、これらの諸権力は権力分立の体系（das System der Gewaltenteilung）を通じて、一つの統一体（eine Einheit）へと統括〔統合〕（zusammenfassen）されている。この〔権力分立の〕体系の意味は、従来の憲法解釈からは本質的にひとつの目的合理的な分業（zweckrationale Arbeitsteilung）として理解されているのであるが、国家的な生活活動一般の、したがってまた、とりわけ、いずれにしても機能的統合の一体系として完遂されるかぎりで、その国家的な生活活動の統合体系のここで主張される見解に適っている。

【課題としての権力分立の理念史的意味】

権力分立はその錯綜した教養史によって、そして特にこのような遺産のあらゆる負荷を伴う精神的遺産としてのその今日的な憲法上の意義を突き止めることが困難であることによって、特徴づけられている。したがって、その権力分立の本来的な意味と、そしてそれとともにわれわれの諸憲法のこうした核心の意味とを解明することは、さしあたり理念史的な課題である。

【国家体系の内在的自己中心化＝コペルニクス的自己根拠づけとしての権力分立体系：自由に浮動する均衡にお

いて相互に維持し合う諸力の人為的な均衡体系としての国家】

一八世紀の権力分立論以前には、三権力（drei Gewalten）は、それらが問題になるかぎりで国家的な諸制度（Institutionen）一般がそうであるように、国家を超越的するひとつの根拠づけ（eine dem Staat transzendente Begründung）を有している。アリストテレスの諸権力（Gewalten）は、それぞれ範疇的な所与性（kategoriale Gegebenheit）を帯びている。そして、近代的な国家学（Staatslehre）は国家権力（Staatsgewalt）を、自然法（権）（Naturrecht）と国家及び国家意思（Staatswille）というその合理的な出発点（rationale Ansatzpunkte）〔公理〕から、あるいはそうでなければ高権〔君主権〕の図式（Schema der Hoheheits）を以て、（君主制原理や国家権力の担い手という概念的に把握しえないもの（Unbegriff）の中になお生きている）積極的な種類のひとつの国家外的な正統性（正当性）の源泉（eine außerstaatliche Legitimitätsquelle）から、このいずれかから導き出している。こうしたこと〔国家権力の超越的根拠を前提にする議論〕に対して〔ここでの国家統合論的な立場から論じられる〕権力分立論（Gewaltsteilungslehre）がもたらしている原則的にまったく新しいことは、国家的体系の――無自覚的ではあるが、しかし不可疑の――内在的な中心化（die unbewußte, aber unzweideutige immanente Zentrierung）、すなわち自己における一種のコペルニクス〔地動説〕的根拠づけ（kopernikanische Begründung in sich）である。――これ〔国家的体系の内在的な中心化・自己根拠づけ〕は、制度としての国家（Staat als Institution）にとっては、すくなくとも特定の意味で、（モンテスキュー（Montesquieu）のプログラムの中にはほとんどなかったような）〔それまでの超越的根拠づけからの〕方法的遊離化（methodische Isolierung）のはじめての試みを意味している。それは、マキァヴェッリ（Machiavell）〔の議論〕が生（命）の現象（Lebenserscheinung）としての国家にとってそう〔それまでの超越的根拠づけからの方法的遊離化〕であったのと似たような、はじめての試みである。国家を、自由に浮動する均衡において相互に維持し合う諸力のひとつの人為的体系（ein künstliches System sich gegenseitig in freischwebendem

Gleichgewicht haltender Kräfte）として構築（aufbauen）するという要求は、国家を自身の中で自由に浮動する諸力のひとつのゲーム（ein in sich freischwebendes Kräftespiel）として制度化（einrichten）しようとしたというよりもむしろ、さしあたり、そしてとりわけ理解（verstehen）しようとした、そうしたひとつの思惟（Denken）〔古典的自由主義における予定調和論・均衡論〕の、最初の素朴な形式であった。

【ヘーゲルにおける「政治的国家」の弁証法的諸契機としての諸権力、憲政秩序に即して秩序化された歴史的具体性における生活活動の活動現実態：憲政秩序の権力分立――政治的〈精神〉の統合（化）の法則性の実定法的規範化】

ここから、〔権力分立に関する議論は〕合理主義的な国家機械論や合理主義的な法則概念の放棄を経てヘーゲルへと、そして、かれが諸権力（Gewalten）を「政治的国家（der »politische Staat«）[2]」の弁証法的諸契機として把捉していること（Erfassung）へと、すなわち憲政秩序に即して秩序化されたその〔「政治的国家の」〕生活活動の活動現実態（seine verfassungsmäßige Lebenswirklichkeit）へと、一直線に導かれる。この生活活動の活動現実態は、諸権力（Gewalten）の人為的な相互的阻止（künstliche gegenseitige Hemmung）ゆえに、その露命をつないでいる（ihr Leben fristen）のではなく、必然性を伴う〈精神〉の弁証法（die Dialektik des Geistes）ゆえに、歴史的具体性（geschichtliche Konkretheit）において、必然性を伴って諸権力から自己構築（sich aufbauen）されているのである[3]。したがって、ひとつの憲政秩序の権力分立（die Gewaltenteilung einer Verfassung）は、政治的〈精神〉のかの統合（化）の法則性の実定法的な規範化（die positivrechtliche Normierung jener Integrationsgesetzlichkeit des politischen Geistes）である。

【国家に対して自律する法生活の諸要因としての立法と司法：決着をつける契機（ヘーゲルにおける統治権・君主権）】

いずれにしても、われわれの諸憲法の諸権力の体系（Gewaltensystem）の理解は、なお二つの顕著な困難（Schwierigkeiten）にぶつかる。

ひとつの困難は、この諸権力の体系の中にはひとつの異物（Fremdkörper）が組み入れられているという点にある。この異物は、なるほど不可避的にその地位を有しているが、しかしだからといってやはりこの体系の一契機（Moment）ではないし、いずれにしてもまず以て、その一契機であるわけではない。これは、ここでは立法と司法（Rechtssetzung und Rechtssprechung）として国家の掌中で秩序化されている法生活〔法（権利）の生活活動〕（Rechtsleben）の諸要因（Faktoren）であるが、しかしやはり国家に対して自律している他の精神的体系の、すなわち法生活の諸契機である。

もう一つの困難は、この〔諸権力の〕体系の中には決着をつける契機（das abschließende Moment）が欠けていること、権力分立についてのヘーゲルの把握（理解）はモンテスキューやわれわれの憲法テクストの把握（理解）にまさっている（vor der Fassung Montsquieus und unserer Verfassungstexte voraus haben）こと、これらのことの中にある。ひとはそれ（そのまさっているヘーゲルの把握（理解））を統治〔権〕（Regierung）、「君主権（fürstliche Gewalt）」と、あるいは別様に名づけているとしても。

【精神的な生活活動の価値法則性の二局面：①国家（権力）と②法（権利）の一体系（弁証法的統一性）：①秩序化・形象化する諸権力の展開運動としての国家の生活活動、統合諸要因の体系としての国家的活動現実態、②生活活動を通じての法（権利）の実定化、安定化、適用化としての法（権利）的活動現実態（組織化された諸機能としての立法と司法）、法（権利）共同体の具体的法（権利）の生活活動の実定的な活動現実態】

ひとが、それがここ〔本著〕で前提にされるように、国家と法（権利）（Staat und Recht）を、なるほど分離し難く結合された、しかしやはりそれぞれ自己の内で閉じられた、それぞれ一つの特殊な価値理念（Wertidee）の活動現実化（実現）に奉仕する、そうした精神的な生活活動（das geistige Leben）の二つの領域（Provinzen）として理解するならば、そのとき、一面での国家の活動現実態（die Wirklichkeit des Staats）は統合（Integration）として、そして秩序化し形象化する諸権力の展開（ordnende und gestaltende Machtenentfaltung）として、その国家の生活活動において存立し、他面での法（権利）の活動現実態は、立法、裁定、生活活動（Gesetzgebung, Gericht, Leben）を通じての、その法（権利）の実定化、安定化、適用化（Positivierung, Sicherung, Anwendung）において存立している。前者〔国家〕における統合諸要因がそうであるのと同じく、後者〔法（権利）〕における法（権利）の生活活動（Rechtsleben）の大きな諸要因は相互に担い合い、補完し合い、要求し合う。その際、組織化された諸機能、立法と司法（Gesetzgebung und Justiz）が、近代国家において、支配的な法学においてそうであるように、[4] むしろ前面に出てくるか、あるいは中世においてないしエールリヒ（Ehrlich）の法社会学においてそうであるように、法（権利）仲間（Rechtsgenossen）による法の適用（Rechtsanwedung）がむしろ前面に出てくるか、これはともかくとして。いずれにしても、これらの〔法（権利）の生活活動の〕諸要因は一つの体系を相互の間で形成する。この〔法（権利）生活活動の〕一つの体系は、〈精神〉の価値法則性（Wertgesetzlichkeit des Geistes）ゆえに、前者〔国家の生活活動〕において統合諸要因の体系が国家的な活動現実態の体系へと収斂されるのと同じく、後者〔法（権利）の生活活動〕において、法（権利）共同体の具体的な法生活の実定的な活動現実態（positive Wirklichkeit des konkreten Rechtslebens der Rechtsgemeinschaft）へと収斂される。——この〔法（権利）の生活活動の〕一つの体系は、〔立法と司法〕いずれの場合も、成文化された法（権利）（das geschribene Recht）によって、一部では指示（vorgeschrieben）され、一部では励起（促進化・活発化）（anregen）され、一部では許可（zulassen）される。この意味における法（権利）の生活活動の体系の諸部分として立法と司法は、それらが定立された法（権利）〔制定法〕（das gesetzte Recht）

によって規則化（regeln）されているかぎりで、法〔権利〕の諸機能（Rechtsfunktionen）の自己の中で閉じられた体系を、相互に憲法〔律〕の内部で形成する。それら〔法〔権利〕の諸機能〕の弁証法的な統一性において、法〔権利〕の生活活動の体系は、その活動現実態（Wirklichkeit）を、あるいは〔エールリヒにもかかわらず〕すくなくともその活動現実態の大きな部分を、有している。まさにそれゆえに、あるいはエールリヒとともに、それら〔立法と司法〕は一定の意味で、憲政秩序（Verfassung）におけるあるひとつの異物（ein Fremdkörper）なのである。それら〔立法と司法〕は、それらがまた国家的な生活活動の諸形態（staatliche Lebensformen）であるがゆえに、そこ〔憲政秩序〕に属しているのであるが、しかし、それらの重点（Schwerpunkt）は、中世的な裁判（管轄）権国家（Jurisdiktionsstaat）が克服された後には、もはやこうしたその〔中世的な裁判（管轄）権国家の〕属性（固有性）（Eigenschaft）の中にはない。

【国家統合の二局面――①国家共同体（統治・行政）における統合価値と②法（権利）共同体（司法）における法（権利）価値：行政に対する司法の独立】

しかしながら、こうした〔国家（権力）（Macht）と法（権利）（Recht）、統合価値と法（権利）価値との〕二重の役割は、きわめて一般的な意味においてのみ、それらに共通しているにすぎず、個別的な意味においてはまったく異なる意味を帯びている。

司法（Justiz）は、国家的な諸権力の体系の部分としてはいわば零（en quelque façon nulle）[5]である。すなわち、司法が奉仕するのは統合価値（Integrationswert）ではなく、法（権利）価値（Rechtswert）である。[6]この〔法（権利）〕価値は、諸々の国境（邦境）（Staatsgrenzen）を越えて妥当する。――このことから、〔この法（権利）価値は〕統治諸問題や行政諸問題（Regierungs- und Verwaltungssachen）とは対立して、連邦国家における個別諸国家〔諸邦〕の連帯性（Solidarität）であり、同じくそれらが真実の司法諸問題（Justizsachen）であるかぎりで、[7]司法諸問題における文化諸国家（諸邦）（Kulturstaaten）一般の連帯性である。司法（Justiz）もまた統合するはず（integrieren sollen）であるが――しかし、司法が統合するのは法（権利）共同体（Rechtsgemeinschaft）であり[8]、国家共同体（Staatsgemeinschaft）ではなく、したがって、すくなくとも原理的には他の圏域（Kreis）である。実際には、それ〔司法〕は同時に国家的統合に奉仕しているとしても[9]、しかし、憲政秩序（Verfassung）は、それが司法を国家の指導（嚮導）（Staatsleitung）から独立させることによって、司法を行政（Verwaltung）と鋭く対立する形で〔国家的統合という〕課題から正面切って解放する。行政は、さしあたりそれが統治（政府）（Regierung）に従属する（そして、その時々でそれが議会制に依存する）ゆえに、技術的な行政価値（der technische Verwaltungswert）によって、しかし少なくとも場合によってはまた、政治的な統合価値（der politische Integrationswert）によって支配されるからである。――司法をめぐる今日の闘争においては、この〔司法と行政・統治との〕対立の減衰あるいは排除（Abschwächung oder Beseitigung）は、すくなくとも部分的には問題になっている[10]。

【立法における国家体系と法体系の癒合：行政における立法（法律概念）の形式性と司法における立法（法律概念）の実質性：時空的に相対的な正義価値の実定化】

国家体系と法（権利）体系（Staats- und Rechtssystem）は互いに、立法（Gesetzgebung）において〔司法におけるよりも〕より緊密に癒合（合生）（verwachsen）されている。立法は両体系において同時に最高の機能的役割を演じるからである。立法は、一面においては国家に内在する一機能であり、国家的な権力分立の一部であり、したがって、こうしたその属性（固有性）（Eigenschaft）においては執行（行政）府（die Exekutive）とのその関係によって規定されている。すなわちそれは、そのかぎりで今日の定式において言われているような「形式的な意味」において立法なのである。特徴的なことであるが、「法律（Gesetze）」という言葉が現れている数多くの憲法諸規定（Verfassungsbestimmungen）は、この形式的な概念を基礎にしてのみ意味を充たしている。立法は他面においては、法〔権利〕の生活活動（Rechtsleben）を一般的に規範化（allgemein normieren）する機能、「実質的な立法（materielle Gesetzgebung）」である。[11] 立法はそのかぎりで正義価値（Gerechtigkeitswert）によって規定されている。したがって、「実質的な法律（das materielle Gesetz）」のあらゆる定義は、こうした〔形式性と実質性、合法性と正当性の〕関係を表現する、多かれ少なかれ〔形式性と実質性の両アスペクトが〕うまく噛み合った（glücklich）試みでなければならない。もちろん、こうした概念が考えられているのは、国家の生活活動（das Staatsleben）の諸機能の体系〔行政〕ではなく、法〔権利〕の生活活動（das Rechtsleben）の諸機能の体系〔司法〕が問題になるところにおいてであり、とりわけ司法に関する諸法律〔司法権法〕（Jusitzgesetze）の周知の合法的な諸定義（Legaldefinitionen）においてである。こうした意味での立法は、その空間〔活動余地〕は境界づけられ、その〔立法の〕課題は、とりわけ司法（Rechtsprechung）とのその関係によって、すなわちこの司法がそれ〔立法〕に期待しそれ〔立法〕に活動の余地を許容していることによって、設定されている。したがって、ここから適用のために一般的に規定された規範としての概念規定（die Begriffsbestimmung als allgemein zur Anwendung bestimmte Norm）〔が成立する〕。しかしながら同時に、さまざまに異なる時代にとってさまざまに異なること（verschiedenen Zeiten Verschiedenes）が、正義価値の実定化に際して内容的に本質的なこと（das inhaltlich an der Positivierung des Gerechtigkeitswerts Wesentliche）である。したがって、実質的な法律概念（der materielle Gesetzesbegriff）は時代に制約（zeitbedingen）され、交替（wechseln）し、国家的立法（die staatliche Gesetzgebung）への諸々の特定の正義要求（Gerechtigkeitsansprüche）に照らして[12] いつも相対的であるから、形式的な法律概念（das formelle Gesetzesbegriff）とは対立している。すなわち、〔たしかに〕いたるところでまったく同義であるわけではないが、しかし、いずれにしても、他の諸権力（Gewalten）の形式的な諸属性〔固有性〕との関係そのものによって形式的かつ固定的に規定された、そういう形式的な法律概念とは、実質的な法律概念は対立しているのである。

【司法と行政のそれぞれにおける法律（制定律）（Gesetz）の実質性（価値）と形式性（機能）を分離したままにして、それらの弁証法的関連を洞察しない形式主義】

したがって、法律（Gesetz）は司法（Justiz）にとっては目的（Zweck）であり、行政（Verwaltung）にとっては制限（Schranke）であるというしばしば用いられている命題は、二重の仕方で誤謬に導くもの（irreführend）〔法律における実質性と形式性、価値と機能の切断と混同〕である。一方では、実際には二つの異なる体系〔司法と行政〕の内部で「法律（Gesetz）」の諸関係（Beziehungen）が問題であるのに、それ〔その命題〕が一つの統一的な機能体系（ein einheitliches Funktionssystem）の内部での諸関係（Relationen）を確定しているかぎりで、そして他方では法律は、行政に対しては、問題となるのは第一に形式的な法律（das formelle Gesetz）であり、司法に対しては、問題となるのはもっぱら実質的な法律（das materielle Gesetz）であるかぎりで〔上の命題は誤謬に導くものである〕。この命題は大抵シュタール（Stahl）に帰されるのであるが、このシュタールが正義（Gerechtigkeit）（したがって、正義価値（Gerechtigkeitswert））を、（統合価値（Integrationswert）と福祉価値（Wohlfahrswert）によって支配される）憲法と行政（Verfassung und Verwaltung）との領域において、もっぱら制限（Schranke）としてのみ妥当せしめ、司法（Justiz）の領域においては、「実定的な目標（das positive Ziel）、唯一の目標」として妥当せしめている（gelten lassen）とすれば、かれは本質的なこと（das Wesentliche）を述べているのであるが、しかし、より後期の形式主義（Formalismus）にとっては理解しがたいこと（das Unverständliche）を、そして、不快な（気に障る）こと（das Anstößige）を述べているわけである。[13] この関連にはまた、行政（Verwaltung）はそれ固有の法（権利）（Recht）を産出（erzeugen）しうるのか、という必ずしも充分に真剣に受け取られていない疑念があってしかるべきである。[14]

【憲法（憲政秩序）において国家体系（Macht）と法体系（Recht）とを均衡させている立法（Gestzgebung）という機能の二重の意義（法律の形式性と実質性）——これを正当に扱えない国家主義と規範論理】

一面の国家〔権力〕体系と他面の法（権利）体系とが均衡する中心機能としてのこうした二重の位置取り（Doppelstellung）を通じて、立法（Gesetzgebung）の位置（Lage）は、憲法（憲政秩序）（Verfassung）にとって徹底して周辺にある司法（Justiz）の位置からは区別される。このことを通じて、その（立法の）意味（Sinn）とその（立法の）〔占めるべき〕場所（Platz）とは、憲法（憲政秩序）（Verfassung）において二重の意義（両義性）（Doppeldeutigkeit）を獲得する。この二重の意義（両義性）を、形式的かつ実質的な法律（das formelle und materielle Gesetz）についての教説は正しく認識したが、しかし、なお最終的に満足がいくように解析〔明確化〕（herausarbeiten）しなかった。いずれにしても、この点で、〔例えば、C・シュミットとH・ケルゼンにおけるような〕国家主義と規範論理（Etatismus und Normlogik）は同様に、この二重の意味（Doppelsinnigkeit）を的確に扱えない。

【国家（権力）を正当化する価値に関係づける形式的かつ実質的な法律の内在的に正当化する力の機能：国家（権力）とこれを正当化する権能としての形式的かつ実質的な法律との結合に基づく近代法治国家における自己立法による自己正当化】

今日の法律概念（Gesetzesbegriff）の両側面〔形式性と実質性〕は、もともときわめて密接に関連し合っている[15]。こうした関連は、その際、今日あまりにも誤認された機能を有している。すなわち、〔法律概念の両側面の関連は〕国家を、自然法によって要求され正当化する諸価値の世界への関係の中に置く（den Staat in die vom Naturrecht geforderte rechtfertigende Beziehung zur Welt der Werte zu setzen）、そうした法律の内在的に正当化する力（die immanent legitimierende Kraft）（こうした力というきわめて大げさでさえある表現は、いつも一般意思（volonté générale）の理論に留まっている）の機能を有している。これに伴い克服されているのは、単なる国家理性（Staatsraison）による絶対主義的権力（absolutistische Gewalt）の不十分な正当化（Legitimierung）であり、しかしまた、こうした正当性（Legitimität）を何らかの（自然法的あるいは実定法的に）超越的な法秩序（transzendente

Rechtsordnung）から導き出すこと（Herleitung）――これは近代的国家概念に堪ええないのであるが――である。それだけより決定的に、近代国家は、それがそれ固有の権力（Gewalt）としての、そして同時にそれ〔近代国家〕を正当化する権力（ihn zugleich legitimierende Gewalt）としての法律（Gesetz）と解き難く結合することの上に、根拠づけられている。――近代国家はまさしく、政治的諸領域を超越する、すべての、そしてあらゆる従来の正当化からの最終的な自己解放を通じてようやくはじめて近代的な法治国家（Rechtsstaat）になったということはまた、きわめて逆説的なことであるとしても。

【活動現実的国家の①機能体系の部分としての執行機関と②統合体系の部分としての立法機関との間で完遂される相互作用によって獲得される国家の個体性：憲法によって国家の中に関係づけられる実質的司法と憲法によって構成（立憲化）される実質的立法】

したがって、ひとは正当にも次のように述べたわけである。すなわち、「一国家は、その個体性（Individualität）を、執行機関（die Exekutive）と立法機関（die Legislative）の間で完遂される特殊な種類の相互作用（Wechselwirkung）を通じて獲得する」[16]と。もっともこれら両者は、活動現実態における〔活動現実的に作動する〕国家の諸機能体系と統合体系の諸部分にすぎない。同じくまた、これに対して、実質的（materiell）な立法（Gesetzgebung）と司法（Rechsprechung）が国家を度外視していたとしても、これら両者はもっぱら国家の中で考えられるにすぎない。後者〔実質的な司法〕は憲法（憲政秩序）（Verfassung）を通じて国家の中にもっぱら関係づけられ[17]、前者〔実質的な立法〕は憲法（憲政秩序）を通じて構成（立憲化）（konstituieren）されているのである。

【三権力機能の協奏とは異なる固有の対内的・対外的な国家活動としての統治機能】

近代国家の統合的な諸機能体系（das integrierende Funktionssystem）が通常の憲法図式の三権力（drei Gewalten des üblichen Verfassungsschemas）から相違していること（Abweichung）の第二のことは、この通常の図式においては特殊な統合課題（Integrationsaufgabe）を伴う諸事物の本性によって要求される一機能が欠けているがゆえに、この図式は不完全であるという点にある。この一機能の必要性は似かよった形で根拠づけられているが、しかし、「最上位の機関（das oberste Organ）」の必要性よりもはるかに疑う余地のないものである。三権力の〔機能的〕協奏（Zusammenspiel）〔予定調和〕の諸帰結として、望まれる国家的な本質規定と本質貫徹とが成立するかどうか、このことはこの協奏〔予定調和〕だけにあくまでも委ねられるわけにはいかず、対内的かつ対外的に固有の仕方でこれら諸目的に奉仕する一つの固有の国家活動（Staatstätigkeit）が、すなわち〔自覚的〕統治（Regierung）が形成されるのである。[18]

【行政と統治の相違】

フランス枢密院（Staatsrat）の実践こそは、行政（Verwaltung）との統治（Regierung）の相違を、一つの国法的相違としてはじめて際立たせた。[19] この相違を、もちろん実際の政治家たち（Staatsmänner）はなお免れてはいなかったし、[20] そしてこの相違は、一九世紀の政治的文献の中でもまた前進的に一貫して示されている。[21] いずれにしても国家理論は、国法学と同じく、わたしの見るかぎり、その相違の意義をなお充分に正当な形で扱っていない。あまつさえ、次のような場合実践はこの相違を見逃してしまうのを常としている。すなわち実践が、政治的論争できわめて不本意ながらきわめてしばしば用いられる手練手管の一つを以て、政治的行為（politische Akte）を技術的観点から批判する〔行政の観点から統治を批判する〕とき、そして逆のことがなされる〔統治の観点から行政が批判される〕ときがそうである。――とりわけドイツでは、こうしたことは野党と政府（Opposition und Regierung）との事柄の眼目に触れずに枝葉末節に拘泥する議論（Vorbeireden）が噛み合わないことの主要な理由である。

【独裁制権力の統制原理としての統合価値：例外事例における主権的決断権力（最終審級・緊急権）：国家的活動現実態の即自的統合（統合諸価値）を現前化する最終審級（決断権者）】

この関連において、独裁制権力（Diktaturgewalt）について言及しないままにしておくわけにはいかない。C・シュミットとR・グラオ（Grau）[22]が充全に呈示したことであるが、独裁制権力は三権力体系の中には組み込まれていないが、しかし何故に独裁制権力は〔三権力体系とは〕別のことであるのか、これについては厳密に標識づけられていない。再度いえば、その統制的原理（regulatives Prinzip）としての統合価値（Integrationswert）、これこそが独裁制権力にその特別の地位を与えるのである。――いずれにしても、〔もともと独裁制権力に特別な地位が備わっているのではなく〕むしろ〔逆に〕外面的現実へ、「ドイツ・ライヒ（das Deutsche Reich）〔ここではヴァイマール共和国〕における公共的な安全と秩序」（ヴァイマール憲法第四八条第二項）へ、〔独裁制権力が〕それ〔統合価値〕を投影させること（Projektion）においてのみ、そうなのである〔独裁制権力に特別な地位が与えられるのである〕。この修正〔条項〕（Modifikation）においては〔いわば弁証法的に〕統合価値は、暫定的（一時的）（zeitweilig）に公共的な法（権利）価値（Rechtswert）を、福祉価値（Wohlfahrtswert）を、それどころか、特にそのより慣習的で、より完全で、より深い意味における統合価値〔そのもの〕を押し退けて、独裁制的「諸措置」（Maßnahmen）（第四八条、a.a.O.）の行政管理に似た技術的な権力（Gewalt）のために、その統合価値固有の創出（作出）（Herstellung）に役立つような余地（Raum）を獲得する。C・シュミットはこのことを次のように表現した。すなわち、「法（権利）（Recht）は後退するが、国家（Staat）は存続し続ける」、「国家の実存（現存態）（Existenz）は、法規範の妥当に対する不可疑の優位を確証（bewähren）する」[23]と。問題は、一面でのこの例外権力（Ausnahmegewalt）、他面での諸事物の規則化（Regelung der Dinge）、これらが国家の本質そのものといかに関係しているのかということに他ならない。C・シュミットが煌めくばかりに根拠づけ、そしてそれどころか、妥当する法〔現行法〕（das geltende

Recht）へと適用したように、「例外事例（Ausnahmefall）は、国家的権威の本質をきわめて明確に啓示（offenbaren）する」[24]のか、あるいは、例外事例は諸事物の規範的秩序（die normale Ordnung der Dinge）においてより明確に啓示される国家の本質の、ひとつの混濁化（Trübung）、ひとつの停止（Suspendierung）にすぎないのか、ということが問われているわけである。明瞭なことであるが、〔シュミットにおけるように〕国家という範疇的な本質存在（das kategoriale Wesen）を、一つの形式的（形相的）・究極的な決断権力（Dezisionsgewalt）〔の本質〕はまさにそこ〔国家という範疇的本質存在〕に存している、という点において見出している、そうした思惟様式（Denkweise）にとっては、こうした〔決断〕権力は、独裁制（Diktatur）においてもっとも純粋に現れる（zutage treten）。――まさしくこうしたこと、結局のところひとつの法学的な考察は、例えば次のようなところでは、いたるところで当てはまる。すなわち、身分制国家（Ständestaat）におけるような規範的秩序（die normale Ordnung）が、法権利上（quoad）支配者において統一されている権力（die quoad jus im Herrscher vereinigte Gewalt）の行使をもっぱら制限し、すなわち純粋で本来的な国家の形式（形相）（Form）を混濁化（trüben）させているようなところでは、いたるところで当てはまる。こうした法学的な考察が精神科学的な評価づけとして正当化されているのは、こうした最終的「主権的」な審級（letzte »souveräne« Instanz）がまた、全体を事態的に統合（化）する諸価値の再現前（代表）（die Repräsentation der das Ganze sachlich integrierenden Werte）であるところにおいて、すなわちローマ〔カトリック〕教会において、立憲的・国民国家的な時期以前の君主制においてである。こうした法学的な考察が当てはまらないのは、これらの諸前提が欠けているところにおいて、すなわち、国家の活動現実態の核心が規範的な憲政秩序の生活活動（Verfassungsleben）の中にあるところにおいてである。――これ〔憲政秩序の生活活動〕は、ここではやむをえず（notgedrungen）暫定的（一時的）（zeitweilig）に、ひとつの「技術的緊急援助」（technische Nothilfe）のために後退し、この「技術的緊急援助」は、規範的な憲政秩序の生活活動における国家の本質の持続的活動現実化

（Wesensverwirklichung）に比するならば、暫定的な技術（vorübergehende Technik）にすぎず、本質を呈示するもの（Wesendarstellung）ではないのである。C・シュミットによって煌めくばかりの形式で再演（repristinieren）されているのは、まさしく古典古代的（antik）な国家像と古典古代化する（antikisierend）〔古代ローマ共和制における独裁官制に遡及する〕考察様式である。――これらを退ける国家理論にとってもまた、そして独裁権（Diktaturrecht）という困難な法（権利）の諸問題（Rechtsfragen）――これらには後で立ち戻ることになろう――にとって、そこに即した重点を〔シュミット的考察様式〕から獲得するものがないわけではない。しかし今日の国家についての理論は、国家の本質に即した重点を[独裁官（委任独裁権者）以外の]他の場所に見出さなければならないし、したがってまた憲法理論的かつ国法論的には、価値アクセント（die Wertakzente）を別様に振り分けなければならない。

【憲政秩序における三機能体系（機能的統合体系）――①立法と執行に係わる諸機関の相互作用、②法（権利）（Recht）の定立（Gesetzgebung）と法律（Gesetz）の適用・運用：立法と司法の機能、③福祉行政の機能】

かくして、仔細に見るならば、〔精神科学的な国家理論ないし憲法理論においては〕憲法典の単純な権力分立（Gewaltenteilung）〔自由主義的国家論における単なる抑制と均衡のシステム〕に代わって、〔全体としての国家と憲政秩序の生活活動の活動現実態を前提にした〕三機能体系（drei Funktionensysteme）が現れる。すなわち①立法機関と執行機関の協奏（相互作用）（Zusammenspiel von Legistrative und Exekutive）、そしてこれに加えて、直接的に政治的に統合（化）する諸機能としての統治と独裁制（Regierung und Duktatur）、それから②〔法（権利）（Recht）の定立と定立された法（権利）（法律）（Gesetz）の適用・運用としての〕立法と司法（Gesetzgebung und Rechtspflege）、最後に③国家による個別的な技術的福祉促進（technische Wohlfahrtsförderng）としての行政（Verwaltung）〔ヘーゲルにおける福祉行政（Polizei）〕がそれである。いずれにしても、数多の国家的諸行為〔法手続き〕（die staatlichen

Akte）は、それらが第一に献じられている〔①、②、③のいずれかの〕価値領域にだけ排他的に貢献しているわけではないであろう。[25] しかしながら、いかなる国家的行為〔法手続き〕も、いかなる国家的制度も、一定の諸境界を超えてそれらの使命（限定）に疎遠な諸目的に役立てられることは許されない。とすれば、諸形式の濫用（Formenmißbrauch）[26] という問題が現れる。この問題をE・カウフマンやC・シュミットは、数多の例証（調査委員会、国際連盟、ライヒ憲法第四八条の「諸措置」、君主財産没収に役立つ法律や接収（Enteignung）[27]）において、法政策的（rechtspolitisches）かつ法的（rechtliches）な問題として解明した。

【実定的規範（規則）に従う政治的かつ法的な諸問題の決定尺度基準の確定——政治的審級（決断）か、あるいは司法的審級（規範）かの選択】

いずれにしても、同時に政治的かつ法的（gleichzeitig politisch und rechtlich）であるこのような諸問題のために、[28] 実定的な規範（positive Norm）によって、一方ないし他方の尺度基準（Maßstab）を決定するそれ〔いわば基準決定の基準〕として確定しうる可能性は、一定の諸境界内に存している。こうした限定（規定）（Bestimmung）は、紛争諸事例（Konfliktsfällen）についての決定（決断）（Entscheidung）のために、はっきり政治的な審級（politische Instanz）が設定されるのか、あるいはそうではなく、裁判形式の審級（gerichtsförmige Instanz）が設定されるのか、このいずれかを通じて概ね（in der Regel）生起する。——こうした審級の選択は同時に、決定（決断）のために何はさておき尺度基準を与える事態的な（事柄に即した）原理（das für die Entscheidung in erster Linie maßgebenden sachlichen Prinzips）を選び抜くことを意味している。こうした選択は個別的事例に委ねられうる。——連邦成員たち（Bundesglieder）のすべての紛争（Streitigkeiten）を、それについての決定のための連邦会議（Bundesversammelung）に（指定して）付する（割り当てる）（zuweisen）という、カールスバート（Karlsbad）におけるメッテルニヒ（Metternich）の提案におけるように。すなわち、「どの範囲でこのような紛争は、政治的に扱われうるのか、そして、それ自身からすでに処理されうるのか、あるいは、同じ紛争が裁判による決定を必要としているのか、そしてその後、それゆえに秩序（順序）立てられた（…）審級を必要としているのか、このことはやはり連邦議会（Bundestag）によってのみ（指定して）付される（割り当てられる）べき（zuzuweisen sein）であろう[29]」というわけである。しかしながら、こうした選択は、大抵ひとつの一般的な規則（eine allgemeine Regel）の対象であろう。国際法（Völkerrecht）の周知の諸事例においてもそうであるし、あるいは一面での、それらのために絶えず裁判上の処理審級（Erledigungsinstanz）が存する（ところの）一ラント内の諸々の憲法闘争（Verfassungsstreitigkeiten）と、他面での、第一九条（あるいは、すべての事例で、第一三条ないし第一五条）によってはそれらの裁定者（Richter）を見出さない（ところの）ライヒにおける諸々の憲法闘争との間の、ヴァイマール憲法第一九条の差異化（区別）（Differenzierung）においてもそうである。審級規則化（Instanzregelung）のこうした相違は、後の関連において示すことになるように、ひとつの実質法的な状況の相違（eine Verschiedenheit der materiellrechtlichen Lage）をも意味している。

【法（権利）、行政、統合の諸価値及び諸機能の区別と交差】

あらゆるこうした諸問題においては、法（権利）価値（Rechtswert）、行政価値（Verwaltungswert）、統合価値（Integrationswert）の三領域（王国）（Reiche）と、それらに属する諸機能（Funktionen）の固有な種類とを、しかし同時に、それらの諸々の交差（Überschneidungen）の諸々の可能性と限界とを際立たせる（析出）（herausarbeiten）憲法理論だけが明晰でありうる。

【ウィーン学派的な段階理論と本著におけるいわば弁証法的な国家的機能理論との対比】

ここで示唆された問題設定を伴う国家的諸機能の一理論（eine Theorie der staatlichen Funktionen）の意味は、

その反対事例であるウィーン学派の諸段階理論（Stufentheorie der Wiener Schule）に照らして、余すところなく明らかになる。「法（権利）創出（産出）の諸段階（Stufen der Rechtserzeugung）」の意味と関連は、〔意味が〕課されかつ貫徹された生活活動の活動現実態（eine aufgegebene und durchgeführte Lebenswirklichkeit）の諸部分としてのこれら諸段階が有する意味を以て与えられている。しかしながら、このような活動現実態の諸部分は、相互関係において弁証法的な諸契機としてのみ理解しうるのであり、直線的な連鎖の諸分肢（Glieder einer linearen Kette）としては理解しえない。そして、あまつさえ国家をあらゆる固有の（自然）本性（Eigennatur）から、あらゆる政治的な性格からラディカルに脱（自然）本性化すること（die radikale Denaturierung）は、もちろんまた、国家の個々の諸契機の特殊な性格を、そしてそれに伴い同様に活動現実態としての国家の理解を、そして国家を憲政秩序に適合する形で規範化することを事態に即して解釈（解明）すること（eine sachgemäße Auslegung seiner verfassungsmäßigen Normierung）を、締め出してしまう。

第四章　近代的諸憲法の統合化する事態内実（Integrierender Sachgehalt moderner Verfassungen）

【近代的憲法史における一般的・国家理論的な問題】

事態内実による統合（化）（Integration durch Sachgehalte）は、一般的・国家理論的な問題（allgemein-staatstheoretisches Problem）として前の箇所〔第一部〕で扱われている。ここでは締め括りの節のために一定数の純粋に法学的な諸問題を留保して、近代的な憲法史の一章としての一般的・国家理論的な問題について言及することにしよう。

【自然法の法則概念に基づく国家（憲法）の妥当の前提としての歴史的に妥当する諸価値：政治権力と統治を正当化する実質的充溢：自然法的法則概念（立法権力）の実定化の空疎化 ↑ 自然法的法則としての人権（自然権）の国家制限的機能を主張する自由主義的誤解】

このような事態内実（Sachgehalt）が近代憲法の発展の中に登場する形式は、さしあたり〔近代〕自然法〔論〕の法則概念（der Gesetzbegriff des Naturrechts）である。法則（Gesetz）は、国家的共同体（staatliche Gemeinschaft）の唯一かつ同時に必然的な基礎としての〈自然秩序（ordre naturel）〉〔physis=kosmos=nomos〕を定式化したものである。[1] こうした法則概念（Gesetzesbegriff）に伴って一八世紀の国家理論には、それ〔その国家理論〕が国家を一つの自らの内に閉じられ、かつ中心化された諸力の戯れ（ein in sich geschlossenes und zentriertes Kräftespiel）として構築しようとしているとしても、それ〔その国家理論〕が当時の諸価値の世界の全体と結びつけている臍の緒（Nebelschnur）がある程度は保持され続けている。というのは、なおいつも、その国家理論が中心としてその（国家理論の）体系の中に関係づけている法則概念は、その（国家理論の）体系にそのしばしば呈示（叙述）され（てき）た前史（Vorgeschihite）を与えた全体的な実質的充溢（die ganze materiale Fülle）を有しているからである。別様に表現すれば、この法則概念は一八世紀の国家構築物（Staatsgebäude）に、その特殊な正当性（Legitimität）を与えているのである。C・シュミットが正当にも注意を促したことであるが、[2] 正当性（正統性）問題（das Legitimitätsproblem）は、君主制にとってのみならず、同じくあらゆる他の国家形態（Staatsform）〔国制〕にとっても存立している。正当性なくして、すなわち国家と国法を超越して歴史的に妥当する諸価値において妥当を根拠づけること（Geltungsbegründung in geschichtlich geltenden, dem Staat und seinem Recht transzendenten Werten）なくして、実定的（positiv）な憲法秩序（Verfassungsordnung）と法秩序（Rechtsordnung）そのもののいかなる妥当も存在しない。[3] 自然法的法則（法律）概念のこうした正当化する〈［価値・意味の］充溢〉（legitimierende Fülle des naturrechtlichen Gesetzesbegriffs）からのみ、それを以て唯一創造的で公共的な機能としての法則についての表象がかくも長きにわたって維持された（ところの）力（Kraft）は、説明されるのである。しかしながらやはり、そうした法則を立法権力（gesetzgebende Gewalt）として実定的な諸憲法の中に導入することによる実定化（Positivierung）とそれに伴う形式化（Formalisierung）は、不可避的にその法則の空疎化（形骸化）（Entleerung）を結果として伴い、その法則の内在性の説明（Immanenzerklärung）によって、その法則（法律）の正当化する力（legitimierende Kraft）に疑問を付してしまう。こうした脱落（欠損）（Ausfall）に対する正しい感情（das richtige Gefühl）から、最初の憲法起草者（憲法律制定者）たち（Verfassungsgesetzgeber）の時を置かない反応（die alsbaltige Reaktion）が説明される。かれらは、妥当の保証（Geltungsgewähr）と統制原理（regulatives Prinzip）としての自然秩序（ordre naturel）の正当化する価値内実（Wertgehalt）を内容的に定式化しようとし、そしてこの定式化をかれらの憲法作品〔起草された憲法、憲法律〕（Verfassungswerk）に対して上位に秩序づけられた諸規範に高めることによって、こうした価値内実を同時にそれらの（諸規範の）実定的秩序（positive Ordnung）にも保持しようとする。これが人間の諸権利（人権）（Menschenrechte）を正当化することの意味である。こうした意味を後の自由主義的誤解は、それらの副次的な国家制限的機能（staatsbeschränkende Funktion）のために完全に見逃してしまった。

【正当化する諸価値の意味内実の具体化を前提とする実定化：民主制的憲法における内政的自己立憲化（規約構成化）・外政的自己限定化による政治的諸価値の実定化】

いずれにしても、正当化する諸〈価値〉のもっぱら形式的な実定化（Positivierung）は不充分なものである。なぜならばそうした諸〈価値〉は、それらが具体化（konkretisieren）されるときにのみ、そしてそれらが具体化されることによってのみ実定的（positiv）になるからである。これはモンテスキュー（Montesquies）による〈民族の個体性〉からの諸制度の導出（Herleitung der Institutionen aus der Volksindividualität）の、[4] あるいは〈精神〉の歴史的な弁証法への諸制度の組み込み（Einordnung in die geschichtliche Dialektik des Geistes）の、〈意味内実（Sinngehalt）〉の一部である。そして同じことは、〈内政的な自己立憲化（規約構成化）（innenpolitische Selbstkonstituierung）〉の、〈外政的な自己限定化（außenpolitische Selbstbestimmung）〉の、今日の民主制的〈正当性要求（Legitimitätserfordernis）〉を意味している。[5] ヴィットマイヤー（Wittmayer）は、正当にもヴァイマール憲法の前文（Präambel der Weimarer Verfassung）についてのかれの秀逸な評価づけに、[6] 次のような評釈を予め付した。すなわち、民主制だけが憲法（憲政秩序）を〈自己立憲化（規約構成化）〉という行為（法手続き）（Akt）への関与を通じて導入しうる、と。この行為（法手続き）は同時に、最上位の政治的諸〈価値〉のひとつの実定化の試み（ein Positivierungsversuch oberster politischer Werte）として感受され、そしてまさにこのことを通じて、それに続く憲法内容（Verfassungsinhalt）に民主制的な思想（思惟範疇）世界の特別な正当性（die besondere Legitimität der demokratischen Gedankenwelt）を付与する。

【政治的な倫理や実践を根拠づける正当性の諸問題を顧みない実証主義的国家学】

かくしてさまざまな正当化する諸要因（legitimierende Faktoren）が、それらに伴いさまざまな種類の正当性（Legitimität）が、とりわけまたさまざまな正当性の度合い（Legitimitätsgrad）が存在する。――政治的な倫理や実践のために根拠を与える諸問題をまるで見ることのない実証主義的国家学にもかかわらず。

【事態的統合体系の一部としての正当化する事態的〈意味内実〉〈価値〉：国家存在の本質と活動現実態を構成する諸契機（人権、前文、領土、国家形態、国歌、国旗）】

ところで、こうした正当化する事態的諸内実（die legitimierenden sachlichen Gehalte）は、同時に事態的な統合（化）諸要因（sachliche Integrationsfaktoren）である。――ひとがこの意味での正当化（Legitimierung）を事態的統合（化）といきなり等置しようとしないのであれば。しかし、それらは唯一の事態〈統合（化）〉ではなく、事態的統合（化）の体系全体の一部にすぎない。この体系全体は、以前の関連において示唆的に展開されている。いずれにしても、それら〔の統合（化）諸要因〕はこの体系において一つの特に重要な役割を演じている。――国家領域〔領土〕がそのもっとも具体的な部分であるように、それら〔の諸要因〕はこの体系のもっとも原則的な部分である。諸憲法がこうした諸契機、人権、前文、国家領域、国家形態の原理、国旗を総括（zuzammenstellen）していることは偶然ではない。これらの諸契機はなによりも一国家存在の本質と活動現実態を構成している。したがって、諸憲法においてその後に続く、そのための一種の施行（実施）規範（Ausführungsnorm）と思われるようなその他のすべての諸契機は、国家的秩序のかの最初で最上位の諸〈価値〉に対して第二ランクを有するにすぎないのである。

【事態的な統合（化）諸要因の憲法に即した確定――①前文、基本権、②国家領域（領土）、③国家形態、国旗】

これらの事態的〈統合（化）〉諸要因の憲法に即した確定（verfassungsmäßige Feststellung）は、以下のようなことでありうる。すなわち、①基本命題（Grundsätze）（前文と基本権（Präambel und Grundrechte））へのひとつの信仰告白（Bekenntnis）、②他のところで確定された具体的なストック（現存）（国家領域）の確認（Konstatierung des konkreten Bestandes）、そして③憲法（憲政秩序）の類型（Verfassungstypus）（国家形態と国旗（Staatsform und Nationalflagge）の確定と象徴化（Symbolisierung）、これらがそれでありうる。しかしこの確定は、厳格な権利要求の厳密な諸々の法（権利）命題（präzise Rechtssätze stricti juris）においてもまた存立しうる。例えば連邦国家の事柄に即した権限（管轄権）規定（sachliche Zuständigkeitsbestimmung）におけるように。こうした権限（管轄権）規定は、連邦国家にその事柄に即した〈意味〉と〈内実〉（sachlicher Sinn und Gehalt）を、その本質存在（Wesen）を、そしてそれに伴い、その統合（化）する力（integrierende Kraft）の大きな部分を与えるからである。

【国家学と法学的解釈の主題——憲法諸条文に的確に網羅しつくされていない事態的統合（化）諸要因】

あらゆる個別性は、ここでは一面では特別な国家学の主題であり、他面では法学的な憲法解釈の主題である。憲法理論の立場からは、なお一つの自明性だけが指摘されうる。正当化し統合（化）する企図（志向化）された作用（die intendierte legitimierende und integrierende Wirkung）は、憲法諸条文を以てすでに、あっさりと与えられているわけではない。〔実際には〕きわめて自明であるか、あるいは言うべき何ものもないものか、あるいは疑わしいものか、いずれかであって、一民族（国民）を一つに統一している規範的な諸理念の内実にとって、いかなる成長（増大）（Zuwachs）も意味しない、そういう諸々の基本権（Grundrechte）が存在している。優越的な価値共同体の象徴（das Symbol überwältigender Wertgemeinschaft）ではなく、そしてそれゆえにその〈意味〉に即した統合（化）機能（singgemäße Integrationsfunktion）を欠いている、そういう国旗（Nationalflaggen）が存在している。統一を目指して作用すべき（unitarisch wirken sollen）であるが、しかし対立の過重な緊張によって反対方向に作用させている、そういう連邦国家における権限（管轄権）諸規定（Zuständigkeitsbestimmungen）が存在している。

第五章　国家諸形態（Die Staatsformen）

【国家理論・憲法理論の sine qua non としての国家形態（国制）論】

国家形態〔国制〕（Staatsform）の問題は国家理論の、そしてとりわけ憲法理論の、もっとも困難な問題であり、同時に最初にして最後の問題である。この問題の解決の諸前提は、国家学の一般的な危機のおかげで、かつてよりも強く問いに付されているから、この解決そのものがとりわけ思わしくないとしても驚くには当たらない。

【生活活動の特殊類型としての国家形態の類型：統合体系＝統合（化）諸要因の結合の類型：国家を活動現実的かつ個体的たらしめる生活活動：アリストテレス的国制分類の形式主義：統合体系としての国家形態論としては不適切な不可知論的な近代国家理論におけるさまざまな諸形態（類型）論】

国家とその憲法（憲政秩序）との本質が、そこにおいて国家が持続的に活動現実態（Wirklichkeit）と個体性（Individualität）となり、そしてそうしたものとして活動現実化（verwirklichen）する、そうした生活活動（Leben）に存するとすれば、そのとき国家形態（Staatsform）はこの生活活動の特殊な類型であり、国家諸形態の教説は統合（化）諸体系（Integrationssysteme）の諸類型についての教説である。[1] したがって、古典古代的な仕方に従って国家〔polis, civitas〕の素朴な所与態（Gegebenheit）が前提にされ、そして一者、少数者あるいは多数者による国家の支配〔アリストテレスにおける国制 politeia としての①王制（僭主制）、②貴族制（寡頭制）、③民主制（衆愚制）〕〔つまり、支配者（統治者の数）〕が唯一の相違として、しかし国家の所与の本質（存在）（Wesen）には触れない外面的な相違として区分根拠とされることによっては、国家諸形態の教説は、獲得されえない。[2]〔ところが〕この古典古代的な〔アリストテレス的〕三形態論よりも、近代的な国家理論的不可知論（der neuzeitliche staatstheoretische Agnostizismus）は、〔統合体系としての国家諸形態についての教説としては〕はるかに至当ならざるものである。〔というのも〕こうした不可知論は、①抽象的な国家を何らかの形で所与のものとして前提にし、そして国家組織の白地手形（das Blankett）をさまざまな数の支配者たちを以て充たすか、[3] あるいはそうでなければ②その不可知論が特殊政治的な国家形態として概念把握（begreifen）しえないし、しようともしない、そうした国家形態によって、政治的材料の考えうる諸々の〔様態の〕修正（変更）（Modifikationen）を、非政治的な諸契機へと解消するか、[4] このいずれかであるからである。こうした近現代的な国家理論的不可知論に属しているのは、①精神史的な発展スタイルの諸段階への還元、あるいは②マックス・ヴェーバーにおける連続した支配諸類型〔伝統的、合法的、カリスマ的〕

のような何らかのスタイルの諸段階への還元（Zurückführung）[5]、③芸術史への――時代精神にあまりにも対応している――縮減（Reduzierung）[6]、④社会的ないし文化的な目的のための（あまり禍根を残さない）技術としての標識づけ（Kennzeichnung）[7]、あるいは⑤トーマ（Thoma）の「特権国家（Privilegienstaat）」――これにはかの非価値判断（Unwerturteil）の否定を通じてのみその固有の様式において特徴づけられうる、最近展開されている国家が対立しているが――のような、進化論的な諸々の価値判断（evolutionistische Werturteile）への解消[8]、こうしたことである。

【自由主義・議会主義――民主制の問題構制：議会制（代表制・間接制、議院内閣制）と民主制（直接制、大統領制）：自由主義国家理論における倫理化と技術化の分断、機能的統合にのみ基づく国家：国民の歴史・伝統・文化・個体的・活動現実的な生活活動としての憲政秩序の統合力の類型としての国家形態】

正しい道筋は、ここでは、そこでのみ問題が新たに実りあるものとなるべく促進されている路線によって方向を示されている。一面での自由主義と議会主義（Liberalismus und Parlamentarismus）についての、他面での民主制（Demokratie）についての諸々の解明において[9]、ひとつには〈非政治的〉な問題設定と〈政治的〉なそれとの方法上の対立が浮き彫りに（解析）されているし、そして同時に議会主義と民主制のラディカルな内的な対立が明らかになった。自由主義的な国家理論（liberale Staatstheorie）〔社会契約と自然権に基づく国家論〕は、何ら国家理論ではない。なぜならそれは、倫理化する、技術化する脇道やその他の脇道（ethisierende, technisierende und andere Abwege）に逸れて動いているからである。――自由主義的な国家形態は、すなわち議会主義は、何ら国家形態ではない。なぜならば、機能的な統合（化）（funktionelle Integration）に基づくだけでは、いかなる国家も根拠づけられえないからである。具体的な社会主義的な憲法理論に従って事態的統合（化）（sachliche Integration）に基づくだけでは、いかなる国家も根拠づけられえないように[10]。これを以て、〈政治的なるもの〉[11]の本質把捉（Wesenserfassung des Politischen）への、そしてわれわれの現在とその諸問題とにとってもっとも重要な形象諸類型（Gestalttypen）

の本質把捉への道筋が開かれている。議会主義の本質はその際すでにある程度明らかにされているが、議会主義の相手役（敵役）（Gegenspieler）たる民主制（Demokratie）の本質は、それだけに一層論争の的になっている。[12] しかし同時にますます明らかになっているのは、国家形態の問題の眼目は統合体系の問題、すなわち統合諸要因の諸結合の諸類型（Typen von Kombinationen der Integrationsfaktoren）の問題であるということである。[13] その際考察される〔統合〕諸要因は、それらの可能性と実りある適用可能性についていえば、一般的な精神史及び時代史と特殊な国柄（ラント様式）（Landesart）とを許容する諸々の可能性に拘束され（結びつけられ）ている。これらの〔統合〕諸要因がこうした諸条件に対応して流動的な連続性（fließende Kontinuität）において発展するとすれば、次のような件の諸憲法（憲政秩序）（Verfassungen）が成立する。すなわち、それらにおいてはイングランド憲政秩序（イギリス憲法）（englische Verfassung）について語られてきたように――あまりしっくり身につかない上着のように居座っている、反省（reflektieren）されかつ受け入れ（rezipieren）〔させ〕られている、憲政秩序（憲法）とは対立して――ひとつの民族が自然のままに皮膚感覚で生活活動を営んでいる、そしてそれらにおいては憲法（憲政秩序）の問題はその統合力（integrierende Kraft）の問題であることが明らかになっている、そういう諸憲法（憲政秩序）が成立するのである。こうした統合（化）する力（integrierende Kraft）と結合（kombinieren）されようとする諸契機の〈充溢〉（Fülle der Momente）の中に、そしてこれらの結合諸体系（Kombinationssysteme）のそれぞれの歴史的な唯一の様式性（geschichtliche Einzigartigkeit）の中に、満足をあたえる国家諸形態についての教説のほとんど解決し難い困難性があるのである。

わたしは他の箇所で、このような国家諸形態についての教説のいくつかの基本ラインを示唆しようとした。[14]

【共通に妥当する不可疑の価値諸世界に依存する君主制の妥当性】

君主制（Monarchie）は、本質的には論じられることのない諸価値の一つの世界（eine Welt der Werte）を通じて

〔国家を〕統合（化）する。この君主制はこの諸価値の一つの世界を象徴化（symbolosieren）し、そして再現前（化）（repräsentieren）する。そしてこの君主制は、その諸価値の一つの世界を通じて、それがまさにそれゆえに、それはそれで正当化（legitimieren）される。かくして君主制はあらゆる時代に支配的である国家形態であり、圧倒的に共通に妥当する不可疑の諸々の価値世界を伴っており、それ固有の妥当はこれらの諸々の価値世界の妥当に依存している。そのかぎりで、一定の静態（安定）（Statik）は、君主制を特徴づけている（もちろん、歴史的な不可変性という意味においてではないが）。この君主制の静態に対して、議会主義的な随伴作用（Mitwirkung）の対象としての〈論議可能なるもの（Diskutables）〉の領域は、きわめてくっきりと分離されうる。かくして君主制は、内政的かつ外政的に本質存在に即した、多かれ少なかれ確定された政治的性格（politischer Charakter）を伴う国家の形態なのである。[15]

【統合（化）〈意味と価値の内容的〈充溢〉の観点からして必ずしも互いに矛盾しない君主制（これに付加される議会主義）と民主制あるいはカント的共和制】

議会主義は制限的エレメント（beschränkendes Element）として、あるいはまた前支配的なエレメント（vorherrschendes Element）として君主制に付け加わりうるが、これに対して共和制（Republik）は、君主制とは排他的に対立する。しかし、もっぱら君主制の排除（Ausschluß der Monarchie）によってのみ規定された国家形態としては、共和制はその固有の政治的本質において、充分には特徴づけられてはいない。――したがって、国家形態のパトス（das Pathos der Staatsform）〔パトスを以て求められている国家形態〕は今日、民主制（Demokratie）という、より内容豊かな概念の上にある。ところで民主制は〔もまた〕君主制と同様に、一つの内容によって統括（統合）（zusammenhalten）された国家形態である。[16]――しかし、民主制はこの内容を通じて君主制を締め出す必要は何もなく、君主制とは接触しうるし、それどころか君主制に同伴しうる。民主制的な諸々の君主制が存在することは何ら矛盾ではなく、おなじく共和制（Republik）の概念は、それ自身が一つの形式的な〔君主制の〕否定ではなく、カントにおけるように、内容的な〈充溢〉を特徴づけるものであったかぎりで君主制の概念を締め出さなかった。

【民主制における内容と形式の不可避的緊張：民主制の構成要件（意味内実）としての同質性、有徳性：統合する〈意味内実〉の担い手としての能動市民層：実質的自律性】

本源的には、民主制の概念においては事態的内実（das sachliche Gehalt）の契機は、すなわち自然法の諸々の合理的な真実性や価値（die rationalen Wahrheiten und Werte des Naturrechts）の契機は、万人の多数決（Mehrheitsentscheidung aller）という形式的契機とは切り離しえない。一八世紀における〈一般意思（volonté générale）〉及び〈法則（Gesetz）〉の概念史は、総じてこうした関連を標識づけている。両契機〔〈一般意思〉と〈法則〉〕の前進していく不可避的な緊張の歴史は、いまだなお追求しつくされてはない。しかし、この歴史の帰結は、正しい路線において民主制を性格づける事態内実（Sachgehalt）のより詳細な特徴づけと格闘している人たちによって探求される。[17] だからこそ国民国家的な運動の民主制的傾向が説明される。だからこそ民主制は同質性（Homogenität）[18]を、つまり一つの同質的な内実（ein homogenes Gehalt）を前提にするのである。だからこそ民主制は、その多数決原理（Mehrheitsprinzip）にもかかわらず少数者（Minderheit）の中に入り込みうるし、そしてそれゆえに、それを貫徹するために独裁制（Diktatur）を必要とするのである。[19] フランス議会や同じくその政治家たちの公式的な諸表明が、飽くことなく、非フランス人たちの審美的かつ習俗規範（人倫）的（ästhetisch und sittlich）な感情にとっては理解しがたい仕方で、かれら固有の正義〔感〕（Gerechtigkeit）、雅量（高潔）（Großmut）等々をほめそやしていることは、民主制的（demokratisch）なことであって、議会制的（parlamentarisch）なことではない。国土（国柄）（Land）によって要求された政治的な枢軸的な諸々の〈有徳性〉（Kardinaltugenden）は、そこでこれらのファンファーレ（揚言）において統合する自賛（integrierender Selbstlob）が意識の中に呼び起こされるところのものが民主制として一つになっている（einig sein）ところのものなのである。アメリカ的民主制が信じている〈意味内実（Sinngehalt）〉、そこでアメリカ的民主制が一致して政治的な世界使命（Weltmission）の担い手として感じ、自己自身を攻撃的民主制（aggressive democracy）と特徴づけている〈意味内実〉、こうした〈意味内実〉も本質的には異なるものではない[20]。君主制の、あるいはむしろ——ここ〔ドイツ〕で存立している対立するものの意味での——官憲国家（Obigkeitsstaat）の統合する〈意味内実〉と民主制のそれとが区別されるのは、次のことによっている。すなわち、民主制の〈意味内実〉は可能なかぎり拡大化された能動市民層（Aktivbürgerschaft）によって担われ、そして固有の占有物として体験され、さらに形成されるということによっている。「官憲国家」の抑圧的な面（das Drückende）は、それが事態に即して不正（不法越権）（Unrecht）を有しているであろうという点においてよりも、むしろ、その官憲国家が、被治者たち（die Regierten）がもはやかれらによって産出されたもの（hervorgebrachten）あるいは能動的に是認されたもの（aktiv gebilligten）とは感じ取っていない、そうした諸々の意味諸連関や政治的な価値世界の名において、管理（統制・操縦）（schalten）しているという点において見出されるのである。国家的な〈意味内実〉のこうした活動現実的な——あるいは誤って思い込まれた——他律性（Heteronomie）を排除することに、「民族（国民）国家（Volksstaat）」の創出（作出）（Herstellung）の核心はある。

【自由主義とこれに基づく議会主義の非国家性（Unstaatlichkeit）↑正当性、エートスとパトス、価値妥当要求、意味内実の欠如】

かくして君主制と民主制とは、それら両者が一定の事態内実（Sachgehalt）においてそれらの窮極的な本質指標（Wesensmerkmal）を有し、そしてその本質指標ゆえに、両者がそれらの特殊な正当性（Legitimität）を、それらの特殊なエートス（Ethos）とパトス（Pathos）とを有しているかぎり、国家諸形態（Sttatsformen）の下で一つの集団を形成する。すでにそれゆえに、マックス・ヴェーバーによる単なる国家諸技術（Staatstechniken）としての国家諸形態の性格づけは根本的に的外れである。自由主義（Liberalismus）とこの自由主義に基づく議会主義（Parlamentarismus）との一定の窮極的な非国家性（Unstaatlichkeit）は、とりわけまたそれには、このようなパトス、このような価値妥当要求（Wertgentungsanspruch）が、そしてこれに伴い、この要求に固有な正当化する力（legitimierende Kraft）が欠けているという点において、それはまた何らかの対応する正当化（Legitimierung）を得ようと努力する必要をまったく有しないという点において現れている。

【人民主権（Volkssouveränität）――人民の意思から政治的決断が現出する機関としての議会：民主制と議会制との間の破断と接合から帰結する憲法変更の困難性】

人民主権（Volkssouveränität）が実定憲法上（verfassungsrechtlich）「すべての政治的諸問題についての究極的決断（letzte Entscheidung）は人民の意思から直接的に現れ出た機関のところに」あるべきであるということを言っているのであれば、[21]そのことを以て表明されているのは、さしあたり議会主義の原理である。この〔議会主義〕原理と深層にある民主制的核心との間の破断面ないし接合面（Bruch- oder Lötstelle）は、国家の政治的な本質規定のこうした自由が、諸々の憲法変更（Verfassungsänderungen）の困難化を通じて議会に制限されるところで明らかになり、そして究極的な事態に即した核心が、つまり国家形態がこのような変更を総じて免れるところで、より明らかになる。

【国家形態――包括的全体性の統合諸体系】

いずれにしても、国家諸形態は包括的な全体性（Totalität）の統合諸体系を意味している。したがって、それらは必然的にすべての統合諸様式を結合しているのであり、[22]それゆえにそれらは、すべての国家諸機関ないし国家諸機能を個々に貫いていなければならないであろう、そうした構造諸原理（Strukturprinzipien）としては理解されえない。[23]

第六章　連邦国家の本質（Das Wesen des Bundesstaats）

ここで基礎におかれている国家理論的な諸見解は、最終的には従来の連邦国家理論からは外れた見解に導かれている。

【連邦と諸邦の縦・横の統合秩序】

連邦国家（Bundesstaat）と個別諸国家〔諸邦〕（Einzelstaaten）との綜合秩序〔統合秩序〕（Zusammenordnung）という問題は、しばしば一面での両部分の並列的秩序化〔横の関係〕（Nebenordnung）あるいは他面でのそれらの上下の秩序化〔縦の関係〕（Über- und Unterordnung）、この〔水平的あるいは垂直的な秩序化の〕二者択一に、解消される。(1) しかしながら、この種の諸々の空間化的かつ機械化的な思惟範疇的諸像（verräumlichende und mechnisierende Gedankenbilder）は、精神的な活動現実態（geistige Wirklichkeit）の把捉（Erfassung）には適さない。(2) それらは実際また、通常個別的な限定された法（権利）諸関係（Rechtsverhältnisse）の概念的・直観的な基礎（下部構造）（begliffich-anschauliche Substruktion）のための補助的な諸表象以外ではない。

【精神的な活動現実態の理解に適さない客体（観）化的な機械論と目的論】

連邦国家的な問題解決の本質を、第一に〔社会的〕分業（Arbeitsteilung）を、第二に実行（実施）の綜合作用と統一性（Zusammenwirken und Einheitlichkeit der Ausführung）とを規則化する一つの技術的に思惟された総合計画（Gesamtplan）へと還元することについても、事情は本質的には異ならない。(3) このこと〔こうした還元〕は、客体（客観）化的な機械論及び目的論（objektivierende Mechanik und Teleologie）であり、こうした機械論や目的論は、それらの立場では正当であろうとも〔それらの権利を有しているが〕、しかし精神的な活動現実態を理解するための本来的な鍵を提供していない。

【連邦国家と個別諸国家（諸邦）の両極関係はいかにして活動現実態として理解しうるか】

ましてやここ〔本著〕では連邦国家の〔に関する〕すべての単なる法理論（Rechtstheorien）は除外されざるをえない。ここでは、真実の国家でありうるのは連邦国家だけなのか、それとも個別的諸国家だけなのかという二者択一において、どれほどの真実性の内実（Wahrheitsgehalt）が含まれているのかということは未決定のままにしておくことができる。ここでの眼目は、いかにして〔連邦国家という〕この特殊な国家類型は、その綜合国家的（gesamtstaatlich）な極と個別国家的（einzelstaatlich）な極というその二つ極を伴って、活動現実態（Wirklichkeit）として理解しうるものとなるのかという問いである。このためには、この〔両極の〕関係を商法〔商社法〕（Handelsgesellschaftsrecht）の諸範疇へとラーバント（Laband）的に還元することも助けにならない。それらはもっぱら法学的な諸構成（juristische Konstruktionen）にすぎず、しかもそれらの形式主義（Formalismus）ゆえに決して使用可能ではないが、しかし、〔そもそも〕それら〔の法学的な諸構成〕はいかなる理論も含んでいないのである。

【精神科学的理論の課題としての生活活動の〈意味〉とその錯綜した秩序の精神的可能性：現象の個別的諸契機及びそれらの規則化しか扱えない法理論】

現象の個別的諸契機もまた、この現象を全体（Ganzes）として充全に性格づけるには、充分ではない。そもそも法（権利）監督（Rechtsaufsicht）は「組み立てられた国家存在という作業機械（Arbeitsmaschiene des zusammengesetzten Staatswesens）における優れた規制（調整）機械（Regulator）であるのか」[4]、それ（法（権利）監督）だけがきわめて中心的で、それゆえに特徴的な一契機なのか[5]、あるいはビルフィンガー（Bilfinger）が大きな現象関連として解析した諸契機は似かよった意義を帯びていないのか[6]、こうしたことは未決定のままにしておいてよかろう。いずれにしても、その際問題になるのは、まさに「作業機械」を規制する（Regulierung der »Arbeitsmaschiene«）ための、つまりヘネル（Haenel）的な総合計画の実行のための、ひとつの法制度（慣習）（Rechtsinstitut）だけである。――しかしその際には、生活活動の意味（Lebenssinn）とこの錯綜した秩序の精神的可能性とはどの点に〔その本質が〕存するのかということは前提にされてしまい、そして、それが精神科学的な理論の課題であるようには理解されない。

【連邦国家の〈意味〉：〈全体〉の諸契機としての中央と地方、連邦主義と単一主義：内的必然性を伴う生活活動の統一性：国家的生活活動の活動現実態としての統合（化）：国民的民族共同体の存立から導出される諸ラント（諸邦）の国家特性の価値（意味）】

この精神的な活動現実態に、すくなくとも一つの関係（Beziehung）において、すなわち連邦国家の政治的な生活活動への個別諸国家の能動的な関与という関係（Beziehung）において〔両者を〕関連づけながら（zusammenhängend）光を当てたこと、このことはビルフィンガーの労作の功績である。しかしながら連邦国家理論というものは、それよりもなによりも〈全体（das Ganze）〉を理解しうるものにしなければならない。それゆえにまた連邦国家理論は、連邦制的形象化（föderative Gestaltung）の基礎として連邦主義的（födelalistisch）なそれと単一主義的（unitarisch）なそれという二つの政治的な基本衝動（Grundtriebe）を想定すること――その場合、二つの基本衝動の間で一つの妥協（Kompromiß）が結ばれるのであるが――で満足するわけにはいかない。[7] [8] というのは、それらの党派的な担い手たちにおける両傾向のあらゆる分離にもかかわらず、やはり連邦国家の〈意味〉は、それらの衝動を二つの敵対的諸権力（feintliche Mächte）としてアマルガムのように接合する（amalgamieren）ことでも、一つの妥協を通じて外面的に相互に緊張状態に置くことでもなく、内的な必然性（innere Notwendigkeit）を通じてそれらの生活活動の統一性（Lebenseinheit）が存在すること、すなわち、そこではそれらは二つの構成部分（Bestandteile）ではなく二つの諸契機（Momente）であり、そしてそれはそれらの側からすればそれらにとって他律的な桎梏（Joch）ではなく、それらに固有の共通した本質法則（Wesensgesetz）である、そういう（生活活動の）統一性が存在することであるからである。[9] ひとつの連邦国家理論は、何故に連邦国家が一つの有意味な政治的体系でありうるのか、これを呈示しなければならない（もちろん、具体的な状況においてそれが望ましいかどうかという問題はさておいて）。それゆえに、連邦国家理論は次のことを呈示しなければならない。すなわち、①何故に、意味に即していえば（singgemäß）、連邦国家における個別諸国家は、理想として願われるべき堅固にされた綜合国家の〈統一性という国家特性〉の上に、不可避的に設定された諸担保（抵当）（unvermeidliche Hypotheken auf der als Ideal zu wünschenden konsolidierten Einheitsstaatlichkeit des Gesamtstaats）ではなく、またもっぱらそれらの即自存在（Ansichsein）において有用な、〈全体〉の諸々の副次的諸制度（Nebeneinrichtungen）や負担緩和諸装置（Entlastungen）でもなく[10]、そうではなく、まさしく〈全体〉にとってのひとつの積極的な力の源泉（eine positive Kraftquelle）[11]であり、それらの自立性において「まさにライヒの強み（»gerade die Stärke des Reiches«）」[12]であるのか、そして②いかにして、まさにそれゆえに、同時に、〈全体〉の秩序〔連邦国家〕の中に組み込まれること（Einordnung in das Ganze）が、組み込まれた諸分肢（Glieder）〔個別諸国家〕にとって積極的に本質存在と生活活動を充溢化させること（positive Wesens- und Lebenserfüllung）であるのか、これら〔①、②〕のことを〔連邦国家理論は〕呈示しなければならない。国家的な生活活動の活動現実態（staatliche Lebenswirklichkeit）は、統合（化）（Integration）である。そしてひとは、さしあたりいつも、いささか当然のことであるが、個別諸国家の生活活動を〈全体（das Ganze）〉の秩序の中に持続的に組み入れる（einordnen）ことを、連邦国家的な統合（化）の分かりきった（きわめて自明な）〈意味〉と見なしてきた。――〔一方では〕監督〔権〕（Aufsicht）を通じて、どちらかといえばより受動的に（トリーペル（Triepel））、〔他方では〕きわめて多様な様式の意思の参加〔権〕（Willensbeteiligung）

を通じて、どちらかといえばより能動的に〔ビルフィンガー（Bilfinger）〕。しかしながら、核心は次の点にある。すなわち、一つの健全な連邦国家における個別諸国家は、単に統合（化）の客体（Objekt）であるだけでなく、とりわけまた統合（化）の手段（Mittel）でもあるという点に。かくして、ドイツ的連邦主義（der deutsche Föderalismus）の本来的な正当化（eigentliche Rechtfertigung）が、諸々の思想（思惟範疇）や想起（Gedanken und Erinnerungen）の「諸々の王朝や系統（種族）（Dynastien und Stämme）」の章において、企てられている。すでに言及した一九二二年七月二二日のライヒ大統領の晴れやかな宣言では、とりわけ、その後の一九二二年八月一一日のライヒ政府の宣言のより明瞭な言い回しにおいては、次のように言われている。[13] すなわち、「生き生きとした比較的狭い共同体（Gemeinwesen）における出自（系統、種族）意識（Stammesbewußtsein）の保護育成（die Pflege）は、〔諸ラントを〕国民の〈全体〉（das Ganze der Nation）の中にライヒに友好的な形で組み入れることを最善の形で保証している」と。〔もっとも〕ドイツ的例証として、さまざまなドイツ諸地域の政治的な統合の可能性（politische Erfaßbarkeit der deutschen Landschaften）の――ようやくあちこちでより厳密に探究されている――〔次のような〕諸対立が挙げられてはいるのであるが。すなわち、〔第一に〕近現代の国民国家（Nationalstaat）――これはまた単一的（unitarisch）なそれとしてもあるのであるが――によって把握（ergreifen）される近現代の国家市民的（staatsbürgerlisch）な、つまり本質的には都市市民的（städtisch bürgerlich）な社会（Gesellschaft）〔集列的社会、利益社会〕との〔諸対立が〕、そして、〔第二に〕本質的にまた、他の領域国家的（territorialstaatlich）な、信仰上の（konfessionell）、諸契機を通じて統括（zusammenhalten）〔統合〕される住民たち（Bevölkerungen）との〔諸対立が〕、したがって、かれらにとって個別国家はライヒの統合（化）を必然的に手助けするものである、[14] そういう住民たちとの〔諸対立が挙げられてはいるのであるが〕。こうした〔部分と全体、個別国家と連邦国家、これら両者の生きた相関〔相互限定〕という〕意味で、諸ラントの固有な国家特性（Eigenstaatlichkeit）はその価値を国民的な民族共同体（die nationale Volksgemeinschaft）の存立からのみ導き出しているにすぎないということは正しいのである。[15] そして、その態度（姿勢）（Haltung）のこうした〈意味〉を通じて、連邦主義者（Föderalist）は分邦主義者（Partikularist）から区別されるのである。

【個別諸国家（諸邦）に対する綜合国家（連邦国家）の定在の正当化】

それらによって、綜合国家（Gesamtstaat）〔連邦国家〕が個別諸国家（Einzelstaaten）〔諸邦〕に対してその定在が正当化されたもの（daseinsberechtigt）として正当化（rechtfertigen）され、それどころか、それら〔個別諸国家〕を自らに役立てうる、そういう諸要因はその綜合国家の特殊な正当性（Legitimität）を構成している。連邦国家についての教説は、その究極的根拠において、その正当性についての教説である。

【正当性＝事態的諸価値による統合：機能的統合に対する事態的統合の優位：連邦と諸邦との機能的かつ事態的な統合：社会契約論的な正当化需要】

ところで正当性（Legitimität）は、本質的にいえば、事柄に即した（事態的）諸価値（sachliche Werte）を通じての統合である。機能的統合（die funktionelle Integration）が、連邦国家においてどれだけ重要であろうとも、とりわけドイツにおいては、ライヒ監督〔権〕（Reichsaufsicht）と諸ラント〔から〕の影響（Ländereinfluß）との――ますますはっきり認識されている――その相互に対立しながらも統合（化）していく関係（integrierendes Gegen- und Ineinander）に伴ってどれだけ重要であろうとも、やはり第一の地位にあるのは、事態的統合（die sachliche Integration）である。このことは、近現代の三つの大きな連邦国家〔アメリカ、ドイツ、スイス〕の成立と作用様式（Wirkungsweise）において明瞭となる。それらにおいてこうした〔事態的諸価値を通じての事態的統合の〕諸契機が（他の連邦諸国家、例えばオーストリアと対立して）ことさら明瞭に登場するのは、とりわけ次の理由による。すなわち、それら〔アメリカ、ドイツ、スイスにおける諸連邦国家〕は、諸々の諸国家（諸邦・諸州）同盟（Staatenbünden）

から成立したのであり、そしてそれゆえに（社会契約理論（Sozialkontraktstheorie）と類比的に）それらの成立に際して、これまで主権的であった個別諸国家（諸邦・諸州）に対して、必然的（必要）なものとして正当化されなければならなかったからである。わたしは、近現代の連邦国家的問題を、純粋に理論的に展開する代わりに、これらのもっとも重要な諸事例に照らして可視化することを試みることにする。

【連邦国家の成立における技術的必要と理念的内実という二つの事態的諸内実】

固有の仕方で、まさに〔技術的必要と理念的内実という〕二つのグループの事態的諸内実（sachliche Gehalten）が組成を交替させながら（in wechselender Zusammenstellung）、この三つの連邦国家〔アメリカ、スイス、ドイツ〕の歴史において再帰（反復）（wiederkehren）している。①ひとつには民族総体（Gesamtvolk）を外交的、軍事的、財政的、商業政策的に、総じて能動的な行為能力を有するものにする（aktionsfähig machen）ための技術的必然（必要）性（technisch Notwendigkeit）のグループであり、そして②さらにはその名前においてひとが一致して国家にその固有のエートス（Ethos）を与える、そういう一民族（国民）であろうとする、そうした理念的（ideell）な内実のグループである。

【アメリカ的連邦国家の創設――理念的事態をめぐる闘争を通じての対自的統合】

アメリカ的連邦国家（Bundesstaat）の歴史は、その創設（Gründung）の最初の純粋に技術的な意味〔必要〕を以て始まる。特徴的なのは、憲法（律）（Verfassung）がいかなる基本権（Grundrechte）も含まないことである。（モンロー・ドクトリン（Monroe-Doktrin）においてヨーロッパ的な政治的エートスと対立するものとして正面切って前提にされるような）政治的なエートスの統一性（die Einheit des politischen Ethos）〔という即自的事態〕は、さしあたりあらゆる対立にもかかわらずきわめて自明であるから、定式化される必要はなく、そして、共和主義的憲法の保証（Gewähr）（第四条第四項）は、（ヴァイマール憲法第一七条のような）共和制の押し付け（Aufzwingung）ではなく、ひとつの〔即自的事態の〕保護の約束（ein Schutzversprechen）を意味している。ようやく一九世紀がはじめて、国家の特殊な民主制的エートス（das spezifische demokratische Ethos des Staats）をめぐる闘争をもたらす。こうした〔アメリカ的連邦〕国家は、いまや第一五修正条項（Amendment）以来、憲法（律）ゆえにまた、特定の理念的諸原理の国（das Land bestimmter ideeller Prinzipien）〔いわば即かつ対自的に事態的に統合された連邦国家〕でもある。

【スイス連邦国家における統合の理念的内実の先行】

反対の道筋を辿ったのがスイスである。スイス連邦国家は理念的プログラムを、すなわち分離主義者同盟戦争（Sonderbundskrieg）において勝利を博した自由思想〔自由の感覚、スイス自由民主党のそれ〕（Freisinn）を確定した国法形式（die staatsrechtliche Form）であり、これはとりわけ強力な少数派保護——人口の少ない少数派カントン（Minderheitskanton）への議会（Ständerat）における不均衡な議席配分（das unverhältnismäßige Stimmgewicht）——を通じて、思慮深く緩和されている。技術的な観点はこれに対して一八七四年の改革を支配している。

【第二帝政（国民国家）形成の技術的必要にのみ応え、理念的内実を欠くビスマルク憲法】

これらの観点はまた、ビスマルクのライヒ（ドイツ第二帝国）創設（Reichsgründung）の独自性をより明確にする。パウロ教会〔一八四八年のフランクフルト国民議会〕が、①技術的に、とりわけ外交政策的かつ経済政策的に、実務（履行）能力を有する国民国家（leistungsfähige Nationalstaat）を、そして〔同時に〕②精神的に要求されている（geistig gefordert）国民国家を創設しようとしているのに対して、ビスマルク憲法は一貫してもっぱら技術的なものとして与えられている。

【ビスマルク憲法における技術的必要——ライヒ政府による諸ラント政府の統一化：ライヒ政府による諸ラントの安全と福祉を保証するための諸ラント政府の制限】

すでに憲法制定の帝国議会《ライヒスターク》に際しての皇帝による開会式辞（die Thronrede im konstituierenden Reichstag）は、このこと〔ビスマルク憲法がもっぱら技術的なものとして与えられていること〕をくっきりと表現している。このときこの式辞は、〔諸邦の〕統治(政府)の統一化(Einigung der Regierungen)を表明しているからである。すなわち、「慣習的な以前の諸関係(Verhältnisse)と結びつき、直接的な可能性の領域おいても、同じく疑いえない諸必要(欲求)(Bedürfnisse)の領域においても存している、限定されそして境界づけられている、しかし実際に重要な、一定数の諸制度(Einrichtungen)を越えて」、一つの制限(Beschränkung)を表明しているが、この制限はその場合、個別諸国家〔諸邦〕を顧慮して、次のことをもって根拠づけられる。すなわち、これらの個別諸国家に要求されるのは、もっぱら「平和を護り、連邦領域の安全とその住民たちの福祉の発展とを保障するために不可欠である」犠牲(Opfer)だけであるということをもって。[16]

【ビスマルク憲法の性格――国民の規範的統一性と精神的統括(統合)ではなく、政治的(技術的)目的団体の組織化】

このことに〔ビスマルク〕憲法の性格そのものが対応している。特定のファンファーレの吹鳴〔の如く、その意義を高々と強調すること〕に伴って、今日のひとつの国民国家は、その憲法(憲法律)において、その〔国民国家の〕本質の自己定式化(Selbstformulierung seines Wesens)を導入することを常としている。熱のこもった前文(eine schwungsvolle Präambel)[17]――このような憲法政策的なモットーのパトスを伴う原則的性格の、つまり国家形態の定式化――、紋章と色彩における国家のひとつの象徴(これら〔紋章と色彩〕は一八六七/七一年に目立たない形で厳密に技術的な要件として第五五条において現れている)――、ひとつの基本権のカタログ(Grundrechtskatalog)における近代的な国民国家の自由を求める基礎への信仰告白(ein bekenntnis zu den freiheitlichen Grundlagen eines modernen Nationalstaats)[18]――どれも文句をつけようがない。〔だが〕正面切って与えられているのは、「防衛のための、商業交易のための、政策のための、そしてはじめの段落(前文が考えられている)において名指されている他の諸対象のための、ひとつの政治的目的団体（ein politischer Zweckverband）としての――そして、いまだ国民の規範的統一体と精神的統合（die Normaleinheit und geistige Zusammenfassung der Nation）としてではない――新しい政治的全体[19]」である。そして、このことに対応しているのは、この〔目的〕団体の組織化（Organisierung）である。この技術的目的のためだけに、連邦と帝国（ライヒ）（Bund und Reich）の最初の両機関として、単純に連邦会議（Bundesversammelung）と議長（Präsidium）がフランクフルト〔国民会議〕から受け取られ、そして、さらにそれらの上に一つの帝国議会（Reichstag）が付される（anhängt werden）にすぎない。――ひとつの組織的全体は、きわめてうまく「連邦執行部の改革（Reform der Bundesexekutive）」、したがって、〔第二帝国成立以前の〕ドイツ連邦（der deutsche Bund）の改革、すくなくとも起草形式（Fassung）においては本質的に技術的な綱領論点（Programmpunkt）の改革という古い要求を充たすものとして、現象しえたわけである。そして、第三の機関（Organ）の国民的〈充溢化〉というパトス（das Pathos der nationalen Erfüllung von dem dritten Organ）が〔ドイツ〕連邦議会（Bundestag、1815-1866））から借用されたその領域にも波及（übergreifen）し、そして「議長（Präsidium）」をカイザー〔ドイツ皇帝〕へと、そしてそれに伴い最高の力のある一つの国民的〈統合〉要因へと高めたときでさえ、〔ビスマルク〕憲法はそれについて何の注意も払わず、新しいライヒの主権者を導入することなく、「カイザー」をもまた、「議長」という序列（Rangefolge）における無色のタイトルの下で、第二のライヒ機関（zweites Reichsorgan）として放置（beließen）し、そして国法の外に留まるヴェルサイユ宣言（Proklamation von Verdailles）の変更という定式化された表現に委ねた（überließ）のである[20]。

【国家形態を有さず、結社（社団）形態だけを有するビスマルク的第二帝政の憲政秩序】

憲法理論的にいえば、個別的諸国家〔諸邦〕や諸王朝の保護と獲得が計算された一八六七／七一年の帝国（ライヒ）創設（Reichsgründung）のこうした固有性の核心にある思想は、次のような思想である。すなわち、それは新しい〈全体〉（das neue Ganze）は自己に発する国家的〈個体性〉（staatliche Individualität aus sich heraus）ではなく、憲法（憲政秩序）の覇権的・連邦的・国民的（hegemonisch-föderativ-national）な構成諸要因からの諸帰結であるはず（べき）であろうという思想であり、なおより厳密にいえば、その新しい〈全体〉はいかなる国家形態（Staatsform）も有しないし、そしてそれに伴い自己に発するいかなる〈正当性〉も有しないはずであろうという思想である。一連邦は結社（社団）形態（Vereinsform）だけを有しうるのであり、いかなる国家形態も有しえないのであり、そしてビスマルク的帝国（ライヒ）という、国家形態の問題における国法論的文献の困惑は、かくしてきわめて簡単な仕方で解消されてしまう。[21] こうした連関の中に、すくなくとも「帝国（ライヒ）統治（政府）（Reichsregierung）」の憲法に即した可能性（verfassungsmäßige Möglichkeit）に対するビスマルクの生涯にわたる闘争のための一つのモティーフもまたあるのである。

【プロイセンが主導する機能的統合体系としてのビスマルク帝国（ライヒ）】

このことと対応しているのがライヒ〔第二帝国〕という積極的な構築物（上部構造）（der positive Aufbau des Reichs）である。ライヒ（帝国）は、いずれにしても一見したところ、本質的に機能的統合の一体系である。しばしば[22]描かれてきた達人の作品（傑作）（Meisterwerk）〔この機能的統合の一体系〕は、それらにおいてパウロ教会（Paulskirche）〔一八四八年のフランクフルト国民議会〕が蹉跌した（ところの）諸邦分立的な諸権力（die partikularen Gewalten）を、次のことによってライヒという荷車（Reishswagen）の前に繋ぎ留めたのである。[23] すなわち、それ〔そのライヒという機能的統合の一体系〕が連邦参議院（Bundesrat）において「それぞれの〔諸邦の〕統治（政府）主権にそれが否定されない表現を見出」させたことによって、すなわち、それがとりわけ〈全体〉の存立と生活活動（den Bestand und das Leben des Ganzen）とを、第一に「契約への忠誠」（Vertragstreue）の上に、とりわけプロイセンやこれと実際に一体化されたライヒの頂点にある諸邦（ラント）（die damit realunierten Reichsspitze）[24] のような〔連邦国家に〕参加する個別諸国家（諸邦）の「連邦友誼（Bundesfreundlichkeit）」の上に、そして〔第二に〕、ライヒの生活活動へのこの精神における個別諸国家（諸邦）の持続的な活動的参加（tätige Beteiligung）[25]の上に、基礎づけたことによって〔繋ぎ止めたのである〕。——その際、連邦的領域と単一〔国家〕的領域（die föderative und die unitarische Sphäre）はプロイセンのヘゲモニー（覇権）によってしっかりと繋ぎ合わされ、そして〈全体〉は、帝国（ライヒ）議会（Reichstag）によって基礎づけられることなく[26]、いずれにしても、諸々の出来事によって正当化されたビスマルクの基本プランに従って、影響され、担われたのである。

【国民国家に不可欠な国家本性と精神性（憲政秩序に基づく〈全体〉としての事態的統合）を欠き、〈全体〉の本質規定を諸部分から現出させたビスマルク帝国：帝国創設時には、いまだライヒよりも、むしろ諸ラントにあった正当的国家エートス】

このライヒ〔ドイツ第二帝国〕には、国家本性（Staatsnatur）と真実の国民国家に属する（不可欠な）精神性（die zum wahren Nationalstaat gehörende Geistigkeit）とが否定されたこと、これは驚くに当たらない。しかしながら、これ〔このドイツ第二帝国〕は、政治的には何ら国家にあらざるもの（非国家）（Unstaat）ではなく、まさに求められていたドイツ的国民国家であった。但し、これ〔ドイツ的国民国家〕が実現されたのは、言ってみれば諸々の間接的な道筋においてであったが。というのも、国民国家そのものを通常の立憲（主義）的（konstitutionell）な、それゆえにほとんど統一国家的（einheitsstaatlich）な実定憲法（憲法律）を以て規範的に秩序立てる（normative Anordnung）という直接的な道筋は歩みうるものでないことが、パウロ教会〔一八四八年の国民議会の蹉跌〕を通じて明らかになっていたからである。——したがって、ドイツ国民の新しいライヒ（ドイツ第二帝国）（das neue Reich deutscher Nation）は、言ってみれば〔ビスマルク憲法という〕次のような憲法と並立して、そして次のような憲法にもかかわらず、成立することになったのである。すなわち、この〔ビスマルク〕憲法においては、大きな国家国民（Staatsnation）を統合して創設するという大きなパトスが言葉にされるのは、せいぜい帝国（ライヒ）議会（Reichstag）という制度（Institution）においてであり、疑いなくカイザーの帝冠（皇位）（Kaiserskrone）は後からこっそり挿入されるにすぎないのである。――こうしたことについては、今日ではもはや何ら疑いはありえない。純粋に法的に考察してみても、いずれにしてもこのライヒ〔ドイツ第二帝国〕が有していたのは、法（権利）関係あるいは法（権利）主体（Rechtsverhältnis oder Rechtssubjekt）、国際法あるいは主権者であるという功名心（名誉欲）（Ehrgeiz）ではなく、正当的である（legitim zu sein）という、大抵誤解された、しかし実際には遥かに重要な、まったく別の功名心（名誉欲）であった。しかも、このライヒ（帝国）は、一九世紀の〈正当性〉を根拠づける通常の契機（das normale legitimittsbegründende Moment）を、すなわち一定の国家形態を以てその特殊な〈正当性〉を実現することを、まさしく細心の注意を払って避けていたにもかかわらず、固有な形でそうであった〔正当的であるという功名心（名誉欲）を有していた〕のである。ビスマルクは、パウロ教会〔フランクフルト国民議会〉よりも明確に、連邦国家的二者択一（die bundesstaatliche Alternative）を、次の点に見ていた。すなわち、〈全体（das Ganze）〉は国家形態を、そしてこれに伴い個別諸国家（諸邦）の〈正当性〉を、根拠づけなければならないのか、あるいはそうではなくその逆なのか、という点に。というのも、その連邦国家においては、全体と諸分肢とが幾つかの異なる国家的エートス（ein verschiedenes staatliches Ethos von Ganze und Glieder）を考えることはできないからである。そして、すべての模範や理論とは対立して、ビスマルクは〈全体（das Ganze）〉の本質規定（die Wesensbestimmung des Ganzen）を〈諸部分（die Teilen）〉から（もちろん、最強の構成要因としてのプロイセンのヘゲモニーを含めて）現出させた。――それゆえに、〔ビスマルクは〕ライヒ（第二帝国）固有の国家形態と固有の政治的エートスを想起しえたであろうあらゆる諸契機を遠ざけたのであり（このこと〔これらをかれが遠ざけたこと〕の上に、後の時代の国家実証主義（Staatspositivismus）――ビスマルク自身は不当にもそう非難されたのであるが[27]――は、ライヒ〔第二帝国〕の国家本性に対するその疑念を根拠づけていた）、そしてそれゆえに〔ビスマルクは〕契約の基礎及び契約への忠誠（die Vertragsgrundlage und die Vertragestreue）を持続的に強調したのである。国民国家的な思想（思惟範疇）（der nationalstaatliche Gedanke）と国民議会（das nationale Parlament）との正当化する力（die legitimierende Kraft）は、すでにおのずから設定（einstellen）されていた。——個別諸国家〔諸ラント〕とそれらのまだ力を有している正当的な国家エートスとからのみ可能な正当化（Legitimierung）は、公法の根源的基盤（der Wurzelboden des öffentlichen Rechts）についての感覚を欠く実証主義的法学者たちがいずれにしても誤解している（ところの）こうした構築物（上部構造）（Aufbau）〔国民国家思想と国民議会の正当化する力〕を通じてのみ、獲得されえたのである。

【ビスマルク的憲法政策の統合体系：国家の精神性：国家を正当化しうる諸力と諸価値】

かくして、ようやくはじめてビスマルク的憲法政策の統合体系の全貌が日の目を見る。この統合体系は、ライヒ（帝国）中枢（Reichszentrale）、プロイセン、個別諸国家、これらの機能的な協奏（相互作用）（das funktionelle Zusammenspiel）の見事な安定化を通じてのみ存立するわけでは決してない。——そうだとすれば、ニーチェ（Nietzsche）やラガルド（Lagarde）のロマン主義な国家疎遠性（Staatsfremdheit）を手立てにして、しかも当時の国家的生活活動の諸々の可能性や必然性への洞察やその活動現実性への洞察を欠いて成長していながら、ビスマルク的ライヒ（帝国）の精神疎遠性（Geistfremdheit）を主張している文筆家たちの饒舌（Literatengerede）は、まったく根拠を欠いているわけではないことになろう。[28] 一国家の精神性（Geistigkeit eines Staats）とは、国家を正当化しうる諸力と諸価値（Kräfte und Werte）の要求である。——パウロ教会〔フランクフルト国民議会〕とヴァイマール〔共和国〕がライヒ〔第二帝国〕創設と同じ成功を以てこの〔要求に応えるという〕課題をまともに果たしたのかどうかという問いは、いまだ答えられていないのである。

【ヴァイマール憲法体制における諸ラントに対するライヒの優位】

ヴァイマール憲法体制（die Weimarer Verfassung）は、〔ビスマルク憲法体制における諸ラントとライヒの関係に係わる〕諸事物のこうした秩序を一部で破壊したのであり、一部では転倒せざるをえなかった。かの〔ビスマルク憲法体制における〕統合の構築物は、唯一ヘゲモニーと帝国（ライヒ）議会の圧力の下でのみ、責任を有さない連邦参議院（Bundesrat）という防波堤を通じて帝国（ライヒ）議会と公論（öffentliche Meinung）とに対して保護されて、君主と官僚とのカルテルにおけるライヒの頂点と個別諸国家との揺るぎない連帯化に基づいていたにすぎないのであるが、〔ヴァイマール憲法体制においては〕破壊される。〔ライヒと諸ラントの間の〕往復運動（フィードバック）の体系（das System der Züge und Gegenzüge）はその柔軟性を、いずれにしてもすでに一八九〇年以前に、そしてそれ以来は余すところなく、ますます喪失していたのであるが、しかしながら、その統合の力を減少されることなく保持していた。いまやむしろ抵抗するものと価値づけられ関係づけられるよりも、むしろ封じ込められる諸ラントの上に、ライヒという構築物が課されている。それにもかかわらず事態（事柄）の本性（die Natur der Sache）を通じて、連邦国家的な統合体系は諸残滓の中で保持され続けた。ビルフィンガー（Bilfinger）によって証明された諸ラントの影響とそれに対応する影響権（Einflußrecht）とは、ライヒのためのそれらの諸成果（履行）を通じて正当化され、そしてライヒの一つの本質的な基礎としてのそれら〔諸ラント〕の承認は、一九二二年にライヒ大統領とライヒ政府を通じて正当化された。かくして、諸ラントに今日なお残されている法的地位を保証することは単純には特殊利益の保護としては理解されえない。諸ラントは、それらを統合的にライヒ〈全体〉に組み入れることになる（ところの）それらの諸権利の行使において、それらがラントの政策よりも、むしろライヒの政策を遂行することによって、まさにそれらの固有の様態を失うことになる。(29)

【ヴァイマール憲法体制におけるライヒと諸ラントの正当性の審級過程の逆転】

革命憲法としてヴァイマール憲法は、さらに正当性の審級過程（Instanzenweg der Legitimität）を逆転しなければばならなかった。いまやライヒこそが、前文、国家形態の規定、色彩による国家エートスの象徴化において、基本権カタログ等々において、ドイツ的な生活活動そのものの最終的な諸々の基礎や正当化を規定し、そしてそれらを諸ラントに強制するのである（憲法第一七条）。

【ヴァイマール憲法体制が孕む憲法（政策）的諸問題：統合する諸力と正当化する諸価値：ライヒ監督権と国事裁判所】

ヴァイマール憲法のために原則的に与えられていた、示唆された諸方向には、個々の点では憲法政策的な計算の誤りが潜んでいた。プロイセン的ドイツという問題と諸ラントの意義一般は、過小評価されている。ライヒはそれ自身によって第一八条を通じて呼び出された諸々の亡霊（Geister）に対して抵抗しなければならなかったが、これと同じく比例選挙（Verhältniswahl）を伴う諸ラントに課された議会主義（Parlamentarismus）は、ライヒにとっては不快（unbequem）なものとなった。国旗問題の解決、特定の単一〔国家〕主義的（unitarisch）な過剰な緊張、基本権の内容（Grundrechtsinhalt）、これらは〔ライヒにとって〕統一性の促進や〈全体〉の力というよりも、むしろ負担となるものである。〔ヴァイマール〕憲法のこれらの弱点のより深い根拠は、一面では規範化された諸課題の固有の取り違え（Verwechselung）の中にあり、そして他面では諸目標、諸前提、憲法の諸理想、与えられた諸手段、為されるべきことと為されうること、これらについてのより確実な基礎として保証された、統合する諸力（integrierende Kräfte）や正当化する諸価値（legitimierende Werte）の中にある。似かよった状況においてスイスは、その憲法体制の統一性を分離主義者同盟（Sonderbund）とスイスのその憲法体制の生活活動の事態的統合及びひとりわけ形式的統合を介した勝利の上に構築し、そしてそのように根拠づけられた活動現実態に、目標としての新たな誓約共同体（誓約同盟）的精神（der neue eidgenössische Geist）を貫徹させた。――同じく〔スイス〕連邦総体における北部州的な精神（der nordstaatliche Geist in der Gesamtunion）の貫徹が、分離戦争（Sezessionskrieg）

とその他の形で確保された統一性との成果でしかありえなかったように。ヴァイマールの憲法政策――パウロ教会〔フランクフルト国民議会〕の憲法政策と同じく――とビスマルクの憲法政策的な技術（Kunst）との相違は、後者が国家的な正当性（die staatliche Legitimität）の当時の諸源泉を介して統合する手段と直観的な明晰性とを主権的に支配している点にある。ビスマルクの仕事に関しては、特別な連邦国家的な統合問題（das bundesstaatliche Integratiosproblem）と特別な連邦主義的な正当性問題（das föderative Legitimitätsproblem）とが存在しているということは、いまだなお充分には呈示されていない。[30]問題は理論的なものとして提示されるべきであるが、しかしいずれにしても、きわめて大きな実践的・政治的な直観力と形象化力（Anschauungs- und Gestaltungskraft）に基づいて解かれるべきである。わたしが見るかぎり、問題の中途半端な正しくない実践的な解決は、とりわけライヒ監督（権）（Reichsaufsicht）と国事裁判所の可能性（Staatsgerichtsbarkait）とについての、昨今の関連において支配的な、批判的されるべき過小評価の中に存している。

【綜合国家と個別諸国家のいずれの統一的正当化による統一的統合体系なのかという問題】

連邦国家の本性に伴い、綜合国家（der Gesamtstaat）と個別諸国家（die Einzelstaaten）との政治的な両極と、前者による統一的な正当化か、あるいは後者によるそれかという二者択一的な必然性とを伴っている統一的な統合体系（einheitliches Integrationssystem）として立てられているそういう諸問題の探究の中には、国家理論にとって、活動現実的な諸々の連邦国家の思惟可能性一般についてのいつも新たな理論化（Theoretisieren）におけるよりも、よりやり甲斐のある諸課題（lohnendere Aufgaben）がある。

第三部　実定法的諸推論（Positivrechtliche Folgerungen）

第一章　全体としての憲法の解釈（Die Auslegung der Verfassung als Ganzes）

【活動現実態としての国家と憲法の精神科学的理論の基礎づけ——実定的国法】

ここで企てられている試論は、精神的な活動現実態としての国家と憲法についての精神科学的な理論の基礎づけ（Grundlegung einer geisteswissenschaftlichen Theorie von Staat und Verfassung als geistigen Wirklichkeiten）への一寄与となるだけでなく、同時に国法学（Staatsrechtslehre）への一寄与となるはずである。というのは、こうした諸見解はまさに実定的国法（das positive Staatsrecht）に取り組むことから現出してきたからである。[1]——したがって、これらの諸見解は実定法（das positive Recht）において再度〔それらの真実性が〕証明され（sich bewähren）なければならないのである。

【ラーバント国法学に対する批判——方法的形式主義、事態的諸前提に関する無意識、不可知論的懐疑、国家全

体性〈精神的〈意味〉の全体性〉と個別性の総体的把捉の欠如】

ひとつの国法体系（ein staatsrechtliches System）全体を扱うことにおいて、これまで支配的であった国法学〈Staatsrechtswissenschaft〉に対抗することの意義は何か、これはカイザー・ライヒ〔ドイツ第二帝国期〕の古典的な国法学者たちを見れば一目瞭然である。ラーバント（Laband）の叙述に対してヘネル（Haenel）の叙述が、それどころかとりわけザイデル（Seydel）の叙述が含意する相対的により大きな真実性（Wahrheitsgehalt）は何か、それは次の点に存する。すなわち、かの〔ヘネルやザイデルの〕諸労作は、ライヒの国法をさしあたり一つの精神的な全体性（geistige Totalität）かつ諸々の国法的な個別性（staatzrechtliche Einzelheiten）として、すなわち絶えずこうした〈意味の全体性（Sinntotalität）〉の相の下に（sub specie）把捉（erfassen）しようとしているという点にある。〔たしかに〕両著述家はその際、そもそものはじめから総体把捉（理解）（Gesamtauffassung）という点でいささか一面性に固定されてはいたし（いずれにしても、ザイデルはきわめて高い度合いでそうであった）、〔しかも〕この一面性はそのとき個々の適用において此処彼処で誤謬の源泉になってはいたが、だからといってこうしたことは出発点の原則的正しさをいささかも変えてはいない。その場合でさえこれらの誤謬の源泉は、すくなくともすぐに制御可能（kontrollierbar）なものであるが、これに対して部分的に無意識的な、そして原理に反しているがゆえにいずれにしても定式化されていないラーバントの事態的諸前提（Sachvoraussetzungen）は、不当に形式主義的かつ無前提のものとして与えられているかれの諸議論の制御不能（unkontrollierbar）な誤謬の源泉である。ラーバントの方法の危険は、かれの労作の諸々の欠陥（欠缺）（Lücken）において、より明らかになる。すなわちその労作は、より意識的にかつより印象深く、国法に関する素材の総体を完璧に達人的な手際で処理され（virtuos disponiert）、しかも個々の処理が完璧になされた形で与えようとしているが、そうであればあるだけ憲法（体制）（Verfassung）の単一〔国家〕主義的（unitarisch）な側面に関してはトリーペル（Triepel）の記念碑的なライヒ監督権（Reichsaussicht）

〔に関する論究〕が、連邦主義的（föderativ）な側面に関しては他の人たちの諸労作が(2)もたらしたような、素材的な諸欠陥（欠缺）と法原則的（rechtsgrundsetzlich）な諸々の誤解とについて同時になされた論証（Nachweis）は、それだけより手厳しい（empfindlich）ものとなっている。ビスマルク的な実定憲法（das Bismarcksche Verfassungsrecht）についての〔ラーバントの〕代表的な著作は、憲法体制の法（Recht der Verfassung）が孕む問題性も、同じく実定憲法（Verfassungsrecht）一般が孕む問題性も、ほとんど見ていなかった。――〔その著作は〕形式主義的方法への信仰（der Glaube an die formalistische Methode）によって、そして〔法〕実証主義的に捉えられた個別性を超えたあらゆる活動現実態及び規範の内実（Wirklichkeits- und Normgehalt）に対する〔そうした信仰を〕補完する不可知論的な懐疑（agnostizistische Skepsis）によって、支えられていたからである。ラーバントによって取り扱われた（処理された）ビスマルク憲法は、それが〔駆け引きを心得た外交官のような〕醒めた無味乾燥な性格（diplomatische Nüchternheit）を示している点で、こうした〔ラーバントの形式主義的方法と不可知論的懐疑に基づく〕扱い方（Behandlungsweise）を推測させる（nahelegen）ように見えていたが、このことはもともと符合していることなのである。ヘネルの洞察が〔ラーバントのそれよりは〕より深いものであったことは、次の点において〔その真実性が〕証明される。すなわち、かれ〔ヘネル〕には、こうした憲法技術（Verfassungstechnik）にもかかわらず、パウロ教会〔フランクルト国民議会〕（統一憲法）が志向したもの〕の意味においてひとつの国家全体性（Staatstotalität）を概念把握すること（Konzeption）の必然性はビスマルク憲法の実りある処理（論究）の基礎としてもまた自明なことであった、という点において。

【ドイツ第二帝政成立以降の脱政治化：ラーバント的概念技術（法実証主義・懐疑主義・相対主義）、国家告発者の非政治的精神】

ところで、ラーバントの方法の最高度に高められた概念技術（Begriffstechnik）はあらゆる栄誉を博したのであるが、しかし同時に、それとは対立するものの〔それよりも〕より深い〔総体〕把捉（理解）（Auffassung）を妨げるものであることが判明した。したがって、この概念技術はビスマルク・ライヒ〔ドイツ第二帝国〕において育った世代を脱政治化（entpolitisieren）する教育の症候であり、かつ同時にその原因なのである。この概念技術はこの脱政治化の、おそらくきわめて眼につく、きわめて純粋な事例であり、そして同時にとりわけ困難でかつ憂慮すべき事例であったにもかかわらず、驚くべきことに、ドイツの脱政治化（Entpolitisierung）の告発者（弾劾者）たち（Ankläger）によって、ビスマルクによって、そしてビスマルク以来まったく見逃されている。――いずれにしても、その脱政治化に責任を負っていたのは国家ではなく、今日国家を告発（弾劾）する（anklagen）人たちの非政治的な精神（der unpolitische Geist）である。

【法実証主義において意識化されない〈意味志向〉：〈意味志向〉を明晰に意識していたギールケの前批判的な有機体論：実定法の前提としての〈意味志向〉】

法実証主義（Rechtspositivismus）もまた、諸々の一般的な〈意味志向（Sinnorientierungen）〉なしでも成り立つわけではなかった。こうした〈意味志向〉は、いつもくりかえし諸々の議論において、「事態（事柄）の本質（das Wesen der Sache）」等々から明らかにはなったが[3]、しかし、方法的な作業によって論究されてはいなかったし、それゆえに学問的に〔証明〕責任を負いえなかったが、そのように作業する者たちにとって、しばしばほとんど意識されてもいなかった。したがって、ひとはこうした〔法実証主義的〕作業方式をまさしく「自己自身の行為についての無知の方法（Methode des Nichtwissens um das eigene Tun）」[4]として特徴づけたわけである。かくしてここで試みられるのは、こうした〈意味志向〉を意識化し、その内容を計画的に論究（erarbeiten）しようとすることである。ギールケ（Gierke）は――かれの有機体論（Organologie）は前批判的（vorkritisch）な〔カント批判哲学の範型以前の段階に留まっている〕素朴なものではあったが——こうした明晰性（Klarheit）〔〈意味志向〉についての明晰な意識〕を有していた。——それ〔ギールケの明晰性〕は、〔ビルフィンガー（Bilfinger）におけるのと同じく〕一定の限られた問題圏域（Problemkreis）のために、さしあたり包括的な経験（umfassende Empirie）から獲得されていたのであるとしても。——法学（Rechtwissenschaft）一般は、そしてなかんずく客観性の問題（Objektivitätsproblem）によって総じてとりわけ脅かされている国法学（Staatsrechtwissenschaft）は、それ〔この明晰性〕を今日批判的感覚（kritische Besinnung）を凝らして方法的に獲得しなければならないし、実定法（das positive Recht）のそうした解釈（Auslegung）を自覚的に基礎づけなければならない。

【国法学が志向する国家的な統合体系の〈意味連関〉の根拠づけ——前提にある〈全体〉としての憲法（憲政秩序）】

示唆された意味での国家的な統合体系（das staatliche Integrationssystem）が活動現実的（wirklich）に課題を負った〈意味連関〉（der aufgegebene Sinnzusammenhang）の中にあり、国法学はこの〈意味連関〉を根拠づけなければならないとするならば、国法学の仕事のこうした〔〈意味〉〕志向（Orientierung）は、それが正しいものである〔はずである〕ならば（wenn sie richtig sein soll）、この仕事の成果にとって実り豊かなものであることが明らかになるに違いない。もちろん、国法学はこれらの果実をすぐには摘み取れないし、そしてそれらの真実性の存否の証明は、かなり長い検証（Erprobung）の成果でしかありえない。したがってわたしは以下において、それらにおいて、それらにとって、こうした〔〈意味〉〕志向が直接的に解明を促進することを期待せしめる、一定の数の方向づけ（Richtungen）及び個別的諸問題を示唆することを試みる。その際わたしが前提にするのは、さしあたり、〈全体〉としての憲法（憲政秩序・憲法体制）（Verfassung als Ganzes）であり、しかもその内容の境界づけ（Abgrenzung）の問題とその解釈（Auslegung）の原則的方法の問題である。

【公共生活を規則化する統合の法としての国法と技術の法としての行政法との成層化】

最初の体系的な境界づけの問題（Abgrenzungsfrage）は、国法と行政法（Staatsrecht und Verwaltungsrecht）との間の成層化（Abschichtung）の問題である。国法に静態的存立（den ruhenden Bestand）を、行政法に国家の機能化（Funktionieren）を対象として与える従来の規定は、すでに〔本著の〕これまでの文脈において退けられている(5)。国法は、行政法が公共生活（das öffentliche Leben）をそうするように、部分として、とりわけ同じ公共生活を規則化（regeln）する。例えば、両者が行政（Verwaltung）を一方のケースでは権力分立（Gewaltenteilung）の部分としての執行権力（vollziehende Gewalt）として、他方のケースでは国家的な目的諸活動（staatliche Zwecktätigkeiten）の遊離化（孤立化）された体系そのものとして、対象とするかぎりで。これに伴い、問題設定と対象との相違（die Verschiedenheit der Fragestellung und des Gegenstandes）が明らかになる。国法（Staatsrecht）は統合の法（Integrationsrecht）であり、行政法（Verwaltungsrecht）は技術的法（technisches Recht）である。一方の規範グループの主導的な思惟範疇（der Leitgedanke）は、国家生活の全体（das Ganze des Staatslebens）のための諸制度や諸機能の統合（化）する協奏（das integrierende Zusammenspiel）であり、他方の規範グループのそれは、行政の、すなわちその個別的な福祉諸目的（Wohlfahrtszwecke）の、技術的達成の即自態（das Ansich）である。

【〈意味連関〉の差異――公法と私法、形式法と実質法、政治的法と技術的法】

問題とすべきことは、素材を一方もしくは他方の講義や教科書叙述に割り振るという問題だけではなく、とりわけこうした素材〔の諸含意〕を解釈（auslegen）し価値づける（bewerten）ために個別的に尺度基準を与える〈意味連関（Sinnzusammenhang）〉への問いである。法命題（ein Rechtssatz）は、それが〈意味〉に準じて属している連関（文脈）以外の連関の分肢として理解され評価されるならば、誤解され、それに不当なことが生じているのである。一つの法命題が、公法あるいは私法、形式法あるいは実質法、政治的法あるいは技術的法、このいずれの関連

（文脈）で立てられるかはともかくとして、その法命題が至る所で同じ解釈と適用（Auslegung und Anwendung）を見出すとすれば、それはおそらく形式主義者たち（Formalisten）においてさえ稀である幻想（Illusion）である。

【組織権力と法律の留保（管轄権）の問題に照らした技術的・行政的な諸規範と政治的・統合的な諸規範との差異】

一つの個別の論点は問題の実践的意義をより明らかにするであろう。すなわち組織権力（Organisationsgewalt）と法律の留保（Gesetzesvorbehalt）の問題がそれである。組織権力を執行府の諸トップ（die Spitzen der Exekutive）に割り当てる支配的教説[6]、それを立法府（Gesetzgebung）に数えるどちらかといえば稀に主張される教説[7]、どちらも充分な満足を与えない。唯一の穏当な解決策（einzige beruhigende Lösung）は、伝統的な権限（管轄権）（Zuständigkeit）、すなわち歴史的偶然を通じて根拠づけられた[8]、一方あるいは他方の側の権限（管轄権）である。すべての論究（Erörterungen）の誤謬は、それらがすべての組織事例を一律に扱う（über einen Kamm scheren）という誤謬である。――すなわち、あたかも何らかの特殊的行政の中級や下級の諸官庁における技術的な諸変更が、官吏団体（Beamtenkörper）等々を補完して議会からの影響の諸々の可能性、諸々の政治的な競合関係を変更する中央諸審級（Zentralinstanzen）における変更と同じ観点の下にあるかの如く（組織事例を一律に扱うという誤謬である）。技術的性格の諸変更の問題と国家の政治的な本質諸規定である諸変更の問題が、もちろん同じ問題ではありえないということは明らかであり、そして、ときには文献上の扱いにおいて、このような相違（区別）に対する一定の感情が見出される。古い個人主義的な自由と所有の定式（Freiheits- und Eigentumsformel）を基礎づけるに際してさえ[9]、行政技術的な組織諸規範と、政治的に有効に作用し統合（化）的な――まさにそれゆえに個人によりかかっている、そしてそのためにまた、むしろその個人の議会代表者たちの決定領域（Beschlußbereich seiner parlamentarischen Repräsentanten）に属している――組織諸規範との間に、対立が否応なしに付きまとうからである。

【技術的行政と政治的統合：憲法の〈意味〉の形式性と実質性の区別：国家民族（国民）の統合秩序という課題の実定法的解決の前提としての諸規範の体系（〈意味原理〉）】

こうしたことと密接に関連している第二の問題は、実質的〈意味〉と形式的〈意味〉とにおける憲法の区別の問題である。まさしく形式主義的な不可知論（formalistischer Agnostizismus）は、成文化された憲法諸条文（geschriebene Verfassungsparagraphen）の偶然的な内容から独立して、一国家民族（国民）に立てられた統合秩序という課題の実定法的解決の試みの本質的な構成部分（wesentliche Bestandteile des positivrechtlichen Lösungsversuchs der einem Staatsvolk gestellten Aufgabe seiner Integrationsordnung）である諸規範の一体系（ein System derjenigen Normen）を提示すること、このことに対して疑念を呈する。[10] いずれにしても、解決は単純ではないし、[11] そしてとにかくそれは、揺れ動きながら〔諸規範を〕枚挙すること（Aufzählungen）の中にはありえない。[12] 解決は、国法的素材をそれが志向している単純な〈意味原理〉（das einfache Sinnprinzip）へと精力的に関係づけ、そして〔そこに〕還帰させること（Beziehung und Zurückführung des staatsrechtlichen Stoffs auf das einfache Sinnprinzip）、このことからのみ獲得されうる。こうした課題を解決不能と説明することは、体系的学問としての国法学を見限ること（Abdankung der Staatsrechtslehre）であろう。

【憲政秩序と法秩序との区別：国法学に不可欠な政治的なるものの基礎にある〈意味〉】

憲法（憲政秩序）（Verfassung）をそれ以外の法秩序（Rechtsordnung）から区別する批判基準（Kriterium）は、いつでも繰り返し、その憲法（憲政秩序）の「政治的」性格（der »politische« Charakter）である。かくして、労兵評議会（Arbeiter- und Soldatenräte）が「政治権力（politische Gewalt）」の保有者として宣言（erklären）されたとき[13]、そしてこれに対応して他面で、連邦参議院（Bundesrat）にその「行政諸権限（Verwaltungsbefugnisse）」が留保されたとき、ドイツ革命における〈自明に理解しうる〉と〈一般的に理解しうること〉（selbstverständlich und allgemeinverständlich）との対立が表現されている[14]。それゆえに、〈政治的なるもの〉の概念（der Begriff des Politischen）は国法学にとっては不可欠である。しかしまさしくここで問題になる区別し対照させる〔その概念の〕使用（die abgrenzunden und kontrastierenden Verwendung）にとっては、それ〔〈政治的なるもの〉の概念〕は「一つの国家目的（Staatszweck）への関係づけ[15]」を通じて、あるいは最近C・シュミットによって企てられた仕方[16]においてだけではなく、これらの論究（Erörterungen）の基礎にある〈意味（Sinn）〉においてのみ、定義されうる。

【憲法と結社法（社団規約）の差異：憲法理論としての精神科学的国家理論の自覚的根拠づけ：憲法における具体的な生活活動の活動現実態の個体的な統合法則】

より重要な原則的諸推論は、実定憲法（Verfassungsrecht）の解釈のために行なわれる。形式主義的な方法はここで、その対象の特殊的・実質的な本質についての理論である精神科学的な国家理論の自覚的根拠づけ（bewußte Zugrundlegung）を、法学的作業の出発点として放棄する。それ〔形式主義的方法〕はその対象に、普及している「一般的な」法学的な諸概念を、ほとんどの場合きわめて支配的な色彩を帯びた一つの結社法（社団規約）（Vereinsrecht）の諸概念を適用する。かくして形式主義的な方法は実定憲法を、個別的な諸規範や諸制度の一つの集積体（Aggregat）の中に分解するが、それらの内実を、形式的・法的な意思権能（Willensmacht）の、形式的な諸義務の根拠づけに照らして精査することによって普及している一般的な諸図式の下へ包摂（subsumieren）する。形式主義的な方法はその際、何はさておき、そもそものはじめからここ〔実定憲法〕ではすべての諸々の他の法素材（Rechtsmaterien）に対立して存立している相違（区別）を看過する。すなわち、他の法諸関係の規則化（Regelung anderer Rechtsverhältnisse）に際して問題になるのは、きわめて平均的な適合性（durchschnittliche Angemessenheit）という目標を伴う無数の諸事例の抽象的規範化（abstrakte Normierung）であるが、これに対して、ここ〔実定憲法〕では唯一の具体的な生活現実（生活活動の活動現実態）（konkrete Lebenswirklichkeit）の個体的な法則（das individuelle Gesetz）が問題になること、こうしたこと〔相違（区別）〕を形式主義的方法は看過するのである。すくなくともこうした個体的な法則を、いずれの憲法解釈者（Verfassungsinterpret）も憲法〔律〕諸条項のはじめから、すなわち前文（Präambel）から、領域（Gebiet）、国家諸形態（Staatsformen）、〔国旗の〕色彩（Farben）等々についての諸規定から読み取るべきであろう。憲法解釈者はそれらを、その他の点では「意思諸領域の境界づけ（Abgrenzung von Willenssphären）」が欠如しているがゆえに、あるいはそれが曖昧であるがゆえに法学的には不毛（unergiebig）なことと思っているとしても。——問題になるのは、ひとつの具体性を有する生活活動法則（das Lebensgesetz einer Konkretheit）であり、しかもこの具体性は一つの静止立像（Statue）ではなく、この活動現実態をいつも新たに創出（作出）する統一的な生活活動の過程（ein einheitlicher, diese Wirklichkeit immer von neuem herstellender Lebensprozeß）であるから、〔問題になるのは〕この〔具体性・活動現実態の〕統合法則なのである。こうしたことから、いくつかのまったく一般的な諸規則だけを挙げるならば、すくなくとも三つのことが帰結する。

【具体的な活動現実態（生活活動の統合過程）の一般的諸規則——〈意味連関〉・〈統合〉の機能的〈全体性〉の諸契機としての国法の諸個別態】

とにかく、すべての国法上の諸個別態（Einzelheiten）は、即自的かつ遊離（孤立）化されては〔バラバラのままでは〕（an sich und isoliert）理解されえず、それらを通じて活動現実化されうる〈意味連関〉の、すなわち統合の機能的な〈全体性〉の諸契機（Momente des durch sie zu verwirklichenden Sinnzusammenhanges, der funktionellen Totalität der Integration）としてのみ、理解されうる。以下の個別的な論究（Einzelerörterungen）は、そのための諸例を提示しなければならないが、ここでは若干の諸例だけを先取りして示唆しておきたい。

【ライヒ、ラント、ゲマインデ等の各レヴェルにおける監督権の優先順位（上下関係）：ライヒ監督（権）：ライヒと諸ラントの流動的・相関的な関連秩序】

〔連邦レヴェルでの〕ライヒ監督権（Reichsaufsicht）は、まさしく〔邦レヴェルでの〕コムナール（地方自治体）監督権（Kommunalaufsicht）との類比に従う扱いを呼び起こす（誘発する）（herausfordern）。前者でも後者でも、公法上の上位団体と下位団体のうち、下位団体は上位団体に対して特定の諸課題の履行義務を負い、この義務を確定するために上位団体の特殊な「監督権（Aufsichtsgewalt）」に服する。ところで〔邦レヴェルの〕コムナール（地方自治体）監督（権）は、諸法律の維持と邦益（Staatsinteresse）が要求すればゲマインデ〔教区〕（Gemeinde）に対して行使される。もちろん、一般的なコムナール（地方自治体）政治（政策）的な諸顧慮（kommunalpolitische Rücksichte）がなされないわけではないが、こうした諸顧慮はやはり法的に命じられているわけではないであろう。これに対してライヒ監督権は、〔ライヒ〕憲法ゆえにもまた、その〔コムナール監督権の〕ようには遊離化（孤立化）されえない。ライヒ監督権は、ライヒと諸ラントとの流動的な関連秩序の一契機であり、ライヒへの諸ラントからの憲法に即した影響という逆向きの運動と絶えず相関して見られうる（zusammenzusehen sein）し、（そして、この関連においてのみ、諸ラントの政治的自己感情（das politische Selbstgefühl）にとって耐えうるものであり、）〔ライヒへの諸ラントからの〕こうした影響権（Einflußrecht）を伴って、より高次の連邦友誼関係（Bundesfreudlichkeit）の——すなわち絶えざる意思疎通（Verständigung）への、絶えざる意思疎通に溢れた協調（Zusammenfinden）への、すべての参与者たちの義務を帯びた傾向の——ライヒと諸ラントの関係を支配する法則を通じて、維持されている。したがって、ヴァイマール憲法における監督権（Aufsichtsrecht）そのものの駆け引きを心得た用心深い（diplomotisch）定式化は、実際には「臣下に対する支配者」[17]の関係であるかのような関係についての慣用句としてのみ理解されることは許されず、コムナール（地方自治体）権（Kommunalrecht）の——見たところまったく類比的な——かの法（権利）状況（Rechtslage）との深部における相違を適切に表現するものとして、理解されることが許される。

【国事裁判（憲法）と民事裁判（民法）ないし行政裁判（行政法）との本性的差異：ライヒと諸ラント間の係争に際しての国事裁判（憲法裁判）における強制手段の不在——仲裁裁定】

同様に、国事裁判の可能性（Staatsgerichtsbarkeit）は、民事裁判あるいは行政裁判の可能性（Zivil-oder Verwaltungsgerichtbarkeit）と類比的には理解しえない。議会少数派の憲法裁判上（verfassungsgerichtlich）の保護は、個体的な諸利益を有する株主集団（Aktionärgruppe）の民事裁判上（zivilgerechtlich）の保護とは異なっている。というのは、それ〔前者〕は諸党派（Parteien）を統合（化）して協調させること（integrierende Zusammenführung der Parteien）に役立たなければならないからである。——ライヒ（Reich）に対する諸ラント（Länder）の裁判上の保護は、国家（邦）監督権（Staatsaufsicht）に対する諸コムーネ（地方自治団体）（Kommune）の行政裁判上（verwaltungsgerichtlich）の保護とは異なる。というのは、その（前者の）保護は、ここでは並列的な意思疎通（Verständigung neben anderen）の一つの可能性のことであるからである。民事訴訟あるいは行政訴訟（der Zivil- oder Verwaltungsprozeß）における諸党派は、それらが望むと望まざるとにかかわらず、判決や判事（Richterspruch und Gerichtsvollzieher）の究極の理性（ultima ratio）〔強制力〕を通じて、持続的に強制されうる。——しかし、阻止（妨害）（Obstruktion）、分離（Sezession）等々に対して、規則に即したこのような手段は存在しないこと、このことは実定憲法（Verfassungsrecht）の成果機会（Erfolgschance）と憲法〔国事〕裁判〔所〕判事（Verfassungsrichter）のそれ〔成果機会〕との事実上の相違であるだけではなく、このことはこうした〔行政・民事の〕法（権利）（Recht）とこうした〔憲法・国事〕裁判の可能性（Gerichtsbarkeit）が異なる本性を有しているということを意味している。[18] ここでは〔ライヒに対する諸ラントの裁判上の保護に関しては〕、持続的に、そして幾重にも、およそ強いられることはありえないし、義務履行は、いつも繰り返し意思疎通（協調）（Verständigung）のための、憲法に即した共同作業（Zusammenarbeit）のための善意と義務とに委ねられなければならないから、それゆえに、こうした〔憲法・国事〕裁判の可能性（Gerichtsbarkeit）は——いずれにしても、もっともハードな諸ケースにおいてさえ——やはりまた、善意のものとして前提されうるこのような諸党派〔係争者たち〕の意思疎通（協調）（Verständigung）の一つの手段と段階（ein Mittel und Stadium）でしかありえないし、こうした諸党派は、それらはそれらの側でやはりまた、この意味でのみこうした手段に手を伸ばすべき（はず）であるとされる。ライヒ監督権（Reichsaussicht）が「命令（befehlen）」しないように、〔ヴァイマール憲法〕第一九条に従う係争者たち（Streitende）もまた、法的勝利（den rechtlichen Sieg）をめぐってではなく、意思疎通（協調）（Verständigung）をめぐって係争すべきとされる。財政調整法（Finanzausgleichsgesetz）の第五条第二項に従う義務的な合一化（合意）交渉への義務づけ（die Verpflichtung zu obligatorischen Einigungsverhandlungen）は、ここで問題になっていることを的確に特徴づけている。これらの合意交渉に対して、国事裁判所の判断（判決）（das Urteil eines Staatsgerichtshofs）は一種の仲裁裁定（Schiedsspruch）、合一化（合意）の代替（Einigungsersatz）なのである。[19]

【国家的な統合連関の〈意味体系〉の中に秩序づけられる国法諸規範：諸価値のランク（優位・序列）問題＝法（権利）問題——諸規範・諸制度の価値づけ】

個々の国法的諸規範を国家的な統合連関の〈意味体系〉の中に秩序づけることから、この体系にとってのそこから生起するそれらのさまざまな価値、それらのランク〔優先順位〕の相違（Rangverschiedenheit）がさらに推論される。このランク問題（Rangsfrage）は一つの法（権利）問題（Rechtsfrage）である。明らかに、国法の教科書の「真実を述べる義務（Wahrheitspflicht）」には、個々の諸規範や諸制度の適格な価値づけ（zutreffende Bewertung）が欠かせない[20]。ヴァイマール憲法第三条の不充分な解釈なのであるが、指導的な注釈はライヒ〔国旗〕の色彩の確定を通じて行政や商船航行にとって特定の諸義務だけが成立するということを強調しているが、しかし、次のことを認識させないままにしている。すなわち、（すでにその位置からして憲法典（Verfassungsurkunde）のはじめに現れているような）憲法制度（Verfassungsinstitut）は憲法ゆえにきわめて高いランクを有しており、このランクは、例えば共和国保護法（防衛法）の刑罰規定（Strafbestimmungen des Republikschutzgesetzes）を通じてようやくはじめて創出されたのではなく、まさしく前提にされ、そして刑罰保護（Strafschutz）の下に置かれている、ということを〔認識させないままにしている〕[21]。議会制の体系（das parlamentarische System）はライヒ憲法により第一ランクの憲法原理として価値づけられるべきか、それとも第二ランクのそれとして価値づけられるべきか、このことは一つの法（権利）問題（Rechtsfrage）である[22]。他のすべての法（権利）領域（Rechtsgebieten）においても事情は異ならない。但し、国法的な統合体系の個々の部分のランク〔優先順位〕（Rangverhältnis）の問題は、その体系のことさら強い体系的閉鎖性（systematische Geschlossenheit）において、特別な程度においてもまた、その体系の――法学的に認識されるべき――法（権利）内容（Rechtsinhalt）に属している。このことは、〔法〕実証主義（Positivismus）が規範論理学（Normlogik）として完成されなかったかぎりで、おそらく〔法〕実証主義でさえ認めるであろう。規範論理学の王国においては、昼でもすべての猫は灰色である（Auch bei Tage sind alle Katzen grau）からである。

最後に、憲法（体制）の可変性（Veränderlichkeit der Verfassung）、「憲法（体制）変遷（Verfassungswandlung）」の可能性、実定憲法の〈全体性〉（Totalität des Verfassungsrechts）に伴って与えられているこの法（権利）領域の固有性が存在する[23]。

【持続的に〈意味〉を充溢化する統合体系を規範化する憲法：時代や状況に応じて絶えず変更される課題：憲法

外の社会的諸力の自発性：諸規範・諸制度のランクやウェイトのずれから帰結する憲法変遷の必然性：憲法制定における統制原理としての〈意味充溢〉】

実定憲法（das Verfassungsrecht）は、統合体系として、絶えずある意味で最高度に〔究極的に〕（optimal）解決されなければならない、ひとつのいつも不断にみずから変遷する課題の履行（die Erfüllung einer sich immerfort wandelnden Aufgabe）を確定しなければならない。この解決の諸要因は、変化した時代や状況に応じてずらされる（sich verschieben）。こうした変遷（Wandlung）は、それが憲法体制（Verfassung）によって前提にされた、おそらくおよそ計算（einkalkulieren）されてはいるがしかし規則化（regeln）されていない諸々の社会的な自発性（gesellschaftliche Spontaneitäten）の、「憲法の外部にある（extrakonstitutionell）」[24]諸力の、とりわけ党派の生活活動（Parteileben）の領域上にあるとすれば、実定憲法（Verfassungsrecht）の外部で前進（vor sich gehen）しうる。それ〔こうした変遷〕は、それが一歩一歩憲法体制に即した諸要因、諸制度、諸規範のランクやウェイトをずらす（verschieben）ことによって、憲法体制そのものに関わり（該当）（betreffen）うる。[25] それ〔こうした変遷〕は、まさしく憲法体制の生活活動（Verfassungsleben）の一つの新しい要因を導入しうる。——ヘルパッハ（Hellpach）は以前、閣僚（大臣）たちの創造的な政令発布（schöpferische Verordnungspraxis der Minister）の増加による議会主義の制限について語ったが、[26] こうしたことが現れる（eintreten）ならば、上で述べたことが言えることになろう。最後の二つのケースにおいて問題になるのは、憲法体制の内容を実質的な意味で変更する「憲法（体制）の変遷（Verfassungswandlung）」である。こうした変更（Änderung）は、明らかに「慣習法の形成（Gewohnheitsrechtsbildung）」の諸要求に結びつけることはできない。このことは、持続的にその〈意味〉を充溢化する統合体系（ein dauernd seinen Sinn erfüllendes Integrationssystem）を規範化（normieren）する憲法体制の性格から説明される。こうした〈意味充溢（Sinnerfüllung）〉は、憲法律制定者（Verfassungsgesetzgeber）にとってのみならず、とりわけ定立された実定憲法の妥当性の流動的な前進的形成（die fließende Geltungsfortbildung des gesetzten Verfassungsrecht）にとっての「統制原理（das regulative Prinzip）」である。

【憲法体制全体の〈意味〉と〈本質〉（精神的な〈意味連関〉）からの憲法解釈の欠如】

外国の理論的かつ実践的な憲法解釈（Verfassungsauslegung）がドイツのそれと区別されるのは、幾重にも次のことを通じてである。すなわち外国の憲法解釈は意識的にせよ無意識的にせよ、そしてしばしばまったくナイーブに、むしろ憲法体制の全体（Verfassung im ganzen）の〈意味〉と〈本質〉から議論しているが、これに対してドイツの憲法解釈は、むしろ個別性（Einzelheit）から議論し、この個別性を多かれ少なかれ形式主義的に扱い、その際しばしば無意識的に、この方法のいささか必要に迫られた補完を政治的な諸言及から獲得するということを通じて。したがって、ドイツ的法理論ととりわけドイツの裁判所との憲法解釈とに欠けているのは、ある程度対象を全体（Ganzes）として精神的に支配することとともに、外国の憲法解釈が幾重にも有している一定の結実性（Fruchtbarkeit）と民族（国民）性（Volkstümlichkeit）である。この点で外国において存立しているような精神的な諸前提は、とりわけ思惟活動の「前批判的」な〔カントの批判哲学の範型以前の〕素朴さ（»vorkritische« Naivität des Denkens）は、ドイツにおいては復旧（wiederherstellen）されていない。ここ〔本著〕で示唆されている意味での一つの基礎づけは、ドイツ的な作業の仕方に欠けているものを可視化するであろうし、そしてその〔ドイツ的作業の〕仕方にとって、個別性においてもまた、実定憲法の精神的な〈意味連関〉（der geistige Sinnzusammenhang des Verfassungsrechts）からその作業を可能なものとするであろう。

第二章　憲法に即した諸機関の法によせて（Zum Recht der verfassungsmäßigen Organe）

【国家諸機関の形成・定在・機能において活動現実的に生活活動を営む国家――国家的統合（化）：支配的な国法学における機関に対する機能の優位】

憲法体制を統合秩序として捉える理論（eine Theorie der Verfassung als Integrationsordnung）〔本著が呈示しようとする憲法理論〕は、支配的な国法学における国家諸機関の法（権利）（das Recht der Staatsorgane）の扱い方を欠陥（欠缺）のあるもの（lückenhaft）と見なしているのであるが、こうした〔法実証主義を批判する〕方向性は、これまでの文脈の中で〔すでに〕特徴づけられている。[1] 支配的な教説が国家諸機関の法を、それら〔の国家の諸機関〕が奉仕し「組織（機関）化（organisieren）」する（とされる）国家の諸機能の法（権利）（das Recht der Staatsfunktionen）の下位に論理的に従属させている（logisch subordinieren）[2] とするならば、それ（その支配的な教説）は憲法典（Verfassungsurkunden）〔成文憲法の諸条文〕を、それらが起草され意図されているものとは異なる形で読んでいることになる。しかしながらこの〔国家の諸機関の〕法（権利）は、単に立法や執行の行為（手続き）の代理権の担い手（die Vollmachtträger für die Akte der Gesetzgebung und Vollziehung）を創出（schaffen）するという意味とは異なる意味を有している。諸機関の形成、定在、機能において、国家は生き生きと活動（作用）し〔生活活動を活動現実的に営み〕（lebendig, wirklich werden）、自己統合（sich integrieren）する。個々の諸機関の諸行為（手続き）（Organenakte）の法（権利）の内容はともかくとして。

こうした見解から、ここでは若干の法学的な推論を引き出すことにしよう。

【機関形成の法（権利）の領域から明らかになる議会体系と内閣法の諸問題】

機関形成の法（権利）の領域（der Bereich des Rechts der Organbildung）において、そこから議会体系（das parlamentarische System）の、とりわけ内閣法（Kabinettsrecht）の、多く論究されてきた諸問題の解決が明らかになる。それらは、後の箇所で扱うことにする。

【統合する自己目的としての機関形成の諸規範――実質的法】

およそのところ一般的にいえば、統合（化）する自己目的（der integrierende Selbstzweck）としての機関形成の法（権利）（Organbildungsrecht）という性格から帰結するのは、その諸規範は形式的法（formelles Recht）ではなく、実質的法（materielles Recht）であるということである。[3] このことにもまた、わたしは立ち戻るつもりである。

【最上位の国家の諸機関の存立の統合的な意義づけ：憲法体制の意思・意味の充溢化する統合的役割を有するライヒ大統領】

最上位の国家諸機関の存立そのものの統合的な意義づけに鑑みるならば、支配的な教説が役立たないこと（Versagen）は、とりわけ明らかになる。支配的な教説は一国家機関の実定憲法的な意味（den verfassungsrechtlichen Sinn）を、もっぱらその（一国家機関の）諸管轄権（職務権限）を追加すること（Addition seiner Funktionszuständigkeiten）を通じて、そして政治的な意義づけの――せいぜいのところ（allenfalls）、こうした諸管轄権（職務権限）の総計（Kompetenzensumme）という政治的な基本思想（基礎的思惟範疇）（politische Grundgedanken）の――論究を通じて獲得しうるにすぎず、[4] そしてそれに伴って、例えばライヒ大統領の諸権限（Befugnisse）をフランス共和国の大統領のそれらと比較するに際して、どうしても困難に陥ることになる。これに対して実践（Praxis）が憲法体制の真の意味を表す（aussprechen）ならば、例えば第二代ライヒ大統領（Reichspräsident）〔ヒンデンブルク〕がかれの就任演説において、ライヒ元首（Reichoberhaupt）は「国民の統一意思を体現する（»den Einheitwillen der Nation verkörpern«）[5]ということを自らのために要求するならば、こうしたことは通常の憲法解釈に従えば一つの「政治的」、「事実的」な意味を有しているにすぎず、憲法体制に即したいかなる基礎（Grundlage）も有していない。〔けれども〕その際何ら疑念の余地のないことは、まさしく憲法体制（Verfassung）によってライヒ大統領はこうした統合的役割を要求する権利と義務を有しているのであり、そしてまさしく憲法体制によって、そうした〔ライヒ大統領の〕統合的役割を承認するライヒ諸機関とライヒに帰属する者たちとにとっての義務が存立（bestehen）しているということである。同様に、君主制国家における君主の重みと威厳（Gewicht und Würde）もまた、その（今日では大抵は控えめで名目的な）機関の諸権限（Organkompetenzen）の総計（Summe）と同じく、ぎりぎりのところ（allenfalls）、なお儀式的諸規則（Zeremonialregeln）と尊称（Majestätsprädikat）として根拠づけられざるをえないであろうが、しかしいずれにしても、その充溢（Fülle）においては、実定憲法（Verfassungsrecht）からは導き出されえないということにならざるをえないであろう。こうしたことは憲法体制（Verfassung）の一つの粗雑な誤解（曲解）（Mißdeutung）であること、ライヒ元首（Reichshaupt）の〔上で〕引用された厳粛な宣言は、むしろまさしくライヒ憲法の厳格な意思の充溢化（die Erüllung eines strikten Willens der Reichsverfassung）であること――こうしたことについては、言を費やすには及ばない。しかし、これについての根拠づけはここ〔本著〕で提起された道筋において見出されるはずである。

【ライヒと諸ラントの間の統合的協奏】

ライヒ参議院（Reichsrat）の意義が主として機能的統合（funktionelle Integration）の領域上にあるのは、次のかぎりにおいてである。すなわち、ライヒの生活活動（Leben）にとって必要であり、それゆえにライヒ憲法体制（Reichsverfassung）によって意志されている、そういうライヒと諸ラントとの間の統合的な協奏（Zusammenspiel）

の主要な部分が、こうした諸関係の諸対象はともかくとして、その諸交渉（Verhandlungen）と、それと関連しそれによって制約された、ライヒ中央と諸ラントの間のすべての諸感情（Fühlungen）との中にあるかぎりにおいてである。[6] それゆえに、連邦参議院ないしライヒ参議院（Bundesrat oder Reichsrat）の憲法に即した議決（決議）（verfassungsmäßige Beschlußfassung）が、諸ラント代表（Ländervertretung）の外部でのすべての諸ラントの全会一致の合意（eine einstimmige Einigung）に代替されるとしても、[7] そのことは——いずれにしても、以前の法（権利）に従えば——さほど深刻に受け取られるには及ばないであろう。なにしろ、規範の統合的〈意味〉（der integrierende Sinn der Norm）は、このこと〔ライヒと諸ラントとの間の統合的協奏、機能的統合〕によってかなりの程度で充たされているのであるから。

【機関にその意味とその実定憲法的な正当化を付与する統合意図：事例としての、統合秩序としての憲法体制に適うライヒ議会戦争責任調査委員会の設置】

統合意図（Integrationsabsicht）というものが、たまたま（時折）（gelegentlich）ではなく、〔それがあってこそ〕そもそもようやくはじめて（überhaupt erst）一つの機関の意味とその機関の実定憲法的な正当化（verfassungsrechtliche Rechtfertigung）とを生み出す（明らかにする）（ergeben）のかどうか、このことについてすくなくとも言及しておかなければならない。例として、戦争責任問題（Kriegsschuldfrage）の調査のための——多くの説明が為されてきている——ライヒ議会委員会（Reichstagsausschuß）を挙げてみよう。ひとが支配的な意見と共に、[8] 諸々の調査委員会（Untersuchungsausschuß）の設置を、ライヒ議会諸決議（Reichstagsbeschlüssen）の準備のためにのみ、したがって本質的には立法あるいは政府制御（Gesetzgebung oder Regierungskontrolle）の準備のためにのみ許容するにすぎないとするならば、いずれにしてもこの場合には、E・カウフマン（Erich Kaufmann）[9] と共に、この〔ライヒ議会〕委員会を正当化するわけにはいかない。その課題は他の領域にある。すなわち、ここ〔このライヒ議会委員会〕で外国に対する正当化のために、そして国内におけるこうした諸問題についての係争を明確化するために、こうした〔ライヒ議会〕委員会の〔戦争責任問題〕調査作業を通じて――さしあたり「道徳的な」断罪（»moralische« Verurteilungen）はともかくとして――内外の平和のためのもっとも強力な効果を伴って確認され、そしてその後に厳粛に告知されるべきなのは――およそ外交と記録文書との公開性（公共性）の統一する力へのその信仰（Glaube an die einigende Kraft der Öffentlichkeit der Diplomatie und der Archive）を伴う戦争終結というイデオロギー（Ideologie des Kriegsendes）という意味において――まさしく「歴史の判断（Urteil der Geschichte）」なのである。その種のあるいは何らかの国家的手続き（staatliches Verfahren）によってこのような歴史的な諸真実や諸価値判断を獲得しうるという幻想（Illusion）の基礎にある充満する思惟的誤謬を、E・カウフマンは徹底的に（丹念に）呈示した。同様に、公共的生活の諸真実性を弁証法的に目標化する可能性（die Möglichkeit dialektischer Erzielung von Wahrheiten des öffentlichen Lebens）に対する信仰、そしてこのような諸真実性の獲得された明証性の統合する力に対する信仰――こうした信仰の歴史とこうした信仰の終焉とは、C・シュミット以来まったく周知の事柄である。しかし、この〔ライヒ議会戦争責任問題調査〕委員会の設置によって企てられた試みが不可能であるという諸洞察は、それ（その試み）が憲法体制に即している（Verfassungsmäßigkeit）ということを排除していない。憲法体制そのものは、諸委員会をライヒ議会全員（Reichstagsplenum）の単なる補助機関の役割に正面切って結びつけているわけではいない。ドイツの政治的団体（Körper）において本質的に統一化（Einigung）を妨げている一つの楔（Keil）を呈示している政治的諸問題を明証化すること（evidente Klärung der politischer Fragen）を通じての政治的統一化（politische Einigung）は、総じて憲法体制の一般的な統合（化）諸課題（allgemeine Integrationsaufgabe der Verfassung）の、そしてとりわけヴァイマール〔共和国〕の多数者の思惟様式（Denkweise der Mehrheit）の大筋（Linie）の中に存しているの⑽。したがって、他のライヒ諸機関あるいは諸ラントの管轄権（権限）によって引かれた諸境界の中で、このような諸委員会は憲法体制に適っている（verfassungsmäßig）であろう。——すくなくとも戦争責任委員会（der Kriegsschuldausschuß）は、それら（諸委員会）が憲法体制に適っていること（Verfassungsmäßigkeit）についての一つの重大な先例（Präjudiz）〔先行する判断〕を創出したのである。

【統合的性格を帯びる最上位の国家諸機関】

およそのところどちらかといえば、もちろんここで問題になるのは、まさに最上位の国家諸機関の法（権利）である。

中級や下級の諸機関の主として技術的な諸課題とは対立して、最高位の国家諸機関の諸課題は、さしあたり統合（化）的性格（integrierender Charakter）を帯びている。そしてそれゆえに、それらの〔最上位の国家諸機関の〕法（権利）は個々の職務上の分局であるさらなる官庁組織（Behördenorganismus）の法（権利）とは対立して、まずはこの〔統合（化）的性格の〕〈意味連関〉から理解されなければならない。

【最上位の国家諸機関の諸管轄権（権限）の実質法的義務としての相互調整（国家全体の統合）：ライヒ憲法紛争の国事裁判可能性の原則的権限の欠如】

こうした〔上下諸機関の間の〕対立からは、例えば、一般的にいえば諸機関の諸々の法（権利）（上の）義務（Rechtspflichten）において、諸機関はそれらの諸管轄権（権限）（Zuständigkeiten）を引き受ける（wahrnehmen）という結果が帰結する（sich auswirken）。

職務上の一分局の個々の諸官庁（die einzelnen Behörden eines Geschäftszweiges）は、それらの法（権利）を他の諸分局に対して自分の分局の閉鎖性を保持することで、それらの管轄権（権限）（Zuständigkeit）を保持しなければならず、それを越えてはならない。これに対して、最上位の国家諸機関の協奏（Zusammenspiel）においては、国家の全体（das Staatsganze）が統合（化）されなければならない。ここから、これらの〔最上位の〕国家諸機関にとって他の〔下位の諸官庁のそれらとは異なる〕諸規則が帰結する。それら（の諸規則）は事実上感情（Fühlung）や共同作業（Zusamenarbeit）に依存しているだけでなく、[11] 法的にそれら（の諸規則）に義務づけられてもいる。[12]「最高の国家諸機関の間の関係という問題は、法を欠く空間（der rechtsleere Raum）に該当するのではなく[13]」、一つの法（権利）問題（Rechtsfrage）である。そして、ライヒ参議院（Reichsrat）に対するライヒ議会（Reichstag）のとりわけ非融和的な振舞い（態度）（ein unkonziliantes Verhalten）に際して、きわめて職業的な使命を帯びた判事たち（berufenste Beurteiler）の一人によって、正当にも「ライヒの最上位の諸機関の間に諸々の差異があっても、諸交渉（Verhandlungen）において調整（Ausgleich）が求められることは、ヴァイマール憲法の精神に対応している[14]」ということが確定されたとするならば、こうしたことは一つの法命題（Rechtssatz）であるということ、そしてこの法命題の基本思想はヴァイマール憲法の基礎にだけあるわけではないということ、これらのことだけは注記しておかなければならない。もちろんこの基本思想は最上位のライヒ諸機関相互の関係（Verhältnis）に強く妥当するが、それらの諸関係（Beziehungen）は、諸ラントにおける最上位の諸機関の諸関係がそうであるようには、係争事例（Konfliktsfall）において国事裁判所（Staatsgerichthof）によって明確化されないし、そしてそれら〔のライヒ諸機関の諸関係〕は他面では――所与の事例での共同作業（相互作用）（Zusammenwirken）において――最終的・主権的な決断（letzte, souveräne Entscheidung）を拒みえない。[15] この義務に即した統合（化）的な合意（意思疎通）（pflichtmäßige, integrierende Verständigung）は、適切に（angemessen）ひとつの補助的な（間に合わせの）裁判所の決定（eine subsidiäre Gerichtsentscheidung）によって代替されうるのか、すなわちそうした義務に即した統合（化）的合意は時宜に即した（その都度の）裁判所の判断に委ねられ（eventuell juridizialisiert werden）うるのか、こうしたことについて一九二四年／二六年のハイデルベルクとケルンの法曹会議（Juristentag）は、そうした趣旨の諸決議に際して大いに心を砕く〔範疇思惟を凝らす〕というようなことはなかった（sich nicht viel Gedanken gemacht haben）。しかし特徴的なのは、ライヒと諸ラントがしかるべく必要とする統一化（合意）（Einigung）は、まさしくより深刻な係争諸事例（Konfliktsfälle）においては国事裁判所（Staatsgerichtshof）の判断を仰ぐのではなく、合意（意思疎通）（Verständigung）を通じて招来されることを常とするということである。ヴァイマール憲法第一九条においてあらゆるライヒ憲法紛争のための国事裁判の可能性の原則的管轄権（権限）が欠如していること（das Fehlen grundsätzlicher Zuständigkeiten der Staatsgerichtsbarkeit für alle Reichsverfassungsstreitigkeiten）は、立法者の過失（迂闊）（Versehen）であったのか、あるいは立法者の意図であったのか、このことは歴史的に突き止めるわけにはいかないし、憲法解釈にとってもまた本質的なことではなかった。しかし本質的なことはこうした欠缺（Lücke）が存することであり、そしてこうした欠缺の存することから帰結するのは、調整と合意（Ausgleich und Verständigung）のための――つまり、統合（化）する共同作用（協働）（das integrierende Zusammenwirken）のための――最高位のライヒ諸機関の実質法的な義務（materiellrechtliche Pflicht）の、より高次の要求、より大きな意義である。ライヒ参議院に対するライヒ議会の側からのときおり感受されるこうした義務の毀損には、こうした法命題を充分には明確に彫琢（herausarbeiten）してこなかった国法学の怠慢に責任がないわけではない。こうした〔実質法的な〕義務は、第一九条の件の欠缺を〔形式法的に〕充当（ausfüllen）したとしても、なくなることはないであろうし、それどころか反対に、国事裁判所の何らかの司法活動（Rechtsprechung des Staatsgerichthofs）に際しても、〔こうした実質法的義務は〕その管轄権（権限）のこうした新しい領域において、このような司法活動に不可欠な実質法的な尺度基準（materiellrechtlicher Maßstab）であることが判明するであろう。このことを通じて、こうした〔実質法的〕義務はまさしくようやくはじめて発見されることになろう。しかし、こうした〔実質法的〕義務は同時に最高位のライヒ諸機関の共同作業における効果的な統合（化）の唯一の保証であることを止めるであろうし、ライヒ実定憲法の全体（das Ganze des Reichsverfassungsrecht）における集約性と意義（Intesität und Bedeutung）を失うであろう。――すなわち、法曹会議の件の諸決議の実行（die Ausführung jener Beschlüsse der Juristentage）はライヒ実定憲法を実質法的（materiellrechtlich）に変更するであろうし、そして、法曹会議においてまったく見逃されていた第一九条の拡張（Ausdehnung）のこうした不可避的な実質法的な意義（unvermeidliche, materiellrechtliche Bedeutung einer Ausdehnung des Art. 19）は、すくなくとも憲法律制定者（Verfassungsgesetzgeber）自身には、かれがこれらの諸決議の貫徹（Durchführung）に取りかかるとき、自覚されるはずであろう。

【諸党派・諸会派間には妥当しない調整・合意（意思疎通）の実質法的な義務】

同じこと〔係争関係にある国家諸機関の間の実質法的な調整・合意の義務〕は、憲法体制がそれらの自発性を当てにして（計算に入れて）いる政治的諸力には妥当しない。かくして、諸党派や諸会派（die Parteien und Fraktionen）は、連立や内閣の形成（Koalitions- und Kabinettsbildungen）に際して、共同作業（Mitarbeit）に義務づけられていない。それらには、統合（化）的諸事象を憲法体制や業務秩序（Geschäftsordnung）に矛盾する形では――例えば阻止（妨害）（Obstruktion）などを通じて――攪乱しないという意味で、もっぱら消極的な諸制限が引かれているにすぎない。

【ヴァイマール憲法おける議院内閣制】

ここに存している諸問題の主要な論点は、議会制内閣とその形成（Bildung）の法（権利）（das Recht der parlamentarischen Kabinette）にある。まさしくヴァイマール憲法の法（権利）についていつも新たに湧き出る疑問は、ここでは本来的な基本思想（基礎的思惟範疇）はいまだに充分には彫琢（herausarbeiten）されていなかったということを証明している。

【議院内閣制とその形成の法（権利）についての諸説】

問題の文献的な現況（水準）は、しばしば詳述（darlegen）されている。[16] 一面では、①ライヒ大統領（Reichspräsident）によるライヒ宰相（Rechskanzler）の選出、②ライヒ宰相による、あるいは内閣形成に伴う全権委員たち（der mit der Kabinettsbildung Beauftragten）による閣僚選出や綱領確定、③新内閣の受諾（Akzeptierung）に関するライヒ議会全員（Reichstagplenum）の交渉と決定、これら①、②、③についての自由の要求があり——これらすべては、ライヒ憲法の文言と、そして、自由な発意（主導）（freie Initiative）と公開的批判（öffentliche Kritik）との生産的な力への信仰とに支えられて（依拠して）いる。これに対しては懐疑（Skepsis）がある。この懐疑は、①申し立てられている（名目上の）法（権利）原理（ein angebliches Rechtsprinzip）——この法原理にしたがえば、内閣は「ライヒ議会多数派の執行委員会（Vollzugsausschuß der Reichstagsmehrheit）」にすぎない——に、あるいはそうでなければ、②「素材に内在する法則（法律）（immanente Gesetze des Stoffs）」に、すなわち政治的に不可避な、あるいはやはり規則に即した出発点としての連立否認（Koalitionsabrede）という「政治的諸現実」に、この①、②のいずれかに支えられて（依拠して）いる。[17] 最後に、正当に要求された「実質的な内閣形成の法（権利）[18]」を、（国家福祉（Staatswohl）という）——ライヒ大統領がかれの選出に際してそこに拘束されているとされる——ひとつの客観的・内容的な尺度基準において見出そうとする試みがある。[19]

【議院内閣制形成の法に関する諸教説の諸限界とそれらの諸批判】

教説で説かれるあらゆるこうした意見は、変遷する実践によって虚言として咎められているし、そしてそれを度外視しても、攻撃しうるものである。最初の意見は、C・シュミットがその幸運と終焉とを古典的に詳述した一つのイデオロギー〔自由主義と議会主義のイデオロギー〕に支えられて（依拠して）いる。[20] ここでは、シュミットの精神史的な論証（Nachweis）〔一九世紀的・古典的な自由主義と議会主義は大衆デモクラシー状況において精神史的にイデオロギーと化している、という論証〕は、それが三つのうち疑いなく思想〔思惟範疇〕的にもっとも豊かな試みからその本来的な基礎を奪い取ることによって、直接的で実践〔実際〕的な意義を獲得している。こうした試みはまた、次のことによってもまた反駁されている。すなわち、一九二三年までの初代ライヒ大統領〔F・エーベルト〕の実践は——より広い諸圏域の法〔権利〕感情（das Rechtsgefühl）もこれ〔こうした試み〕に対してはげしく抗議する（sich dagegen verwahren）ことはなかったであろうが——その試みの本来的基礎とはきわめて先鋭に矛盾していたということによってもまた。逆にいえば、連立否認という基準について懐疑的な教説（die skeptische Lehre von der Maßgeblichkeit der Koalitionsabrede）は、法学的教説としては評価されえない。明らかに、いかなる国事裁判所（Staatsgerichtshof）も、ライヒ議会からかれ〔ライヒ大統領〕に示された組閣提案に対して別の組閣〔案〕を以て答えるであろうそうしたライヒ大統領を、憲法毀損〔違憲〕ゆえに断罪したりしないであろう。ヘルファールト（Herrfahrdt）の解決の試みは、結局のところ、その核心的概念の内的矛盾において挫折する。政治的な事柄においては、その中に何らかの特定の最適度の〈統合作用〉（optimale Integrationswirkung）の契機が、すなわちここではライヒ議会と国民を獲得すること（Gewinnung von Reichstag und Volk）を顧慮することが共に含まれていないような、事態に即した客観性や超党派性（sachliche Objektivität und Überparteilichkeit）のいかなる尺度もまた、存在しない[21]。別様に表現するならば、議会制的体系（das parlamentarische System）は、なによりも〔第一義的には〕機能的統合の一体系（ein System funktioneller Integration）であり、したがって、政治の事態内実（Sachgehalt）に関していえば（ひとが民主制そのものに対して〔そういう〕陰口を叩いてきたことであるが）相対主義の一体系（ein System des Relativismus）であって、「仲裁裁判によって（schiedrichterlich）」確定しうる客観性の一体系ではないのである。

【ライヒ大統領の実質的組閣権：内閣、議会、国民との共同歩調という憲法に即した制約】

こうしたことに伴い、「実質的な組閣権（das »materielle Kabinettsbildungsrecht«）」という基本思想〔基本的思惟範疇）は規定されている。ライヒ大統領は、自分が事態に即して正しい（sachlich richtig）と見なす政治（政策）のために自らが果たすべきこと（das Seinege）を果たす、そういう権利と義務を有している。しかしながら、この課題は、同時にライヒ議会と国民（Volk）〔の同意〕を能うかぎりこの政治（政策）のために獲得（gewinnen）するという他の諸課題から、概念的には決して区別されることが許されない。統合作用（Integrationswirkung）のこの最適状態（Optimum）は、課題として課されている（aufgegeben sein）のである。ライヒ大統領がこの最適状態を、かれに提示されている連立内閣（Koalitionskabinett）を受け入れることによって、すなわち（憲法と公認の民主制的教説の文字通りの意味における）創造的な主導と競争的な批判との弁証法（Dialektik schöpherischer Initiativen und konkurrierender Kritik）によって、あるいは一定の人民投票的な共鳴（共感）（plebiszitäre Resonanz）を伴う組閣行為（Bildungsakt）によって達成しようと試みるかどうか、これはライヒ大統領の裁量（Ermessen）に委ねられている。この裁量の自由は内閣、ライヒ議会、国民全体（Volksganze）の共同歩調（Zusammengehen）という目標のためにすべてのことを果たすという義務によってのみ、制限されている。——ここに、ライヒ大統領の国法上の不法越権（staatsrechtliches Unrecht）の諸々の可能性がある。[22] 他面では、ライヒ議会は〔ライヒ大統領の〕この裁量の自由をこれらの限界において承認し、そして、あらゆる政府形成（Regierungsbildung）に対して憲法体制に即して立場を採らなければならない。〔フランス〕共和国大統領に、かれによって組閣された内閣に対するあらゆる対応（Einlassung）を拒絶することを通じて引退することを強いた、一九二四年六月のフランスの各議院（Kammern）のそれのような態度（Haltung）は、違憲（verfassungswidrig）であろう。

【議会と国民の信頼による統治という憲法体制に即した基本思想に基づく大統領組閣権】

ライヒ憲法（Reichsverfassung）が予め考慮（予定）（vorsehen）している形式的な手続き（das formelle Verfahren）は、他の道（方途）が塞がれているときには、当を得ている（適切）であろう（angebracht sein werden）。しかしながら、組閣権の定式（化）（eine Formlierung des Kabinettsbildungsrechts）は、フランス的模範を志向して、フランスでは不可避であるがドイツでは決して必然的ではない政府形成（Regierungsbildung）の道（方途）を、その憲法体制に即した基本思想（verfassungsmäßige Grundgedanken）に従って明確に標識づける（klar bezeichnen）というよりも、むしろ技術的に記述（technisch beschreiben）しているのであるが、〔こうした組閣権の定式（化）は〕次のような憲法体制に即した基本思想を前にして、退かざるをえない。すなわち、問題はライヒ議会と国民との信頼（Vertrauen）によって担われた、そしてこの信頼を獲得するのに相応しい、そうした統治（政府）（Regierung）であり、(23)そしてそれゆえに、ライヒ大統領の義務に即した裁量（Ermessen）に従ってもっとも歩みうる（通用している）、この目標に向かう道（方途）は、憲法体制にもっとも即した道（方途）であるという憲法体制に即した基本思想を前にして〔組閣権の定式（化）は退かざるをえない〕。

【ライヒ政府の組織化問題――連帯原理（政府内、政府と議会の間の流動的な意思疎通）からはじまる統合課題：政治的統合の法としての憲法：財政（予算）政策をめぐる行政府の技術的決定に対する閣僚協議の政治的決定の優位】

似かよった解決を、ライヒ政府の組織化（Organisation der Reichsregierung）の問題は要求する。司教区体系、管区体系、その他の諸体系（Kollegial-, Präfektur- und andere Systeme）がこのライヒ機関の形象化（Gestaltung dieses Reichorgans）に参与している割合（Prozentsätze）を、憲法の個別的諸規定から算出（errechnen）することが通常企てられているが、こうした試みをグルム（Glum）は正当にも退けた。(24)かれが議会における連立形成への強制（Zwang zur Koalitionsbildung im Parlament）を問題解決の出発点としているとき、かれ自身は固有の迂回路（Umweg）を辿って正しいことを表現している。(25)連帯原理（das Solidaritätsprinzip）を内閣法（Kabinetsrecht）の核心的な思想（思惟範疇）（Kerngedanken）として要求するのは、連立の基盤（根拠）（Koalitionsgrundlage）ではなく、まさしくそれから始まる、しかしさらに持続する統合の課題（Intergrationsaufgabe）である。このことに伴って与えられているのは、①ライヒ宰相（Reichskanzeler）の諸権利は極端すぎていない（過重なものにならない）（nicht überspannt）こと、(26)②総じてこうした内閣法は、「柔軟性（Elastizität）」や「政治的合議（politische Kollegialität）」という意味で、「法〔律〕的に素っ気なくて撓《たわ》めにくい諸形式（rechtlich spröde und unbiegsame Formen）には拘束されていない」(27)ものとして理解されなければならないこと、こうしたことである。グルムが正当にも示唆したことであるが、いわゆる「閣僚諸協議（Minsterbesprechungen）」は――ここでは内閣の政治的連帯（politische Solitarität）が絶えず創出される（laufendhergestellt werden）かぎりで(28)――政府の本質にとって、形式的な決議対象を伴う形式的なその諸会議よりも、はるかに特徴的である。そこ〔閣僚諸協議〕には、憲法体制によって意思されているその内閣の活動（Tätigkeit）の重点があるからである。かれ〔グルム〕は、「官僚制の精神（der Geist der Bürokratie）から生み出され」、それゆえに憲法体制を変更してしまう、そうしたライヒ財政規律（予算秩序）（Reichhaushaltsordnung）の諸規定を、蔵相（Finazminister）（やライヒ宰相）のために批判しているのであるが、かれが行っているこうした批判は、それだけに一層驚くべきことである。(29)ここ〔こうした諸規定〕において問題になっているのは、これらの特別な諸規範が役立つとされている倹約（Sparsamkeit）〔緊縮財政〕という、まったく限定された、本質的に〈技術〉的な関心である。内閣の〈政治〉的に考えられている通常の〔慣習的な〕秩序（die gewöhnliche, politisch gemeinte Ordnung des Kabinetts）は、倹約〔緊縮財政〕の関心がとりわけ妥当するものとされるかぎり、事態に即した遊離化（孤立化）された目的のために、〈行政〉に即して考えられている規則化（Regelung）を通じて破砕されてしまう。こうした規則化は、通常は（慣習的には）〈政治〉的なものとして扱われるべきこれらの諸問題を奪い取ってしまうからである。そうした内閣自身における連帯（Solidarität）と内閣と議会との連帯を創出することに役立つ正常（normal）な内閣法〔実質法〕の中に一つの異物（ein Fremdkörper）〔形式法〉が押し込められているのである。一方は〈政治〉的な法（権利）（politisches Recht）であり、他方は〈技術〉的な法（権利）（technisches Recht）である——両者はまったく異なる平面上にあるが、〈政治〉的な統合の法（権利）（politisches Integrationsrecht）としての憲法体制（Verfassung）は、本質的に決して変更されない。憲法体制の基本思想（基礎的思惟範疇）は、政府内部での流動的な協調（意思疎通）（fließende Verständigung）であり、そしてライヒ議会と政府の流動的な協調（意思疎通）であり、かつこれに留まる。——その際、誰〔いずれの機関〕が主導権（Initiative）を掌握するのか、いかなる案件がこの協調（意思疎通）（Verständigung）の対象とされるのか、とりわけまた、どの範囲でこれを通じて所管閣僚の自立性の中に介入されるのか、こうしたことはともかくとして。実定憲法の個々の諸規定は、こうした基本思想（基礎的思惟範疇）に先立つことはなく、それらがこの基本思想（基礎的思惟範疇）の中に、そしてその下に秩序化（ein- und unterordnen）されるときにのみ、正しく理解されるのである。

【憲法体制の法的固有様式：政治的諸機関の結合：国家的統合体系への参与〔権〕の配分】

ひとつの憲法体制の法的固有様式（die rechtliche Eigenart einer Verfassung）は、とりわけその最上位の〈政治〉的な国家諸機関（Staatsorgane）の結合（Kombination）の特別な体系に存するとするならば[30]、こうした固有様式は、諸権限（管轄権）のカタログ（Kompetenzkatalogen）を提示することや諸機関相互の諸関係の形式法学的（formaljuristisch）な分析によっては捉えられない。それぞれの個別的な機関が憲法体制の意思（Wille der Verfassung）に従って法（権利）ゆえに（von Rechts wegen）有しているはずの重み（das Gewicht）が、その〔機関の〕法業務上の管轄権（rechtgeschäftliche Zuständigkeiten）に従ってではなく、その憲法体制に即した統合諸課題に従って限定されうるように、諸機関の件の結合もまた、広狭の代理権（Vertretungsvollmachten）の配分（Verteilung）ではなく、国家的な統合体系へのさまざまな様式の参与〔権〕（verschiedenartige Anteilen am staatlichen Integrationssystem）の配分なのである。

【憲法の組織類型、国家形態の確定という課題】

こうした道筋（方途）においてのみ、憲法解釈の最初の諸課題のうちの一つの課題は、すなわちその〔憲法体制の〕組織（化）類型（Organizationstypus）——その〔憲法体制の〕特殊な国家形態（Staatsform）——を確定するという課題は、解決されうる。

【国法学の前提としての国家学：国法学的な個別的諸問題に先立つ問題：事例としての憲法体制の統合体系全体（政治的諸機関の結合）に照らした解散権問題】

こうした諸問題は、一般的な国家学の諸問題であるのみならず、しばしば、まったく具体的な国法学的な個別諸問題にとっての諸々の先行問題（Vorfragen）である。このことを、一九二四年の両ライヒ議会の解散と結びついた解散権（Auflösungsrecht）についての論究が示している。この問題の最新かつきわめて実り多き研究(31)がその先行問題を明らかにしえたのは、もっぱら次のことを通じてであった。すなわちその研究は、議会解散のさまざまな諸機能を憲法体制一般における政治的諸機関の結合に応じて可能なものとして、そしてヴァイマール憲法の単純な諸命題（条項）を多くのこうした諸可能性の一つの結合として証明した、ということを通じてであった。「君主による」、「宰相による」、「大統領による」解散という区別が、憲法体制に即した統合体系の全体（Ganze des verfassungsmäßigen Integrationssystem）における解散の役割に応じた区別によって代替されるならば、こうした諸区別はより説得力を有する（zwingender）であろう。すなわち、①もう一つの〔他の〕政治的機関（しかも、より弱いあるいはより強い機関、立憲君主制（konstitutionelle Monarchie）あるいは議会制（Parlamentarismus））への統一化（一様化）（Angleichung）の試みとしての解散、すなわち議会そのものの作業力と統合力の欠陥の改善（Heilung mangelnder Arbeits- und Integrationskraft）の試みとしての解散、②最終審級的（letztinstanzlich）な——そして何らかの諸根拠からして必要なものと思われている——「実在的な人民投票（Realplebiszit）」の導入（Herbeifürung）

としての解散、これらがそれである。しかし、こうした解釈（Auslegung）は、憲法体制の統合体系の固有様式（Eigenart des Integrationssystem der Verfassung）から、すなわちまさしくそれによって根拠づけられたこうした国家形態の個体的〈意味〉の固有様式から、個別的制度（慣習）の――ここでは解散の――特殊的な統合機能（besondere Integrationsfunktion）への〔つまり、〈全体的なもの〉から〈特殊的なもの〉への〕推論（Schluß）としてのみ可能である。

第三章　国家諸機能の法によせて（Zum Recht der Staatsfunktionen）

【国家的諸機能体系の総体に組み入れられる個別的諸機能】

国家的諸機能の法（権利）にとっては、ここで獲得された諸前提の根拠づけに際して、さまざまな種類と方向性を帯びた諸推論が帰結する。それら〔の諸推論〕はあまりにも多面的であるから、それらをここで完全に網羅するわけにはいかない。それらはさしあたり個々の機能を国家的機能体系の総体の特定の部分に組み入れることから導かれる。そして少なくともこの観点の下で、ここでは一定の数の適用可能性を示唆するつもりである。

【法（権利）の生活活動の〈意味連関〉から理解されるべき諸機能の法（権利）：国家の生活活動と連動して位置づけられるべき法（権利）の生活活動】

ひとが法（権利）の諸機能の体系（das System der Rechtsfunktionen）を権力分立（Gewaltenteilung）から切り離し、自己完結的かつ自立的なものとして扱うならば、支配的な〔法実証主義的な〕教説に対する素材的にきわめて包括的な齟齬（Verschiebung）が現れる。[1] こうした特別な立場〔支配的な法実証主義的教説〕から帰結するのは、①立法者や裁定者（Gesetzgeber und Richter）にとって、自余の「本来的な」国家諸機能にとって基準となる動機づけとはまったく異なる、まったく限定された義務に即した「動機づけ」（pflichtmäßige »Motivationen«）が妥当しているということだけではなく、[2] ②それらの諸機能は、総じてまるで異なる性格を有し、「法（権利）理念（Rechtsidee）と法（権利）の形式性（Rechtsförmigkeit）によって支配されている」ということ、[3] そして③それらの〔諸機能の〕法（権利）は、それゆえに法（権利）の生活活動の〈意味連関〉（der Sinnzusammenhang des Rechtslebens）からのみ理解されうるのであるが、この法（権利）の生活活動が、本来的な国家の生活活動（Staatsleben）に伴って、決して求心（集中）的（konzentrisch）には配置されていない、ということである。

【法（権利）の形成と法（権利）の源泉】

ここから帰結する諸推論の第一グループは、法（権利）の形成及びその源泉（Rechtsbildung und Rechtsquellen）に関係している。

【国家的な法（権利）定立による客観的な法（権利）の実定化――「実質的」法律概念】

第一に、国家的な〔国家による〕法（権利）定立（制定）（staatliche Rechtssetzung）の内容の諸問題の領域において、いまや一度は欠きえない「実質的」法律概念（der »materielle« Gesetzesbegriff）は、この文脈（連関）からのみ獲得されうる。それ〔実質的法律概念〕は、一定の時代にとって、国家的な〔国家による〕法（権利の）定立による客観的な法（権利）の実定化（Positivierung des objektiven Rechts durch die staatliche Rechtssetzung）における本質的かつ特徴的なもの（das Wesentliche und Charakterische）を、標識づける。[4]〔実質的法律〕概念の変わりゆく内実が（例えば、合理主義的（rationalistisch）［一般性の基準（Allgemeinheitskriterium）］、個人主義的（individualistisch）［自由と所有（Freiheit und Eigentum）」、形式主義的（formalistisch）［ヘネル（Haenel）］、自由権的（freirechtlich）等々に）説明されるのに応じて、この内実を規定することの周知の困難さは説明される。

【諸規範が抵触（衝突）する法（権利）：第一三条「ライヒ法はラント法を破る」の解釈】

次に〔第二に〕、国家的な法（権利）（国法）が妥当する諸前提という問題圏から、諸規範が抵触（衝突）する法（権利）（das Recht der Normenkollision）が、この連関（文脈）の中に入ってくる。[5] いずれにしても、まさに真正な国法（echtes Staatsrecht）は、国家的な〔国家による〕法（権利）の定立（die staatliche Rechtssetzung）〔国法制定〕の諸形式とさまざまなそれに関与する諸機関の関係とを規則化する。これに対して、「ライヒの法（権利）はラントの法（権利）を破る（に優先する）（»Reichsrecht bricht Landrecht«）」（ヴァイマール憲法第一三条）という命題（条文）は、ひとがこの命題（条文）を次のように理解するならば、誤解されてしまう。すなわち、この命題（条文）は、ひとがこの命題（条文）を国法の命題（条文）（staatsrechtlicher Satz）として、[6] したがって、とりわけ立法（Gesetzgebung）の領域において諸ラントに対してライヒが優位にある（Überordnung des Reichs gegenüber den Ländern auf dem Gebiet der Gesetzgebung）ということを表現するものとして[7]理解するならば、誤解されてしまう。こうした解釈は、ケルゼンが有無を言わせないで端的に（schlagend）呈示したようには、[8] およそ貫徹させるわけにはいかない。ライヒの法律（Reichsgesetz）は立法のためのライヒ管轄権（権限）（vermöge der Zuständikeit des Reichs zur Gesetzgebung）ゆえに妥当するのであれば、そのときはこの命題（条文）は必要ないことになる。――あるいはそうではなく、ライヒはいかなる立法権限（Gesetzgebungszuständigkeit）も有さず、この事例のためにもまた、権限の拡張（Kompetenserweiterung）によって、つまり憲法改正（変更）（Verfassungsänderung）の諸要求を充たすことによってこの立法権限を根拠づけないのであれば、そのときは、この違法のライヒの法律をそれでもやはり妥当させることは、たしかにこの命題（条文）の意図するところではないことになる。したがって、この命題（条文）は、ひとつの抵触（衝突）規範（eine Kollisionsnorm）なのである。北ドイツ連邦憲法（die Norddeutsche Bundesverfassung）第二条は、連邦領域を一つの統一的な法（権利）領域（ein einheitliches Rechtsgebiet）として、すなわち、その法（権利）を一つの統一的な――体系として宣言した。――連邦法（Bundesrecht）とラント法（Landesrecht）に分肢化（gliedern）されているにしても――体系として宣言した。その理念的・体系的な統一性は、実践（実際）的に、とりわけこうした（当時の交通、経済、法（権利）の）必要（Bedürfnis）によって要求された）規則の適用によって、実現されるとされた。この命題（条文）の国法的な解釈（die Staatrechtliche Auslegung）は、一八六七年以来の諸憲法によって根拠づけられたドイツ的な法秩序のこうした内在的性格（den immanenten Charakter der deutschen Rechtsordnung）を、ライヒと諸ラントの一定の国法的な関係（ein bestimmtes staatrechtliches Verhältnis von Reich und Ländern）において零落せしめている（untergehen lassen）。――特徴的なのは、こうした解釈をきわめて入念に貫徹する（die sorgfältigste Durchführung dieser Auslegung）には、法律と支配意思とを（Gesetz und Herrschaftswillen）[9]、妥当と権力による事実的な従属確保とを（Geltung und tatsächliche machtvolle Befolgungssicherung）[10]、これら〔両者〕を――法理論的には不可能であっても――持続的に等置しながら（mit der rechtstheoretisch unmöglichen Gleichung）作業しなければならないということである。両解釈がまったく相違した平面にあるということは強調されるには及ばない[11]。それらが異なる諸成果に導かれることは、〔ヴァイマール憲法〕第一三条の基本命題（条文）に結び付けられている諸問題の充溢（Fülle von Fragen）に鑑みるなら、明確になる[12]。

【立法者の代理諸権限の問題】

似かよったことは、例えば立法者の代理諸権限（Delegationsbefugnisse des Gesetzgebers）という問題についていえる。いずれにしても問題は、〔ヴァイマール憲法〕第一三条の問題がそうであるように、もっぱら一方あるいは他方の領域にあるわけではないであろう。しかしどちらにしても、議論（Argmentation）は、両者のうちのどちらにおいてそれ（議論）がその都度動いているのか、そしてとりわけ両者のうちのどちらにその重点があるに違いないのか、絶えずこれらのことについて明確でなければならないという意味において[13]。

【国法の問題としての裁判官の審査権問題：①国家的意思表明の技術的・政治的な閉鎖性問題、②形式法の安定性と実質法の正当性考量のための法（権利）の機能体系問題】

適用諸事例の第二グループは、法（権利）の適用（Rechtsanwendung）の領域にある。

もちろんここには、前以て、裁判官の審査権（das richterliche Prüfungsrecht）の問題がある。この問題は、それらについてすべての考えうる議論がきわめて頻繁に妥当なものとされ、そしてきわめて頻繁に反駁されて、その結果、「論理（Logik）」の領域から「意思（Wille）」の領域へのトーマ（Thoma）の懐疑論的後退[14]が最後の逃げ道であるように見える、そういう諸問題に属している。にもかかわらず、一つの契機は充分には明らかにされていない。すなわちそれは、問題は〈国法〉の問題（eine staatsrechtliche Frage）なのか、それとも〈法（権利）の諸機能の体系〉の問題（Frage des Rechtsfunktionensystems）なのか、そしてどの範囲でそうなのかという先行問題（Vorfrage）である。この先行問題は、一般的にいえば、ロマニスト的外国〔大陸法圏〕にとっては〈諸権力の国法的な共同秩序（staatsrechtliche Zusammenordnung der Gewalten）〉の問題であり、アングロサクソン的外国〔英米法圏〕にとっては必ずしもそうした問題ではない。――ドイツにとっては、その問題は形式主義的な、すなわち実際には国家主義的（etatistisch）な扱いにおいて規則的に国法の問題[15]、すなわち事態に即して、とりわけ国家的な意思表明（staatliche Willensäußerung）の技術的・政治的に最高度の閉鎖性（Geschlossenheit）が目指された、国法の問題となるが、これに対して、かつて支配的であった扱いにおいては、形式的な法（権利）の安定性と事態に即した法（権利）の正当性とを考量する（Abwägung formaler Rechtssicherheit und sachlicher Rechtsrichtigkeit）ための〈法（権利）の諸機能体系（Rechtsfunktionensystem）〉の問題として〔国法の問題であった〕。両議論のいずれも除外されるわけにはいかないが、しかし、問題の論究（Erörterung）の最初の課題は、一方あるいは他方の優先順位（Vorrang）についての決定である。実定憲法的（verfassungsrechtlich）な側面を後退させ、〔法（権利）の〕管轄権（jurisdiktionell）の側面と法・政治（法政策）的（rechts-politisch）な側面を前面に押し出したことは、トーマ（Thoma）の功績である。[16]——但し、かれによって境界づけられた領域には、われわれの法生活（法（権利）の生活活動）（Rechtslebens）の諸機能の法（権利）的な（国法的ではない）共同秩序（rechtliche（nicht staatrechtliche）Zusammenordnung）の精神的かつ技術的な固有様式から、法学的な（形式「論理」的でもなく、「意思」に即したものでもない）推論として、裁判官の審査権のために何が獲得されうるか、という問題の一つの包括的研究の余地があるであろう。[17]

【例外裁判所の禁止——事態に即した尺度基準：裁判所構成法（Gerichtsverfassung）：法（権利）価値、行政価値、政治的価値——統合価値】

例外裁判所（Ausnahmegericht）の禁止（ライヒ〔ヴァイマール〕憲法第一〇五条）がこの関連に属していると いうことは、なおさらより自明のことである。ここでは、「自由主義的・立憲主義的な思想（思惟範疇）の諸経過（liberal-konstitutionelle Gedankengänge）[18]」からの概念の由来に結び付く、広く行き渡った支配的意見は、例外裁判所という概念のための特定の形式的な諸々の批判基準（Kriterien）を獲得するが、[19]しかし、これらの批判基準はその際特徴的なことに、適用に際して機能不全（versagen）となり、事態に即した諸々の尺度基準（sachliche Maßstäbe）へと遡及せざるをえない。ともあれ——平等の基本権（Gleichheitsgrundrecht）におけるように——「偏向的でなく、恣意的でなく（nicht tendenziös, nicht willkürlich）[20]」という尺度基準の消極的な諸理解（諸々の捉え方）（negative Fassungen）への傾向の下に。しかし、この特別な事例において、積極的な尺度基準は——いずれにしても定式化においては——〔ヴァイマール憲法〕第一〇九条の一般的な事例におけるよりも、より容易に獲得されうる。裁判所構成法（Gerichtsverfassung）は法（権利）価値という統制的原理（das regulative Prinzip des

Rechtswerts）の下にあるが、この法（権利）価値はここでは技術的な行政価値と、とりわけ統合価値とに対して、とりわけ鋭く対置されうるし、そして諸々の例外裁判所の設置あるいは形成（Einsetzung oder Gestaltung）は、法（権利）価値にではなく政治的価値に役立つべく（奉仕すべく）規定されているのである。[21]

【法生活の特殊的諸機能を憲法体制の政治的体系から思惟範疇的に切断――政治的体系の領域の特殊的意味の強調】

ここで主張されている見解は、一面で憲法体制の固有の政治的体系（das politische System der Verfassung）から法生活（法（権利）の生活活動）（Rechtsleben）の特殊的な諸機能を思惟範疇的に切断（ausscheiden）することを要求し、そしてこのことから、これらの諸機能の法（権利）のためにあらゆる推論を引き出している。これと同じく、この見解は他面で、こうした政治的体系の領域そのもののために、その特殊的な意味をかなり強く重視することを要求している。

【統治：政治と行政の境界づけ――対外関係と対内関係の関係：〈政治的なるもの〉】

このことは、本来的に「政治的な」諸機能というきわめて狭い断面（Ausschnitt）にとっては、とりわけこの意味での「統治（Regierung）」にとっては自明である。ここでは「政治的」諸案件とその他の諸案件は、一面での〈政治〉的諸機関としての中央諸官庁の活動と、他面での〈技術〉的な行政トップとしての中央諸官庁の活動との間の境界づけは、[22]おそらく、とりわけ一面での「外部諸国家との諸関係の配慮（Pflege）」と、他面での諸ラントの立法権限（Länder gesetzgebungskompetenz）という事柄における単なる契約締結（Vertragsschließung）（ライヒ憲法第七八条）との間の境界づけは――ここではいずれにしてもきわめて競合的（konkurrierend）ではあるが――「政治的なるもの（das »Politische«）」[23]というここで展開されたきわめて限定された概念を基礎に置くこと

〈Zugrundelegung〉によってのみ、獲得されうるにすぎない。

【憲法体制全体の機能的統合の観点から捉えられるべき国法的諸制度〈連邦国家の予算調整、ライヒ監督権、等々〉】

それはさらに、あらゆる本来的な国法上の諸制度〈staatsrechtliche Institute〉の法〈権利〉的な内実を明示〈herausstellen〉することについてもいえる。かくして、例えばA・ヘンゼル〈Hensel〉による「連邦国家の財政均衡〈予算調整〉〈Finazausgleich im Bundesstaat〉」の強く技術的なものと考えられている叙述を以てしては、まさにそれゆえに、問題の特殊国法的な内実〈der spezifisch staatsrechtliche Gehalt〉は尽くされていないし、そしてトリーペル〈Triepel〉の「ライヒ監督権は、このライヒ監督権〈Reichsaufsicht〉」に対する異論を、ひとは次のことから導き出せるであろう。すなわちそのライヒ監督権は、このライヒ機能と個別国家的な〔諸ラントの〕影響権〈Einflußrecht〉という対立する構成諸要因との、憲法体制によって意思された固有の結合〈Verbindung〉を意識的に退けさせ、あるいは批判している――いずれにしても全体〈das Ganze〉を、ライヒ憲法の意見がそうであったであろうよりは幾分かより技術的に見ている――ということから。こうしたことに、議会の法〈権利〉、立法手続き規則化、業務秩序、これらの統合〈化〉する〈意味〉〈der integrierende Sinn〉を誤解することは属している。J・レートリヒ〈Redlich〉の大著においてきわめて印象深く展開されているこれらの弁証法的な構築物〈Gebäude〉は、まさにこの弁証法を以て、事態に即した諸結論の達成だけを志向しているのではなく、議会そのものにおける、そしてとりわけ国民全体〈das Volksganze〉における機能的な統合作用〈die funktionelle Integrationswirkung〉を、少なくとも同程度に志向しており、そしてこの意味から理解されうるし、かつ解釈されうる。[24] こうしたことに属しているのは、J・ヘッケル〈Heckel〉が正当にも統合事象として特徴づけ、そして政府綱領〈Regierungsprogramm〉の提示と批判を以て一系列に押し込めた〈in eine Reihe gerücht haben〉、そうした議会による予算可決〈die parlamentarische

Haushaltverabschidung）である。[25] ここでは、「法律（»Gesetz«）」かあるいは「行政行為（»Verwaltungsakt«）」かという従来の二者択一を以てしては済まない（能事足れり、とするわけにはいかない）ことを、この領域からのあらゆる法（権利）問題（Rechtsfrage）が示している。――政府の願望に反対する議会による歳出認可の義務化作用（Verpflichtungswirkung parlamentarischer Ausgabebewilligung）という法（権利）問題であれ、あるいは他のあらゆる任意のそれであれ――制度（Institut）のこうした〈意味〉が出発点とされるとき、ようやくはじめて正しい解決が期待されうるのである。[26]

【ライヒ憲法第四八条「独裁権」〔緊急権〕問題】

最後に、こうした諸連関（文脈）に正しく組み入れること（die richtige Einordnung in diese Zusammenhänge）は、ライヒ憲法第四八条の独裁権（Dikutaturrecht）の諸問題の最終的な明確化のための前提である。こうした基本的問題をはっきりと前面に立てたことは、一九二四年の国法学者会議に際しての支配的教説に対する攻撃の大きな功績である。部分的に通常の憲法生活（憲法体制の生活活動）（Verfassungsleben）を支配している三つの価値（法（権利）的、行政的、政治的な価値）に並び、そして部分的にはこれらに替わって「ドイツ・ライヒにおける公共的な安全及び秩序」（第四八条第二項）の独裁制的全権（Diktaturvollmachten）の適用に際して、わたしが上で[28]外面的な現実（活動現実態）（Wirklichkeit）への〈統合価値（Integrationswert）〉の投影として定義しようと試みた、いずれにしても〈統合価値〉の変容（Abwandelung）である、そうしたひとつの国法的概念[27]が登場する。そして、通常の諸機能に替わって独裁制の「諸措置」（»Maßnahmen« der Diktatur）が、すなわち技術的に理解されるべき諸行為（手続き・審理）（Akte）が登場する。これらの諸行為（手続き・審理）は、そのかぎりで統合（化）する諸機能の領域とは対立しているとされ、そしてまた、通常の意味でのいかなる〈立法〉（法定立）ないし〈司法〉（裁判）

（Rechtsetzung oder Rechtsprechung）でもないとされる。[29] 独裁権（Diktaturrecht）の第三の基礎として、最後に――ここではとりわけカール・シュミット（Carl Schmitt）とは対立して[30]――その〔独裁権の〕究極的な意味において統合（化）し、本質を規定するのではなく、ひとつの緊急援助の仕方で外面的秩序を創出（作出）する、そういう技術的な性格（sein technischer, nicht im letzten Sinne integrierender, wesenbestimmender, sondern die äußere Ordnung in der Weise einer Nothilfe herstellender Charakter）が設定（einsetzen）されうる。[31] 独裁権のこうして規定された特殊法的な固有様式からはその個々の諸規範の解釈が帰結するが、他方ではその独裁権の個々の形式的な諸契機への解消[32]が、そして第四八条やその中で名指されたりあるいは名指されなかったりする諸基本権（Grundrechte）の綿密でさえある解釈が、事態に即して充分には志向性を安定させない、そういう形式的な法学のあらゆる危険を冒す（alle Gefahren sachlich nicht genügend orientierungssicherer Formaljurisprudenz läufen）ことになる。

【国家的諸機能の実質的グループ分け】

法（権利）ゆえに存立している国家諸機能の実質的なグループ分け（materielle Gruppierung）をこのように明確化することだけが、最終的には国法上の諸形式濫用（staatrechtliche Formenmißbrauch）の問題を関連させて扱うための諸前提を提供する。

【国家的諸機能の実質的〈意味〉区分をしない形式主義的国法学】

立法（Gesetzgebung）のために、形式主義的国法学は、他の諸機能に対するその種の諸境界（Grenzen）を根拠づけえない。形式主義的国法学は、立法者（Gesetzgeber）が警察指令（処分）（Polizeiverfügungen）を公布（erlassen）し、財産没収（Enteignung）を企て、民事訴訟（Zivilprozesse）を決定しても、そのことにいかなる違和感も抱かない（keinen Anstoß nehmen）。こうした〔形式主義的国法学の〕立場に対して正当にも行われる批判[33]は、それに対して、それらの相互関係において国家諸機能の実質的〈意味〉からの導出を必要としている。同じことは独裁権力（Diktaturgewalt）についてもいえる。ここでは、支配的な教説はたしかに諸制限（Schranken）を引くことを退けなかったが、しかしそれら〔の諸制限〕を、制度（機関）という事柄に即した核心的な思惟諸範疇（die sachlichen Kerngedanken des Instituts）――これらからのみ他の国家的諸権力（Gewalten）とのその〔制度の〕関係（Relation）は推論されうるのであるが――の上にではなく、形式主義的な〔条文の〕諸々の構成や語義解釈（formalistische Konstruktionen und Wortauslegungen）の上にのみ、根拠づけたにすぎない。[34]

【諸形式の濫用：他の機能に限界（境界）を踏み越えさせる立法（権力）と独裁権力】

しかし諸形式の濫用（Formenmißbrauch）はまた次の点にもありうる。すなわち、立法あるいは独裁権力（Gesetzgebung oder Diktaturgewalt）は、それら固有の諸限界（境界）（Grenzen）を踏み超えるのではなく、一つの他の機能に限界（境界）を踏み越えさせる（eine andere Funktion zur Grenzüberstreitung veranlassen）という点にありうる。[35] この問題もまた、ここで示唆された種類の基礎なしには現前しないか、あるいは解決不能か、このいずれかである。

【法（権利）の諸機能〔立法・行政・司法〕の体系の弁証法的統一性の認識】

いわんや司法や行政（Justiz Und Verwaltung）といった依存的な諸機能に引かれている諸制限（Schranken）は、それらの適法性（Rechtmäßigkeit）という法律や、その他の諸々の形式的な留保条項（formale Kautelen）へのそれらの形式的な拘束（結合）（Bindung）を以てしては、充分に特徴づけられていない。法（権利）の諸機能の体系（Rechtsfunktionensysytem）の弁証法的な統一性（Einheit）を――その体系の形式的にきわめて鋭い差異化（Differenzierung）にもかかわらず――認識する、[36] そういう一つの実質的な諸機能論（materiale Funktionenlehre）は、E・カウフマン（Erich Kaufmann）がようやくはじめてこれを成功裏に企てたように、ここで、それにもかかわらず立法と司法（Gesetzgebung und Justiz）の間に存立している最終的な事態に即した諸限界（境界）（Grenzen）を提示する、そうした必要性と可能性（das Bedürfnis und die Möglichkeit）を有している。[37]対応することは行政（Verwaltung）についても言えるが、但し、ここでは政治的権力（politische Gewalt）との関係が複雑な形で付け加わる。いずれにしても、ここでは問題の実践的（実際の）意義（die praktische Bedeutung der Frage）は、行政の依存性（Abhängigkeit der Verwaltung）ゆえに、本質的にはよりわずかである。

第四章　諸憲法体制の統合（化）する事態内実——とりわけ基本権（Integrierender Sachgehalt der Verfassungen — Insbesondere die Grundrechte）

【国家生活において不断に更新される事態内実：国家に課題を課し内容と尊厳を与えることで国家国民をいつも新たに統一体へと統合する事態内実：基本権の法理論的根拠づけ】

国家は、すなわち国家の生活活動（das staatliche Leben）は、国家の活動現実態（die staatliche Wirklichkeit）の一側面としての事態的統合（die sachliche Integration）ゆえに、事態的内実（ein sachlicher Gehalt）を通じてもまた活動現実的（wirklich）である。この事態的内実は国家に課（aufgeben）されており、そして内容と威厳（Inhalt und Würde）を与えているが、まさにそのことを通じて国家国民（das Staatsvolk）をいつも新たに統一体（Einheit）へと統合し、そしてそれ（この事態的内実）自身、国家的生活活動において絶えず更新され、前進的に形成（fortbilden）される。——こうした事態的統合の問題は、いずれにしてもこうした捉え方においては、従来国家理論や憲法理論の対象ではなかった。[1]これに対してここからの実定法的な諸推論（die positivrechtlichen Folgerungen）は、とりわけヴァイマール憲法の諸々の基本権（Grundrechte）の解釈のために、すでにしばしば、少なくとも個々の方向性において、いずれにしても大抵は国家理論的な根拠づけよりも、むしろ法理論的な根拠づけを以て展開されている。[2] わたしは以下において、わたしの議論を本質的にこの対象についてわたし自身がこれまで詳説したことに結びつけることにする。

【ヴァイマール憲法前文――国家形態、領域、国旗における統合的内実の正当な解釈の欠落：支配的解釈における個人主義的法（権利）概念】

この統合（化）する内実（der integrierende Gehalt）は、さしあたりヴァイマール憲法の入り口で前文（Präambel）、国家形態（国制）の規範化（Staatsformnormierung）、領域（Gebiet）、〔国旗の〕色彩（Farben）を通じて、つまり主として諸々の象徴（Symbole）を通じて標識づけられるとすれば、その場合、こうした憲法体制部分の意義の支配的解釈は適切（正当）（gerecht）なものではない。とりわけ（ライヒ〔国旗の〕色彩についての）第三条は、その法的意義づけにおいて、次のことを以てしては尽くされてはいない。すなわちそこ（第三条）には行政令（Verwaltungsverordnungen）の義務が、商船に対しては法令（Rechtsverordnungen）の義務が見いだされること、[3]――色彩には、「装飾的・儀式的な意義のみならず、一定の法的な意義もまた」認定されるが、しかし、〔黒・白・赤の〕商船旗（Handelsflagge）には、〔黒・赤・黄の〕国旗（Nationalflagge）に対して、とりわけ「高められた法的な意義（erhöhte rechtliche Bedeutung）」が認定（zuerkennen）されること[4]――こうしたことを以てしては尽くされてはいない。こうしたことからすれば、この共和国保護（防衛）法（Republikschutzgesetz）は、この関係において、色彩の刑事保護（Strafschutz）においてばかりでなく、とりわけ、それ〔共和国保護（防衛）法〕がにわかに（plötzlich）色彩に添えていたであろう高められた意義（gesteigerte Bedeutung）においてもまた、ひとつの刷新（eine Neuerung）ということになろう。もちろんこんなことは問題になりえない。まさしく支配的な法（権利）概念〈Rechtsbegriff〉の個人主義的な一面性は、あらゆる種類の〈正当化されたもの〈Berechtigten〉〉と〈義務づけられたもの〈Verpflichteten〉〉との間の意思諸領域〈Willenssphären〉の直接的な境界づけ〈Abgrenzung〉においてのみ、すなわち私法と公法〈das private und öffentliche Recht〉においてのみ、諸々の法命題〈条文〉〈Rechtssätze〉を見ているにすぎないが、これを越えてそれ以外の法〈権利〉の内実〈Rechtsgehalt〉を見逃している。

【ライヒ国旗の色彩についての法命題の法内容としての意味――君主制の拒絶、共和制への信仰告白】

①ライヒ〔国旗〕の色彩〈Reichsfarben〉を確定〈festsetzen〉するということは、一つのまったく限定された〈意味〉を、すなわち、国の内外に向けて従来の体系〔君主制〕に対する厳粛なる拒絶〈feierliche Absage〉の意味と、そして一つの「新しい政治的な原理〔共和制原理〕」[5]への信仰告白〈信奉〉〈Bekenntnis〉の意味とを有していること、そして②そのこと〔このライヒ国旗の色彩の確定〕は、法〈権利〉の内容〈Rechtsinhalt〉としてのこうした意味を、きわめて高いランクの一つの法命題〈Rechtssatz〉として有しており、共和国保護〈防衛〉法〈Republikschutzgesetz〉は、この法命題にこのランクを付する必要はなく、刑法上の威嚇〈Strafdrohung〉を付するだけでよかったこと――これらのことについて、法律家ならざる読者は疑念を抱かないであろう。いずれにしても法律家にとっては、これやあれやの名指された〔ヴァイマール〕憲法の導入的な諸〈法〉命題を正しく評価づける〈richtig würdigen〉ことは、必ずしも容易ではない――というのは、それらの諸〈法〉命題は実際のところ、自余の法秩序〈Rechtsordnung〉においては、それらと同様のこと〈ihresgleichen〉を有していないからである。[6]

【ライヒ憲法第三条――国家の本質規定】

ひとはさしあたり、そしてとりわけ〔ヴァイマール憲法〕第三条において、一国家の〔国旗の色彩の〕厳粛なる確定が一定の政治的な路線、態度、諸格率に与える周知の効果〈作用〉〈Wirkung〉を、考えることができよう。この国家は、このことを通じてそれ自身の本質を規定し、たとえそれが、それを以ていかなる法的な拘束も自らに引きうけていないとしても、本質に即して確定される。例えばこのような類の外交的諸行為〔手続き（Akte）〕の周知の効果〔作用〕がそれである。

【国家の政治的・内容的な具体性〔憲法体制の固有性〕を標識づける個体的規範としての法命題――国家の正当性類型の確定、国法〈精神〉の解釈規則――事態的統合】

ところで、ここではこれらの法命題（Rechtssätze）は一つの法律の――その国の最上位の法律の――関連においてあり、そしてそのきわめて際立った場所にある。これに伴ってこれらの法命題そのものは、明らかにこの法律の一部として、国民的な法秩序（die nationale Rechtsordnung）のとりわけ重要な一断片（Stück）として資格づけ（qualifizieren）られる。しかしそれらは、それらが個別的諸権限（Einzelkompetenzen）、技術的な個別的諸規則（technische Einzelregelungen）を含んでいるかぎりではこうした断片ではなく、またそれらが国家の諸機能（Staatsfunktionen）のための場所的な権限規範（örtliche Zuständigkeitsnorm）であるかぎりでも、こうした断片ではない（というのは、それらは領邦的な諸境界（die territorialen Grenzen）をやはり構成していないからである）。これに代わってそれら〔諸法命題〕が果たすべき（leisten sollen）ことは、他の方向性にある。①ひとつには、それら〔の法命題〕はさまざまな側面から、それらがその憲法体制を導入する国家の領土的かつ政治的・内容的な具体性（die territoriale und politisch-inhaltliche Konkretheit）を標識づけ、そしてそれとともに、他の諸法律のように無限定に多くの諸事例の抽象的規範であるのではなく、このひとつの事例の個体的規範（die individuelle Norm）であるという憲法体制の固有性（Eigentümlichkeit der Verfassung）を表現する。②さらにいえば、それら〔の法命題〕は、この個体的な法律が妥当すること（Geltung）を、なお繰り返し、この法律が担いかつ正当化する一定の――ここで簡潔に定式化され、とりわけ象徴化された――内実（Gehalt）に結びつけている。ヴァイマール憲法の第一条と第三条はその実定性（Positivität）に、まったく限定された正当性（Legitimität）の修正〔変更〕（Modifikation）を与えている。③最後にいえば、それら〔諸法命題〕は国家の正当性類型（Legitimitätstypus）を確定するものとして、国家の生活活動の中へと作用（überwirken）し、国家の法（権利）の〈精神〉ための解釈諸規則として、とりわけ立法者の拘束の下に妥当しようと（gelten wollen）する。それらは、そこにおいてドイツ国民が統一することになり（einig sein sollen）、憲法の趣旨に従って（nach Meinung der Verfassung）きわめて容易に統一しうる（einig sein können）、そうした標識（Zeichen）を打ち立てている。――事態統合（Sachintegration）と特殊的な正当性（spezifische Legitimität）との間の関連は、ここではとりわけ明らかである。そしてこうした事柄（諸事物）（Dinge）の価値を憲法体制の形式的な機関秩序や諸機能秩序のために貶める（entwerten）形式的な法学は、憲法体制によって意思されている重点配置（Gewichtsverteilung）〔価値の優先順位〕をまさしく逆立ちさせている（auf den Kopf stellen）のである。(7)

【統合（化）する事態内実の定式化としての基本権】

国家形態や〔国旗の〕色彩が象徴化によって果たしていることを、諸々の基本権（Grundrechte）は、それらの諸部分において定式化して果たそうと試みている。いずれにしても、憲法体制の内容（Verfassungsinhalt）のこうした意義もまた支配的な国法学によって拒まれる。

【行政の適法性や基本命題の法律的な特殊化に還元されてしまう基本権の諸含意】

支配的な意見は諸々の基本権（Grundrechte）の中に、すくなくとも一つの顕著な部分の中に、そして、まさにそれらの古典的、伝承的（tralatizisch）なストック（Bestand）の中に、とりわけ行政の適法性（合法性）（Gesetzmäßigkeit der Verwaltung）という、さなきだに自明の基本命題（Grundsatzes）の諸々の特殊化（Spezialisierungen）を見出している。(8) こうした基本命題の諸々の特殊化として、それら〔基本権〕は特殊な行政権

（Verwaltungsrecht）であるとされる。かくして、それら〔基本権〕は、それらが別様に存立している法律的な法（権利）状態（der anderweitig bestehende gesetzliche Rechtszustand）〔Recht が Gesetz として定立されている状態〕の改変（変更）（Veränderungen）として有している意義に照らして、入念（精細）に探究されている。――こうした探究において、すべての「単に綱領（プログラム）的なものにすぎないもの（nur Programmatische）」、すなわち疑いなく技術的な特別法（unzweideitig technisches Spezialrecht）ではないもの、こうしたものはすべて排除される。こうした探究から帰結するのは、かれの高い地位にもかかわらず、かれによって意図的であれ非意図的であれ修正された特殊立法（amendierte Spezialgesetzgebung）よりも、技術的にははるかに拙劣に作業した、そうした憲法律制定者（Verfassungsgesetzgeber）に対する唯一の大きな非難である。数多の不明瞭さや困難が生ずるが、これらについては、ここでは、基本権としての諸々の自由（die grundrechtlichen Freiheiten）は、特殊的な諸々の権力関係や義務関係（Gewalt- und Pflichtverhältnisse）といかなる関係にあるのか、とりわけそれらは官吏たち（Beamten）によって要求されうるのか、そして、〔されるとすれば〕どの範囲においてかという問題だけが想起されるにすぎないであろう。

【実定憲法の法（権利）領域における基本権：合法性と正当性の差異】

この困難は次のことからあっさり説明される。すなわち、諸々の基本権（Grundrechte）はまさしく行政法、特別警察法、私法等々ではなく、実定憲法（Verfassungsrecht）であるということから。すなわち、諸々の基本権は、技術的な特別法のためのいかなる改正（補充）法規（Novellen zu technischen Spezialgesetzen）でもなく、それゆえに、それらはまたそれ自身、第一に技術的には理解されえないのである。[9] それら（諸基本権）は、それらの諸対象を、個々の技術的な法（権利）領域（das einzelne technische Rechtsgebiet）から規則づけるのではなく、実定憲法の法（権利）領域（Rechtsgebiet）から規則づけるのである。それらが一つの特殊法的規範（eine spezialgesetzliche Norm）を文字通りに受け取っているときでさえ、それらはそれにそのことを以て別の意味を与えているのである。[10] それゆえすくなくとも部分的には、それら（諸基本権）は技術的観点には、きわめて厄介なことに（so lästig）、無頓着（unbekümmert）なのである。――例えばそれらの迅速なあるいは施行（実行）立法（Durchführungsgesetzgebung）に依存している妥当要求（Geltungsanspruch）の――それらの適用の技術的側面のために根拠を与える、そしてしばしばライヒ裁判所の有無を言わさぬ断定（鶴の一声）（Machtspruch des Reichsgerichts）によってのみ解決しうる――問題において。

【基本権の特殊な国法的性格】

こうした――従来支配的な見解に対立して――諸々の基本権のために要求される特殊な国法的性格は、それらの素材的な内容の新たな解釈とそれらの形式的な妥当（性）の意味の新たな性格づけ（Charakterisierung ihres formalen Geltungssinnes）を要求している。

【基本権↑内容的〈意味〉・事態的文化領域：価値、善（財）、文化の体系：国民的体系の規範化↓国家国民の帰属者たちの実質的な身分（Status）：文化体系と国民統合：形式法の無志向性（没価値性）と実質法の志向性（価値、意味）↑国家的生活活動の活動現実態】

それら基本権（Grundrechte）の素材的〈意味〉（stofflicher Sinn）は技術的な特殊立法（technische Spezialgesetzgebung）の性格を有しえない。このことは、たしかに次のことから帰結する。すなわち、それら（基本権）は主として同じ対象に妥当する技術的な特別法（律）（technische Spezialgesetzen）とのそれらの関係をまったく考えることはないし、そしてこのことを通じて、こうした諸関係における数多の大抵は解決しえない疑わしい問題（Zweifelsfragen）に導かれるということから。しかしながら、それら（基本権）が〔技術的な〕特別法（律）と何ら明確に関係していないということは、それらが相互に、そして実定憲法の全体と、積極的（実定的）に関係している（ihre positive Beziehung, zueinander und zum Ganzen des Verfassungsrecht）ということの裏面（Kehrseite）にすぎない。すでにして、それらのテクスト表現（Textfassung）が次のことを示唆している。それら（基本権）は、大いに強調して、それらが信奉する（sich bekennen）事態（事柄）に即した文化領域（ein sachliches Kulturgebiet）[11]を予め設定している（voranstellen）か、あるいはそうでなければ、命題（法規）ごとに開始させている（Satz für Satz beginnen lassen）。「すべてのドイツ人は、……、各々のドイツ人は……」等々のことがそれである。[12] この中には、それらの中に基本権のカタログの内容的な〈意味〉（der inhaltliche Sinn eines Grundrechtskatalog）が存している二つの契機〔文化体系と国民統合〕が、疑いなく表現されている。その内容的〈意味〉は、事態（事柄）に即した一系列の一定の閉鎖性（eine sachliche Reihe von einer gewissen Geschlossenheit）を、〈価値の体系（Wertsystem）〉あるいは〈善（財）の体系（Gütersystem）〉、〈文化の体系（Kultursystem）〉を規範化しようとし、そしてこの体系を〈国民的体系（nationales System）〉として、すなわちより一般的な諸〈価値〉を国民的に実定化（positivieren）する、そうしたまさにドイツ人たちの〔国民的〕体系として規範化（normieren）し、しかし、まさにそのことを通じてこの国家国民の帰属者たち（Angehörigen dieser Staatsnation）に何かを、すなわちひとつの実質的な〈身分（地位）〉（ein materialer Status）を与えるが、こうした〈身分（地位）〉を通じて、かれらは事態（事柄）に即して互いに、そして他の諸国民（民族）に対して、一つの国民（民族）（Volk）であるということになるはずである。〈文化体系（Kultutsystem）〉と〈国民統合（Volksintegration）〉とのこうした二重の〈意味〉は、諸々の基本権の積極的な志向（positive Orientierung）であり、この積極的な志向に、技術的な特別法への——法技術的に幾重にもきわめて好ましくない——それら（諸々の基本権）の消極的な志向（ihre rechttechnisch vielfach so unerfreuliche Nichtorientierung auf das technische Spezialrecht）は基づいている。[13] しかし、こうした消極的な志向は、遊離（孤立）化されて、そしてこの憲法体制の部分の相対的な没価値性（verhältmäßige Wertlosigkeit dieses Verfassungsteils）に与する議論にされることは許されず、そうではなく、そこからのみその形式的な妥当要求の固有様式への の問いに対する正しい解答もまた生じうる、そういう積極的な機能（positive Funktion）の消極的補完（negatives Komplement）として理解されなければならない。

こうした妥当要求（Geltunganspruch）は、特別法的なそれとしてはきわめて異なる種類のものである。しかし、この特徴的な基本法的な妥当（性）は、もう一つの（別の）平面〔文化体系と国民統合の平面〕にある。――それはあらゆる真正な基本権によって、等しく要求される（gleichmäßig in Anspruch genommen werden）。

【憲法、立法、行政にとっての規準としての基本権――文化体系からの妥当】

技術的な特別法（das technische Spezialrecht）の領域においては、諸々の基本権は、周知の如く、あるときはむしろ立法者 Gesetzgeber）に、あるときはむしろ特定の行政諸官庁に、あるときはまた個人（der Einzelne）に係わりうる――あるときは万人に係わりうるが、そしてあるときはこの系列からの誰にも係わりえない。諸々の基本権は、この意味ではあらゆる直接的な妥当（性）を欠いているとしても、それらはやはり、すくなくとも、特殊法（das spezielle Recht）のための解釈規則（Auslegungsregel）として、基本権カタログにおいて規範的に基礎に置かれている〈文化体系〉から妥当することを要求する。[14] すくなくともこの意味において、これらの基本権は絶えず「憲法、立法、行政にとっての規準（Richtschnur）」[15] なのである

【技術的な特別法の妥当の背後に存する価値体系・文化体系：憲法体制によって構成（立憲化）された国家の生活活動の〈意味〉、事態的〈統合意図〉、実定的な国家秩序と法秩序：ヴァイマール憲法におけるブルジョア的法秩序とプロレタリア革命の民主制的正当性】

ところで、技術的な特別法（das technische Spezialrecht）にとっての直接的あるいは間接的な意義の背後には、前者の源泉であるもう一つの（別の）意義がある。あらゆる実定的な法（権利）の妥当（positive Rechtsgeltung）をまったく度外視して、諸々の基本権は一定の〈文化体系〉、一定の〈価値体系〉を宣言（告知）（proklamieren）し

ているが、こうした〔文化や価値の〕体系は、こうした憲法体制から構成（立憲化）（konstituieren）された国家の生活活動の〈意味〉（der Sinn des von dieser Verfassung konstituierten Staatsleben）であるはずである。[16] 国家理論的にはこれ〔こうした文化や価値の体系〕は事態（事柄）に即した〈統合意図〉（sachliche Integrationsabsicht）を意味し、法理論的には実定的な国家秩序と法秩序との正当化（Legitimierung der positiven Staats- und Rechtsordnung）を意味している。こうした〈価値体系〉の名において、この実定的な秩序は妥当（gelten）するはずであるし、正当的（legitim）であるはずだからである。この正当化する〈〔価値〕体系〉（legitimierendes System）の定式化として基本権のカタログ（der Grundrechtskatalog）は、ある意味で〔ヴァイマール〕憲法の前文、第一章、第三章におけるこうした〈〔価値〕体系〉の簡潔な標識づけと象徴化（Bezeichnung und Symbolisierung）とへの、ひとつの真正なコメンタール（注釈）である。ここ〔基本権カタログ〕には諸々の基本権に対するきわめて重要な解釈の基礎がある。第一五二条、第一五三条、第一一九条、第一五四条が民法にとってどれほどの意味があるか、これは疑わしいであろう。疑わしくないのは、それら〔諸条項〕がヴァイマール憲法のライヒに〈文化体系〉の正当性（die Legitimität eines Kultursystems）を与えていることであり、この〈文化体系〉は、従来のブルジョア的な法秩序をその核心的な諸制度（Kerninstituten）（契約の自由（Vertragsfreiheit）、所有（Eigentum）、婚姻（Ehe）、相続権（Erbrecht））において固定し、そのことを通じて、ブルジョア時代にとってきわめて特徴的でありきわめて重要である〈正当性の源泉〉（Legitimitätsquelle）を含んでいるということである。第二二条は選挙権制定者（Wahlrechtsgesetzgeber）を拘束している。しかしこの条項は、その意義が選挙法（Wahlgesetz）を通じて片づけられたものとして扱われるならば、充分には解釈されていない。この条項は、〔ヴァイマール〕憲法にとって、かの諸条項とは対立して、そして第三身分（der dritte Stand）〔ブルジョアジー〕の従来の普通かつ平等の〔ブルジョア的〕選挙権（das allgemeine und gleiche Wahlrecht）とは対立して、（ここではとりわけ選挙年齢と両性の平等とにおいて特徴的な）プロレタリア革命の選挙権（Wahlrecht）の民主制的な正当性を獲得している。

【精神科学の対象としての基本権：法学の三つの課題——①実定的法秩序の正当性、②実定法の解釈規則、③技術的特別法としての基本権】

基本権のこうした体系は、即自的には（それ自体としては）歴史的に根拠づけられかつ制約されている一つの〈全体（Ganze）〉として、純粋に精神科学的な処理（Bearbeitung）の対象である。法学は、三つの理由からしてこの課題の前をやり過ごすことはできない。①ひとつには、この〔基本権の〕体系によって与えられる特殊な正当性（Legitimität）は実定的な法秩序を資格づけるもの（eine Qualifikation der positiven Rechtsordnung）であり、そして実定的な法秩序の正当性の類型と正当性の度合いとを明晰化する（herausstellen）ことはひとつの法学的な課題であるからである。②さらには、ここには少なくとも実定法（das positive Recht）にとっての解釈諸規則（Auslegungsregeln）があるからである。そして③最後に、諸々の基本権は、それら自身が〔技術的な〕特別法（Spezialrecht）であるかぎり、こうした法（権利）としてもまた、最後の特別法的な個別的問題（spezialrechtliche Einzelfrage）に至るまで、それらの精神的な総体連関（der geistige Gesamtzusammenhang）からのみ正しく適用されうるからである。[17]

【君主制において果たされていた①国家の歴史的内実〔意味内実、統合〕の象徴化、再現前化、②国家的秩序への正当性付与という課題：脱統合作用を及ぼしたヴァイマール憲法における基本権】

こうした課題は現存している。——ひとがヴァイマール憲法の諸々の基本権に添えるであろう実践的（実際的な）意義はともかくとして。こうした意義は、たしかに君主制（Monarchie）の崩壊を通じて高められた。君主制が国家の歴史的な内実（Gehalt）を象徴化（symbolisieren）し、再現前化（repräsentieren）し、そして同時に国家的秩序に必要な正当性を与えていたかぎり、諸々の基本権に、もっぱらそれ（君主制）を否定する——国家を制限する――側面を見ることは当然であった。君主制のかの二つの課題は、代わりとして登場した諸要因――これらにとっては〔国旗の〕色彩と国旗紛争（Flaggenstreit）との役割は特徴的であるが――が著しく意義を高めるという結果を伴って、革命（Umwälzung）を通じて自由になった（制約がなくなった）[18]。この点で多くの失策（Mißgriffe）がヴァイマール憲法の諸々の基本権の中に含まれているし、そして多くのことが国旗条項から始まり、首尾よく正当化する〈意味〉に即した作用（sinngemäße, erfolgreich legitimierende Wirkung）というよりも、むしろ脱統合化作用（desintegrrierende Wirkung）を及ぼしたという事実を、何ものも変えることはない。

【憲法体制の志向（意味、正当性、統合）を誤認させる形式主義的法学（法実証主義）における国家に対する不可知論と懐疑】

まさしく国家に対する不可知論と懐疑論とは、その本質に伴って、この憲法体制の部分の、あるいは憲法体制の契機の志向（企図）（Intention）をもまた誤認している[19]。この点で支配的な教説は、ここで示唆されたそれらの意味での諸前提からのみ実りある形で処理されうる一つの大きな作業領域（Arbeitsfeld）を放免（freilassen）してしまった。

第五章　連邦国家の法によせて（Zum Bundesstaatsrecht）

【連邦国家法の諸問題】

連邦国家法の諸問題（die bundesstaatsrechtliche Probleme）の領域においては、以前の文脈（関連）において展開された国家理論的かつ憲法理論的な諸前提から諸推論を引き出すということよりも、むしろ、かなりの部分がすでに文献の中で引き出されている諸推論をそこで提示された文脈〔関連〕の中に組み入れ、そしてそれらをそこから正当化することが問題である。

【形式法学的考察と政治的考察との結合：連邦国家と個別諸国家との連邦友好的関係態】

形式主義的な連邦国家法学〔Bundesstaatsrechtlehre〕にとって特徴的なことは、それが法〔権利〕の素材〔Rechtsstoff〕を個々の法〔権利〕〔Rechte〕、義務〔Pflichte〕、そしてその他の法〔権利〕諸関係〔Rechtsverhältnisse〕の一つの総体の中に解消することである。これら〔権利、義務、法〔権利〕諸関係〕は、いずれにしても一般的な私法的あるいはその他の形式的な諸範疇〔序列的ないし並列的な秩序〔Über- und Unter oder Nebenordnung〕その他のこと〕へ還元される。こうした連邦国家法学とは対立して、これらの諸問題の最新の扱い方〔Behandlungsweise〕は、形式法学的考察に政治的考察を結び付けようとしている。[1]――こうしたことは、次のような事態〔Sachverhalt〕を不幸にも表現している。すなわち、こうした扱い方は充分に正当なことであるにしても、実際には、総じて法〔権利〕素材〔Rechtsstoff〕を国家的な生活活動の一定の類型の、つまり国家的な統合〔化〕の一様式の規則化として概念把握する、ひとつの法学的、国法論的、とりわけ連邦国家法的な方法しか知らないということを。ビルフィンガー〔Bilfinger〕の包括的な研究は、個別国家の立場から、その個別国家を国家総体の生活活動の中に持続的・機能的に関係づけることを、法的に意思され規則化されている〔als rechtlich gewollt und geregelt〕こととして提示している。同じくわたしの〔いずれにしても、君主制的な連邦国家法に制限されえない〕教説は、連邦国家〔ライヒ〕と個別諸国家〔諸ラント〕を、最上位の法的義務として、連邦友好的な関係態〔行態〕〔bundesfreundliches Verhalten〕へと義務づけている。これはまた、上で示唆されたビスマルク憲法やヴァイマール憲法の諸々の特殊的な固有性についての見解でもある。[2]

【連邦国家の分肢化――諸ラントをライヒの中に関連づけて秩序〔統合〕化すること】

わたしはこれまでの文脈の中で、連邦国家の分肢化（Gliederung）という課題を次のように特徴づけようとした。すなわち、この国家的〈統合体系〉は個別諸国家〔諸ラント〕を対象として、しかしとりわけまたその国家総体の〈統合課題〉の手段として、自らの内に組み入れる（sich einordnen）という形で特徴づけようとした。諸々の国法的な主要問題は、ここでは個別諸国家の〈国家本性（Staatsnatur）〉そのものを規則化すること、(3) それら〔の個別的諸国家（諸ラント）〕を連邦国家的な〈全体〉〔ライヒ〕と共に秩序づけること（Zusammenordnung）、こうしたことの中にある。

【国法的な正当性の源泉の局在化：ビスマルク憲法における歴史的に正当な個別諸国家の個体性、ヴァイマール憲法における民主制的正当性】

個別国家に委ねられている国家的本性（die staatliche Natur）の諸契機は、さまざまな連邦国家的な憲法体制（bundesstaatliche Verfassungen）からさまざまな形で測定（bemessen）される。ビスマルク憲法とヴァイマール憲法との間の一つの主要な差異として、わたしは国法的な〈正当性の源泉〉の局在化（局限化）（die Lokalisierung der staatsrechtlichen Legitimitätsquelle）を名指した。前者〔ビスマルク憲法〕では歴史的に正当的な諸々の〈国家の個体性〉（die geschichtlich-legitimen Staatsindividualitäten）における、後者〔ヴァイマール憲法〕では〈全体〉の民主制的な〈正当性〉（die demokratische Legitimität des Ganzes）における〔国法的〈正当性の源泉〉の〕局在化がそれである。個々の方向性において、ヴァイマール憲法は国家本性を、すなわち諸ラントの国家的〈統合体系〉（das staatliche Integrationssystem der Länder）を保護し承認しているが、あるいは個々の方向性において諸ラントはこの承認を特に強調しているが、これらの方向性についてはもっぱら個々に際立てることにしよう。

【諸ラントにおける国家的な生活活動と統合力：個別国家の形式的支配権力】

事態（事柄）に即したライヒの強い単一（国家）化（sachliche Unitarisierung）に鑑みるならば、諸ラントにおける国家的な生活活動（staatliches Leben）というきわめて強い契機と、そしてこれとともにまた国家的な統合力（staatliche Integrationkraft）とは、個別国家の形式的な支配権力（die formale einzelstaatliche Herrschaftsmacht）である。諸ラントがそれらの経済やその他の諸利益の保証（Wahrung）に熱心に心を砕いているのは、こうした支配権力に伴って与えられている事態的・技術的な利点のゆえのみならず、[4] とりわけそうした保証はそれら諸ラントのきわめて強い生活活動の表現（Lebensäußerung）であり、定在形式（Daseinsform）だからである。

【ライヒ権力への諸ラントの参与による諸ラントの国家本性の実現】

これと並んでライヒへの影響が、厳密に言えば影響権（Einflußrecht）が現れる。ここでもまた、諸ラントがそれらの事態（事柄）に即した特別の利益をそこから引き出しうる獲得物（利得）（Gewinn）は、事態（事柄）（Sache）のこの側面がいかに重要であるにしても、決定的なものではない。——周知のように、諸ラントはライヒに対して、多くの部分で、それら自身の政策ではなく特定の方向性を帯びたライヒの政策を遂行するのである。決定的なのは、ここでもまたむしろ形式的な契機である。ライヒ権力への参与（Beteiligung an der Reichsgewalt）は、諸ラントそのものから失われた国家権力（Staatsmacht）に替わるものであるが、しかしこの参与において、諸ラントは政治的な生活活動のさらなる一断片（Stück）を遂行し、ここでもまたそれらの国家本性を実現している。[5] このことを特徴づけているのはまた、諸ラントにとっては、一九一九年以来ライヒの憲法体制の生活活動（Verfassungsleben des Reichs）一般へのこうした参与が——それらの個別的な形象化（Ausgestaltung）はともかく——いかに決定的に問題であったかということである。この最終（究極）的な〈意味の基礎〉（letzte Singrundlage）から、ここではすべての——それ自体やはり幾重にも定式化されていない、そして定式化することが困難な[6]——さまざまな個別的なことがら（Einzelheiten）が理解されなければならない。ここから、連邦国家法的な平等原理（Gleichheitsprinzip）の意味もまた、そのさまざま変容と傾向において理解されなければならない。[7]

【ライヒの事態的な生活活動の自己確証作用への諸ラントの参与――兵役制度】

この文脈に最終的に属しているのは、ライヒの事態（事柄）に即した生活活動の個々の自己確証作用（sachliche Lebensbetätigungen des Reichs）に参与しているという、諸ラントの関心（Interesse）である。かくして、ひとがこの関心の中に、兵役制度（das Heerwesen）への諸ラントの経済的かつその他の個々の諸関心の保証のみを見出すならば、ライヒ防衛法（Reichswehrgesetz）における「州兵制度」（Landmannschaft）という条項の意味は誤解される。事態（事柄）の核心（der Kern der Sache）は、ここでもまた、軍隊（das Heer）はひとつの国家的な生活活動形式（eine staatliche Lebensform）一般であるということ、そして諸ラントは自らに、それ（軍隊）への一定の参与において、とりわけ諸ラントに対応する閉じられたライヒ防衛の諸団体への権利において、この統合（化）する生活活動形式（integrierende Lebensform）の一断片を、それら自身の国家生活活動（Staatsleben）のためにもまた維持しようとしているということである。

【諸ラントをライヒ全体に統合的に関係づけるライヒ連邦国家憲法体制】

ところで連邦国家憲法体制（die Bundesstaatsverfassung）は個別国家を一つのそれ自身において閉じられた〈統合体系〉として承認するだけでなく、とりわけ国家総体（Gesamtstaat）そのものを構成（立憲化）（konstituieren）している。連邦国家憲法体制は諸ラントを通じて、それらに帰属する者たちを、間接的にもまた、そしてそのことを通じて、諸ラントの定在を欠いても可能であろうよりも完全に把捉（erfassen）し、統合（化）（integrieren）しようとしている。これはライヒにとっての、諸ラントの原則的存立の最終（究極）的な〈意味〉である。連邦国家体制はさらに諸ラントそのものを、統合（化）的にライヒ全体（das Reichsganze）の中に関係づけようとしている。これはライヒと諸ラントとの個々の関係の規則づけの主要な内容である。

【ライヒへの諸ラントの影響権に関する法実証主義の帰謬法】

したがって、ラーバント（Laband）が諸ラントの〔ライヒへの〕諸々の影響権（Einflußrechte）を憲法の文言から「論理的に」正確に展開（korrekt entwickeln）し、そうして諸ラントに、それら〔影響権〕の使用を――いずれにしてもせいぜい「愛国的」、「政治的」な諸義務によって制限されてではあるが――任意に、利己的に、無造作に、裁量させているとすれば、それはまぎれもなく、形式主義が自ら開けている正真正銘の深淵（奈落）（ein wahrer Abgrund）である。マディソン（Madison）は正当にも、すでに〔アメリカ〕合衆国とその諸州をライヴァルや敵国として表象することは端的に誤謬であると主張していた。たしかにそれは法学的に誤謬であった。こうした可能性を法的な可能性として承認することは、一つの国法学の帰結である帰謬法（不条理〔背理〕に帰着する演繹〔還元〕）（duductio〔reduktio〕ad absurdum）である。

【ライヒと諸ラントの共同秩序：諸ラントから統合（化）され、諸ラントによって構成（立憲化）されるライヒ】

社団法（会社法）（Gesellschftsrecht）の形式主義的図式は、いずれにしてもドイツ的連邦国家法（das deutsche Bundesstaatsrecht）の本来的な内実にとっては、まったく役立たない（versagen）。これ（この図式）に対しては、ザイデル（Seydel）が言っていることもむしろ相対的には正しい。ライヒと諸ラントの共同秩序（Zusammenordnung）という基本思想（思惟範疇）は、連邦に友好的な立場（態度）（bundesfreundliche Haltung）の「連邦に関する一般的な法命題（den allgemeinen bündischen Rechtssatz）」を生み出している。すなわち〔ライヒ〕憲法はライヒと諸ラントに、それらの国法的な諸義務を履行すること、そして形式的に与えられた諸権限をいつでも容赦なく適用することと、これらのことにおける形式的な相互矯正（匡正）関係（formale Korrektheit gegeneinander）とを、時宜に応じてライヒ監督権（Reichsaufsicht）と国事裁判所（Staatsgerichthof）による手続き的な保障（verfahrensmäßige Garantien）に訴えて、義務づけているだけでなく、〈統一性（Einigkeit）〉を、すなわち連邦に友好的な善き関係を絶えず探求し創出（作出）することを義務づけているのである。それゆえに、契約相手（Vertragsgegner）が「ホンブルク講和（Homburger Frieden）」[11]におけるバイエルンがそうであったように不法越権（Unrecht）であるとしても、ライヒ権力（Reichsgewalt）の行使を介しての、諸ラントとのライヒの合意（協調）（Verständigung）は、ライヒ憲法（Reichverfassung）の精神に反してはいないのである。ライヒは、まさしく多くの部分で、次の点において存立しているのである。すなわち、それ〔ライヒ〕は諸ラントから自己を〈統合（化）〉（sich integrieren）すること[12]、すなわち、これら〔諸ラント〕は、ライヒを構成（立憲化）（konstituieren）し[13]――国家の技術的な補助的諸制度（Hilfseinrichtungen）である諸地方自治体（Kommune）とは対立して、確固とした法（権利）に従う〔ライヒ〕監督権（Aufsicht）を通じてライヒによって導かれているが、しかし、何らかの形でそれら〔諸ラント〕に依存しているとされるその〔ライヒの〕の定在を分かち合う担い手（Mitträger seines Dasein）ではないこと、こうした点において〔ライヒは存立しているのである〕。

【連邦国家法における諸ラントに対するライヒの優位】

しかしながら同時に、まさに〔連邦国家の〈統合〉という〕課題を負った連邦に友好的な〔ライヒと諸ラントとの間の〕合意（協調）のこうした〈意味〉（dieser Sinn der aufgegebenen bundesfreundlichen Verständigung）は、こうした合意（協調）を内容的に拘束している。すなわち、あらゆる命じられた均衡（調整）（gebotener Ausgleich）においてライヒの利益〔利害関心〕（Reichsinteresse）は先行し、個別法（das Einzelrecht）は国家総体の法（権利）という思想（思惟範疇）（gesamtstaatliche Rechtsgedanke）の下に秩序づけられ（組み込まれ）なければならない[14]。この点において、結局のところ、個別諸国家〔諸ラント〕の定在は連邦国家から正当化されなければならないという連邦国家法のすでに以前に特徴づけられた原理は[15]、表現されるのである。

こうしたすべての法命題（Rechtssätze）は、例えば国事裁判所（Staatsgerichtshof）による適用に際して、あきらかにラーバントの形式主義がそうであるよりも、係争諸事例（Konfliktsfälle）のより正当な諸決定（決断）に導かれるであろう。

【国事裁判所の裁判（管轄）権：諸ラントに対するライヒの実質法的優位：実質法に対する技術的形式法の濫用の可能性】

こうしたことを以て、同時に、これらの〔諸ラントとライヒの〕諸関係についての国事裁判所の裁判（管轄）権（Jurisdiktion des Staatsgerichtshofs）の意義という、込み入った（錯綜した）問題に対する答えが与えられている。

ここでヴァイマール憲法によって先取りされた「〔司法判断に関する〕審級規定化（»Judizialisierung«）」は、このように一つの裁判所の下に置く〔裁判所の判断に委ねる〕こと（Unterstellung unter ein Gericht）は実質法的な関係（das materialrechtliche Verhältnis）をもまた変更せざるをえないという、以前に見出された規則[16]の意味でのみ解釈されるわけにはいかない。逆である。この実質法的な関係は逆に、再び形式的な権限（管轄権）（die formale Zuständigkeit）を〔ヴァイマール憲法〕第一九条〔国事裁判所〕に従って原則的に制限（einschränken）する。一九一九年以来の〔事態の〕展開が教えているのは、連邦に有利な関係態度〔行態〕（bundesfreundliches Verhalten）という、より古い「連邦」原理や「外交」原理は、ラーバント・モデルに従って対応する司法制御（Justizkontrolle）を伴う、すなわち唯一の保障としての〔ヴァイマール〕憲法、第一九条、一五条、四八条の手続き方式（Verfahrensweise）を伴う、形式主義的な団体権（Verbandsrecht）や同胞権（Mitgliedsrecht）という〔いわゆる〕厳格な法（jus strictum）によって代えられてはいないということである。そうでなければ、一九二一年から一九二三年に至るバイエルンに対する初代ライヒ大統領〔F・エーベルト〕の協調（合意）政策（Verständigungspolitik）は、一連の重大な憲法毀損（Verfassungsverletzungen）であろう。ライヒと諸ラントとの関係が今日もなお、なにはさておき連邦国家的な信義則（bundesstaatliche bona fides）の――すなわち連邦に友好的な関係態度〔行態〕（Verhalten）の――原理によって支配されるとすれば、これを以て与えられている協調（合意）義務（Verständigungspflicht）は、実質的法の命題（ein Satz des materiellen Rechts）であるのみならず、何はさておき命じられている、紛争処理の形式的な方途〔道筋〕の規範化（Normierung des in erster Lienie gebotenen formellen Weges der Konfliktserledigung）でもある。こうした諸問題における裁判（管轄）権〔裁判（裁定）可能性（Gerichtsbarkeit）〕は、必ずしも本質的ではない諸々の事柄（Dinge）の――それらの事態（事柄）に即した性格に従った仲裁裁判所（Schiedgericht）による――処理（Erledigung）か、あるいは、場合によっては最大の諸ラントに対して分離独立戦争（Sezessionskrieg）の、特別連邦戦争（Sonderbundskrieg）の危険を呼び覚ます暴力的諸手段を伴う威嚇（Drohung mit Gewaltmitteln）か、このいずれかを意味している。第二〔後者〕の可能性は、ひとつのきわめて運命的な究極の理性（ultima ratio）〔最後の手段、物理的暴力〕である。まったく非日常的な諸事例はともかく、この第二の可能性は、それがドイツにあって法（権利）に適っているような（wie es bei uns Rechtens ist）、連邦国家的な〈統合体系〉（das bundesstaatliche Integrationssystem）の本質とは矛盾している。ここには国事裁判所の裁判（管轄）権（die Staatsgerichtsbarkeit）にとっての諸限界（Grenzen）があるが、この諸限界は事実上の様式（種類）（tatsächliche Art）[17]に、あるいは他面において、主権の本質（Wesen der Souveränität）に伴って与えられているのみならず[18]、実定法的に根拠づけられている（positivrechtlich begründet）。ここで命じられている〔諸ラントとライヒそれぞれの〕参与者たちの〔相互的〕忠誠関係（Treueverhältnis der Beteiligten）を、「他のそれらに並んで存立している諸要求や諸拘束の一体系に[19]」解消することは不可能であるから、すなわち、こうした〔相互的忠誠〕関係はむしろ、なにはさておき統合（化）的な合意（協調）意思（der integrierende Verständigungswille）によって支配され続けざるをえないから、それゆえにここでは、法（権利）（Recht）に対してたしかに権力（Macht）が先立つわけではないが、しかし、いわば統合（化）（Integration）が先立ち、これに対して〔ヴァイマール憲法〕第一九条のような審級規定（Instanzvorschriften）はむしろ技術的なもので、第二ランクのものであり、そしてそれゆえに、〔同〕第一九条に鑑みて、事情によっては諸形式の濫用（der Formenmißbrauch）という重大な問題が成立する。

【ヴァイマール憲法の連邦レヴェルでの国法体系が規範化している統合（化）的相互作用（協奏、響存）：現実の内外の政治情勢からしか確答を得られない諸ラントの国家本性】

最後にいえば、これまで述べられたことは、なおまた、何故にひとはライヒ憲法において、諸ラントの国家本性（Staatsnatur）とは何かという問いに対する答えを求めながら空しく得られていないのか、この問いに対する理由づけを提供している。憲法体制の連邦国家法的な体系（das bundesstaatsrechtliche System der Verfassung）が規範化（normieren）しているのは、ライヒや諸ラントが即自的（an sich）に有しているはずの一定の性格ではなく、それらの統合（化）的な相互作用（協奏、響存）（integrierendes Zusammenspiel）である。しかし、この〈統合（化）〉的な相互作用（協奏、響存）という〕性格からこの〔諸ラントの国家本性とは何か、という〕問題におけるその諸々の結論を引き出すとしても、基本法（基本的制定律）（Grundgesetz）からいきなり答えを読み取ろうとするわけにはいかないはずである。ここで企てられた諸研究は国家概念（der Staatsbegriff）を、その獲得過程（seine Gewinnung）の問題に答えることを必要としないで前提としえたのであるが、これと同じく、あらゆる憲法体制（Verfassung）は、国家的な生活活動（das staatliche Leben）を統合（化）（Integration）することとして規則づけなければならないが、その際、件の〔諸ラントの国家本性とは何か、という〕問題に対して確答を留保しておきうる。――すなわち、一九二二年のそれらのような諸情勢（諸関係）（Verhältnisse）が真正の（あるいは、少なくとも公式の）確答を強いるまでは。

第六章　教会法体制によせて（Zum kirchlichen Verfassungsrecht）

【教会法体制への統合論的諸見解の諸作用】

実定的な国法（das positive Staatsrecht）を解釈するに際して、ここ（本著）において基礎にある理論的諸見解（Anschauungen）は、いかなる諸方向において影響（作用）を及ぼしている（sich auswirken）のであろうか。このことを、これまでの諸々の説明は暫定的かつ表面的に示唆しえているにすぎない。こうした諸々の示唆をなお幾分かより可視的なものにする（anschaulich machen）ために――教会法の分野そのものに対して、何か疎遠なことや目新しいことを述べるためではなく――わたしはなお教会法体制の問題（das kirchenrechtliche Verfassungsproblem）という隣接領域へのこうした〔本著における理論的諸見解の〕諸影響（作用）（Auswirkungen）を、フォローしてみることにする。

【教会法を扱う手続きを憲法理論的な諸々の基礎概念と関係づけること】

そこ（実定的国法解釈）では、国法（Staatsrecht）のために、憲法体制の〈意味連関〉全体（der Sinnzusammenhang der Verfassung im ganzen）を、これまでなされているよりも決定的な形で、すべての国法論的な個別的作業の出発点かつ基礎とすることが試みられたとすれば、教会法（Kirchenrecht）を扱うこうした〔教会法体制の〈意味連関〉を基礎とするという〕手続き（Verfahren）は、そもそものはじめから（von vornherein）、それらの不可避的な神学的基礎づけのおかげで、そしてとりわけそれらの不可避的な出発点のおかげで、さまざまなキリスト教宗派（christliche Bekenntnisse）の教会概念を対置（gegenüberstellen）する際に存在していたということは自明であった。ここで問題になりうるのは、すでに〔神学において〕普通に行われていることを、ここで主張された憲法理論的な諸々の基礎概念に関係づけること（in Bezieung setzen）にすぎない。

【閉じられた価値体系の中心的価値から流出するカトリック教会法の位階秩序】

いずれにしても、こうした関係（Beziehung）はカトリック教会法の概念世界（Begriffswelt des katholischen Kirchenrechts）とは、決して創出（herstellen）されえない。一つの閉じられた価値体系の不可疑の中心的価値に基づき、カトリック教会法の位階的秩序（hierarchische Ordnung）は、この中心的価値からいきなり〔無媒介に〕流出（emanieren）し、これを段階的に完璧な適切性（Adäquatheit）を以て再現前化（repräsentieren）する一つの社会的秩序（Sozialordnung）の範疇的な固定性（kategoriale Festigkeit）を有している。[1]——すなわち、一つの体系的な閉鎖性は、閉じられた内的連関においてもまた、それどころか部分的には無差別に、内外の場で（in foro externo und interno）、神法や人定法、それらの諸規則等々のあらゆる規範諸様式等々において、影響〔作用〕を及ぼしている。まさに古典古代（die Antike）は、ここでは初期キリスト教的な教会法からローマ的、カノン的、反宗教改革的、ヴァチカン的なそれに至るまでのすべての変容を貫いて（U・シュトゥッツ（Stutz））固定的な核でありつづけていたのであり、それゆえにこうしたその概念的構造を通じてのみ適切に把握されうる。

【プロテスタント教会法の原理的問題——法的教会と宗教的教会、外面性と内面性、俗と聖、これらの分離と関係：言葉と信仰告白という事態内実によって拘束された統一体としてのルター教会】

プロテスタント〔福音派的〕教会法（das evangelische Kirchenrecht）の事情はまったく異なる。プロテスタント教会法は、古典古代的な文化体系（das antike Kultursystem）を貫く〈近代〉の亀裂（der moderne Riß）がその教会法をもまた貫いているという点において、近代的（neuzeitlich）である。法的な教会と可視的教会及び不可視的な〔信仰上の〕教会とのあらゆる分離（Scheidung）は、法的な教会の（アウクスブルク信仰告白（die Augsburgische Konfession）の第七条の意味における）可視的教会や不可視的教会（sichtbare und unsichtbare Kirche）への——不可避的ではあるが、やはり満足する形では把捉されえない——関係（Beziehung）という基本問題〔聖俗関係の問題〕を解消していない。ルター派の教会でさえ、その法（権利）の形象化（Rechtsgestaltung）のあらゆる自由にもかかわらず、やはりその〈信仰告白〉の被拘束性（Bekenntnisgebundenheit）と〈言葉〉の被拘束性（Wortgebundenheit）ゆえに、単なる技術的施設（technische Veranstaltung）以上のものである。ルター派教会は、なにはさておきこの事態内実（Sachgehalt）を通じて一つの統一体（Einheit）であるが、いずれにしても、このエレメント（境位）と組織的秩序との結合というきわめて大きな困難の下にある。[2] 法（権利）上の教会（Rechtskirche）の本質を根拠づけること（Wesensbegründung）にとって、〈言葉〉と〈信仰告白〉（Wort und Bekenntnis）の意義は、今日かつてよりも規定することが困難であり、そして、この〔〈言葉〉と〈信仰告白〉の内面的〕本質の根拠づけとそれ以外の体制（Verfassung）によって与えられている〔外面的〕本質の根拠づけとの、共同秩序（化）（Zusammenordnung）は、一つのほとんど解き難い課題である。——〔ここでは〕教会体制史的（kirchenverfassungsgeschichtlich）にきわめて重要になったカフタン（Kaftan）の試みだけを想起しておくことにしよう。カフタンは、一面での神の施設（göttliche Stiftung）としての教会、他面での公法的社団法人（öffentlich-rechtliche Korporation）としての教会、一方の聖職（das geistliche Amt）によって組織化された教会、他方の〔教会〕体制（Verfassung）の自余の諸機関によって組織化された教会、こうした教会の二重の本性（Doppelnatur）を分離（scheiden）しようと試みている。[3] たしかにこのことは〔決着をつける〕最終的な言葉ではないにしても、やはり聖職（das geistliche Amt）は、〔プロテスタント教会においても〕その教会的・宗教的な中心価値との関係ゆえに、教会にとってのその〔いわば〕相対的な本質必然性（relative Wesensnotwendigkeit）において、旧教会〔カトリック教会〕的な性格のひとつの残滓を自らに保持していた。〔プロテスタント教会における〕自余の法体制的な組織化の諸問題（verfassungsrechtliche Organisationsfragen）は、大抵次のような問題に帰着する。すなわち、どの程度のことが、――いずれにしても法（権利）上の教会そのもの（Rechtskirche als solche）にとっての――本質規定（Wesensbestimmung）に照らして、アウクスブルク信仰告白（die Augustana）第七条によって引かれた諸限界（Grenzen）の内部において、自余の教会の体制上の生活活動（kirchlichesVerfassungsleben）による機能的統合に委ねられているのか、という問題に帰着する。そしてこの領域の内部では再びまた、一面での本質規定的（wesensbestimmend）な役割と他面での技術（technisch）的な役割との配分がきわめて見通し難い。容易に思いつくのは、教会の行政諸機構（die kirchliche Verwaltungsbehörden）を、原則的に（im Grundsatz）国家の行政諸官庁に対応して技術的諸機関と見なすことである。――しかしこの問題は、少なくとも国家におけるそれとは異なっている。教会諸会議（Synoden）の中に、国家や地方自治体の代表団体（die staatlichen und kommunalen Vertretungskörper）とそれらの政治的、統合的な性格の増大との諸類比を見ること は、容易に思いつくことである。――ここでもまた、不当にも、今日のラインないしヴェストファーレンの諸地域の旧改革派的（altreformiert）な教会諸会議（Synoden）と東プロイセン諸地域のそれらとの基本的に相違する意義が度外視されている。最後に容易に思いつくのは、〔プロテスタント〕教会の階層構造（der Stufenbau der Kirche）において、国家的・地方自治体的なそれとの類比を、あるいはまた（教区からの教会の構築についての教会法条文（Verfassungssatz vom Aufbau der Kirche aus der Gemeinde）に結びつけて）その逆のことを見ることであるが――いずれもまた不当である。

【プロテスタント教会法に内在する問題――統合問題の法的解決 ↑ 憲法理論の基本的な諸思惟範疇】

これらの諸問題を全体（Ganze）として設定すること、そしてそれらの解答を歴史的な諸考量から、あるいはとりわけ一面での国家的・地方自治体的な実定憲法（das staatlich-kommunale Verfassungsrecht）との、他面での社団法（結社法）（das Vereinsrecht）との比較から拙速には獲得しないこと、このことが、プロテスタント（福音派）教会的な教会法体制（das evangelische kirchliche Verfassungsrecht）についての教説の主要な課題である。そしてこの点でもまた、〈統合問題（Integratiosproblem）〉とその法的な解決とをこの課題の対象として考察する憲法理論の基本的な諸思惟範疇は、実り豊かなものにされうるであろう。[4]

［注］

【第一部】

第一章

（1）一九二六年三月のドイツ国法学教師協会（Vereinigung deutscher Staatsrechtslehrer）の大会に関するホルシュタイン（Holstein）の報告参照、*Archiv des öffentlichen Rechts*, N. F. Bd. 11, S. 1ff.

（2）「諸類型（Typen）」についてのイェリネク自身の問題提起（G. Jellinek, *Staatslehre* I^3 34 ff.）は、厳密な認識理論的な正当化も、実りある成果も欠いている。

（3）E. Kaufmann, *Kritik der neukantischen Rechtsphilosophie*, 1921; これは不可避的に削ぎ落としたものであるとしても、これらに関連することについてのきわめて印象深い叙述である。

（4）因果的科学と規範的学問との排他的二者択一を想起するだけでよい。この二者択一は、理論的な自然主義と機械論とに対して価値世界を救済しようとする絶望的な試みとして説明できる（E. R. Jaensch, *Über den Aufbau der Wahrnehmungswelt*, 1923, S. 411 f.）。H・ヘラー（H. Heller, *Souveränität*, S. 78）は、ウィーン学派による思惟の今日の状態の無視に対して正当にも抗議している。さらに、Hold-Ferneck, *Der Staat als Übermensch*, S. 19; H. Oppenheimer, *Logik der soziologischen Begriffsbildung*, S. 33.

第二章

（1）ギールケ（Gierke）を隠れた批判者（Kryptokritizisten）として捉える試みにもかかわらず。Gurwitch, *Logos* XI 86 ff.

（2）Heller, *Archiv f. Sozialwissenschaft u. Sozialpolitik*, 55, 310 のごとく。

（3）他の平面には、個体性と規範（Individualität und Norm）という問題がある。この問題をH・ヘラー（Heller, *Die Souveränität*, 1927）が前面に押しだしていることは、きわめて正当である。

（4）この点については以下を参照。Th. Litt. *Individuum und Gemeinschaft*, 2. Aufl. 1924, S. 54 ff., 85, 3. Auf. 1926, S. 46 ff., 142 ff., 187 ff,. und passim.

（5）$Litt^3$ passim, bes. 246 ff., 258 ff., 282 ff., 360 ff.

（6） Litt passim, z. B.[3] 71 ff., 376 f. ――ケルゼン（Kelsen）が心理学の「窓のないモナド」から〈社会的なもの〉に至るいかなる道も見ていないとすれば、そのかぎりでかれは正しい。

（7） Litt[3] 312 ff., 375 ff. ――標識づけられた〈活動現実態（Wirklichkeit）〉の構造において何も変更しない、〈意味〉における意図的制限について。S. 214 f., 338 ff.

（8） Vgl. Litt[3] 10 ff. ――とりわけ重要な適用事例：[2] 164 f., [3] 248 f., 284, 292 ff., 361 ff.

（9） Vgl. Litt[3] 25 ff., 6 ―総じて、S. Marck, *Substanz- und Funktionsbegriff in der Rechtsphilosophie*, 1925, S. 96 ff. S. 148 ff. の das staatstheoretische Programm は不適切である。

（10） Holstein a. a. O. 31.

（11） これについてはさらに Marck a. a. O. 89 ff.

（12） きわめて的確である。Litt[1] 210.

（13） Litt[3] 222, 281 ff., 285 ff., 290 f., 327 ff. ――フィーアカント（Vierkandt）の「心理学的形象（Psychologische Gebilde）」、49, Anm. 2 に対立して。

（14） a. a. O. 204 f., 227 ff.

第三章

（1） Kelsen, *Allgemeine Staatslehre*, S. 96.

（2） Vierkandt, *Gesellschaftslehre*, S. 40; dazu Litt S. 249, Anm. 2.

（3）〈法（権利）〉の諸問題がいかにあるか、これは〔国家理論の諸問題や憲政秩序（憲法）の諸問題〕といまだ同じ事柄ではない（Kelsen a. a. O.）。

（4） シュプランガー（Spranger）の生活諸形態（Lebensformen）における社会的人間（der soziale Mensch）や権力的人間（Machtmensch）、あるいはフィーアカント（Vierkandt）の社会学（*Gesellschaftslehre*）（S. 58 ff.）における人間の社会的設備（soziale Ausstattung）についての章節がこれを企てているように。

（5） Vierkandt とは対立している Spranger a. a. O. 280, 443.

（6） Litt 246 ff.

(7) Vgl. statt vieler Spranger S. 66f., 193, 213, 294; Scheler, *Der Formalismus in der Ethik und material Wertethik*, S. 108; S. Marck, S. 153 f.
(8) それらが正面切って Vierkandt S. 40 によって主張されているように。
(9) Litt. S. 225, vgl. überhaupt 221 ff., 226 ff., 293, 334, 399 f.
(10) Litt S. 247, 260 f., vgl. überhaupt S. 246 ff., 258 ff., 274 ff., 279 ff., 285 ff., 292 ff., とりわけ国家については第1版、S. 172.
(11) ドイツ社会学の支配的方向がそうである。――ここでは、示唆された諸根拠から退けられている。
(12) Litt S. 19.
(13) 上で S. 128 Anm. 4 で引用された文献やその他の文献、例えば Aloys Fischer, Psychologie der Gesellschaft (*Handbuch der vergleichenden Psychologie* II, 4) を参照。
(14) Marianne Weber, *Max Weber* (1926), S. 133.
(15) Vgl. statt vieler Spranger, S. 222.
(16) この関連がもっとよく呈示されているのは、Litt S. 346 ff.; とりわけ国家については、S. 169 der 1. Aufl.
(17) Litt^3 における1例 S. 294、問題全体 S. 312 ff., 考察の二面性 S. 373ff., 324 f., 352、また Spranger S. 413 f., H. Oppenheimer, *Logik der soziologischen Begriffbildung*, S. 33.
(18) Vgl. 一般的に Litt S. 142 f., 212, 174 ff., 187 ff., 177 f.
(19) Der *soziologische und der juristische Staatsbegriff*, 1922, S. 4 ff., *Allgemeine Staatslehre*, S. 7 ff. において総括されている。
(20) 上掲 S. 122, Anm. 4 の示唆を参照
(21) Litt S. 234 ff. 以下のところが至る所で参照可能である。
(22) Litt S. 239.
(23) Spranger S. 393.
(24) そうであるのは Litt S. 361 f.
(25) Kelsen, *Soziologischer und juristischer Staatsbegriff*, S. 8 f.
(26) この「体験連関 (Erlebniszusammenhang) の拡大」については、原則的には Litt^3 252 ff., 276 ff.
(27) 他者のそれぞれは、共通の対象を自分にとって別様に個体化する自分の特殊なパースペクティヴ (視野) を有しているが、この

パースペクティヴは、関連の統一性を対象の統一性ゆえに廃棄することはなく、それどころか、対象の統一性をこのパースペクティヴの制限を通じてまさしくはじめて生き生きとしたものにするのである——こうした意識によって担われて。「視界の相互性（互酬性、互換性）（Reziprozität der Perspektiven）」についての周知のリットの教説、S. 109 ff, und passim.

（28）Litt S. 265 ff., 274 ff. 1 Auflage S. 169-188, 144 ff. において〔この概念は〕国家について示唆的に貫かれている。さらに Litt, *Geschichte und Leben*（1918）S. 79, 91 ff., 95 ff., 101 ff.

（29）Kelsen, *Staatsbegriff*, S. 9.

（30）ベルクソンの名を挙げるならば、とりわけ、J. Volkelt, *Phänomenologie und Metaphysik der Zeit*, auch Litt[3] S. 80 ff., überhaupt, 48 ff., 74 ff.

（31）Wiser S.61.

（32）Litt S. 296. 不明確なのは Vierkandt S. 31. この文脈においては、（「行為する者たち（Handelnden）」に対する）「傍観する者たち」についての Vierkandt の価値ある教説（a. a. O. S. 392 ff.）もまた実りあるものである。この教説は多くの事例において、見かけ上受動的な者たちを、見かけ上もっぱら能動的な者たちと対立する集団生活の本来的な担い手たちとして論証している。

卓越しているのは、Heller, *Souveränität*, S. 85 ff. bes. S. 87 である。おそらくあまりに控えめであるのは S. 88, 62 である。同じくおそらくそうであるのは、A. Menzel, *Handbuch der Politik*[3] I 46, Anm. 24 である。正しいのはまた、Fröbel, *Politik*, I 152 である。:「これを望んでいるのは、いつもすべての一政府であり、しかしおそらく決してすべての政府ではない」、一般的な者への個人主義者の自由意志的ならざる関与についてのゲーテ：レーテ（Roethe）, *Goethes Campagne in Frankreich* 1972, S. 4 f.

（33）同様に Heller S. 44 f., 86.

（34）Kelsen, *Staatsbegriff*, S. 9, Anm.

ここで叙述されている、国家の現実（活動現実態）はいつも同時に法的に規範化されたそれであるということは自明である。しかし、とりわけ Heller, *Souveränität*, S. 62 がケルゼンに結びつけてそう述べているように、これ（国家の活動現実態）をもっぱらただ規範的なるものの中に見出し、そしてテクストの中で展開されている意味におけるすべての国家帰属者たちの実在的関係を否認（bestreiten）することは、正しくない。——社会的現実（活動現実態）の契機としての規範性：例えば、E. Kaufmann, *Kritik*, S. 70, Hold-Ferneck, *Staat als Übermensch*, S. 27.

このこととはまったく独立しているのは、中心概念超経験的・超規範的な価値世界から取り出されなければならないのかという――すべての精神科学にとって同様に妥当し、かつ肯定されうる――問いである。この「規範的なるものの優位」については、例えばH. Oppenheimer a. a. O. S. 83. ――あまつさえ、何故に国家は単に理念型的な価値概念であるのみならず、一つの超経験的な価値概念であるのか、これについて、ここではより詳しく根拠づけられる必要はない。――反対意見は、例えば、Oppenheimer S. 27, 49 ff. にある。

第四章

（1）Vgl. oben S. 132, Anm. 23, 24.

（2）So jetzt auch Heller, *Souveränität*, S. 82.

（3）*Die politische Gewalt im Verfassungsstaat und das Problem der Staatsform*, Festgabe der Berliner Juristischen Fakultät für Wilhelm Kahl, 1923, III 16――この言葉〔統合（Integration）〕は、Wittmayer, *Zeitschrift f. öffentl. Recht* III 530, Anm. 4 がそれを論難しているように、なお必ずしも「流行の表現」にはならなかったが、しかし、とにかくドイツにおいてもまた、もはや一般的に用いられていないわけではない。Vgl. z. B. Kelsen, *Wesen und Wert der Demokratie* (1920) S. 28 (=*Arch. F. Soz.-Wiss. u. Soz.-Pol.* 47. 75), Thoma, *Handwörterbuch der Staatswissenschaften*^{4}, VII 725, Chatterton-Hill, *Individuum und Staat*, S. 18 und öfter, allenfalls auch v. Gottl-Ottlilienfeld, *Wirtschaft als Leben*, S. 522.

　その間にヴィットマイヤー（Wittmayer）は、統合概念を正面切ってかれ自身の諸々の説明の一つの中心概念に高めた。Die Staatlichkeit des Reichs als logische und als nationale Integrationsform, *Fischers Zeitschrift für Verwaltungsrecht* (hrsg. v. Schelcher) 57 (1925) 145 ff.〈統合（Integration）〉は、ここでは（S. 145, Anm. 1）「すべての政治的な統合化の諸表象と統合化の諸力の総体（Inbegriff）」として定義される。――わたしはこの論文の事態（事柄）に即した内容に後の箇所で立ち戻らなければならない。

　この言葉は社会学においてはH・スペンサー（Spencer）によって普通に使われている。もっとも、かれは別の意味で使っているのであるが。国家生活〔国家的〈生活活動〉〕は、かれにあっては、一貫して機械論的・静態的に思惟されており、そして政治的組織（political organization）（*Principles of sociology*, p. V. 1882, §§ 440 ff., p. 244 ff.）を意味しているが、これに対して政治的統合（political integration）（a. a. O. § 448, p. 265 ff.）を以ては、第一原理のにべもなく機械論的な説明に立ち戻って（§ 451）、関係づけと結合（Einbeziehung und Zusammenschluß）による機械論的成長が標識づけられる（§ 169, p. 480 ff. der 3 Ausgabe von 1870)。――スペンサーによって、この言葉はイギリスやアメリカの社会学に移ったのである。

ともあれここから〔この語が〕精神科学において適用されるときは、ここで提案され、明らかに次第に市民権を得つつある用語法へまっすぐな道が導かれている。より相応しい言葉が望まれているではあろうが、しかし、それは容易には見いだせない。「組織（化）（Organisation）」は、時宜に応じて、同じことを標識づけている（z. B. bei O. v. d. Pfordten *Organisation* (1917) (bes. S. 11)）が、しかし大抵は、テクストにおいて標識づけられた諸連関に一義的に適用しうるためには、あまりにも機械論的な(so in Plenges Organisationslehre)、自然主義的な、法学的な意味を負荷されている。

テクストにおいて展開されている諸見解（Anschauungen）を、物活論者たち（Vitalisten）の一定の諸概念と、例えば規制（化）（Regulationen）（vgl. vor allem Driesch, *Die organischen Regulationen*, S. 95: „Organisations- und Adaptionsregulationen"）（これに対してわたしに注意を促しているのは Wakter Fischer-Rostock である）と係わらせる（接触させる）ことは、用語法（Nomenklatur）には値しえない。

（4）個人主義的な方法（Weg）に反対して、ここでもう一度包括的な反論を引用するならば、Litt[3] S. 226 ff. ほかのそれに反対して、S. 178 ff.（さしあたり、スペンサーに反対して。ヘラー（a. a. O. S. 315, Anm. 75）はスペンサーの静態的国家概念をよそよそしく是認（befremdlicherweise gutheißen）している）。

最広義におけるわれわれの社会諸科学の最悪の誤謬の源泉としての静態的思惟というべきものは、ケルゼン的批判の仕方に従うひとつの包括的研究である。その自然本性的な明々白々の根は、ナイーヴな思惟の無批判的な空間化（Verräumlichung）の傾向である（この種の典型的な諸例、bei Litt[3] passim. z. B. 10 f., 42, 47, 58, 62 ff., 92, 175, 222 f., 228 f., 286 Anm. ――法学的文献からは vgl. die bei Goldschmidt, *Der Prozeß der Rechtslage* (1926), S. 177, Anm. 966 引用されたもの、auch Hellwig, *Zivilprozeßrecht*, I 255, E. v. Hippel, *Untersuchungen zum Problem des fehlerhaften Staatsakts* (1924), S. 132, C. Schmitt, *Jurist. Wochenschrift* 1926, 2271 links oben)。これ〔静態的思惟〕は第一に、そして自然科学的かつこれと関連した個人主義的な思惟の個人主義的な適用において導かれうる（Troeltsch, *Historismus*, S. 258）。ようやく第二に、そしてドイツ理念史の特殊的諸前提についての諸共同体のナイーヴな存在論（Ontologie）へのその静態的思惟の傾向において（E. Kaufmann, *Kritik der neukantischen Rechtphilosophie*, S. 94)。

（5）F・マイネッケ（Meinecke）における国家の「固有の生理念（eigentümliche Lebensidee）」あるいは「真の国家理性（wahre Staatsräson）」という煌めく概念がそうである。*Die Idee der Staatsräson* (1924 u. ff.), S. 1 f. ここで行なわれた批判とさらに係わっているのはC・シュミット（Schmitt）である。*Archiv f. Sozialwiss. U. Sozialpolitik*, 56, 226 ff.

（6）Litt[3] S. 333 f., 312 f.

（7）これに続いて、Litt S. 312 ff., 323 ff., 373 ff.

（8）Oben S. 128 f.

（9）Vgl. z. B. Litt[3] S. 357.

（10）a. a. O. S. 324 f.

（11）以前に示唆されているのは、*Kahl-Festschrift*, III 22 ff.

（12）ラートブルフ（Radbruch）の立法諸類型を、例としてさらに挙げうるであろう（*Einführung in die Rechtswissenschaft*, 5. und 6. Aufl., S. 36 ff.）。L・シュタイン（Stein）その他多くの権威諸類型。

（13）示唆されているのは *Kahl-Festschrift*, III 23.

（14）例えば、G. Jellinek, Staatslehre[3], I 184 ff., 230 ff.

（15）ファシスト的な団体主義（Korporativismus）は、それゆえにまた正面切って「統合的（integral）」として、すなわち〈統合する（integrierend）〉として標識づけられている。これは、その言葉が「完全な（vollständig）」すなわち〈根源的な（radikal）〉を意味している際の、その言葉の政治的適用の周知の諸事例の意味におけるのとは、いささか異なる。Vgl. z. B. L. Bernhard, *Das System Mussolini*, S. 93 f., 97 ff.

（16）Spranger, *Lebensformen*[5], 432 ff., 413 f., *Psychologie des Jugendalters*[4], 3 ff.

（17）Spranger, *Jugendalter*, 8. f., Litt[3] 323, H. Oppenheimer S. 74 ff.

第五章

（1）学問的文献からは、マックス・ヴェーバーの支配の社会学（Soziologie der Herrschaft）のみを想起しておこう。Vgl. auch Wieser, *Gesetz der Macht*, S. 47 ff. 価値のある個別的な諸注がとりわけ豊富なのは、Fr・W・フェルスター（Förster）の政治的倫理に関する（いささか古い）諸著作である。それらが政治家、指導者、上司等々の倫理的に示された態度を、要求された指導ぶりの統合的力とともに根拠づけているかぎりで。――かれの周知の仕事ぶりは、ここでは理論的な倫理学の立場から、実践的な習俗規範性（praktische Sittlichkeit）を励起（活気づける）（anregen）するものであり、それにとって実り多いものであるが、同じく議論の余地のあるもの（anfechtbar）でもある。

（2）きわめて正確なのは、例えば、B. C. Geyer, *Führer und Masse in der Demokratie*, S. 10 ff.

（3）とりわけ特徴的なのは、Wieser, a. a. O.

（4）おそらく同様のことが考えられているのは、マイネッケ（Meinecke）の次のような——その他の点では一貫して対立した関連（文脈）における——注である。Staatsräson[1] S. 12. ——「国民（人民）（Volk）は、その固有の潜在的な権力衝動や生衝動を通じて、支配者たちのそれらにも近づいている」。

理論的に不幸な機械論的把握（表現様式）（Fassung）におけるこうした関連（文脈）からの正しい観察は、フィアカント（Vierkandt）の上で（S. 134 Anm. 329）引用された「傍観者（Zuschauer）」論である。

（5）Wieser S. 127 f.

（6）指導者交代への民主制的傾向は、責任性と指導の独裁阻止とへの傾向からではなく、必ずしもいつも同じものに留まらない方向や必ずしもいつも同じではない意味の指導を通じての〈統合〉の必要から帰結する（ケルゼンにおける自由主義的・個人主義的ないびつな説明、Verhandlungen d. 5. deutsch. Soziologentages, S. 60）。

（7）C・シュミット（*Geistesgeschichtliche Lage des Parlamentarismus*[2], S. 50）において、こうしたことに属する王の機能の諸イメージが列挙されている。

ある意味でこの文脈に属している、とりわけ教えるところのある例は、ヒンデンブルクが退役将軍の司令部トップに留任したという事実の強力な統合作用である。„Heimatdienst“ zum 2. 10. 1927 の記念号におけるノスケ（Nosuke）。

（8）簡潔に展開されているのは、Kahl-Festschrift, III 23 f.

（9）Vgl. Wieser S. 364. ——人格態は、同時に歴史的かつアクチュアルなものとして、ビスマルク（Bismarck）やマサリク（Masaryk）のように、そのとき元首（Staatshäupter）となり、それにとどまる創設者たち（Begründer）によって、作用することを常としている。

（10）H. Preuß, *Wandlungen des Kaisergedankens*（Rede zum 27. 1. 1917）, S. 20.

（11）*Königliche Hoheit*[20]（1910）, S. 163, 25, 52.

（12）かくしてマックス・ヴェーバーは明らかに東部のユダヤ人たちを、革命においてさえドイツ的国家生活のありえない指導者として感じ取っていた（Mar. Weber, *Max Weber*, S. 672）。Th. Mann a. a. O. における洗練された諸注。

（13）かくしてオイレンブルク（Eulenburg）はカイザーに対して、緊張を極めた国際政治状況の期間のカイザーの不必要な旅行（1893）が呼び覚まさざるをえなかった芳しからぬ印象を咎めている。J. Haller, *Aus dem Leben des Fürsten E.*, S. 120 f.

（14）Brief vom 17. 7. 1790, bei L. v. Schlözer, Dorothea v. Schlözer, S. 242. 政府（統治）の統合的機能について古典的なのは、Ranke, *Sämtl. Werke*, B. 30（Zur Geschichte von Österreich und Preußen）S. 55 f. である。「（政府の統合機能は）やはり、結局、その（国家の）精神的統一性を再現前（代表）するが、この精神的統一性に、国家の発展、国家の進歩、国家の運命はかかっており、この精神的統一性は、国家にはじめてそれが何であるかを示し、そして国家を不毛な理念から生きた利害関心の真ん中に引き入れる」。

（15）Max Weber passim, とりわけ強烈なのは、*Gesammelte Politische Schriften*, S. 151. ——正しいのは Thoma, *Max-Weber-Erinnerungsgabe*, II 58 f.

それだけに、次のように言うことができない。すなわち、指導者たちは「かれらの特殊的昨日において、法律の完遂へと制限されない」（Kelsen, 5. Soziologentag, S. 55）と。

（16）Herausgegeben von Kroner, Mittelmaier, Radbruch, Sinzheimer, 1925 ff.

（17）Z. B. *Ges. Politische Schriften*, S. 154.

（18）そうであるのは、Vierkandt S. 352 f., besser S. 354, Litt, *Individuum und Gemeinschaft*[2], S. 132 ff. でさえ大概は法学的国家学の呪縛の中にある。特徴的なのは、「事実的な」機関（器官）概念もまた存在するということの洞察にもかかわらず、国法論の一部として機関（器官）論のJ・イェリネクの説明に、この点で理論的な不安定性が現存することである。

第六章

（1）H・フライヤー（Freyer）の表現。*Theorie des objektiven Geistes*, S. 81.

（2）a. a. O. S. 23.

（3）R. Lang und W. Hellpach, Gruppenfabrikation（*Sozialpsychologische Forschungen*, hrsg. von W. Hellpach, I 1922）. — S. 133 f., 66, 79, 88 ff., 91. 統合という言葉は、あるときはここで提起されている意味で、あるときは、スペンサーによって普及している意味で使われる。Dazu J. Gerhardt, *Arbeitsrationalisierung und persönliche Abhängigkeit*, 1925, S. 70 ff.

（4）E・カウフマン（Kaufmann）が考えているように。*Kritik der neukantischen Rechtsphilosophie*, S. 90.

（5）自然法理論のこうした社会学的側面については、Kaufmann a. a. O. S. 88 ff., Heller, *Arch. F. Soz.-Wiss.* 55, 290 ff.

（6）*Vgl. Kahl-Festschrift* III 23 ff.

（7）こうしたことを以て、それらが本源的な国家諸形態にとって特徴的であろうとは言われていない。――国家諸形態は、後の、そしてそれゆえ支配的な国家諸形態において助長されているよりも、より未分化かつより静態的である価値の布置状況に、依存している。

（8）ここでの本質的関係における闘争の現象学にいまなお根拠を与えているのは、カール・グロース（Karl Groos）の諸々の労作である。ここで関心を引くことは、簡潔に、*Der Lebenswert des Spiels*（1910）にある。さらに、Simmel *Soziologie*, S. 247 ff., Litt[2] a. a. O.[1] S. 121 ff., bes. 125 f.

（9）両者の発展史的関係については、W. Starosolskyi, Das Majoritätsprinzip（*Wiener staatswissenschaftliche Studien*, XIII 2, 1916）, S. 6 ff.

（10）So Litt a. a. O.[1] S. 121 ff., bes. 125 f.

（11）R・ハイマン（Haymann）, Die Mehrheitsentscheidung, *Festgabe für Stammler*, S. 395 ff. z. B. S. 451 におけるように、諸官庁や諸法廷における技術的に考えられた多数決と選挙や議会に際しての政治的、統合的な多数決とを区別なく同じに扱うことは、まったく正しくない。

（12）いかにしてそれ（多数決のそうした形式化）を、今日もなお幾つかのスイスのラント・ゲマインデにおける古ゲルマン的な全会一致原則（Einstimmigkeisprinzip）の基礎として観察しうるのか。

（13）マックス・ヴェーバーやマイネッケの模範に従って「諸々の緊張」から先に進まないすべての政治的理論は、不充分である。というのは、それは政治的心理学のこうした契機を誤認しており、そしてまた倫理的に解決をもたらしえないからである。

（14）ところでこうした作用は、とりわけ即自的には決してこの制度的意味を有さない闘争から、例えば内乱から出発しうる。――わたしが想起するのは、ゴットフリート・ケラー（の作品の中）の一人の偉大な詩人によるこうした事実の（次のような）定式化である。「特別同盟戦争という罪状（Sonderbundskriegschuld）を取り消すためのラント集会（Landsammelung）」。

（15）C. Schmitt, *Die geistesgeschichtliche Lage des heutigen Parlamentarismus* 1923, 2. Aufl. 1926. ― R. Thoma, Zur Ideologie des Parlamentarismus und der Diktatur, *Arch. f. Soz.-Wiss. u. Soz.-Pol.* 53, 212 ff. ― C. Schmitt, Der Gegensatz von Parlamentarismus und moderner Massendemokratie, Hochland, Bd. 23, S. 257 ff. 中身は基本的に前に挙げたかれの著作の第二版のまえがきとして

再度印刷に付されたものである。
(16) *Geistesgeschichtliche Lage*², S. 63, 61.
(17) a. a. O. S. 22 f.
(18) かつてわたしによって同様の仕方で展開された一八世紀と一九世紀の議会主義的イデオロギー（Maßstäbe des parlamentarischen Wahlrechts in der deutschen Staatstheorie des 19. Jahrhundert, 1912, S. 4 ff., Die Verschiebung der konstitutionellen Ordnung durch die Verhältniswahl, Festgabe der Bonner Juristischen Fakultät für Karl Bergbohm, 1919, S. 280 ff.）に関して、わたしはこのことを次のように表現した。すなわち、「こうしたイデオロギーから本来的な――テクストにおいて標識づけられた――制度の意味に達するためには、ここでは安易な合理主義的な殻だけ剥ぎ取られなければならない」（*Bergbohm-Festgabe* S. 280）と。
(19) 示唆されているのは、*Kahl-Festschrift* S. 23.
(20) C・シュミットもまた正確なことを感じ取っている。上掲（Anm. 1）の諸表現と、遊離（孤立）化された秘密選挙についてのすぐれた説明を参照のこと。こうした選挙によっては、一国民（人民）のいかなる意思ないし公論（国民は公共性（Publizität）の領域においてのみ現存するとされる）も、生き生きとした力を以て現されえないとされる（2. Aufl., S. 22）。秘密選挙人とはまさしく、国家とは疎遠な自由主義的思惟の、統合されることのない、そしてまた統合を必要としない、そうした個人である。今日問題になるのは、もはや一国家形態の「理念」あるいは「原理」ではなく、それを以て支配するための多数者の獲得であるということ、このことをシュミットはもちろんまた見抜いている（S. 11 a. a. O.）。しかしながら、このことは百年前からかかわらずそうであった。自由主義時代のプチブルの統合のイデオロギーと技術だけが、民主制的大衆のそれらとは異なっていたにすぎない。
(21) a. a. O. S. 216.
(22) 2. Aufl. S. 7, 12 f.
(23) Thoma, S. 214.
(24) あらゆる精神科学的思惟を退けることからのみ、このような取り違えが正当化されるにすぎない。――すなわち、たとえば内閣府の討論と議会のそれとのラディカルな等置については、Kelsen, *Allgemeine Staatslehre*, S. 327. 同様に正しくないのは、Fr. Haymann, oben S.151 Anm. 11.
(25) 従来の理論における再現前（Repräsentation）と機関の関係（Organverhältnis）とは必ずしも代表（代理）（Stellvertretung）と

は重ならないということは、ここでは無視されかねない。

(26) しかし自明のことながら、その〔議会の〕諸決議は、共同体の名におけるあらゆる法的に価値づけうる意思行為（Willensakte）と同じく、ともに統合的諸機能へと反作用する。――人間の個別的人格性が現実化と体験化において同時にそれ自身作出されるように。

(27) 事実上の「議会の指導（嚮導）」については、たとえば、B. C. Geyer, *Führer und Masse in der Demokratie*, S. 80 ff. 88 ff.

(28) Vgl. z. B. Leo Wittmayer, *Die organisierende Kraft des Wahlsystems*, Wien, 1903. ――より一般的には、H. Preuß, *Um die Reichsverfassung von Weimar*, S. 139：「民主制的自己組織化の原理を通じて、そこから大衆が古い諸権力の下で疎外されていた国民的自己意識に、大衆が再び獲得されなければならないであろう」。

(29) 政治的価値共同体の欠如と、そしてこれとともに同時に、政治的統合意思の欠如、これらのことを、ビスマルクは「国家を肯定する」諸党派に対立する「国家を否認する」諸党派に対して、非難しようとした。――これはマイネッケ（Meinecke）、*Preußen und Deutschland im 19. u. 20 Jahrhundert* (1918) S. 516 にもかかわらず、原則的に究められ正当化された、そして決して善悪の二元論とは重ならない区別である。

　テクストにおいて言われていることは、しばしば次のように表現される。すなわち、党綱領は一つの価値コスモスの補完される諸部分、あるいはやはりそう観察されうる、あるいは同一のものとして考えられた一つの目的のためのさまざまな技術に過ぎない、と。J. Cohn. Logos 10, 225 (gegen Radbruch), Haymann a. a. O. S. 467, Stammler, *Rechtsphilosophie*, § 174.

(30) R. Hübner, *Die Staatsform der Republik* (1920), S. 36 f. — H. Triepel, *Unitarismus und Föderalismus* (1907), S. 27 f.

(31) *Gesellschaftslehre* S. 392 ff. — 必ずしもテクストにおける意味ではなく。

(32) Vgl. oben S. 133 Anm. 26, 27, 28.

(33) こうした――ここでは表面的に示唆されているにすぎない――意味においては、トリーペル（Triepel）が物の数に入れていない「天邪鬼（Querköpfe）」や「夢想家（Phantasten）」は、結局のところ法と国家を単に否定するものではなく、同時にそれらの担い手であることが常である。

(34) Vgl. oben S. 144.

(35) 諸価値とのこうした関係ゆえに、支配そのものの価値がきわめて強調される。――例えば、C・シュミットにおける支配者の決断として、あるいは逆の標識を以て、ブルジョア的秩序という、社会主義者たちにおいて否定的に評価されているエレメントとして（z. B. Max Adler, *Staatsverfassung des Marxismus* [Marz-Studien, hrsg. v. Adler und Hilferding, IV 2, 1922], S. 209 ff., 214 f., 223, 198 f., Paul Tillich, *Die religiöse Lage der Gegenwart*, 1926, S. 43, 54, 64, 65, 81, 95, 125. ここではブルジョア時代の科学、技術、憲法、教養、教会が、支配的なものかつそれによって妥協されたものとして現象している）。

支配と代表（再現前）の間のテクストにおいて示唆された諸区別ときわめて密接に関連しているのは、支配者と指導者は、まったく異なる意味において、同時に人格的〈統合〉の諸要因として、再現前者（代表者）として考察されるという事実である。Vgl. den Abschnitt „Herrschaft, Führung, Vertretung" von A. Fischer a. a. O. S. 387 ff.

（36）Kelsen, *Allgemeine Staatslehre*, S. 38 f.

（37）Max Weber, *Wirtschaft und Gesellschaft*, 1922, S. 122.

（38）たとえばジンメル（Simmel）の有名な試論の意味において（Verhandlungen des ersten deutshen Soziologentages von 1910, 1911, S. 1 ff. とりわけ、遊戯の〈統合〉意義（Integrationsbedeutung des Spiels）について。S. 9）。

（39）Yorck an Dilthey 7. 5. 1879, *Briefwechsel zwischen Wilhelm Dilthey und dem Grafen Paul Yorck v. Wartenburg 1877-1897*, 1923, S. 13.

（40）例えば、他の総体の予算権、租税権等々と対立する諸憲法の立憲主義的予算権において。わたしは後の箇所でこうした事例やその他に立ち戻る。

これらの諸事例においてとりわけ明らかになるのは、〈統合〉作用は立法者あるいは統合されうる国家成員たちにおける統合する意図（志向）の意識には依存しないということである。

第七章

（1）Litt[3] S. 323 ff., 320 ff.

（2）Litt S. 333 f., S. 373 ff.

（3）それゆえに各国がその国家的な、そしてとりわけ軍事的な諸象徴を、勝利の諸象徴と結びつけているとすれば、それは各国の本質の一つの適切な表現であり、そしてアナトール・フランス（Anatole France）は、あらゆる軍隊が自らを世俗世界で何はさておき第一に考えるべきことと宣言する傾向にあることをからかっているが、これは半分正しいにすぎない（L'IIe des Pingouns I. V. ch. IV）。――軍隊の課題にとって、このことは軍隊の意味からして克服し難いし、そして第一のことであり、同時に本質に即した「文化諸国民が無敵であること（Unbesieglichkeit der Kulturnationen）」という不適切ならざる表現である（Wieser a. a. O., S. 280, 394）。

ドイツの武装解除が、一つの偉大な国民国家の〈生活活動〉諸機能と本質との毀損という観点の下ではなく、技術的手段だけの毀損という観点の下で非難されることは、ヴェルサイユ講和条約の批判における欠缺に属する。この差異がアメリカ人には理解し難いということは、理解できるところである。――この差異が多くのドイツ人にとってもまたそうであることは、痛苦に堪えない。世界戦争についてのドイツ的平和主義は、ドイツ民族（国民）の軍事的制圧ではなくプロイセン軍国主義の制圧に希望を抱いていたのであるが、こうした無思想もまた、そうした欠缺に属する（H・ヴェーベルク（Wehberg）の自己証言。Als Pazifist im Weltkrieg）。軍隊は装置あるいは道具であるばかりでなく、とりわけ国家国民（Staatsvolk）の一つの〈生活活動〉形式である。

この問題についてのより詳細は、さらに以下において。

（4）Litt[3] S. 360 f.

（5）ヴィーザー（Wieser）の表現。*Gesetz der Macht* S. 104 ff.

（6）Vgl. etwa die Bemerkungen zur *Psychologie der Macht* bei Spranger[5], S. 230.

（7）まさしく事柄のこの側面について、Kracauer, Die Gruppe als Ideenträger, *Arch. f. Soz.-Wiss. u. Soz.-Pol.* 49, 594 ff. においては何もないと同然である。

これに対して、Rothenbücher, *Über das Wesen des Geschichtlichen*, 1926, z. B. S. 15 f. には多くのことがある。

（8）Litt[1], S. 174 ff. 179 ff. におけるこの状況の一つの卓越した叙述。

ここには、事態的〈統合〉問題の特殊な逆説がある。この逆説は、より包括的で、事態に即してより重要な集団への参加は、参加者数、内容、持続期間によってより取るに足らない集団への参加よりも、体験すること、いずれにしても自覚的に体験することがより難しいという点にある。

（9）象徴による〈統合〉は、もちろん、いつも、象徴化された内実による〈統合〉でしかありえない。したがって、ひとは一つの現前しない内実のためにいかなる象徴も「でっちあげる（erfinden）」ことはできない（R. Coester, *Die Loslösung Posens*, 1921, S. 62 f. が回顧的に要求しているように）。――黒・白・赤〔帝国旗〕とは対立したそれらの色彩〔黒・赤・金〕〔共和国旗〕によって象徴化された積極的な内実の不明瞭さゆえの黒・赤・金のライヒ〔共和国旗〕の色彩の諸々の困難は、部分的にはこの方向にある。

ファシズムについての文献の中には、政治的象徴の理論と実践についてとりわけ多くのことがある。——ここにはまた、神話と象徴との関連についてそうである。キエルケゴールが合理的な象徴化によっては定式化されない国家の（同じく教会の）基本原理、根源生活を議論から引き離そうとするとき、かれもまた、この神話と象徴との関連を考えている。*Der Begriff des Auserwählten*, dtsch. v. Haecker, 1917, S. 41.

象徴（Symbol）という概念は、ここでは本質的に、リット（Litt[3], S. 153）におけるよりも、より狭く、あるいはフライヤー（Freyer）の客観的精神の理論における「標識（Zeichen）」の概念として、捉えられている。

（10）この世代は諸事件によってのみ教えられうる。22. 3. 1889, *Die große Politik der europäischen Kabinette 1871-1914*, IV 405.

とりわけ諸々の象徴化する出来事について、Rothenbücher a. a. O. S. 38 ff. A. Hausler, *Schweizer Verfassungsgeschichte*, S. 85 における一つの見事な例証（一三一五年のモルガルテンの戦い（Schlacht bei Morgarten 1315）はスイス人たちの意識の中に、かれらの闘争と、それに伴うかれらの政治的統一との、歴史的意義を持ち込んだ）。

部分的には、ここにはムッソリーニとファシズムによるローマへの進軍の革命的な性格を持続的に強調する意味がある。そのように捉えられてのみ、それは古い世界との断絶を象徴する出来事であり、そして、まったく新しい国家的諸内容の導入（開始）であり、そしてまさにそれゆえに、まさしくその革命的性格にはまた、特殊的ファシスト的な正当性の根拠づけがある。

（11）Hegel, *Rechtsphilosophie*, § 334.

（12）Litt[1] S. 117 ff. 129 ff. における優れた説明を参照のこと。

（13）わたしが想起するのは、次のような周知の典礼（礼拝式）の経験（liturgische Erfahrung）である。すなわち、同じ教義上の内実が、宗教詩（religiöse Dichtung）の形式においては、それが定式化され定立された信仰告白という、神学化されたもの（Theologumenon）として現象する場合に、ゲマインデを統合する作用を妨げるそうした諸困難に、決してぶつからないという経験である。

（14）たとえば G. v. Lukács, *Theorie des Romans* におけるような意味において、必ずしも対立するものではない。

（15）ここで展開されたそれらのような諸連関から、例えばジンメルの宗教社会学（Die Religion, Bd. 2 der „*Gesellschaft*", hrsg. von M. Buber, 1906, S. 22 ff.）において観察され、そして、より深い意味で「近代のヨーロッパ的な思惟のライヒ・神・諸概念（„*Reich-Gottes-Begriffe des neueren europäischen Denkens*" (1921)）」についてのE・ヒルシュ（Hirsch）の基本思想であるような、しかしまたソレル（Sorel）やファシストたちにおける政治的神話の政治学（vgl. z. B. Mannhardt S. 125, 219, 262, 278 f., 327 ff.）によっても適用されるような、国家との〈統合〉の結合（Integrationsbindung an den Staat）と神性（Gottheit）との〈統合〉の宗教的結合との間の親近性は、少なくとも部分的に説明される。政治的神話は、ここで提起された言語使用においては、政治的諸価値の象徴的に定式化された、そしてそれを通じて集約的全体性として〈体験されること〉に相応しいものとされた、そうしたひとつの充溢を通じての、〈統合〉（die Integration durch eine symbolisch formulierte und dadurch zum Erlebtwerden als intensive Totalität geeignet gemachte Fülle politischer Werte）を、意味している。

自明のことながら、ケルゼンのいう神と国家の間の類似性（zuletzt *Allgemeine Staatslehre* S. 76 ff.）は、このことと何の係わりもない。

（16）Yorck an Dilthey 13. 1. 1887, a. a. O. S. 66.

（17）S. 156.

（18）ある国家形態論、*Kahl-Festschrift*, III 22 ff. では、圧倒的に事態（事柄）に即して統合された国家諸形態の静態は、他のより狭い意味において自由主義的・議会主義的な国家諸形態の動態に対置されている。

（19）卓越しているのは、F. Curtius, *Hindernisse und Möglichkeit einer ethischen Politik*, 1918, S. 6. 精神的〈生活活動〉の本質からの代わりに、「自然と理性のこうした相互関係（das Durcheinander von Natur und Vernunft）」からの、そこで与えられている説明は、いずれにしても正しくない。

（20）今日の国家学におけるこの種のもっとも重要な事例は、ケルゼンの「仮面」理論（„Masken“-theorie）である。—— z .B. *Logos* XI, 267 f.

（21）わたしは後で個々の適用諸事例においてこの問題に立ち戻った。Vgl. C. Schmitt, *Geistesgeschichtliche Lage des Parlamentarismus*, [2] S. 39 ff., Heller, *Souveränität*. S. 19, v. Marschall, *Vom Kampf des Rechts gegen die Gesetze*, S. 128 ff. Anm. 381 f.

（22）Vgl. z. B. die Literatur bei Litt[3] 80, Anm. 1, und bei M. Scheler, *Versuch zu einer Soziologie des Wissens*, 1924, S. 115 f., Anm.

ローテンブューヒャー（Rothenbücher）の思想豊かな書物は、批判主義の最後に示唆した正しくない二者択一に屈し（vgl. besonders S. 59, 74 ff.）、そしてそれゆえに、卓越していると見られる諸々の個別性の充溢をそれらに相応しい精神科学的な関連の中に置いていない。

（23）ヴァルデッカー（Waldecker）、*Staatslehre*, S. 481 f. におけるこうした二重化されたものは、不明確である。

（24）Z. B. Sieger, *Staatsgebiet und Staatsgedanke, Mitteilungen zur Geographischen Gesellschaft in Wien 62* (1919), 1 ff., bes. S. 8, u. ff.

（25）多くのものの代わりに、Fr. Ratzel, *Der Lebensraum*, 1901. ――Heller, *Souveränität*, S. 85 und Anm. 2においては、テクストにおいて言われていることの諸限界においてのみ、国家理論にとっての「地政学（Geopolitik）」の拒絶が正当化されているにすぎない。――地政学の諸々の前進からしてさえ、今日の（ナポレオン・モデルに従う）イタリアの文献では、政治的地理学は自然（学）的地理学（physikalische Geographie）の下への純粋な屈服へと、さらなる一歩を進めている。こうした屈服と比較するなら、地殻、河川、山岳の中に祖国を認識することを退けている「現代基本的諸特徴（Grundzügen des gegenwärtigen Zeitalters)」（Fichte, *Werke*, 7. 212）におけるとりわけ有名な箇所は、なお正当である。

（26）とりわけ特徴的な諸箇所。これらの箇所に多くの他の箇所は準じている。Bei Kelsen, *Souveränität*, S. 73, *Staatslehre*, S. 294.

（27）Kelsen, a. a. O. und vielfach sonst, W. Henrich, *Kritik der Gebietstheorien*.

（28）Braubach, *Schmollers Jahrbuch* 48, 235.

とりわけ目立つのは、領域とその諸限界のこうした〈統合〉作用である。そこではこうした作用が、一九世紀初頭のドイツの方言諸限界の諸境界変更への同化におけるように、国家外の自由な「社会（Gesellschaft）」へと波及している。

かなり逸脱しているのは、Scheler, *Formalismus*, S. 580 f.

第八章

（1）2. Aufl., S. 78.

（2）G. Lukács, *Geschichte und Klassenbewußtsein*, S. 319 ff.

（3）ライヒ意思の形成への個別的諸国家〔ラント〕の影響、S. 85.

（4）フロイトの大衆心理学がそうである。ここでは手短に、Kelsen, *Staatsbegriff*, S. 31 f. に従って引用されている。――際立った自然主義と初期ロマン主義の、今日なお不可避の相互関係を含んだ一つのとりわけ代表的な意見。

（5）*Archiv für Sozialwissenschafte und Sozialpolitik*, S. 51, S. 671, 683.

（6）Z. B. *Herrn Eugen Dührings Umwälzung der Wissenschaft*, 11. A. (Dietz 1921), 277.

（7）きわめて特徴的なのは、第三回青年社会主義者ライヒ会議におけるマックス・アドラー（Max Adler, Berlin）1925,

Arbeiterjugend-Verlag, S. 12である。「人々の頭脳を全員一致（einhellig）にし、かれらの意欲（Wollen）を、そこでそれがはじめて持続的な力に達する一つの共通の一線にもたらす、科学以外の手段はいまだ一度も存在しなかった。……一領域においてのみすべての精神は合致せざるをえないし、一つの強制はだれも免れえない。これは論理的思惟の強制力である」等々。

かくして、科学的真理とその実現は〈統合〉要因としてある。そこでは「国家」は揚棄されている、というこうした主知主義的定式を、いかなる弁証法も否定しえない。正確には、Adler, Staatsauffassung des Marxismus（*Marx-Studien* IV 2）, bes. 209 ff. auch 129, 146, 223, und passim.

（8）それゆえにあらゆる未来の民主制の重点は政治ではなく教育にあるであろう。これについては、S. 185.

（9）Staatsauffassung, S. 197, Anm.

ブルジョア社会に対してその諸価値の固定化を非難し、そして新しい教育には「ひとつの形式的に全面的に機能する教育生産物」を目標とするような社会主義は、そのかぎりで社会主義的基盤の上にはない。

（10）Staatsauffassung, S. 193 ff.

（11）Hellpach-Graf Dohna, *Die Krisis des deutschen Parlamentarismus*, 1927, S. 8.

（12）Max Scheler, *Versuch zu einer Soziologie des Wissens*, S. 99, 109, Anm. 99（gegen Engels）, 28, 30, 31 ff., 37 f. これは、比較的新しい例証として、ここで挙げられるであろう。――方法的に疑わしいのは、「理念的要因と現実的要因」の従来通りの対照化である。これについては、S. 9.

（13）何ら考察されていないのは、Norbert Einstein, *Der Erfolg*（1919）, bes. S. 50 f. ――〈統合〉諸様式の関係については、vgl. auch noch oben S. 159.

（14）政治的諸主潮の憲法諸理論だけが、上で示唆した仕方で、個々の〈統合〉諸要因の適用と結合によって区別されて、多様な〈統合〉プログラムとして性格づけられうるのではなく、同じく、国家諸形態（これについては、後に）や国民的国家諸類型もそうである。いずれにしても、これらの諸対立は（若干の単純で一貫した諸対立、例えば、特定の感覚的、視覚的、律動的な統合諸契機のかなり大きな役割はともかく）きわめて錯綜し、単純な諸定式に還元されえない。にもかかわらず、この問題は、個人主義的・集団主義的という対立のヴァリアントへの任意の還元が陥らざるをえない不明瞭さに対して、より詳しい探究に値する。こうした対立対は、あらゆる精神的〈生活活動〉とそれぞれの政治的個体性の必然的な諸契機を標識づけている。いかに強く、フランス文化は sozial かつ soziabel か、そしてやはりフランス的国家感情は同時に、主体（観）的権利における客体（観）的権利の農民的・プチブル的な体験に対応して、その主体的所有（Haben）の上に際だって個人主義的に立てられているか、これをカール・フォスラー（Karl Vossler）は古典的に叙述した。――ヴェルサイユ講和体制の見解におけるように。逆にフランス人は、アングロサクソン的固有性として、あらゆる個人主義にもかかわらず、やはり政治的観点においては、政治的に原子論的なフランス人とは対立した善き意思（good will）と〔善き〕協働（cooperation）への傾向を、感じ取っている（A. Tardieu, *Devant l'obstacle, l'Amerique et nous*, 1927, p. 53 s.）。

（15）Karl-Festschrift III 17 f. わたしは一召命者の同意としてメンデルスゾーン・バルトホルディ（Mendelssohn-Bartholdy）を解釈している。Europäische Gespräche, I 168.

（16）とりわけ、Litt[3] 379 ff., bes. S. 381 における「〈生活活動〉諸圏の交錯」の素晴らしい説明を参照のこと。

（17）Seeley, *International Journal of Ethics*, I 444 f. いかにしてこの命題が外圧と国内の寡占体（äußerer Druck und innere Verfassung）との間の関連についての同じ著者のかなり知られた見たところ対立する命題と合致しうるのか、わたしは審らかにしえない。

（18）多くのものに代わり、代表的な例証として、現代における世界政策のリュドルファー（Ruedorffer）の基本的特徴を挙げておく。

（19）持続的な同盟政策（Bündnispolitik）の前提としての君主制についてのビスマルクの数多の表明――例えば Srbik *Metternich* II 662 zu 551, auch 553 unten における構成（編成）を参照のこと。――内政が外政を制約するかぎりで、内的諸力を裁量することが外政的状況の利用を可能にすること、これについては、H. Göring in „*Die neue Front*" S. 397 を参照のこと。

（20）Dazu *Kahl-Festschrift* III 18. ――例えば、ある一つの〔国際〕集団に帰属するかなり多くの諸国家の内の一国家が一利点を獲得するならば、その他の諸国家は〔それによって失われたものの〕保障を要求するのであるが、それはそれぞれの国家が同じく多くを持つべきであるからではなく、他のすべての国家の外政的な権力関係によって限定された本質は、そうでなければ侵害されるであろうからである。――対象を欠く外政とむしろ対象が強調された外政とのここで可能な諸々の微妙な差異にとっての事例として、ヴァークト（Vagt）の Europäische Gespräche I 261 を参照のこと。

（21）Göring, *Die Großmächte und die Rheinfrage in den letzten Jahrhunderten*（1926）, S. 72.

（22）Göring a. a. O. S. 80.

（23）Meinecke, *Staatsräson*[1], S. 516.

（24）一八八七年一月一一日のビスマルクの帝国議会演説における有名な言葉を想起しておくこと。Bei H. Kohl, *Polit. Reden* 12 217.

このことは、まさにそれゆえに政治的諸交渉は、もっぱら技術的諸交渉よりも柔軟に行われるということを排除しない。――Jäckh, Kiderlen, II 50, 57 における一九〇九年の艦隊協定についてのキダーレン（Kiderlen）の周知の説明。

わたしは国際法（Völkerrecht）の名誉条項と他のこれに属する諸現象とを想起するだけでよい。

(25) Vgl. das Zitat aus Hegels *Rechtsphilosophie*, oben S. 163, zu Anm. 11.

(26) 例えば、K. Riezler in „*Deutsche Nation*“ 1922, S. 991, und vor allem Mannhardt, *Faschismus*, S. 88, 128, 39, 121, 119, 274 f., 142 f. を参照のこと。

(27) C. Schmitt in *Schmollers Jahrbuch*, 48, 2 S. 774 ff. Heller *Souveränität*, S. 118, Hauriou, *Précis de droit constitutionel* (1923), 446, 397. Sieger a. a. O. S. 11. 歴史家たちの多数派と対立して、きわめて限定的にそうであるのは、M. v. Szczepanski, Rankes Anschauungen über den Zusammenhang zwischen der äußeren und der inneren Politik der Staaten, *Ztschr. f. Pol.* 7, 489 ff., bes. S. 620. ――このことはわれわれにとってより、外国にとってより自明である。―― Art. 1 Abs. 2 der Völkerbundssatzung は「メンバー諸国家（Mitgliedsstaaten）は自由に統治される（se gouvernent librement）」という要求に伴って、内政と外政をおそらく同様に意味している。

(28) Einleitung und Schluß der „Idee der Staatsräson“.

第九章

(1) 多くの人の代わりに、Scheler, *Die Wissensformen und die Gesellschaft*, S. 134 ――かの対立と内的に密接に関連している一つの似た対立を意味しているのは、形式の、すなわち有機体的形式の、恒常性へのローマ的傾向である。Vgl. z. B. L. Vossler, *Die romantischen Kulturen und der deutsche Geist*, S. 23.

(2) C・シュミットがここで提案された諸見解に係わっているところでさえ、古典古代的現象と結びついて喝采（Akklamation）という現象が起きている（*Volksentscheid und Volksbegehren*, S. 34）。

大公フリードリヒ・フォン・バーデンによって一八七一年の新年に歓迎されたフリードリヒ四世の――おそらく出典の疑わしい――声明。この中にこの喝采の歴史家はカイザーの歴史の一齣としてかれの次のような叙述を合流させている（Stengel in: Historische Aufsätze Karl Zeumer dargebracht, S. 310）。すなわち、帝冠（Kaiserkrone）は戦場においてのみ獲得されうるということは、この文脈では、勝利のみが勝利を博した軍隊とその背後にいる民衆において〈統合〉を国民（Nation）へともたらしうるということを意味している。この国民の表現としてのみ王冠は意味をもっている。〔この点で、古代と近代では〕特徴的な対立が見られる。軍隊の古典古代的喝采は世界の固定的ヒエラルヒーによって与えられた場所を一定の人物で充たしているが、〔これに対して〕近代の演目（動作）では、もはやヒエラルヒー的には秩序づけられていない世界において、〈統合〉の新たな役回りが演じられる。

（3）正しいのは、Heller, *Krisis*, S. 290 f.

（4）*Recueil de législation de Toulouse*, 2ème sér. t. 8（1912）, p. 16 ss., bes. p. 17, 20, 23, 24, 29 s., 33, 34.

（5）So auch Alfred Weber, *Die Krise des modernen Staatsgedankens in Europa* S. 35 f., Heller, *Souveränität*, S. 82.

（6）p. 20, 23 n.

（7）合意概念（Consensusbegriff）の機能化の歴史（Braubach, *Schmollers Jahrbuch* 48, 646 における諸々の示唆）は望ましいものであろう。――この概念は、テンニエスとオッペンハイマー（Tönnies und Oppenheimer）においては固定的に適用されている。

（8）*Widerstandsrecht*, S. 525. Scheler, *Formalismus*, S. 545 もまた、（G・イェリネクや他の人たちにおける批判主義的誤解と結びつき）あまりにも狭い。

（9）Thoma, *Max-Weber-Erinnerungsgabe*, II 57. いずれにしても、より正確なのは M. Adler, *Wegweiser*, S. 23.

（10）Werke 3, 202, vgl. Metzger, *Gesellschaft, Recht und Staat in der Ethik des deutschen Idealismus*, S. 178 ff.

（11）Z. B. Metzger S. 292 f., Holstein, Schleiermacher, an vielen Stellen.

（12）*Enzyklopädie* § 541, *Rechtsphilosophie* §§ 271, 299.

（13）Z. B. *Philosophie des Rechts*³ II 2, S. 260 f., 455 ff.

（14）J. Fröbel, *Theorie der Politik*, I 196 f., Adler, *Staatsaufassung*, S. 130 f. において、A. Menzels energetischer Staatstheorie の中では特定の共鳴（Anklänge）があり、A. L. v. Rochaus „dynamischer“（„*Realpolitik*“ は „dynamisches Grundgesetz des Staatswesen“ という章から始まるにもかかわらず）の中では反対されていない。こうした系列は増やされるであろうが、事柄に即して得るところはない。

国民と国家（Nation und Staat）についての反静態論的テーゼへの決定的転換を告知したのはM・H・ベーム（Boehm）である（*Rundbriefe 4/5 des Instituts für Grenz- und Auslandsdeutschtum*, Okt./Nov. 1926）.

ウィーン学派の「国家団体（身体）の持続的自己産出（dauernde Selbsterzeugung de Staatskörpers）（z. B. Verhandlungen des

5. Dtsch. Soziologentages, S. 52）は、これとは何の関係もないということは明白である。

（15）Haenel, *Staatsrecht*, I 75, oder Hauriou a. a. O. p. 144 n. 1 においては驚くべきかたくなさを伴って。かれが憲法に即した諸権力（Gewalten）を「他のものの上にそびえたつ個体的自由（liberté individuelle, qui s'élève au-dessus des autres）」として理解しているときがそうである。

（16）マイネッケが国家を「有機体的な形象かつ歴史のエンテレケイアー〔テロス（目的）のなかにあること、質料の中にある形相、静態の自律因子〕」として、しかし同時に様々な種類の個体的衝動の産物として理解しているとき（a. a. O. S. 12）の、両者の固有の結合において。両者は半分正しいのであるが、しかし両者のいずれも、それがここで行なわれているように遊離（孤立）化されたり、客体化されたりすることは許されない。というのは、精神科学的な理解の可能な対象は、一つの全体の諸契機としてのみ存在するにすぎないからである。

（17）これに属しているのは、とりわけこの国（ラント）に普及している指導者イデオロギーである。

（18）例えば、Spranger S. 63 f. の意味におけるこれら。

（19）*Leçons sur le movement social*, 1899, bes 396, 398 において特に明晰に。

（20）これについては、oben S. 174 f.

（21）この関係におけるマックス・ヴェーバーについては、Troeltsch III 566 ff. これに対して、Litt, *Erkenntnis und Leben*, S. 134 u. ff. における簡潔な諸考量。

（22）M. Weber, *Grundriß der Sozialökonomik*, III 29 f. 政治的なるものの本来的本質に対するこうした困惑のより深い根拠については、C. Schmitt, Arch. f. Soz-Pol. 58, 31. Marck, *Maxistische Staatsbejahung*, S. 11 におけるそもそも初めから欠如している二者択一を参照のこと。

（23）きわめて正しいのは、M. Adler, S. 142 f.

（24）むべなるかな。Z. B. C. Schmitt, *Geistesgeschichtliche Lage*, S. 7 f.

（25）Max Weber pssim, besonders in „Parlament und Regierung im neugeordneten Deutschland". わたしは同じ響きをもつものとして Th. Mann, *Betrachtungen eines Unpolitischen*, S. 269 を引用している。Kelsen, *Wesen und Wert der Demokratie*, S. 17, Anm., Marck, *Substanz- und Funktionsbegriff*, S. 153 f. ゲオルク・サークルの対応する託宣、たとえば審判者としてのグンドルフ（Gundorf）、ニーチェ（Nietsche）, S. 23 f. は、陽光の下では大抵バーデンの俗流自由主義の正体が晒される。――Vgl. auch oben S. 165 f.

(26) その表現が、例えば――ヴェーバー・トーマ的立場から根拠づけられた――国家理論の科学的性格に対する懐疑である（vgl. *Handwörterbuch der Staatswissenschaften*[4] VII 726）。

(27) *Demokratie und Erziehung in Amerika* S. 88.

国家的活動現実態に関する基本的な諸概念から帰結することの一例を提供しているのは、「議会の黄昏（Parlaments-Dämmerung）」（Neue Rundschau, April 1927）についてのヘルパハ（Hellpach）の賢明なる説明である。それらの説明は、政治的諸制度の〈統合〉力の説明が問題となる一般的な精神史と、とりわけ文化史の中に脱線している。ファッサードとしての議会は、理念史的関連ゆえに引き寄せられたルネサンス建築や古典主義建築のファッサードの性格と何の関係もない。というのは、〈統合〉力のある議会はまさしくファッサードであったのではなく、一つの生き生きとした〈統合〉様式であったからである。同じく君主制は、何らバロックの機能ではなく、無限に拡張された精神的状況の政治的な〈生活活動〉形式であった。近代の芸術史は、政治的な制度史をも図解する多くの機能を果たした。芸術史をその政治的制度史の説明に適用することは、その〔政治的制度史の〕本来的な基礎への洞察が欠如しているということを示している。

(28) *Souveränität*, S. 83, vgl. auch Kelsen, *Staatsbegriff*, S. 9, Anm. 1.

(29) C・シュミットにおいては特に強く、しかしまたH・ヘラーにおいてもそうである。ここでは「国家の権威と国家の価値との不可分離性」（C. Schmitt, *Diktatur*, Vorbemerkung, S. XI f.）は否定されるべきではないということを、この関連（文脈）は明らかにしている。

(30) ラーテナウ（Rathenau, Briefe I 142）やシェーラー（Scheler, *Die Wissensformen und die Gesellschaft*, S. 36 ff., 134）とともに語るなら。

【第二部】

第一章

(1) G. Jellinek, *Staatslehre*, I[3] 503.

(2) Fleiner, *Institutionen*[3], S. 3.

(3) *Über Verfassungswesen*, 1862.

（4）*Die parlamentarische Regierung*, S. 1.
（5）Die Regierungsbildung in Preußen und im Reiche, „*Die Westmark*", I, 1921, S. 207.
（6）*Verfassungsänderung und Verfassungswandlung*, 1906.
（7）S. 72 a. a. O.
（8）So etwa S. 2.
（9）特徴的な仕方でイェリネク a. a. O. が与えているのは、重要な諸事例や諸類型の一つの経験的記述にすぎず、いかなる理論でもなく、とりわけいかなる法学的理論でもない。
（10）Litt³ 373 ff. と結びつけて。
（11）他面では憲法もまた G. Husserl のいう意味で抽象的な法（権利）の妥当（性）（Rechtsgeltung）の一事例ではないのかどうか（*Rechtskraft und Rechtsgeltung* S. 17）、これはここでは未決定のままにしておくことができる。
（12）E. Kaufmann a. a. O.
（13）Vgl. oben S. 171 f.
（14）わたしはこのことに後に立ち戻った。
（15）したがって、E. Kaufmann a. a. O. S. 207 f. の成文憲法の、とりわけヴァイマール憲法の、「パラグラフ構成（構築）」に対する批判は、おそらく必ずしも正当ではない。
（16）精神的な〈生活活動〉における受容（Rezeption）の意義については、Litt³ 181 f.
（17）G・イェリネクによって枚挙された諸事例は、明らかにこの種のものではなく、〈統合〉過程の励起された（活気づけられた）、あるいは少なくとも許容された自己形象化の憲政秩序の領域の中にある。
（18）Husserl a. a. O. においてもまた、憲政秩序（憲法）のこの意味において。
（19）Z. B. Fr. Hartung, *Deutsche Verfassungsgeschichte*², S. 130 u. Anm.
（20）Oben S. 131 ff. の諸々の示唆を参照のこと。
（21）かくして、Montesquie *esprit des loi* III 1, 国家諸機能との任意の対置は、法学的なものに翻訳されている。Z. B. Fleiner, *Institutionen des deutschen Verwaltungsrecht*³, S. 3. ――教えるところがあるのは、ドイツ的思惟がそれを放棄したときはいつかである。青年ヘーゲルにおいては、それはなお見出される（System der Sittlichkeit, *Schriften zur Politik und Rechtsphilosophie*,

hrsg. v. Lasson, Phils. Bibl., Bd. 144, S. 467）が、Enzyklopädie（§ 536: „seine innere Gestaltung als sich auf sich beziehende Entwicklung“）や *Rechtsphilosophie*（§ 271: „die Organisation des Staats und der Prozeß seines organischen Lebens auf sich selbst, in welcher er seine Momente innerhalb seiner selbst unterscheidet und sie zum Bestehen entfaltet“）においてはもはや見出されない。

（22）とりわけ明確なのは、フィヒテにおける等置である（„Staatslehre“ von 1813, Werke 4, 519）。「Constitution ＝統治団体の設置に関する法則（Gesetz über Errichtung des regierendes Körpers）。わたしは Genesis（生成）を Errichtung と言っている」。

（23）Oben S. 180 ff.

（24）Z. B. G. Jellinek, *Staatslehre*³, I 255 ff., Scheler, *Formalismus* S. 568 f.

（25）Vgl. auch die „Ordnungs“- oder „Richtungsnormen“ bei v. Marschall, *Vom Kamp des Rechts*, S. 116, 12.

（26）Kriminelles Unrecht, Staatsunrecht und Völkerrecht, *Hamburgische Schriften zur gesamten Strafrechtswissenschaft* Heft 7, S. 21. 誤認されているのは、ゴルトシュミットに対する論争における総体連関である。S. 65.

（27）Veröffentlichungen der Vereinigung der deutschen Staatslehrer, Heft 1, S. 101, vgl. S. 96 ff.

（28）a. a. O. S. 256.

（29）ここで問題なのは三つの実質的価値理念である（Scheler S. 569）というのは正しい。かれの標識づけ（Rechts-, Machts- und Wohlfahrtswert）は、必ずしも異論から自由でない。

より明確なのは、『現代国家の批判（*Kritik des gegenwärtigen Staats*）』におけるパオル・ヨルク伯爵（Graf Paul Yorck）における三重性（三幅対）（Dreiheit）である。そこでは次のように言われている。「（現代国家は）法的かつ福祉行政的な統一性であることに制限されている〔現代国家〕」「統治（Regierung）概念は失われた——Regieren（統治）は Administrieren（行政）を意味している」（*Briefwechsel Dilthey-Yorck* S. 141, 170）。——Vgl. ferner Gierke in *Schmollers Jahrbuch* 1883, 1186. ある程度この関連に属しているのは、C・シュミットの諸々の説明である（a. a. O. S. 97 f.）。Ders., Unabhängigkeit der Richter, Gleichheit vor dem Gesetz und Gewährleistung des Privateigentums nach der Weimarer Verfassung, bes. S. 13 f. und allenfalls R. Grau, Die Diktaturgewalt des Reichspräsidenten und der Landesregierungen, S. 97, 99.

ウィーン学派の無意識的な最終的基礎である価値一元論に対する——実態（事態）的のみならず価値理論的でもある——対立は、端的に明らかになっている。

(30) Jellinek a. a. O.:「あらゆる国家活動の中には、国家そのものの維持と強化を目的とする一エレメントが存在する」。

(31) おそらくHeller, *Souveränität* においてもまた、そう考えられている。かれが国家の他の諸団体との差異を次の点に見ているときがそうである。すなわち、「国家を現実化する諸行為は、この領域における相互作用の総体の保障を呈示している」、したがって、それ自身やはりこのような他律的保障を欠いているという点に。——あるいは、S. Marck a. a. O. S. 123. ここではいささかあまりに一般的に、公法の諸団体の固有の法則性が「法秩序の人為的諸産物」によるものとしての私法的なそれの性格に対置される。

(32) Heller S. 102.

(33) 特別な明晰さを伴っているのは、Ges. Polit. Schriften S. 128, 469 f.

(34) カール・ヤスパース（Karl Jaspers）級の一思想家における——しかし、おそらくマックス・ヴェーバーによって規定されているのであろうが——公的秩序の理想は最善者たちの支配であるという古典古代的思惟にとっては自然（当然）命題の受容は、概念把握し難い（*Idee der Universität* S. 28, auch Simmel, *Soziologie*, S. 238 f.）。かれは古典古代の静態的秩序と、そして政治的課題を普遍的なそれとして、それゆえ最高のそれとして価値づけることを前提にしている。この命題に対して辛辣だがしかし正しいのは、Kelsen, 5 dtsch. Soziologentag, S. 114.

(35) Kelsen, *Demokratie*, S. 17, Anm.

(36) Aristoteles *Politik* 3, 4, 1276 b, und danach Redslob, *Abhängige Länder*, S. 41, Anm. 1.

(37) Wieser, *Gesetz der Macht*, S. 107.

(38) Wieser S. 48 f.

(39) これ〔支配者主権〕を、ひとは、従来支配的な国家学にとって、ヘラーがS. 71でしているほど簡潔には説明しえない。

(40) この点で少なくとも誤解しているのは、E. Kaufmann a. a. O. S. 207 f.

(41) そうであるのは、Jellinek, *Staatslehre* I^3 S. 505 ——特徴的なのは、国制（Staatsverfassung）の内容のスケッチにおける諸々の相違（誤差、逸脱）である（das selbst）。

(42) 国家は人間たちから成るという陳腐なことは、遺憾ながらなお強調されなければならない。ヘラーは正当にもそうしている。*Souveränität*, S. 81.

(43) Düringer 11. Juli 1919, Stenogr. Berichte, S. 1496. かなりの正当性をもってひとは憲政秩序（憲法）全体を、前文と第一章1—3

の最高位の諸原理のための遂行規範（Ausführungsnorm）として理解しようとすることができよう。これについてのより詳細なことは、unten S. 260 f.

第二章

（1）これについての詳細は、z. B. Tocqueville, vgl. H. Göring, *Tocqueville und die Demokratie*（demnächst bei Oldenbourg erscheinend）.

（2）「諸外国との諸関係の世話（扱い）（Pflege）」（Art. 78）がさしあたり外交的諸規範の単純な定在において履行されるのと似かよった形で。総じてそれらの国際法的な法的行為（扱い）（Rechtsakte）はともかくとして。

（3）いずれにしてもその場合、観察者の政治的な基本的態度に応じてさまざまに評価される。かくして、例えばマイネッケが普通選挙権の中に本質的に消極的な契機、「安全弁」、「相殺し、安定化させる、一定の効果（作用）」を見ているとすれば、それは特徴的に自由主義的である（*Probleme des Weltkrieges* S. 89）。これに対して、ナウマン（Naumann）が、われわれはそれによってようやく「ひとつの政治的に呼吸する身体総体（einen politische atmenden Gesamtkörper）を有する」ということを確定しているとすれば、それは民主制的である（*Demokratie und Kaisertum*[4] S. 51）。――Überhaupt z. B. N. Einstein, *Der Erfolg*, S. 98 f.

（4）*Festgabe der Bonner Juristischen Fakultät für Karl Bergbohm* S. 283.

　ましてや、第五回ドイツ社会学者会議においてR・ミヒェルス（Michels）が口頭で述べた、選挙は意思の委譲であるという理念史古代博物館（das ideengeschichtliche Altertumsmuseum）からのテーゼは、まったく概念把握し難い（Verhandlungen S. 71, auch *Zeitschrift für Politik* 17, 290 f.）。

（5）ここに今日の政治的秩序の契機としての公共性（公論）（Öffentlichkeit）の意味がある（Hegel, *Rechtsphilosophie* § 315, und Zusatz）。（ケルゼン5. *Soziologentag* S. 60 が考えているような）独裁制（Autokratie）の制御されない状態に対立する民主制の制御受容においてではなく。独裁制は個別的に技術的国制を、民主制は政治的国制を有する。ここから、絶対主義における技術的な合議原理（Kollegialprinzip）は諸議会（Parlamente）の統合的それとは比較しえないことが帰結する（ケルゼンにおける等置 a. a. O. S. 36, 53, *Staatslehre* S. 327 は理解し難い。vgl. auch oben S. 151 Anm. 11）。

（6）多くの国家指導者には、百パーセントの選挙の勝利より悪しきことは遭遇しえないという注釈は正鵠を射ている（G. Bernhard, Voss. Ztg. 20, 3, 1927）。

（7）イギリス議会主義はその最盛期を正当に制限された選挙権を基礎にして体験した（K. Loewenstein, *Arch. f. Soz. Wiss. u. Soz. Pol.* 51, 675）という事実は、選挙人たちの区分ではなく、新聞購読者たちの区分に基づいている。それらのより狭い圏域は、なおこうした舞台を通じて捉えられ、そしてこれに生き生きと反作用したが、これに対して今日の能動市民層は、なお人民投票的に統合されうるにすぎない。

（8）Kelsen, *Staatslehre*, S. 323, 5. *Soziologentag* S. 62; daselbst S. 63 f., *Demokratie* S. 28. それ（民主制）と並んで、何か特殊なものとして承認されている〈統合〉作用。

（9）*Bismarcks Erbe in der Rechsverfassung* S. 9.

（10）ケルゼンにおける諸々の示唆、*Staatslehre*, S. 307 ff. は不完全であり、そして精神史的諸問題一般を認識させない。

（11）*Staatsrecht* I 92.

（12）Wittmayer, *Österreichisches Verfassungsrecht*, Nachtrag 1926, S. 7.

（13）E. Kaufmann, *Auswärtige Gewalt und Kolonialgewalt in den Vereinigten Staaten*, S. 177 f.

（14）荒削りに機械論的なのは、Jhering, *Zweck im Recht*, ^{3} I 327：「国家的な強制機械におけるある点において、強制されることは終わらざるを得ないし、そしてただ強制することだけが残らざるをえない……」……「時計は自己自身を巻きえない。そのためには人間の手を必要とする。この手は君主制においては君主である。……」これに反対しているのは、H. Preuß, Das Völkerrecht im Dienst des Wirtschaftslebens（*Volkswirtschafliche Zeitfragen*, Heft 99/100, 1891）, S. 53.

（15）B. Braubach, *Der Begriff des Abgeordneten*, Staatswiss. Diss. Der jur. Fak. Bonn 1923（Auszug）.

（16）そうであるのは、例えば Heller, *Souveränität*, S. 76.

（17）Z. B. Art. 21 der Weimarer Verfassung:「代議士は全国民の代表である。かれらはかれらの良心のみに服し、そして諸々の委託に拘束されない」。

（18）多くの人たちに代わり、Triepel, *Die Staatsverfassung und die politischen Parteien*, Rektoratsrede 3. 8. 27, S. 11 ff.

（19）C. Schmitt, *Volksentscheid und Volksbegehren*, S. 49.

（20）Analog etwa C. Schmitt, *Römischer Katholizismus und politische Form*, S. 54 ff.

（21）価値ヒエラルヒーの類比的な再現前（代表）については、z. B. P. L. Landsberg, *Die Welt des Mittelalters und wir*, S. 23 ff.

（22）Heller S. 75.

(23)「国民（人民）の名」における司法は、厳密に対応するものではない。Vgl. unten S. 208, Anm. 8.

(24) Z. B. *Völkerpsychologie* VII 37――王国の固有の宗教的な情緒の強調への司法の関与の下に：das VIII 275 f., Hans Schwarz, *Europa im Aufbruch*, S. 68 f., 242.

(25) Kelsen, *Staatslehre*, S. 315, 319.

まったく的外れで、技術的なものにすぎないのは、Simmel, *Soziologie*, S. 551 ff.

(26) Z. B. Haenel und Triepel, vgl. die Stellen bei Heller S. 60.

第三章

（1）S. 150 ff.

（2）*Rechtsphilosophie* §§ 273, 286, 272 Zusatz.

（3）H. Trescher の綿密な労作、『ヘーゲルの国家論の諸々の哲学的基礎へのモンテスキューの影響（*Montesquieus Einfluß auf die philosophischen Grundlagen der Staatslehre Hegels* (Phil. Diss. Leipzig 1918)』が権力分立論のモンテスキューからヘーゲルへの発展の成果として、ヘーゲルにおける権力分立論は「国民という身体（Volkskörper）の全ての活発な諸力を国家全体のために獲得するという一般的な目的のために、すべての社会領域が国家にきわめて生き生きと浸透すること」を意味しているということを確定しているとすれば、このことはまさしく本研究が探究している〈統合〉概念である。

ケルゼンにおける対象の叙述（*Staatslehre* S. 255 ff.）はここで与えられているいかなることも共有していないということを、いまさらとりたてでわたしが強調するには及ばない。

（4）Z. B. Schönfeld, Die logische Struktur der Rechtsordnung, S. 44 ff.― im *Archiv d. öffent. Rechts*, N. F. 12, 178. いずれにしても、段階論（Stufentheorie）の意味において。

（5）*Esprit des lois* XI 6 以来しばしばそうである。Z. B. Klüber, *Die Selbständigkeit des Richteramts*, 1832, S. 24. 司法をいまだモンテスキュー的な仕方で秩序づけている青年ヘーゲル（System der Sittlichkeit, *Schriften zur Politik und Rechtsphilosophie*, hrsg. v. Lasson, Philos. Bibl. 144, S. 489）から、司法の名を挙げていない（*Rechtsphilosophie* § 272 am Ende der Anmerkung vor dem Zusatz, und Ende des Zusatzes）あるいは統治権（Regierungsgewalt）服せしめている（§ 287）後期ヘーゲルへの前進は、注目に値する。

（6）対立の周知の心理学的な捉え方は、ここでは特に使用しえない。
Vgl. auch Marschall, *Vom Kampf des Rechts*, S. 150 ff., und vor allem Gierke in *Schmollers Jahrbuch* 1883, 1185.

（7）問題はここでは他の境界づけにもかかわらず、事態（事柄）に即しては oben S. 194 と同じである。

（8）Z. B. W. Simons, Mitteilungen der Deutschen Gesellschaft für Völkerrecht, Heft 6, S. 25, 29.
とりわけ諸法廷の国家特性（Staatlichkeit）を標識づけていた（「王の名における」）以前のそれ（判決の告知定式）に対立する「国民（人民）の名における」判決の告知定式、今日の法（権利）仲間（Rechtsgenossen）の共同体の機能としての司法の標識づけがそうである。かくして、諸資料は正確であるが（プロイセン憲法第八条についての）ヴァルデッカー（Waldecker）の懐疑は必ずしも正当化されない。

（9）想起されるべきは、法の諸審級（Rechtszüge）による中世的国家統一性の度重なる作出、アングロサクソン的司法〔裁判（管轄）権〕国家（Jurisdiktionsstaat）における国家機能としての司法の比較的大きな意義である。部分的には、少なくともまたE・カウフマン（Kaufmann, *Ausgewärtige Gewalt*, S. 177 ff., 182 ff.）によって理念史的に根拠づけられた現象も、アメリカにおける連邦国家の法廷審級と各州の法廷審級の鋭い分離と同じく、これに属するであろう。

（10）Hellpach, *Neue Rundschau*, Juli 1927, S. 5 f.

（11）これについては、多くの人たちに代わり、v. Marschall passim, z. B. S. 140, 61 Anm.

（12）Vg. Besonders Holstein in *Bonner Festgabe für Ernst Zitelmann* 1923, S. 36 ff., 366 ff., auch Thoma, *Festgabe für O. Mayer* S. 176.

（13）*Philosophie des Rechts*³ II 2, S. 609.

（14）J. Goldschmidt, *Verwaltungsstrafrecht*, S. 572, *Begriff und Aufgabe eines Verwaltungsstrafrechts* S. 21, Anm., vgl. überhaupt auch Holstein a. a. O. S. 368 f.

（15）Vgl. besonders C. Schmitt, *Geistesgeschichtliche Lage*, ³ S. 52 ff.

（16）Redslob, *Die parlamentarische Regierung*, S. 1. もちろんこうしたことが言えるのは、〈統合〉体系の機能的部分に制限することを伴ってのことにすぎない。— Vgl. auch O. Mayer, *Deutsches Verwaltungsrecht*, ³ I 56.

（17）もちろんその際こうした関係づけのきわめて多様な諸様態が可能であろうということなしには、こうは言えない。Vgl. vor allem E. Kaufmann, *Auswärtige Gewalt*, S. 177 ff.

(18) Vgl. *Kahl-Festschrift* III 16 f.

(19) a. a. O. S. 5 ff., auch C. Schmitt, *Arch. f. Soz. Wiss. u. Soz. Pol.* 58, 3 Anm.

(20) 大抵メッテルニヒ（Metternich）が古典的なものとして引用される。Vgl. Srbik *Metternich* I, 392 f., präzis Gambetta bei Barthélemy, *Organisation du suffrage* p. 640.

(21) Z. B. Comte, *Cours de philosophie positive*, 3 éd. IV 430. Fröbel, Politik, I 144 f., 151, 191 ff. Ranke, *Sämtl. Werke*, 30, S. 55 f.

(22) Dieser a. a. O. S. 104 f.

(23) *Politische Theologie* S. 13.

(24) S. 14, 15 a. a. O.

(25) Vgl. oben S. 195.

(26) 例えばカウフマンにおけるこの言葉。Kaufmann, *Untersuchungsausschuß und Staatsgerichtshof*, S. 63, 66.

(27) Vgl. bes. Noch C. Schmitt in Schmollers *Jahrbuch* 48, 2, S. 753 ff., bes. S. 778, und sein Gutachten: Unabhängigkeit der Richter, Gleichheit vor dem Gesetz und Gewährleistung des Privateigentums nach der Weimarer Verfassung (1926).

(28) Vgl. Triepel, *Kahl-Festschrift* II 17 ff. und die dort Angezogenen.

(29) Klüber-Welcker, *Wichtige Urkunden für den Rechtszustand der deutschen Nation*, S. 178. 連邦権そのものについては、vgl. Klüber, *Öffentl. Recht des Deutschen Bundes*, [4] 215, H. A. Zachariä, *Deutsches Staats und Bundesrecht*, [3] II 736 ff.

第四章

(1) 多くの人たちに代わり、Heller, *Souveränität*, S. 17 f.

(2) Vor allem *Geistesgeschichtliche Lage* S. 39 ff.

(3) Vgl. oben S. 166.

(4) Vgl. ヘーゲルによる評価。Wissenschaftliche Behandlungsarten des Naturrechts, *Werke* I 417.

(5) C. Schmitt, *Geistesgeschichtliche Lage*, S. 39 f. ここでは、いずれにしても――シュミットが民主制を固有な形で誤解していることに対応して――次のことが誤認されている。すなわち、形式的事象ではなく、この事象を担う内実（これをシュミット自身は他の箇所［*Schmollers Jahrbuch* 48 777］で、このような真正な普遍的共同体の固有の威厳、固有の精神として正しく標識づけている）が、こうした正当化する力の原因であるということが。同様に、ローマへの進軍というファシスト的なイデオロギーは、革命的な――すなわち、新たな内実を条件づけ、そしてそれを通じて新たに正当化する――新たなイタリアの根拠づけのイデオロギーとして考えられている。

（6）ヴァイマール憲法、S. 39 ff.

第五章

（1）この種の国家形態論は、Wittmayer, Die Staatlichkeit des Reichs als logische und als nationale Integrationsform, *Fischers Zeitschr. f. Verwaltungsrecht*, hrsg. v. Schelcher 57（1925）145 ff. による諸々の説明の――もちろん、激しいルサンチマンによって不明確になってしまったが――目標であると思われる。しかし君主制的、国民的、国家的な統合の並置は、明確な区分根拠を欠いたままである。

（2）Hegel, *Rechtsphilosophie*, § 273.

（3）Auch dagegen Hegel a. a. O., E. v. Hippel, *Die Tatwelt*, III 61 f.（auch selbständig: Der Sinn des Staates und die Lehre von den Staatsformen bei Platon, *Mann's Pädagogisches Magazin*, Heft 1163, S. 21 f.）unter Beziehung auf die bekannte Stelle in Rankes politischen Gespräch.

（4）おそらくそう理解されうるのは、H. Oppenheimer, *Logik der soziologischen Begriffsbildung*, S. 89. この点で鋭敏かつ卓越しているのは、C. Schmitt, *Politische Theologie*, S. 56.

（5）かつて加えてさまざまな理由から、これらは決して現実的な系列ではない。カリスマたちは絶えず存在したが、しかし、カリスマ的憲政秩序（憲法、体制）という形容矛盾（contradictio ad adjecto einer charismatischen Verfassung）は、それ自身本源的共同体（Urgemeinde）において現存しなかった。伝統的支配は政治的〈生活活動〉形態としてもまた存在する。合理的支配は再びナンセンス（Unding）である。合理的「装置（Apparat）」「経営体（Betrieb）」は、すでに概念的に思惟可能な〈生活活動〉形態とは反対のものである。

（6）Bei Hellpach a. a. O.

（7）民主制についてさえそうである。R. Michels *Soziologie des Parteiwesens*,[1] 391, Renner, Verhandlungen des 5. dtsch. Soziologentages, S. 90.

（8） *Handwörterbuch der Staatswisenschaften*[4] Vii 730 ff., テクニカルタームとして適用されて、Die Fragestellung für die Staatslehre und damit die Bewertung der Staatsformen, S. 745.

民主制の中に「発展史的な意味での目標」、「完成」を見出している「純粋なイデオロギー」に、鋭くかつ卓越して反対しているのは、R. Michels, *Zeitschrift für Politik*, 17, 290.

（9） シュミット・トーマ論争以外にとりわけ名を挙げられるべきは、F. Tönnies, Demokratie und Parlamentarismus, *Schmollers Jahrbuch* 51, 2, S. 173 ff.

（10） この批判が思惟の純粋な類型と国家形態とに妥当するということを、わたしは強調するには及ばない。マックス・ヴェーバーでさえ、学問的には必ずしも純粋に自由主義者ではなかった。そして、あまつさえ自由主義の偉大な人物たちを尊敬に値するものにしている独特の人間的貴族の精神的かつ自由主義的な高みについては、自由主義の歴史的意義についてと同じく争いはありえない。

（11） C. Schmitt, „Begriff des Poltischen", *Arch. f. Soz. Wiss. u. Pol.* 58, 1 ff. におけるこの規定を、わたしは幸福（適切）なものとは思わない。

（12） C・シュミットの同一性論（Identitätslehre）が言い当てているのは、核心ではなく一つの徴候であり、そしてウィーン社会学者会議の諸労作は、残念ながら議長の鋭い批判に値しない（Verhandlungen S. 12）。

（13） おそらくそう考えられているのは、a. a. O. S. 168 — テクストにおいて言われていることに従えば、「政治的支配において外化された社会的エネルギー」は、したがってわたしの言語使用においては、〈統合〉作用（Integrationsleistung）は国家形態の交替に恒常的に留まっている。— Kelsen, 5. Soziologentag, S. 57.

（14） *Kahl-Festschrift* III 21 ff.

（15） Einzelnes a. a. O. 23 f.

（16） おそらくそうであるのは、E.v. Hippel, *Archv d. öffent. Rechts*, N. F. 12, 406.

（17） Vgl. Tönnies, 5 Soziologentag, S. 12 ff., Koigen, das., S. 78 ff. Tönnies, *Schmollers Jahrbuch* 51, 2, 173 ff., Adler, *Staatsauffassung*, bes. S. 129, insbesondere für Amerika A. Walther, *Ethos Jahrg.* II, S. 50.

（18） C. Schmitt, *Geistesgeschichtliche Lage*, S. 13 f.

（19） Dasselbst S. 37.

（20） *Europäische Gespräche* I 262.

（21） E. Kaufmann, *Grundfragen der künftigen Reichsverfassung*, S. 26.

（22） これに Stir-Solmo, *Reichs- und Landesstaatsrecht*, I 101 は、不当にも衝突している。Vgl. oben S. 175 f.

（23） したがって、（諸機能に関して）正しくないのは、Kelsen, *Staatslehre*, S. 361, 5. Soziologentag, S. 50 f. と E, v. Hippel, *Archv für öffent. Recht*, N. F., 10, 50 における、この（ここでは諸機関に関係づけられた）誤謬の、特に疑わしい実際的な個別的適用である。

テクストにおいて言われていることに伴って、トーマによって国家学辞典（*Handwörterbuch der Staatswissenschaften*[4] VII 739 ff.）において与えられた意義と同じく、とりわけ現在の憲政秩序（憲法）形式についてのきわめて価値ある諸展望の意義は、否定されるべくもない。その際、現実的な体系にかわって（リンネの体系 Linnésches System）に埋没される危険は、いずれにしても持続的には、提案された道程においてのみ避けられるであろう。

国家諸形態が国家的全体性の実現諸類型であるとすれば、その場合、それらの区別の諸指標は〈統合〉諸要因であり、国家諸形態の分類にとってのこれらの諸要因の意義は、それらのランクに従って、〈統合〉体系のヒエラルヒーにおいて規定されている。

第六章

（1） Literatur z. B. bei Triepel, *Kahl-Festschrift*, II 50 f.

（2） 官憲国家と民族（国民、人民）国家（Obrigkeits- und Volksstaat）、「真正」議会主義と「真正ならざる」それ（„echter“ und „unechter“ Parlamentarismus）といった概念対の対応する思惟範疇エレメントと同じく。

（3） Haenel, *Staatsrecht*, I 209 f. 立憲国家（Verfassungsstaat）の理論にとって、権力分立の分業的・目的論的な理解がそうであるように、それは連邦国家（Bundesstaat）の理論にとって、同じように正しくないアプローチである。

（4） Triepel, *Reichsaufsicht*, S. 3.

（5） Triepel S. 2：「まさしく説明の中心点におく」という「ひとつの端的に決定的な役割」。

（6） *Der Einfluß der Einzelstaaten auf die Bildung des Reichswillens*, 1923.

（7） 二つの志向のうち一方は、諸種族（出自、系統）あるいは諸形成（Stämme oder Bildungen）から成る国民（Nation）を統一国家の形式に強制し、これに対して他方は、国民を自立的諸国家の連邦（Bund）として組織化しようとする（Triepel, *Zeitschr. F. Politik*, 14, 197）。近似しているのは、トラヤヌス帝国の描出への導入における生粋にランケ的な対照化（*Weltgeschichte*[12] III, S.

261）：「これら両志向（集権的と地域的、団体的と個人的）は、絶え間なく互いに対立する。権力は一方に基づき、内的成長は他方の基づく」。

（8）Triepel a. a. O.

（9）そうであるのは、例えば、Gierke, *Schmollers Jahrbuch*, 1883, 1167.

（10）事態（事柄）のこの側面はきわめて本質的かつ重要であろう。例えば、労組の合同にとって死活的に必要な連邦主義（Föderalismus）の柔軟性（N. M. Butler, *Der Aufbau des amerikanischen Staats*, dtsch. Ausg. 1927, S. 109）、あるいは少数派の、なかんずく少数宗派や少数民族（Minderheitskonfessionen und -nationen）の保護としてのスイスのカントン（Kantone）（Fleiner, *Zentrismus und Föderalismus in der Schweiz*, 1918, S. 16 f.（Weiteres S. 24 ff.）, *Schweizerisches Bundesstaatsrecht*, S. 24）。

（11）スイスについて、Max Huber, *Der schweizerische Staatsgedanke*（1916）S. 14, そしてより直観的には、Gottfr. Keller, *Nachgelassene Schriften und Dichtungen*（1893）, S. 360.

（12）バイエルン首相に対するライヒ大統領エーベルト（Ebert）27. 7. 1922, *Jahrb. d. öff. Rechts* 13, 82. 似ているのは（ここでは、事柄に即して、それに対して立場がとられるべくもないが）die Bayerische Denkschrift von 1927.

（13）*Jahrb. d. öff. Rechts*, 13, 85.

（14）Vgl. z. B. シーレンベルク（Schierenberg）におけるよき注。*Die Memelfrage als Randsstaatenproblem*, 1925, S. 27.

（15）Koellreuter, *Der deutsche Staat als Bundesstaat und als Parteienstaat*, S. 18 ——個別的諸国家がかくして（そして、ヴァイマール憲法第一八条の書き出しの言葉のテクニカルな目的論の意味においてではなく）全体から正当化されている（rechtfertigt）とすれば、このことはいまだ必然的に、それらがまたあらゆる観点において全体から実定法的に「正当化されている（legitimiert）」ということを意味していない。Darüber im Folgenden.

（16）v. Holtzendorff-Bezold, *Materialien*, I 72.

（17）一八六七年と一八七一年の憲法のそれらは、国際法の諸条約の典型的な導入定式と、際立って区別されない。——もちろん必要な変更を付すかぎり（mutatis mutandis）においてであるが。こうした諸定式の個々で与えられている目的への不可避的な適応でさえ、ウィーン〔学派〕の批判においては「反自然的（widernatürlich）」という述語を被っている（Wittmayer, *Reichsverfassung*, S. 39）。

（18）こうした欠陥をビスマルクの人格的な傾向や「時代の純粋な国家実証主義や法実証主義」へと還元すること（Beyerle, Bericht und Protokolle des Verfassungsausschusses, S. 367）は、せいぜい第二ランクのモティーフを言い当てているにすぎない。正しいことは、ここでは、しばしばそうであるように、ナウマン（Naumann）が見ていた。A. a. O. S. 176.

（19）Naumann a. a. O.

（20）国際法的な行政協定のトーンで認められているビスマルク憲法の冷めた注意深い言葉に鑑みると、ひとは皇位継承者の周知の批判に、デルブリュック（Delbrück）が帝国議会においてカイザーの冠をいわばズボンのポケットから取り出し、示して見せたようなやり方を想起する。

（21）Z. B. G. Jellinek, *Staatslehre*^{2} I 695, 第三版ではあまり明確ではない。正しいのは、Wittmayer in *Fischers Zeitschrift für Verwaltungsrecht*, 57, 149. いずれにしても、かれはこの点において「立派な曲解」と「無際限の恣意」を見出している（Weimarer Reichsverfassung, S. 469）。Vgl. auch *Festgabe für O. Mayer*, S. 268 f.

（22）Vor allem von Triepel, *Unitarismus und Föderalismus im Deutschen Reiche*, E. Kaufmann, *Bismarcks Erbe in der Reichsverfassung*.

（23）いかにしてより古い理論が個別的諸国家〔諸ラント〕の諸代表を旧身分的な、いずれにせよ自由主義的な意味において、本質的に連邦国家の諸機関としてではなく矯正的なものとして理解していたか、これは教えるところが多いが、いまだ十分には追求されていない。たとえば、Brie, *Bundesstaat*, S. 115, 181 における引用箇所を参照のこと。

（24）これについては、わたしの研究 Ungeschriebenes Verfassungsrecht im monarchischen Bundesstaat, *Festgabe für O. Mayer*, S. 245 ff.

（25）これについては、Bilfinger, *Der Einfluß der Einzelstaaten auf die Bildung des Reichswillen*, und besonders präzis in Veröffentlichungen der Vereinigung deutscher Staatsrechtslehrer, I, S. 35-37.

（26）Vgl. die Reichstagsrede vom 8. 5. 1880, insbes. Die Stellen bei H. Kohl, *Reden*, 8, 188 f.

（27）Beyerle a. a. O.

（28）多くの事例に代わって、幾つもの理由から（評価が）より低いものとされてしまう（niedriger gehängt zu werden）一例。H. Mann, *Macht und Mensch*, z. B. S. 144, 176.

（29）例えば、カップ一揆については *Jahrb. d. öff. Rechts*, 13, 5, Anm. 1 を参照のこと。

（30）「連邦国家理論は政治的かつ法的な〈統合〉概念を破壊する」というヴィットマイヤー（Wittmayer）のかなり不明確な定式化にもかかわらず（*Fischers Zeitschr. f. Verwaltungsrecht*, 57, 151）。

【第三部】

第一章

（1）*Arch. d. öffentl. Rechts*, NF., 9, 38.

（2）Bilfinger, *Einfluß der Einzelstaaten*; E. Kaufmann, *Bismarcks Erbe*; mein *Ungeschriebenes Verfassungsrecht*.

（3）ビルフィンガー（Bilfinger, S. 6 f.）におけるラーバント的事例を参照のこと。

（4）E. v. Hippel, *Arch. d. öffentl. Rechts*, N. F., 12, 418. Das S. 401 一般的なこうした不明確性と政治的客観性にとってのその危険について。テクストにおいて主張されている諸見解は v. H. によって要求されている方向にあるであろう。

（5）Oben S. 192 f.

（6）その個人主義的な核心的思想は、G・イェリネク（G. Jellinek, *Gesetz und Verordnung*, S. 387）においてとりわけシャープである。

（7）最近では、L. Richter, *Die Organisationsgewalt*, 1926.

（8）正当にもそうであるのは、Hellpach, *Neue Rundschau*, Juli 1927, S. 5.

（9）例えばそうであるのは、G. Jellinek a. a. O. 問題における志向喪失を標識づけているのは、M. E. Mayer, *Rechtsphilosophie*, S. 55 f.

（10）このような懐疑の諸事例。Naviasky, *Arch. d. öffentl. Rechts*, N. F., 9, 13 f., *Lammers Juristische Wochenschrift* 1925, 986, Anm. r. —〔この問題の〕解決は、その場合、国事犯（反逆罪）の対象として、憲法の本質的な諸基礎を刑法的に境界づけることに委ねたままである（z. B. EBG. Strafs 56, 173 ff., 259 ff.）。問題の文献は、ここでは憲法理論は実定法の喫緊の問題を、答えを欠いたままにしていた、ということを示している。

Vgl. zur Frage besonders noch Bilfinger, *Arch. d. öffentl. Rechts*, N. F. 11, 181 ff.

ノルウェー憲法第一一二条（Unabhängigkeit der „Prinzipien“ der Verfassung）におけるとりわけ特徴的な事例に向けて、わたしの注意を喚起したのは、E. Wolgast である。

（11）いずれにしても、C・シュミットの定式、組織＝通常秩序（Organisation=normale Ordnng）（Veröffentlichungen der Vereinigung der deutschen Staatsrechtslehrer, I. 91 f.）ほど単純ではない。

（12）イェリネク（G. Jellinek, *Staatslehre*, [3] I 505）においてと同じく。

（13）一一月一〇日の独立社民党（die Unabhängige Sozialdemokratische Partei）の指導部の説明。Bei F. Runkel, *Die deutsche Revolution*, S. 118; 人民委員会（Volksbeauftragten）とベルリン執行協議会（Berliner Vollzugsrat）との間の一一月二二日の協定。Bei Anschütz, *Verfassung des Deutschen Reichs*, 3/4., 14, Anm. 12.

（14）Verordnung v. 14. 11. 18, RGBl. 1311.

（15）Triepel, *Kahl-Festschrift*, II 17.

（16）*Arch. f. Soz. Wiss. u. Soz. Pol* 58, 1 ff.

（17）Anschütz, Anm. 6 zu Art. 15 der Weimarer Verfassung.

（18）Vgl. oben S. 214 f.

（19）Vgl. zu dieser Frage unten S. 272 f.

（20）E. v. Hippel, *Arch. d. öffentl. Rechts*, N. F., 12, 417.

（21）Vgl. Veröffentlichungen der Vereinigung der deutschen Staatsrechtslehrer, IV 48 f.

（22）Wittmayer, *Reichsverfassung*, S. 38.

（23）Zum folgenden auch Bilfinger a. a. O., S. 175 ff.

（24）Triepel *Die Staatsverfassung und die politischen Parteien*, S. 24.

（25）Z. B. Koellreuter, *Der deutsche Staat als Bundesstaat und als Parteienstaat*, S. 29.

（26）*Neue Rundschau*, Juli 1927, S. 3 ff.

第二章

（1）Oben S. 198 ff.

（2）諸々の叙述における下位区分（Unterordnung）が表現されていないとすれば、このことはひとつの論理的欠陥である。――この組織が即自的に有しているであろう一つの意味を、（それらの側では自己目的である）国家諸機能の履行はともかく、それらは申し立てるすべをこころえていないのである。

（3）選挙手続きの法（権利）が形式的なものか、あるいは実質的なものかという問題が、実際に重要になりうるということを、バイエルン行政裁判所の（より深くは根拠づけられていない）判決は示している（*Sammelung von Entscheidungen* 46, 59 ff.）。このことに、E. v. Scheurl, *Einfühlung in das verwaltungsrechtliche Denken* S. 63 f. は注意を喚起している。

（4）これに対して正しいのは、Gierke, *Schmollers Jahrbuch*, 1883, 1136.

（5）Voss. Ztg. 12. 5. 1925.

（6）ライヒ憲法が諸ラントの機関一般の定在を予定（予め考慮）しているということは、同時に機能的接触の法規（Rechtsgebot）一般の、したがってとりわけ諸ラントの一般的な「影響権（Einflußrecht）」の、組織論的定式化として妥当するであろう。——個別的には、ライヒ議会のための一つの形式的権限規定が（例えば、ライヒ諸官吏任命（Ernennung von Reichsbeamten）に際しての協力（Mitwirkung）のために）諸ラントの相対的な参加という実質的な法規則の衣をまとというるように（Festgabe für Otto Mayer S. 252 f.）。

（7）a. a. O. S. 262 f. ——いずれにしても、今日ではライヒ議会の公開性（公共性）のいまや現れている毀損によって困難にされている。

（8）例えば、ライヒ憲法第三四条についてのアンシュッツ（Anschütz）とそこで引用されたもの。不充分であるのは、W・レヴァルド（Lewald）における対置された意見の根拠づけである。*Archiv des öff. Rechts*, N. F., 5, 292.

（9）*Untersuchugsausschuß und Staatsgerichtshof*, S. 22 ff.

（10）類比的な思惟様式の証拠として、z. B. Max Adler, *Dritte Reichskonferenz der Jungsozialisten*（1925）, S. 12.

（11）おそらくそうであるのは、E. Kaufmann, *Bismarcks Erbe* S. 58 f. — Herrfahrdt, *Kabinettsbildung*, S. 24, 52 f. における他のケースで生じている諸結果の疑わしい諸イメージ。——その特殊な規制の中にかれがまさしく「憲法の特徴的なもの」を見出しているこうした相互作用の重要性について、E. Kaufmann a. a. O. S. 9.

（12）ライヒ各省の共同業務秩序がこうした国法上の自明性をナウマンの基本権構想を想起させる仕方で正面切って思い起させるとするならば（Allgemeiner Teil, § 58）、このことは——歴史的な動機、変革以後のはじめの数年の周知の小児疾病のことはともかくとしても——たしかに何ら「陳腐なこと（Banalität）」ではない（きわめて正しいのは、Brecht, *Die Geschäftsordnung der Reichsministerien*, S. 14）。「諸課、諸部局、諸省は助け合いながら協働作業するべきである。協働作業は国家を利し、バラバラな作業は国家を損ねる」。

いささか異なるのは、それが他の諸官庁の諸発言に対立しているかぎりで、行政権の純粋に技術的に考えられた「聴許義務（Berücksichtigungspflicht）」である。W. Jellinek, *Verwaltungsrecht*, S. 37 f.

(13) Herrfahrdt S. 25. したがって、そのかぎりではヤコービ（Jacobi, Vereinigung der Staatsrechtslehrer, I 130）がここで最高位の国家諸機関の、もっぱら「道徳」に基づく「善き意思」を要求しているのだとすれば、それは正しくない。――国事裁判所（Staatsgerichtshof）もまた、こうした善き意思を、法（権利）ゆえに、要求しなければならないであろう。

(14) Poetsch, *Deutsche Juristenzeitung* 1925, S. 1545.

(15) Heller, *Souveränität*, S. 113.

(16) Z. B. Herrfahrdt a. a. O. S. 9 ff. auch Glum, *Die Staatliche Stellung der Reichsregierung, sowie des Reichskanzlers und des Reichsfinazministers in der Reichsregierung*, bes. S. 13 ff., 29 ff., Giese, *Deutsche Juristenzeitung*, 1927, 278.

(17) Z. B. E. Kaufmann, *Westmarck*, I. 206 ff.

(18) Herrfahrdt S. 54.

(19) Herrfahrdt S. 55 ff., auch 41, 47.

(20) Vgl. bes. *Geistesgeschichtliche Lage*,[26] ff.

(21) ヘルファールト（Herrfahrdt）自身は、まったく正当にも、内閣形成が国民全体において見出すであろう基盤への顧慮の増大において承認されているような、この契機をより強く顧慮することのそうした必要性を強調している（S. 31, 40 f., 43, 48, 56）。

(22) 個々でのヘルファールト（Herrfahrdt S. 52）は、わたしの見るところあまりに寛大である。

(23) そうであるのは、たとえば、Herrfahrdt S.58, Satz 1, Wittmayer S. 341.

(24) a. a. O. S. 4.

(25) S. 22.

(26) 一般的政策の諸問題のために、宰相の基本方針独占（Richtlinienmonopol）（Art. 56）を、ライヒ議会に対するその受動的正当化の根拠づけとして説明することは、少なくとも概ね正しい。Glum S. 23.

(27) Preuß im Verfassungsausschuß, Protokolle S. 300.

(28) S. 36 f.

(29) S. 56 f.

(30) Kaufmann, *Bismarcks Erbe*, S. 9.

(31) C. Schmitt, *Arch. d. öffelntl. Rechts*, N. F., 8, 162 ff.

第三章

（1） Vgl. oben S, 207 ff.

（2） So Grau, *Die Diktaturgewalt des Reichspräsidenten und der Landesregierungen*, S. 97 ff.

（3） C. Schmitt, Vereinigung der Staatsrechtslehrerm I 101, auch 96 ff.

（4） Vgl. oben S. 209 f.

（5） 正しいのは v. Marschall S. 125.

（6） So die scharfsinnige Abhandlung von Doehl, *Archiv d. öffentl. Rechts*, N. F. 12, 37 ff. この論文は、その命題を、正面切って「ラント（国の）法は普通＝一般法を破る（に優先する）（„Landrecht bricht gemeines Recht")」という命題と対立して、規範衝突（Normenkollision）の命題の一つとしてではなく、諸国家の承継（Staatensukzession）〔諸邦が承継する法（権利）〕の一つとして理解している（S. 121）。

（7） Haenel I 249.

（8） *Allgemeine Staatslehre* S. 221.

（9） Doehl a. a. O. S. 39, 41.

（10） S. 110.

（11） 多くの人たちに代わって、Triepel, *Völkerrecht und Landrecht*, S. 156 ff.

（12） Bei Doehl passim.

（13） ペッチュ（Poetzsch）は、バンベルクでの説明（Bamberger Erörterung）において、諸観点の両グループを、いずれにしても、トリーペル（Triepel, das. S. 20 ff., bes. 23 ff.）よりもシャープに区別した（Verhandlungen des 32. Deutschen Juristentages, S. 37 ff.）

（14） *Archiv d. öffentl. Rechts*, N. F., 4, 272.

（15） Z. B. F. Schack, *Die Prüfung der Rechtsmäßigkeit von Gesetz und Verordnung*, 1918, S. 121. 国家における最高権力としての立法（権）の地位に鑑みるならば、「諸裁判所が吟味することが許される……」と述べることはナンセンスである。モルシュタイン・マルクス（Morstein Marx）の最新の扱い（*Variationen über die richterliche Zuständigkeit zur Prüfung der Rechtmäßigkeit des Gesetzes*（1927）, S. 34 ff., 47）も同様である。これに対して、例えば Gierke in *Schmollers Jahrb.* 1883, 1187 を参照のこと。

（16）a. a. O. S. 273, 275.

（17）それゆえに、わたしならたとえばJ・ゴルトシュミット（Goldschmidt）の、憲法に即しているか（Verfassungsmäßigkeit）に照らして判事が諸法律を吟味するという問題と、善き習俗との合致（Übereinstimmung mit den guten Sitten）に照らしてそうするという問題との間の「原則的」区別（*Juristische Wochenschrift* 1924, 274）を、次の場合には退けるであろう。すなわち、それを以て一方が国法的な法（権利）の源泉問題ないし法（権利）の適用問題（eine staatsrechtliche Rechtsquellen- oder Rechtsanwendungsfrage）として、他方が通常のそれとして標識づけられるべきであろうという場合には。

（18）E. Kern, *Der gesetzliche Richter*, 1927, S. 152.

（19）Z. B. Kern, a. a. O. S. 231 f.

（20）Z. B. Kern, S. 342, かれ以前のライプホルツ（Leibholz, *Die Geichheit vor dem Gesetz*, S. 107）と同様に。似かよっているのは、E. R. Huber, *Die Garantie der kirchlichen Vermögensrechte in der Weimarer Verfassung*, S. 7, 94.

（21）Vgl. die Beispiele oben S. 194.

（22）ライヒ政府の業務秩序における区別を参照；14, 11, 24 のライヒ裁判所の判決もまた、おそらくそう考えられている（*Jur. Wochenschr.* 1925, 482 l）。さらには、Lammers, *Wochenschr.* 1924, 1479; und die Fälle *Kahl-Festschrift* III 13 ff.

（23）Vgl. oben S. 238.

（24）したがって、たとえばトーマ（Thoma, a. a. O. S. 267, Anm. 1）における実定憲法（Verfassungsrecht）のこの部分の「形式的なそれ（formelles）」（d. h. 単なる手続きの（Verfahrens-）、技術的な（technisches）、自己目的を欠く（selbstzweckloses））法（権利）（Recht）としての性格付けは、正しくない。

（25）*Arch. d. öffentl. Rechts*, N. F., 12. 438 f., 443 f.

（26）政治的な予算権（Finanzrecht）と技術的なそれとの間の区別の必然的な深化についてはまた、oben S. 159 und Anm. 40 を参照のこと。

（27）C. Schmitt, Veröffentlichungen der Vereinigung der deutschen Staatsrechtslehrer, I 92, Die Sonderstellung dieser diktaturrechtlichen „Motivation“ gegenüber der des Richters, Verwaltungsorgans und Gesetzgebers bei Grau, *Diktaturgewalt* , S. 103 は、この国法的性格を際立てていない。

（28）S. 212.

(29) C. Schmitt a. a. O. I 101, Unabhängigkeit der Richter usw. S. 13 f.「諸措置（Maßnahmen）」のこうした技術的で行政に即した本性を――もちろんあまりにも行政法的にであるが――際立たせていること（Herausarbeitung）の中には、同時にC・シュミット（Vereinigung S. 92. Anm.）によって非難されたグラオ（Grau）の著作の固有性の功績がある。

(30) Vgl. dazu oben S. 212 f.

(31) これは、ヘンツシェル（Häntzschel）、*Zeitschr. f. öff. Recht*, 5. 218 f. よってむしろ形式主義的に、例外規則（Ausnahmeregel）とその基礎を通じて制限された全権（Vollmacht）との諸カテゴリーを以て根拠づけられた独裁権（Diktaturgewalt）の諸限界の事柄に即した意味である。

(32) Z. B. sonderrechtliche Organisation und Kompetenzzuweisung: Nawiasky, *Arch. d. öff. Rechts*, N. F., 9, 47.

(33) C. Schmitt, *Unabhängigkeit der Richter* usw., S. 10 f., 13 f., 16 ff.

(34) C. Schmitt, Vereinigung der Staatsrechtslehrer, I 95 ff.

(35) Ein Beispiel bei C. Schmitt, *Schmollers Jahrbuch*, 48, 2, S. 778.

(36) Vgl. oben S. 207 f.

(37) Veröffentlichungen der Vereinigung der deutschen Staatsrechtslehrer, III 20 f.：立法者にとっての、「尺度となる正義諸原理の選択」と法技術的な諸形式と諸規範の創造」という留保。

第四章

(1) Vgl. oben S. 160 ff., 215 ff.

(2) E. Kaufmann, Die Gleichheit vor dem Gesetz im Sinne des Art. 109 der Reichsverfassung, Veröffentlichungen der Vereinigung der deutschen Staatsrechtslehrer, III 2 ff., Holstein, Elternrecht, Reichsverfassung und Schulverwaltungssystem, *Arch. d. öffentl. Rechts*, N. F. 12, 187 ff., bes. 199 ff., Smend, Das Recht der freien Meinungsäußerung (Mitbericht), Veröffentlichungen (wie oben), IV. 44 ff.

(3) Anschütz, Kommentar zu Art. 3.

(4) Giese in den älteren Auflagen seiner Ausgabe der Rechisverfassung, noch in der zweiten Auflage der Ausgabe der Preußischen Verfassung (1926) zu Art. 1.

（5）v. Marschall, *Kampf des Rechts*, S. 25, Anm. 88.

（6）あらゆる法命題（Rechtssatz）が一定の規範的構造をもつ必要はないということについては、Hold-Ferneck, *Der Staat als Übermensch*, S. 33.

（7）憲法が承認し、そして、それ自身を支える基礎として獲得しようと努めているさらなる正当性の諸源泉は、国際法（Art. 4）と自己規定（Art. 2）、両親の法（権利）（Art. 120, 146）と職能身分的協働（Art. 165）とその他である。それらすべては、ライヒ憲法の正当性類型を、すなわちこうした法（権利）の妥当資格を共に規定する。こうした法（権利）は、精神的活動現実態として、きわめてよく諸々の資格づけを受け入れうるが、これらの資格づけは妥当か非妥当かの二者択一を越えて行かなければならないが、しかし、にもかかわらずこうした法（権利）の法的処理の一つの対象でなければならない。このようにしてのみ、こうした諸命題の意味そのものは完全に理解しうるものとなる。それらはそれ自身実定法を規範化しようとするのではなく、他の形で妥当するものを資格づけようとし、そして正当化しようとする。

　とりわけ諸々の基本権の、正当化作用については、unten S. 265 f.

（8）Z. B. Anschütz, *Kommentar*, 3/4, S. 301.

（9）このことは他の法学諸学科の、強力に技術的な諸立法に慣れている代表者たちがとっくに理解していたところである。: besonders präzis M. Wolff, *Kahl-Festschrift*, IV 6, Anm. 2.

（10）M. Wolff a. a. O.

（11）例えば、自由の諸権利「人格の自由……」（Art. 114）、「各ドイツ人の居住」（Art. 115）、「信書の秘密……」（Art. 117）。家族：「婚姻は家族生活の基礎としてある……」（Art. 119）、「子どもの教育……」（Art. 120）、「非嫡出子……」（Art. 121）、「児童〔の保護〕……」（Art. 122）。経済：「経済生活の秩序……」、「交易と営利の自由」（Art. 151）、「所有……」（Art. 153）、「相続権……」（Art. 154）、「土地の分配と利用……」（Art. 155）、「労働力……」（Art. 157）、「精神的労働……」（Art. 158）、「団結の自由……」（Art. 159）、「自立した中産身分……」（Art. 164）、「労働者と会社員……」（Art. 165）等々。

（12）Art. 109 ff. ――あらゆる欠陥にもかかわず、慌ただしく不器用な編集としばしば無思想に伝承されたことのおかげで、なお多くの諸成果を約束している基本権の諸テクストの定式化に細心の注意を払うことを、ヘンツシェル（Häntzschel, *Zeitschr. f. öffent. Recht* 5, 222 ff.）は正当にも支持したが、いずれにしてもそこでは必ずしもうまくいっていない適用を伴っている。Veröffentlichungen der Staatsrechtslehrervereinigung, IV 51 ff. における1つの個別的な適用例（Art. 118, Ans. 1, Satz 1 における「一般性」)。

カウフマンによる詳説、Kaufmann, Veröffentlichungen usw., III 2 ff. は、テクストにおいて続いている諸々の説明にもっとも近い。

(13) 同じ理由から、それらは、相互間においても、(憲法一般がそうでないように) たとえば民法や訴訟諸秩序の技術的に互いに噛み合わされた、技術的に閉じられた、そういう体系として理解されえない。
もちろん、諸々の基本権 (Grundrechte) は、同時に技術的に考えられうる。ランデ (諸邦)、ライヒ国民学校法についての公文書 (Landé, *Aktenstücke zum Reichsvolksschulgesetz*, S. 12) におけるライヒ学校法構想 (Reichschulgesetzentwurf von 1927) のためのプロイセンの諸提案の中のこの二つの可能性、技術的それと「政治的」それとの鋭く明確な区別を参照のこと。

(14) E. Kaufmann a. a. O.

(15) 「法と経済」協会 (Vereins Recht und Wirtschaft) の憲法構想、Art. 51. ――したがって、それらは一部は、ヘラーの区別 (Heller, *Souveränität*, S. 48) の「法原則 (Rechtsgrundsätze)」と、一部はその「法命題 (Rechtssätze)」とに属し、そしてハーグ常設法廷の規約の「一般的原則」の問題構制へのそれらの完全な関与部分を有する (Rabel, *Zeitschr. f. ausländisches und internationales Privatrecht*, I 17 f.)。――この関連において注意が促されるであろうことは、ロンドン会議のための批准法 (批准定律) (Ratifikationsgesetz) 以来、「一般的な人権」もまた、ドイツの法律言語の中に侵入したということである：RGBl. 1924, II 289, § 3a, Ziff. C, ここでは、いずれにしても、直接的に妥当する真正な自然法の意味において。

(16) とりわけ強調しているのは、Kaufmann a. a. O., S. 6, 8, 16 ff.

(17) 最後のことへのひとつの寄与を、わたしは前掲箇所で、教授の自由 (Lehrfreiheit) という基本権の発展において与えようとした。――これに属しているのは、名をあげるならばライプホルツ (Leibholz, *Gleichheit vor dem Gesetz*, S. 15) によって正当にも強調された、〔そして〕アンシュッツ (Anschütz [3/4], S. 306, 396) によって不当にも否定された、そうした諸基本権の解釈変遷 (変更) の問題がそれである。
テクストにおいて要求されている基本権解釈のいくつかの諸例はすでに提出されており、そして部分的には、上で引用されている。それらは三重の形式主義を回避することによって、従来の解釈様式から区別されている。ひとつには、それら〔基本権解釈の諸例〕は、技術的には表現 (理解) されても考えられていないこうした諸命題の字句内容 (文面) (Wortlaut) を、それらの事態的内実のために後退させている (zurücktreten lassen) かぎりにおいて。かくして国内の称号や勲章の授与禁止

（Verleiungsverbot inländischer Titel und Orden）は、国外の称号や勲章の受諾禁止（Annahmeverbot ausländischer ）とは〔（第一〇九条）第五項と第六項とは〕対立（矛盾）しているが、（この後者（国外での受諾禁止）は、かの前者（国内での授与禁止）に対して、必要に迫られたマイナス（差引勘定）（ein notgedrungenes Minus）〔国内での受諾〕を呈示しているから）国内の諸顕彰（栄誉記章）の受諾（Annahme der Auszeichnungen）は容認されるであろうというように解釈されることは（アンシュッツはこの箇所についてそうしているが）、現実には許されない。この原理は、国家ゆえに（von Staats wegen）このような諸手段によって破られるべきではない民主制的平等（demokratische Gleichheit）の原理なのである（しかし、この原理はまた、文字通りに適用される際に矛盾に満ちている粗略な定式化を顧慮することなく、原理に反する諸授与の受諾を禁じている）。――さらにいえば、それら〔基本権解釈の諸例〕がさしあたり、参与する法（権利）諸主体を問わないで、したがって例えば、請願権（Petitionsrecht）の能動的参与者たちと受動的参与者たちを、そして、これによって根拠づけられた形式的な法的権力（Rechtsmacht）（非制限、積極的受領、処理への請願者の要求：アンシュッツの第一二六条解釈）を形式主義的には問わないで、さしあたり基本権が奉仕する内容的な善（財）を問うかぎりにおいて：今日では以前よりも強く要求されている、公衆と役人の立場との間の絶え間ない意思疎通への欲求の充足（Erfüllung des Bedürfnisses nach jederzeitiger Verständigung zwischen Publikum und amtlichen Stellen）の〔についての〕第一二六条の事例において（これには、きわめて多くの現在を特徴づける諸制度、諸官庁の広報室、等々が役立っている）。憲法に適う統合手段としての今日的請願の基本権のこうした理解から、基本権を扱う際にアンシュッツが見逃した二つの実質的な法命題が直ちに明らかになる。ひとつには、それらの内部には自明ながら苦情屋の書簡や訪問（Querulantenbrief und – besuch）には妥当しない処理義務（Erledigungspflicht）が現存する（但し、かの統合関心が公然と除外されないかぎりで苦情は純粋な愚行あるいは嫌がらせではない）ところの諸限界が、そしてさらには、第一二六条の字句内容に対応して、ドイツ人への制限がそれである。というのは、ドイツ国家は少なくともなによりも、持続的な指導可能性によって創出されるべき、それ自身の帰属者たちの統合的理解によって担われていることを意思するからである（異なる解釈をしているのはアンシュッツ（Anschütz, a. a. O）であり、正しく解釈しているのはトーマ（Thoma, *Verwaltungsrechtliche Abhandlungen, Festgabe zur Feier des fünfzigjährigen Bestehens des Preußischen Oberverwaltungs- gerichts*, S. 198 f.）である。トーマが人格的制限を、第一二六条のそれもまた、あきらかに正当化されていると見なしているときがそうである）。――最後にいえば、一基本権を、現在の生活秩序と憲法に即した価値の布置状況との全体におけるその関連に従ってではなく、もっぱらその本源的な意義づけに従って解釈することは、形式主義である。第一〇九条と第一二六条とは、ここでも前者と後者において帰結する諸対立のとりわけ特徴的な諸例にすぎない。

テクストにおいて与えられている表現様式（Fassung）は、その正当化しそして規則づける固有様式（Eigenart）にもかかわらず、諸基本権の実定性（Positivität）のより強い強調によって、ラートブルフ（Radbruch）の表現様式（「あらゆる実定法の価値づけの超国家的な尺度、自然法との生きた関連」[「新たな国民共同体の精神（„Der Geist der neuen Volksgemeinschaft“）」, hrsg. von der Zentrale für Heimatdienst, 1919, S. 78]）とは区別される。

（18）ナウマンには変革のこうした諸帰結が直ちに明らかであったということは、Fr.・ナウマンの政治的な慧眼にとって特徴的であり（Protokoll des Verfassungsausschusses, S. 179）、そしてかれ自身の基本権構想が半分典礼上の不幸な晩年の作品（das unglückliche, halb liturgische Alterswerk）――実際そういうものであったが――として退けられたのはもっともであるが、その基本思想はやはりM・ヴェーバーとH・プロイスの本質的に技術的な憲法理論と比較して非常に深い洞察である。

（19）支配的な教説の代表者たちと並んで、ここでなお名を上げておくべきなのは、C. Schmitt, *Verhandlungen* a. a. O. I 91; ein Ansatz zum Richtigen bei Grau, *Diktatur*, S. 63 f., Häntzschel a. a. O., 5 220 f.

第五章

（1）そうであるのは、Bilfinger, *Einfluß der Einzelstaaten*, S. 5 ff., より一般的なのは、Triepel, *Staatsrecht und Politik*――この結合の不釣り合いがないわけではなく、そしてそれゆえに、誤解される差し迫った危険の中にあるが。

（2）トリーペル（Triepel）の「単一国家主義と連邦主義（“Unitarismus und Föderalismus”）」とE・カウフマン（Kaufmann）の「ビスマルクの遺産（„Bismarcks Erbe“）」の中には、ビスマルク憲法の政治的意味を際立たせ、例えばビルフィンガー（Bilfinger）におけるほど決定的ではないが、まさしくこの意味に関係し、ここから理解されうる法（権利）内実（Rechtsgehalt）を、より厳密かつより完全に究明する、そういう音調がある。

（3）それがなお「真の諸国家」であるかという問題は――わたしは肯定するが――ここでは未解明のままにしておこう。

（4）So Bilfinger S. 86.

（5）わたしの見る限り、これは立憲的北ドイツ・ライヒ議会における、連邦参議院の内部で各政府の主権がその否定されない表現を見出すというビスマルクの注釈の意味でもある（27, 3, 67, H. Kohl, Reden, 3, 237）。――Vg. Auch Gierke in *Schmollers Jahrbuch* 1883, 1169 f.

（6）Vgl. Bilfinger S. 4, 34 ff., *Festgabe für O. Mayer* S. 252 f.

（7）Leibholz, *Gleichheit*, S. 143 ff.

（8）Belege bei Bilfinger, S. 49.

（9）*Federalist* Nr. 46, S292 der Londoner Ausgabe von 1888.

（10）ビルフィンガーの表現、S. 55, vgl. S. 8, 52 f., 57 und passim, *Festgabe für O. Mayer* S, 261.

（11）異なるのは、Triepel, *Zeitschr. F. Politik*, 14, 213 f.

（12）教会が「教区から建設される」というよりも一層完全な意味において（Art. 4. Der Verfassung der Evangelischen Kirche der altpreußischen Union vom 29. 9. 1922）。

（13）Wilson, *Der Staat*, S. 568.

（14）Bilfinger S. 20, 47 f.

（15）Oben S. 225 f.

（16）Oben S. 214, 247 f.

（17）おそらくそうであるのは、Bilfinger S. 9 f.

（18）そうであるのは、Heller, *Souveränität*, S. 113.

（19）Binder, *Philosophie des Rechts*, S. 464.

第六章

（1）Vgl. z. B. Troeltsch, *Soziallehren der christlichen Kirchen*, S. 211 und oben S. 204, Anm. 20, 21, 180 f.――いずれにしても、ひとはこの Verfassung の類型をまず何よりも第一に事態的〈統合〉の一事例と見なしうるであろう。――ここには、社会主義的な国家理論と憲法理論との――同じく古典古代的な由来を有する――千年王国論的契機との接触契機があるであろう。

（2）信仰告白の立法（Bekenntnisgesetzgebung）という問題は、ここで明らかになる多くの諸問題の一つにすぎない。

（3）Verfassungsdenkschrift des Evangelischen Oberkirchenats vom 15. 8. 1921, Bericht über die Verhandlung für die evangelische Landeskirche der älteren Provinzen Preußens, II 170 f., 174 f.

（4）I・ヘッケル（Heckel）のこれらの問題におけるご親切な励ましに、感謝を申し上げる。

［解題にかえて］

倫理的制度＝統合秩序としての国家と憲法――規範性と権力性の相互限定

1　ルドルフ・スメントの略歴

ここに訳出したのは、国法学者・教会法学者、ルドルフ・スメント（Rudolf Smend, 1882-1975）の主著と目されている『国法論集（*Staatsrechtliche Abhandlungen und andere Aufsätze*）』初版（1955）に収められている論文„Verfassung und Verfassungsrecht“（1928）である。この論文の独語タイトルは多義的であるが、「憲法体制と実定憲法」とした。邦訳でのサブ・タイトルは「秩序と統合（ordo et integratio）」としたが、これは同一の統括的な事態（統合秩序）としてのVerfassungの垂直（vertikal）と水平（horizontal）のアスペクトを、また「憲法体制と実定憲法」というメイン・タイトルは、この意味での同一事態としてのVerfassungの動態（Dynamik）と静態（Statik）を、あるいは可能態（dynamis）と現実態（energeia）を、示そうとしている。

はじめに、当該論文の著者ルドルフ・スメントの略歴を見ておこう。スメントは、一九世紀末から二〇世紀後半に至るまでのその長い生涯において、ドイツ近現代における国家（憲法）体制の大きな変遷（ビスマルク憲法体制、ヴァイマール憲法体制、ナチ党独裁体制、ボン基本法体制）を、同時代人として経験（erfahren）している。その間、かれは西欧近現代における（人類の歴史的経験に鑑みるならば、第三次世界大戦の現実的可能性を決して否定しえないが、すくなくとも現在までの世界史における）古今未曾有の二つの世界大戦を、やはり同時代人として体験（erleben）した。一九世紀末にバーゼルでプロテスタント神学者の子として生まれたスメントは、少年期と青年期のはじめの時期を、ゲッティンゲン七教授（Göttinger Sieben）事件で知られた大学の所在するドイツ中東部の小都市ゲッティンゲン（Göttingen）で過ごした。

スメントはゲッティンゲン大学で、学位論文（Dissertation）「ベルギー憲法との比較におけるプロイセン憲法（*Preußische Verfassungsurkunde im Vergleich mit Belgischen*）」（1904）を、その後キール（Kiel）大学おいて、アルベルト・ヘネル（Albert Hänel）の下に、教授資格論文（Habilitation）「帝室裁判所――歴史と憲法（*Reichskammergericht.*――*Geschichte und Verfassung*）」（1908）を提出し、いずれも高い評価を得た。

一九〇九年以降、スメントは、グライフスヴァルト（Greifswald）、テュービンゲン（Tübingen）、ボン（Bonn）の各大学で教鞭をとった後、第一次大戦後、一九二二年、ベルリン（Berlin）大学教授となった。ヴァイマール憲法体制（die Weimarer Verfassung）下、多くの諸政党が激しく対立・競合する状況のただ中で、共和国の首都ベルリンにおいて、いわゆる「ヴァイマール連合」（「社民党」、「中央党」、「民主党」などの共和政派）とは対立する保守系（帝政派）の「ドイツ国民党（国家人民党）（DNVP, Deutschnationale Volkspartei）」に加わった。ところがかれは、同党の他のメンバーたちとは異なり、極左共産党に対してだけでなく、台頭してきた極右「ナチ党（NSDAP）」に対しても距離をとり続けたため、一九三三年に「ナチ党」が政権を奪取して以降、一九三五年にベルリン大学教授の地位を追われた。おそらくこれをむしろ奇貨としてスメントは、同年にゲッティンゲン大学を追われて英国に亡命したゲアハルト・ライプホルツ（Gerhard Leibholz）（かれは、戦後一九四七年に同大学に復帰した）と入れ替わりに、このゲッティンゲン大学からの招聘を受け、戦中・戦後のみならず一九五〇年の退職後もまた、一九七五年に没するまで、少年期を過ごしたこの地で、国法学者、教会法学者として後進（Ulrich Scheuner, Horst Ehmke,

Konrad Hesse, Peter Häberle, Wilhelm Hennis 等々）に大きな影響を与えながら、活躍を続けた。

上記の『国法論集』の新しい版には、初版（一九五五年）では掲載されていない一九五三年以降の諸論文が追加されているが、ここでは、さしあたり、初版で集められている国家理論・憲法理論に関連する第二次大戦以前の諸論文のタイトルだけを列挙しておきたい。

Zur Geschichte der Formel „Kaiser und Reich“ in den letzten Jahrhunderten des alten Reiches（1910）
Maßstäbe des parlamentarischen Wahlrechts in den deutschen Staatstheorie des 19. Jahrhundert（1912）
Ungeschriebenes Verfassungsrecht im monarchischen Bundesstaat（1916）
Die Verschiebung der konstitutionellen Ordnung durch die Verhältniswahl（1919）
Die politische Gewalt im Verfassungsstaat und das Problem der Staatsform（1923）
Das Recht der freien Meinungsäußerung（1928）
Verfassung und Verfassungsrecht（1928）
Hochschule und Parteien（1930）
Protestantismus und Demokratie（1932）
Bürger und Bourgeois im deutschen Staatsrecht（1933）
Der Einfluß der deutschen Staats- und Verwaltungsrechtslehre des 19. Jahrhunderts auf das Leben in Verfassung und Verwaltung（1939）
Politisches Erlebnis und Staatsdenken seit 18. Jahrhundert（1943）

2 テクストのモティーフと梗概

ルドルフ・スメントは公法学者、教会法学者である。だが、かれの学問的営為と関心は狭い専門諸領域を遥かに超えている。したがって、かれが構想したいわゆる「統合論(Integrationslehre)」に基づく「国家理論＝憲法理論」に対する、狭い専門領域に自らを閉塞させた既存の国家学・国法学(憲法学、政治学)からの新旧の批判は、正鵠を射ているとは到底思えない。スメントは、しばしばそう思い込まれているような、単純な観念論者・形而上学者でも、狂信的な国粋主義者でも、いわんや全体主義者でもないであろう。スメントは、実証主義、自由主義、社会主義、国家主義、何であれ、近現代の法学やその他の社会科学における諸理念そのものの根拠を問い、それら自身の歴史的・社会的な被媒介性(Vermitteltheit)への無自覚を、首尾一貫して批判しているのである。とすれば、スメントを非合理的・反動的な国家主義者・保守主義者に仕立て上げ、それを以て能事足れりとするようなスメントに対する批判的態度は、不毛かつ空虚であろう。かれは自他の批判的営為そのものの当の根拠を問うていたはずであるからである。

本訳書、スメントの主著と目される「憲法体制と実定憲法(Verfassung und Verfassungsrecht)」(1928)と題された論文は、奇しくも同年に公刊されたカール・シュミット(Carl Schmitt)の『憲法学(Verfassungslehre)』と同じく、毀誉褒貶に晒され続けた。しかし、公法学には門外漢である浅学菲才の訳者の印象にすぎないが、いずれも知る人ぞ知る、公法学・憲法学・国家学の古典中の古典であろう。ところが第二次大戦以後、反ファシズム、リベラル・デモクラシー、コミュニスト・インターナショナル等の影響が浸透する精神的な雰囲気(ein geistiges Klima)において、すなわち実証主義・自由主義・社会主義、要するに近代主義的な合理主義・構成主義そのものが孕む非合理性あるいは虚偽意識性（Ideologie）・存在被拘束性（Seinsgebundenheit）が自覚されることなく、いわば反形而上学的な形而上学が跳梁跋扈する状況おいて、とりわけ本邦では、スメントは国家主義者・保守主義者等のレッテルが安易に貼り付けられて、というよりもほとんど無視されて、顧みられることが稀であった。明治以降、そしてとりわけ第二次大戦以降、依然として無批判に受容された欧米近現代の一面的で硬直した思惟範型の呪縛が解けないからであろうか。

いずれにしてもルドルフ・スメントは、この点ではむしろカール・シュミットと同じく、あるいはシュミット以上に、よかれあしかれ語の本来の意味で西欧〈近代（Moderne）〉そのもののラディカルな批判（Kritik）を遂行しようとしていたように思われる。この意味ではスメントは、一八世紀末以降カント、ヘーゲル、マルクス、ニーチェ、ヴェーバーなどにおいてさまざまな形姿で表現されてきたような、よかれあしかれ近代ドイツ固有の「批判的」哲学の系譜に、属していたからである。スメントはこれらの思想家たちと同じく、西欧〈近代〉そのものが孕む、「分裂（Entzweiung）」、「疎外（Entfremdung）」、「物化（Versachlichung）」、「脱統合（Desintegration）」、「没意味化（sinnlos warden）」といった言葉で表現されてきたような、深刻な危機（Krisis）を敏感に感じ取っていた。それゆえにこそかれは、分化し尽くした狭い専門諸領域に自らを閉塞させることなく、合理主義であれ実証主義であれ、自由主義であれ社会主義であれ、これらを批判的に吟味・検討しながら、事実と規範、存在と当為、個体と共同存在（広義の国家）、これらの分離（乖離・齟齬）を、むしろ西欧〈近代〉における所与として、しかもこの分離に留まることなく、法と政治、法と国家、この関係（相互限定、相互媒介）を、国家・社会・歴史・文化の総体の諸連関（「意味」と「価値」の体系）の〈動態〉と〈静態〉において、捉え返そうとしていたのである。

こうした西欧近代に対する鋭い批判的モティーフを理論的営為の根底に秘めていた、二〇世紀前半のヴァイマール共和国期に活躍した二人の国家学者・国法学者、R・スメントとC・シュミットの著作のその後の影響力に触れるならば、C・シュミットの諸著作の各国語訳は、すでに数多試みられ、内外を問わず、盛んに研究されている。ところが、これに対して、管見の及ぶところ、R・スメントの著作については、邦訳はおろか、その著作の多くは、テクストの晦渋・難解さ故なのかどうか、戦前戦後を通じてほとんど見られない。スメントが理論的かつ実践的に志向したことの重大さに鑑みるならば、これを遺憾とせざるをえないのではあるまいか。

さて、論文「憲法体制と実定憲法」は、スメント自身によれば、国家主義的であれ自由主義的であれ、既存の実証主義的な国家学・国法学の自覚的批判を通して形成される「国家理論＝憲法理論」の構想のスケッチにすぎない、とされている。第一部「国家理論的根拠づけ」では、まずその「国家理論」のモティーフと方法論が示され、狭義の〈国家〉概念が相対化され、その上で、「統合（Integration）」概念に基づく「（主権的）意思団体（der souveräne Willensverband）」としての、新たな（ヘーゲル的にいえば、習俗規範的・人倫的な）「国家」（der sittliche Staat）概念が提示されている。ここではまた、〈人格（Person）〉、〈機能（Funktion）〉、〈事態（Sache）〉の諸アスペクトから国家内外の相関関係としての〈統合〉諸作用が考察されている。第二部「憲法理論的諸推論」においては、ここでも狭義の〈憲法（Verfassungsgesetz）〉概念が相対化され、その上で、同じく「統合」概念に基づくこの広義の習俗規範（人倫）的な「国家」概念に即した、広義の「憲法」概念（憲法体制と実定憲法）（Verfassung und Verfassungsrecht）が展開され、さらに古典古代以来の「国制（国家形態）（politeia, Staatsform）」概念が批判的に再解釈されている。第三部「実定法的諸推論」においては、実際の「帝国憲法（ビスマルク憲法）」と「共和国憲法（ヴァイマール憲法）」の憲法律（Verfassungsgesetz）に照らして、従来の抽象的・形式的なものに留まっている自由主義的ないし共和主義的な憲法律における国家諸機関（Organen）、国家諸機能（Funktionen）、そしてそれらを基礎づける諸原理や諸制度の、すなわち〈基本権（Grundrechte）〉、〈権力分立（Gewaltenteilung）〉、〈連邦制（Föderalismus）〉などの、意義と限界が吟味・検討され、ここでもまた、「統合」論的観点から、それらが転釈

（umdeuten）され、そして捉えなおされている。最後に、実定的教会法体制に関して、ここでも近代的な憲法律における国家と宗教の関係（政教分離）の意義と限界が示唆されている。

スメントがその方法論で直接的に示唆を受けたのは、同時代のT・リット（Theodor Litt）の「精神科学（Geisteswissenschaft」だとされている。もっとも、直接的にせよ間接的にせよ、より強い影響を受けていたのは、法学者O・ギールケ（Otto Friedrich von Gierke）の「団体理論（Genossenschaftstheorie）」、哲学者W・ディルタイ（Wilhelm Dilthey）の「生の哲学（Lebensphilosophie）」・「解釈学（Hermeneutik）」、M・シェーラー（Max Scheler）の「実質的価値倫理学（die materiale Wertsethik）」、フッサール（Edmund Husserl）の「現象学（Phänomenologie）」等々からであったであろう。スメントの核心的用語である「意味充溢（Sinnerfüllung）」と、フッサールの「意味志向（Bedeutungsintention）」、「意味充実（Bedeutungserfüllung）」、「意味付与（Bedeutungsverleihen）」などの用語との異同は、注目されるであろう。さらにいえば、直接的な影響はともかく、スメントの主題や方法論に関して、社会学者G・ジンメル（Georg Simmel）、言語学者F・ソシュール（Ferdinand de Saussure）のそれらとは、重なる所が大いにありそうである。

しかし、モティーフ、方法、広義の「国家」や「憲法」の概念について、スメントが決定的な示唆を受けているのは、やはり、ヘーゲルの「客観的な精神の哲学（Philosophie des objektiven Geistes）」あるいは『法権利の哲学（Philosophie des Rechts）』であろう。この論文「憲法体制と実定憲法」では、方法論について充分展開されているわけではないが、「いつもすでに現前し、そして、絶えず新たに更新されているもの（was immer schon vorhanden ist und stets neu erneuert ist）」、統合化する生活活動諸事象（Lebensvorgänge）としての「国家」体制と「憲法」体制（Staatliche Verfassung und Rechtliche Verfassung als integrierende Lebensvorgänge）の、本質直観（Wesensanschauung）に基づく現象学的・解釈学的かつ社会学（社会システム論）的な解明（phänomenologischhermenutische Deutung）が、あるいは、そう言いたければ弁証法的方法が、示唆されている。さらに付言するならば、能記と所記（Bedeutung と Sinn、signifiant と signifié）、「意味論（Semantik）」と「語用論（Pragmatik）」、これらのいわば異同の相関は、まさに現代の現象学、解釈学、言語哲学、記号論などの中心的な関心・課題となっている。

「国家」概念についてさしあたり述べておくならば、ここではドイツ国家学・国法学におけるそれ（官憲国家（Obrigkeitsstaat））ばかりでなく、とりわけアングロサクソン的な自由主義的なそれ（契約国家）が、さらにはE・トレルチ（Ernst Troeltsch）、G・イェリネク（Georg Jellinek）、M・ヴェーバー（Max Weber）、F・マイネッケ（Friedrich Meinecke）、そしてC・シュミット（Carl Schmitt）のそれもまた、ヘーゲルの用語でいえば、狭義の「必要国家・悟性国家（Notsstaat=Verstandesstaat）」として、広義の「人倫的国家（der sittliche Staat）」概念の観点から、批判の俎上に載せられている。スメントによれば、現存する国家や憲法の体制を根底において形成し維持しているのは、狭義の「必要国家＝悟性国家」や「実定憲法」ではなく、これらの根拠として、広義の「国家」体制＝「憲法」体制において、まさにその諸個人の――ヘーゲル的な意味における――精神的な生活活動（das geistige Leben）を通じて絶えず新たに再生産されている、「意味充溢」、意味連関、価値体系に他ならない。とすれば、スメントにおける「国家」概念において問題になるのは、単なる契約国家（Vertragsstaat）でも夜警国家（der nachtwachtende Staat）でも、また単なる法律国家（Geseztesstaat）でも権力国家（Machtstaat）でもなく、いわば――スメント的な表現を用いるならば――人間が人間として生きる〈意味（Sinn und Bedeutung）〉の充溢（Erfüllung）を、そしてまた個体的かつ集合的な自己同一性（individuelle und kollektive Identität）を、可能にせしめうるような、それらの諸国家のアスペクトを包摂する、習俗規範（人倫）的な諸制度の総体（Inbegriff der sittlichen Institutionen）としての広義の「国家」なのである。

こうした「国家」体制＝「憲法」体制を構成するのは、専ら自己利益を追求する消極的自由（negative Freiheit）の主体（homo oeconomicus）（Bürger, bourgeois）ではなく、積極的自由（affirmative Freiheit）の主体としての――すくなくとも潜在的には――国制（Staatliche Verfassung）に実質的に参与する、国家公民たち（politai, civis, Staatsbürger）である。ここでは、「国家」体制＝「憲法」体制は、「必要国家＝悟性国家」におけるように、原子論的・自己完結的な諸個人の単なる道具でも手段でもなく、「意味創出的（sinnstiftend）」な日々の生活活動（Leben）によって絶えず新たに更新される自己形象化（形態付与）運動（Selbstgestaltung, Selbstformierung）から析出される、「〈政治的〉な統一態（体）（die politische Einheit）」（ここでの〈政治的〉という意味は、必ずしもシュミット的な意味のそれではなく、古典古代的かつ西欧近代的なそれである）、あるいは「集合的な自己同一態（kollektive Identität）」である。

翻って、まさにそのことによって、同時にこうした広義の「国家」の形成・産出主体である当の国家公民たちは、この自らが形成した当の「集合的な自己同一性」によって限定され、まさにこのことを通じて、自らの「個体的な自己同一性（individuelle Identität）」を形成しうる。ここでは、〈法と権力（Recht und Macht）〉、〈「国家」体制と「憲法」体制（Staatliche und Rechtliche Verfassung）〉、〈個人と共同存在（（Individuum und Gemeinwesen）〉、これらは相互に限定し合うことによって機能（活動）しうるが、このいわばヘーゲル的な意味での現実性（活動現実態）＝理性性（Wirklichkeit=Vernünftigkeit）を支えている諸個人の歴史的・社会的な「生活活動（Leben）」の交錯・交差（Verflechtung, Verschränkung）と諸個人と国家の相互媒介（gegenseitige Vermittlung）とから析出・現出される「意味」と「価値」の体系（System von Sinn und Wert）によって、集合的な自己同一性と個体的なそれ（die kollektive und die individuelle Identität）とは、相互に限定し合いながら、いつもすでに（immer schon）形成・維持されている（sich wechselseitig bestimmend gestalten und erhalten）。

誤解すべきでないのは、スメントが、ヘーゲルがそうであったように、西欧〈近代〉的な意味における〈自由（Freiheit）〉と〈法（Recht）〉を単に廃棄・否定（beseitigen・vernichten）して、前近代（die Premoderne）に立ち戻ろうとしていたのではなく、その西欧〈近代〉そのものの自己批判（Selbstkritik）の遂行を徹底して、まさしく揚棄（aufheben）しようとしていたことである。

3　近代ドイツ政治史のスケッチとドイツ国家学・国法学

ここでは、そこでドイツ国家学・国法学とこれに対するスメントによる批判とが成立する、ドイツ近現代史の特徴を簡単に振り返っておきたい。周知のように、地政学的には英・仏・露の諸列強の狭間の中欧（Mitteleuropa）に位置するドイツでは、ナポレオン戦争と解放戦争、さらに三月革命の挫折を経て、宿願であり懸案であり続けた近代的な統一的ドイツ国家体制の構築は、ようやく一八七一年に至って、普仏戦争を契機にして、プロイセンの主導下での「ドイツ帝国（das deutsche Reich）」（このReichという独語は、imperiumという羅語よりも多義的であ る）という形で達成された。この「ドイツ帝国」は、発足以後、約二〇年間、希代の宰相ビスマルクの内政と外交にわたる際立った手腕によって巧みに統治されたが、かれの失脚後、近代的な国民国家として十分な政治的成熟を果たせないまま、成立してから半世紀も経ることなく、一九一八年に崩壊した。「ドイツ帝国」を崩壊させた第一次世界大戦は、一言で表せば、レーニンのいう帝国主義戦争ということであったろうが、いわゆる古今未曾有の総力戦（total war）となり、軍事技術の飛躍的発展により、歴史的に近代と現代とを分かつような空前の惨禍を交戦諸国の勝者と敗者の双方に齎らした。ドイツは英・仏・露を同時に交戦国としていわゆる二正面作戦（die doppelte Frontstellung）を余儀なくされ、最終的には米国の参戦でこの戦争の雌雄は決した。

戦後のヴェルサイユ講和会議は、一七世紀以来営々と築き上げられたウェストファリア（ヨーロッパ公法）体制を事実上破綻させた。敗戦後のドイツでは、内外政治の混乱（「ドイツ革命」）の中で左右の諸政党の妥協から「ヴァイマール憲法体制」が形成された。しかし、一九二〇年代のいわゆる「ヴェルサイユ・ヴァイマール・ジュネーヴ」体制と呼ばれる内外の布置情況（Konstellationen）においては、戦勝国によって、ヴェルサイユ条約を通じて一方的に戦争責任を問われ、領土を削られ、巨額の賠償金を請求されることで、経済・財政の復興が阻まれ、利害だけでなく世界観によってもまた決定的に対立する左右の諸政党が乱立し、諸政党間の激しい衝突と不安定な妥協が繰り返されて、国家の政治的統一そのものが危機に晒され続けた。

とはいえ、政治的・経済的・社会的には危機状況の連続であったにもかかわらず、二〇年代のドイツの国内状況は、皮肉にもというべきか、不思議にもというべきか、外資の導入、金融・財政政策による激しいインフレの克服などを通じて、国内経済が決定的な危機を脱して相対的に安定する中で、シュトレーゼマン外交の成果と相俟って、前世紀後半以来の科学技術の急速な発展もさることながら、文化的には（学問・芸術の領域でも）、後に「黄金の二〇年代」と呼ばれたような活況を呈した。哲学では、すでに第一次大戦以前に新カント学派や新ヘーゲル主義が大いに発展を遂げていたが、これを受けて戦後には、フッサール、ハイデガー、ルカーチ等々が刮目すべき活躍をはじめていた。

一九世紀後半以降の帝国主義的諸列強の激烈な競合状況の帰結としての第一次世界大戦の惨憺たる結果を省みて、ヴァイマール憲法体制のドイツでは、すでに、内外の危機状況の中で、従来の国民国家システムの終焉、現在の国際協調主義、さらには自由主義的であれ社会主義的であれ将来の世界市民政府等々、これらの諸理念が声高に語られはじめていた。ここでは、自由主義、社会主義、保守主義（国家主義）等々の諸理念を標榜する諸政党や理論家たちによる、よかれあしかれ激しい「神々の闘争（Kampf der Götter）」が入り乱れ、百花繚乱の如き観を呈していたのである。この時期にはまた、とりわけ国家学・国法学と呼ばれた学問領域においてもまた、ハンス・ケルゼン（Hans Kelsen）、エーリヒ・カウフマン（Ehrich Kaufmann）、ルドルフ・スメント（Rudorf Smend）、カール・シュミット（Carl Schmitt）、そしてヘルマン・ヘラー（Herman Heller）等々が、陸続として登場し、綺羅星の如く活躍した。

けれども、二〇年代末のニューヨークに端を発した世界大恐慌の余波による経済の破綻を背景にして、三三年には、必然か偶然かはともかく、多党化状況のただ中で急速に勢力を増大化させていた国粋主義政党ナチ党（ＮＳＤＡＰ）が独裁政権を確立した。かくして、国際連盟成立以来、国際政治の舞台において提唱されていた国際協調、民族自決の掛け声や不戦条約、軍縮条約などにもかかわらず、あるいはまさにそれ故に、ナチ党独裁政権下のドイツは、前大戦の結果に対する臥薪嘗胆と偏狭な人種理論を鼓吹しながら、統制経済による外資導入、現物交易、公共投資、軍需産業の促進を通じて国内経済を回復させ、総力戦体制を整えることによって、前大戦以上に破滅的な戦争に突き進むことになった。

第二次世界大戦以後の、二度目の決定的な敗戦によるナチ党独裁体制の壊滅後のドイツにおいては、上で挙げたヴァイマール憲法体制下で活躍した国家学者、国法学者たちについては、H・ケルゼンを除けば、狭いドイツ公法学界においてはいざしらず、例外はあるにしても、ドイツでも日本でも、かれらの名があげられることさえ稀になった。「羹に懲りて膾を吹く」ということなのかどうか、総じて戦前のドイツ国家が遂行した戦争やその国家の内政や外交について一括りにしてファシズム、超国家主義と規定されて、否定的・消極的にしか語られなくなっているし、語られるにしても、多くの場合、一面的に理解・解釈されるだけで、それらが繰り返し多面的かつ根本的に理解・解釈され直すことがほとんどないからである。この事情は同じ敗戦国の日本においても同様である。

もっとも、第二次大戦後の西独の公法学界においては、C・シュミットとR・スメントは、黙示的にせよ明示的にせよ、ドイツ国家再建構想に際して、ボン基本法体制における原理としての〈基本権〉に関する、また国家体制としての権力分立、連邦憲法裁判所、連邦国家等の諸制度に関する理解と解釈において、大きな影響力を及ぼしたとされている。シュミット自身は、戦後、ナチ党独裁体制へのコミットの経歴ゆえに戦犯容疑で占領軍によって起訴・収監され、その教説は機会原因論的な決断主義（der okkasionelle Dezisionismus）として激しく非難された。釈放されてからのシュミットは、没するまで公には姿を現すことなく生地に隠棲し、しかもなお多くの著作を残した。とりわけ、一九七〇年前後の学生反乱の時期以降、公法学の枠を超えて、左右を問わず「政治」概念、民主制や議会制の批判、国際法、国際政治、これらをめぐるシュミットの戦前・戦後のかれの諸著作には注目度が高まり、多様な研究が進められている。（Wikipedia の独語によるシュミットについての記述は、スメントについてのそれと較べると、十倍以上の分量になっている。）

上述のように、「近代」批判――実証主義と自由主義の批判――を理論的モティーフとしていたスメントは、にもかかわらず、社会主義にせよ国家主義にせよ、左右の単純なラディカリズムに決して与することはなかった。左右のイデオロギーの折衷・妥協として成立したヴァイマール共和国憲法体制そのものに対して、さらにはその社会民主主義的な諸傾向に対しても、もちろん、全面的に否定的であったわけではないであろうが、しかし、決して全面的に親近感を抱くこともなかった。とはいえスメントはケルゼンとは激しく対立して、とりわけ一九世紀後半以降、帝制期と共和制期を通じて展開された、ドイツにおける法学のみならず社会科学一般における実証主義、自由主義、総じて近代主義そのものを、むしろドイツにおける政治的、経済的、社会的、なかんずく、文化的・精神的な危機（Krisis）の根本原因として、ラディカルに批判しようとしていた。この点に限っていえば、スメント的思惟の志向性には、H・トリーペル（Triepel）、E・カウフマン（Kaufmann）、C・シュミット（Schmitt）、G・ホルシュタイン（Holstein）、H・ヘラー（Heller）等の法学者たちは、おおよそ軌を一にしていたといえよう。もちろん、これらの理論家たちの間には、宗教的信条、自由主義、社会主義、保守主義等々の評価をめぐって、大きな差異も存してもいたのであるが。

いずれにしても、スメントには、生涯を通じて、少数ながら常に一定の共感者、理解者、支持者がいたはずであるが、しかしかれは、代表的な法実証主義者・自由主義者そして「純粋法学」者として知られていたH・ケルゼンとの激しい論争を通じて、このケルゼンからだけでなく、とりわけ第二次大戦後にはケルゼンに同調する人たちからは、「国家主義者」（国家神学者 Staatstheologe）（あるいは、それどころか、お定まりのファシスト）、さらに後には「全体主義者（totalitarian）」等々、要するに反動的な非合理主義者・保守的な権威主義者という烙印を押されて、激しく忌避されるか、あるいは、あっさり無視された。概して、狭い公法学界の一部や僅かな共感者・理解者たちを除けば、スメントの理論的な意義は知られることが稀であった。さなきだに、スメントの「統合理論」の構想は――主題そのものの困難ゆえにそうならざるをえないのかどうか、このことはともかくとしても――原理的にも理論的にも、充分には展開されないままとなっているばかりでなく、この点もまたケルゼンによって批判されたように、たしかにスメントの諸用語の含意は不明確なままである。すくなくともこのことが一般的なスメント理解を妨げてきたともいえよう。

第二次世界大戦の前後において、十数年にわたるドイツ・ファシズム体制の直接的な体験を経てから、スメントに、ラートブルフ（Gustav Radbruch）におけるそれとは異なる意味で、ある種の転向（Konversion）があったのかどうか、意見の分かれるところであろう。いずれにしても、すくなくとも基本的な信念（Gesinnung）と理論的モティーフについていえば、スメントは、あっさりにせよなしくずしにせよ、国家主義者から自由主義者に転向した、あるいはかれは単なるオポテュニストにすぎない、などとは言えまい。この点に関しては、かのC・シュミットでさえ同様であろう。かれら自身は、毀誉褒貶はともかく、イギリス人でも、フランス人でもなく、いわんや、アメリカ人でもなく、よかれあしかれ、あくまでもドイツ人として、その歴史的・宗教的な感覚を手放すことなく、とりわけ西欧〈近代〉の精神的な〈危機〉と共同存在（Gemeinwesen）としての国家の〈危機〉に、ひたすら取り組もうとしていたように思えるからである。

ところで、戦前のドイツで一般的に用いられてきた国家学（Staatslehre）、国法学（Staatsrechtslehre）という言葉は、いずれも現在のわれわれには馴染みの薄いいささか特殊ドイツ的な用語である。これらの言葉は、文字通り国家（Staat）、憲法体制、実定憲法、憲法律（Verfassung, Verfassungsrecht, Verfassungsgesetz）、国際法（Vörkerrecht）等を対象とした教説（Lehre）ないし学問（Wissenschaft）を意味していた。このことは、地政学的に中欧（Mitteleuropa）に位置して、中世以来、形式的には神聖ローマ帝国（das heillige römische Imperium）の皇帝を戴きながら、実際には諸侯・諸領邦が分散割拠してきたドイツが、西欧と東欧の諸列強との競合状況のただ中で、ようやく一九世紀の後半になって、曲りなりにも、プロイセン王国を中核とした近代的な統一的国民国家（Nationalstaat）を達成したという歴史的背景を、よかれあしかれ何らかの形で反映しているであろう。

「国家（status, stato, état, state, Staat）」という西欧諸語は、ラテン語の status に由来し、静止状態つまり人為的・権力的な再秩序化状態を意味する。この概念は、「憲法（constitution）」という概念がそうであるのと同じく、もともとどちらかといえば特殊西欧〈近代的〉な概念である。語源を同じくする独語の „Staat" という言葉は、一八世紀後半にイギリスから独立したアメリカにおける „state" がそうであるように、どちらかといえば統一国家、国民国家（Nationalstaat）、連邦国家（Bundesstaat）ではなく、中世末以来領邦国家（現在は、連邦国家を構成する州）を意味してきたが、とりわけ一九世紀以降、国民国家、連邦国家をも意味しうることになった。しかし、英仏などの西欧諸国家と較べると、一八七一年に普仏戦争を契機にしてようやくプロイセン主導の下に成立した統一国家である「ドイツ帝国（das deutsche Reich）」もまた、一八世紀のプロイセン王国がすでにそうであったように、対内的には政治・経済・社会の諸制度を上から急速に近代化・合理化・集権化していく必要から、法治国家（Rechtsstaat）

というよりもむしろ権力国家（Machtsstaat）ないし官憲国家・法律国家（Obrigkeitsstaat, Gesetzesstaat）の性格をより強く帯びることになった。

ここでは、すでに神聖ローマ帝国の体制において、帝国レヴェルにおいても、諸邦レヴェルにおいても、身分制〈等族〉〈議会〉や皇帝〈選挙〉の諸制度が見られたが、イギリスと比較すると議会主義の伝統が、またフランスと比較すると絶対主義（集権国家）のそれが希薄であり、それゆえに英仏と較べて、封建的諸制度が晩くまで残存し、資本制経済とブルジョア階層の発展が遅延したことは否めない。ナポレオン戦争と三月革命を経て、ようやく一九世紀の後半に、ドイツでは諸領邦国家の分立割拠状態を克服して、新旧キリスト教の間の宗教的な対立と、そしてすでに労・資の間の経済的・社会的・政治的な確執とが顕著となりながらも、対外的には西欧諸列強の帝国主義的な競合状況の中で、ヨーロッパ公法（国際法）上の独立した主権国家（der souveräne Staat）としての国民国家（Nationalstaat）意識を強めようとしていた。

こうした近代ドイツにおいて発展した国家学・国法学は、内政と外交の必要に制約されて成立した国家が官憲国家・法律国家（Obrigkeitsstaat, Gesetzesstaat）、官僚制的行政国家（der bürokratische Verwaltungsstaat）の性格を著しく強めたことにより、これに対応した形式合理主義、法律実証主義（Gesetzespositivismus）、権威主義の性格を帯びたわけである。他方では、こうしたいわば硬直した悟性主義・形式主義に反発して非現実的な空想に逃避するようなロマン主義や歴史主義が展開された。かくして、近代ドイツに現れた自由主義、社会主義、国家主義（Etatismus）、国民主義（Nationalismus）等の諸理念については、いずれであれ、英仏などの西欧諸国家のそれらと比較すると、現実と理念とが二重の意味で著しく乖離・矛盾するような諸特徴を、より強く帯びることになったわけである。逆にいえば、まさにそれゆえに西欧近代主義に対するラディカルな批判意識も明確に目覚めることになったともいえようか。

いずれにしても、注意しておくべきことは以下のことであろう。第一に、西欧近代史に鑑みて、しばしば、近代化・資本制化の進展が先行した英・米・仏の先進性に対してドイツの後進性が指摘されるのであるが、そのことは事実であるにしても、比較の対象とされる三国の間には、やはり相互に共通性のみならず差異があることである。とりわけ、アメリカとヨーロッパの間の地理的・歴史的・社会的な諸条件の差異を見逃すわけにはいかない。第二に、近代的な自由主義や共和主義が標榜した自由・平等・友愛・合理等の諸理念の成立の背景にあった近代的な市民社会・ブルジョア社会においては、マルクスが解明したような、現実と理念の間の構造的な齟齬・乖離があったことは、ドイツに限らず英仏においても同様であった。そして第三に、すでに一九世紀の後半には、アメリカでもヨーロッパでも、市民社会（die bürgerliche Gesellschaft）というよりも、むしろすでにトクヴィルが的確に指摘していたような大衆社会（Massengesellschaft）がはっきり顕在化しており、この大衆社会の萌芽は、すでに一八世紀の後半のアメリカ革命とフランス革命以降、潜在していたことである。一九世紀後半には、ブルジョア社会が構造的に孕んでいる構造的矛盾（理念と現実の乖離）は、この大衆社会においては遥かに深化・複雑化しており、このことは対外的にレーニンのいう帝国主義の趨勢と密接に連動していた。要するにこの時期以降、対内的にも対外的にも、西欧〈近代〉の政治的・経済的・文化的な危機と構造的矛盾は、すでにはっきり明確化しはじめていたのである。

4　方法

（1）「統合」と「秩序」（ordo et integratio）

さしあたり、訳者がサブ・タイトルで用いた「秩序（ordo）」と「統合（integratio）」の語義に関して、簡単に触れておきたい。

第一に「秩序」についていえば、「秩序」を意味するラテン語の„ordo“は元来古代ギリシア語のコスモス(kosmos, 自然秩序、美しい形姿)よりも、むしろタクシス(taxis, 人為秩序)を意味している。ここではこの「秩序」という言葉で、ギリシア語のこのコスモスとタクシスの両義を、あるいは〈自然(physis)〉の生成(genesis)と〈人間(anthropos)〉の人為・作為(praxis, poiēsis)との諸関係の秩序の総体を、しかし、とりわけ垂直軸(vertical axis)(縦の関係)のそれを、含意(implicate)させておきたい。

第二に「統合」についていえば、ラテン語の„integratio“は、当該の辞典を参照するかぎり、ドイツ語の「統合(Zusammenfassung, Integration)」というよりも、むしろ「更新(Erneuerung, innovation)」という意味である。しかしここではこの語を、この「更新」と「統合」の両義を含意する「統合(Integration)」として概念把握(begreifen)しておきたい。ちなみに、ラテン語の„integro“(更新する)、„intego“(蔽う)という動詞の語根にある„integer“(不可触の)は、さらに遡及すると、„in-tango“から派生している。„tango“(触れる)の接頭辞の„in“が„inter“と混用されて、動詞に否定のみならず肯定の意味をも添えうる接頭辞であるとすれば、„intango“という動詞は不可触と可触(把捉)の相反する含意を有しうる。ここから、ドイツ語でいえば、„Integrität“(不可触、完全、威厳)と„Integration“(可触、可積分、集積、統合)という、相反する諸含意が派生(帰結)することになる。

いずれにしてもここではさしあたり、スメントが展開する議論におけるキー・ワードと目されている「統合(Integration)」という言葉を、第一に「統合(Zusammenfassung)」、第二に「更新(Erneuerung)」、そして第三に「威厳、品位(Würde, Integrität)」、これら三つの意味を含意する概念として理解しておきたい。その上でここではさらに、訳書のサブ・タイトルとした「秩序と統合(ordo et integratio)」の両語によって、次の事態を示唆しておきたい。すなわち、第一に空間と時間、共時性と通時性、これらから成る磁場において不断に更新される諸〈関係〉の自己産出的かつ自己限定的な統括体（die sich selbst erzeugende und bestimmende Integration=Integriertheit der Verhältnisse）を、第二にこうした事態（諸関係の総体）（Sachverhältnisse）としての「国家（Staat）」及び「憲法（Verfassung）」を、そして第三に一方の①この国憲・国制・国家体制（Staatsverfassung）、国家共同体（Staatsgemeinschaft）、共同存在（Gemeinwesen）と、他方の②これに帰属し、かつこれを構成する成員（分肢）たち（Glieder）、国民（Nation）、国家公民（die ihr angehörenden und sie konstituierenden Staatsbürger）、そして③これら両項の、統治（Regierung）と被治（Regiertheit）、集合的な自己同一性と個体的なそれ（kollektive und individuelle Identität）、これら両項の、相互的な限定作用（wechselseitige Bestimmung, Rückkoppelung）、さらには④この相互限定から帰結する、これら両項、共同体と個人、それぞれの独立（Unabhängigkeit）と矜持・威厳（Würde, Integrität）、すなわち自律性（Autonomie）――これらの事態を、示唆しておきたい。

訳者の理解・解釈による結論を先取りしていえば、同時代の実証主義的・自由主義的な国家学・国法学の批判を通じて成立したスメントの「国家理論（Staatstheorie）」＝「憲法理論（Verfassungstheorie）」の構想（Auffassung, Konzeption）は、ここで示されたような含意を有する「秩序（Ordnung）」と「統合（Integration）」の概念によって、広狭の語義における「国家（Staat）」と「憲法（Verfassung）」を根拠づけようとしているのである。

(2) 方法論的モティーフ（methodologosches Motiv）――quid facti と quid iuris の分離と結合

すでに二〇世紀の前半には、自然科学のみならず社会科学の領域においてもまた、近代的思惟の範型転換（Paradeigmawechsel）が（例えば、現象学や言語哲学等の形で）萌芽していたにもかかわらず、法や政治に係わる諸学問において、自由主義か国家主義か、合理主義か非合理主義かなどというポレミークが、一世紀を経た現在においてもいまだに繰り返されている。しかしながら、それどころか、上で触れたように、考えようによっては、すでに一八世紀末のカント、ヘーゲル以来、ドイツでは、この近代的思惟の範型転換は、問題構制（Problematik）として継承されてきたのである。にもかかわらず、戦勝国においてのみならず敗戦国においてもまた、というよりもとりわけ後者において、国家（Staat）、国家主義（Etatismus）あるいはナショナリズム等の言葉がもっぱら禁忌あるいは否定的な含意を有する言葉として忌避（あるいは無視）されてしまうことは、悲惨かつ無残な歴史的経験のトラウマからして無理からぬところでもあろうが、実証主義（Positivismus）や自由主義（Liberalismus）――そして外でもない「イデオロギー批判（Ideologiekritik）」――を主張している当の法学者や政治学者が、むしろ上で触れた狭義の「国家（Staat）」や「憲法（Verfassung, Verfassungsrecht, Verfassungsgesetz）」の概念の前提になる事態・事柄を理論的に反省・吟味・検討・根拠づけ（reflektieren, kritisieren, begründen）することなく、これらを非難したり、無視したりすることは、知的な怠惰、欺瞞、独善そして怯懦という誹りを受けることを免れないのではなかろうか。

いずれにしても、（法、法律）実証主義（Rechts- und Gesetzespositivismus）、自由主義（Liberalismus）、議会主義（Parlamentarismus）、そして近代民主制（„moderne" Demokratie）、これらの理念や概念を、要するに思惟範疇（Gedanken）を、曖昧なままにして、罵詈雑言を応酬することは不毛であろう。というのも、思惟範疇の「イデオロギー批判（Ideologiekritik）」、その「存在非拘束性（Seinsgebundenheit）」の解明、「認識関心（Erkenntnisinteressen）」とその範型転換（Pardeigmawechsel）との確定、そして「解釈学的循環（hermeneutisher Zirkel）」の自覚、これらを遂行するならば、まずはさしあたり、思惟範疇の主体と客体及びこれらの関係を成立せしめた歴史的背景や社会的状況が、例えばすでに「知識社会学（Wissensoziologie）」が遂行しようとしていたように、確認されるべきであるからである。そしてその上で、この「イデオロギー批判」のパフォーマンスの当の主体そのものを成立せしめている諸前提を俎上に載せようとするならば、要するに批判の批判（Kritik der Kritik）を自覚的に遂行しようとしても陥らざるをえないであろうそうした「解釈学的循環」あるいは論理的な無限遡及（unendlicher Regreß）を、さらにこれらを自覚化した上でこの自覚化を前提にした価値選択（決断（Entscheidung）、自己限定（Selbstbestimmung））を、果たすべきであろう。

ここではまた、価値・規範・意味をパフォーマンス（言語行為（Sprechakt））において事実上（tatsächlich）否定することと自体もまた、例えば、価値に関する相対主義、懐疑主義、虚無主義、不可知論等もまた、それら自身一つの選択価値となるであろう。とにもかくにも、認識論、認識批判、認識の根拠づけを切断（放棄）しながら「イデオロギー批判」を遂行する学問態度は、それ自身が批判しようと当のイデオロギーないし形而上学に逆転しているという遂行的矛盾（perfomative Widersprüche）に陥らざるをえない。これが、スメントが言いたかったことの一つであるとすれば、スメントの志向する「国家理論（Staatstheorie）」、「憲法理論（Verfassungstheorie）」は、不断に更新されうる、いわばメタ・メタ理論（Meta-meta-Theorie）ということになるであろう。

さて、スメントは当該論文の主題は国家学・国法学の「精神科学」的な根拠づけであり、国家学・国法学の前提・根拠を探究する国家理論・憲法理論の展開であるとしている。結論を先取りしていえば、当該論文の眼目は、「国家（Staat）」と「憲法（Verfassung）」との関係をいかに捉え返すか、さらにこの問題の前提にある、西欧近代哲学の思惟範型が帰着せざるをえない「存在（Sein）と当為（Sollen）」、「事実問題と権利問題（quid facti et quid iuris）」、「権力（Macht）と法（Recht）」、これらの両項の分離・乖離・齟齬を、いわゆる「自然主義的誤謬（naturalistic fallacy）」を自覚した上で、いかに克服するか、すなわち、それらの両項をむしろ意識的に分離した上で、分離された両アスペクトの関係をいかに全体として再び関連づけ、捉え返しうるか、これを探究することである。ルドルフ・スメントは、相対主義、懐疑主義、不可知論、虚無主義に逃げ込むことなく、古代ギリシア哲学以来、あるいは、とりわけ西欧近代哲学のヒューム、カント、ヘーゲル以来、連綿として格闘され続けてきた、こうした問題構制の可能性と不可能性に、改めて取り組もうとしたといえるのではあるまいか。

こうした問題構制に取り組み立論を展開する際にスメントが直接的・間接的に参照したのは、すでに上で触れたように、カントの「批判哲学」やヘーゲルの「精神哲学」の伝統を継受した、ディルタイ（Dilthey）の「生の哲学（Lebensphilosophie）」や「解釈学（Hermeneutik）」、リット（T. Litt）の「精神科学（Geisteswissenschaft）」、M・シェーラー（Scheler）の「実質的価値倫理学（die material Wertsethik）」、フッサール（Husserl）の「現象学（Phänomenologie）」、そして、なかんずくヘーゲルの「客観的精神の哲学（die Philosophie des objektiven Geistes）」であるとされているが、これらはいずれも、成否はともかく、アングロ・アメリカン世界では往々にして無視されてしまうことが多い、西欧近代哲学の主体・客体＝関係（Subjekt-Objekt-Relation）の思惟範型がもともと孕んでいるディレンマやアポリアを克服しようとする試みであった。

（3）ヒュシス（physis）とノモス（nomos）——ロゴス（logos）・パトス（pathos）・エルゴン（ergon）の不可分離性

一世紀末頃にギリシア語で書かれたとされる新約『ヨハネ伝福音書』冒頭には、次のように記されている。
「1　太初《はじめ》に言《ことば》あり、言《ことば》は神と偕《とも》にあり、言《ことば》は神なりき。2　（…）3　万《よろづ》の物これに由りて成り、成りたる物に
一つとして之によらで成りたるはなし。4　これに生命《いのち》あり、この生命《いのち》は人の光なりき、5　光は暗黒《くらき》に照る、而
して暗黒《くらき》は之を悟らざりき」（『文語訳 新約聖書』岩波文庫、二〇一四年）。
1 En archêi ên ho logos, kai ho logos ên pros ton theon, kai theos ên ho logos. 2（…）3 panta di' autou egeneto,
kai chôris autou egeneto oude hen: ho gegonen: 4 en autôi zôê ên, hê zôê ên to phôs tôn anthrôpôn. 5 kai to phôs

en têi skotiai, kai hē skotia auto ou katelaben.〔NESTLE-ALAND, NOVUMTESTAMENTUM, Graece et Latine〕

この「太初《はじめ》に言《ことば》あり」という『ヨハネ伝福音書』冒頭のテーゼに対して、ゲーテ（J. W. Goethe）は、一八世紀後半に完成させた戯曲『ファウスト（Faust）』において、自問自答しながら、考えあぐねて煩悶する主人公ファウスト博士をして、とどのつまり、次のようなアンチ・テーゼを提示せしめている。すなわち、「はじめに行為《タート》ありき（Am Anfang war die Tat）」。

翻って、前四世紀初めにヘブライ語で正典化され、前三世紀中頃にはギリシア語訳が成立したとされる旧約「モーセ五書」、『創世記』冒頭には、次のように記されている。

「1　元始《はじめ》に〔ベレシート〕神〔エロヒーム〕天地〔シャマイム・アレツ〕を創造《つくり》たまえり、2　地〔アレツ〕は定形《かたち》なく曠空《むなし》くして黒暗〔ホシェフ〕淵《わだ》〔テホム〕の面《おもて》にあり神の霊《れい》〔ルアハ〕水〔マイム〕の面《おもて》を覆ひたりき、3　神〔エロヒーム〕光〔オール〕あれと言いたまひければ光ありき、4　神光を善しと観たまえり神光〔オール〕と闇〔ホシェフ〕を分かちたまえり」（『文語訳 旧約聖書 I 律法』岩波文庫、二〇一五年）。

『創世記』の冒頭の文章は、もちろん、創世（創造）神話として読むべきところであろうが、創造第一日についてのテクストを読むかぎり、神ははじめに闇に包まれた混沌とした地と神の霊（風）が覆う水（海）を、つまり地・水・風・火のストイケイア（stoikeia）を創造し、その上で「光あれ」という言葉《ロゴス》（命令文）を発し、その光を有らしめた、と読める。しかしこの創造神について、その行為（ergon）と言葉（logos）のどちらが先なるもの（prosteron）であるかを問うことは無駄であろう。なぜなら、『ヨハネ伝福音書』に記されているように、神は言葉（logos）＝光（phôs）＝生命（zôê）そのものであるならば、神の行為（業）においては、光と闇（phôs kai skotiai）、言と行（logos kai ergon）、ロゴスとパトス（logos kai pathos）は分離されえないであろうからである。

いずれにしても、創世神話、あるいは、発端と終末、生成と消滅（和語における〈コト〉と〈モノ〉）については、悟性（dianoia, Verstand）としてのロゴスによって分析・綜合されうることでも、実験と観察によって検証されうることでもない。それは、そうしたロゴスよりも、ミュートス（mythos）としての理性（nous, Vernunft）によって物語られるべきことなのであろう。ユダヤ教では、万物の原因である超越的な創造神そのものについて物語ること（表象すること）が禁じられる。そうでなければ、死すべき被造物にすぎない人間は自らの姿をその創造神に投影させることになりかねないからである。すなわち、いわゆるAnthropomorphismusが遂行されるならば、まさに人間そのものが超越神になりかねないからである。

被造物とされる人間に可能性として与えられたロゴスとパトス、悟性と感性（Verstandund Sinnlichkeit）という能相と所相の能力は、人間の活動（行為）においては、そもそも非分離であらざるをえない。ここでは、カントの顰にならえば、パトスを欠くロゴスは空虚（leer）であり、ロゴスを欠くパトスは盲目（blind）であるからである。活動（行為）においては悟性と感性の関係における能動と受動の関係は、むしろ逆転する。ヘーゲルが哲学史講義で取り上げたアナクシマンドロスの理性（nous）は、古代ギリシア語のnoeinという動詞から派生した名詞であろうが、この動詞はもともと「嗅ぎ分ける」という意味で使われていたとのことである。後世のドイツ語の理性（Vernunft）という語は、動詞（vernehmen）から派生した名詞であろうが、これはもともと「聴き取る・聴き分ける」という意味であろう。いずれも、感覚（臭覚と聴覚）と「分ける（識別する）」という行為とが共に含意されている。周知のように、ヘーゲルはこの理性（Vernunft）と情念（受苦）（Leidenschaft）を縦糸と緯糸として織り成されたテクストを、すなわち世界史（Weltgeschichte）を、世界法廷（Weltgericht）として、すなわち神義論（Thoedizee）として語っている。

ロゴス（logos）という名詞を派生させる動詞legeinは、もともとは「集める、選択する、話す」等々の意味を有していたとされる。いずれにしても、死すべき人間のそもそも限界を有している潜在能力としてのロゴス

(logos)・パトス(pathos)を伴う活動(ergon)は、歴史的・社会的な生活実践において不断に現実化(形成)されうるが、この過程は、すくなくとも個体においては完成に至ることがない。それどころか、それは類においてさえ完成可能性(perfectibilité)に永遠に留まる。とはいえ人間存在が共同存在であるかぎり、この活動過程において人間のロゴスとパトスとが、そしてこの両者とエルゴン(ergon)、プラクシス(praxis)とが、切り離されなければ、両者の関係において自生的(naturwüchsig)にかつ歴史的・社会的に再生産される自然言語体系において、一定の〈意味・価値・規範〉の体系が、そして特殊性と一般性の相互限定関係が析出されうる。神ならざる死すべき人間は、狭義の創造主体でも自己原因(causa sui)でもありえないが、自然・歴史・社会を内面化＝社会化(internalisieren=sozialisieren)することで自己を形成(gestalten, bilden)し、同時にそうした人間は、まさにそれを通じて自然・歴史・社会を新たに再形成し、そうした生活過程(Lebensprozesse)において、「善(agathon, das Gute)」あるいは「生きる意味(Sinn des Lebens)」を産出する。ギリシア語の „aisthēsis“、独語の „Sinn“、羅語の „sensus“は、もともとはそれだけで、感覚、感性、知覚、悟性、理性、意識、意見、判断、そして〈意味〉、等々を含意する。スメントのいう「意味充溢(Sinnerfüllung)」とは、「活動(ergon, Wirken)の中にある」こと(Energeia, Wirklichkeit)が「目的(telos, Ziel)の中にある」こと(entelekeia)、「試練(empeira)の中にある」こと(empeira)、あるいは「行為の内に現成する善(eupraxia)」がそうであるような、そういう境地のことであろうか。あるいは、潜在的能力(徳)(aretē, virtus)が実現している „eudaimonia“「行為にとって達成された善(prakton agathon)」のことであろうか。

もっとも、パトスやエルゴン・プラクシスから切り離されたロゴスが、それだけで究極の価値としての絶対性や超越性を概念規定しようとしても無駄である。そうしたロゴスによって概念把握される絶対は、相対によって限定されざるをえないし、そうした超越は内在によって限定されざるをえないからである。限定された絶対は絶対ではありえないし、限定された超越は超越ではありえない。いずれも形容矛盾である。したがって、端緒の概念について語るとすれば、存在論的には、それを存在でも虚無でもなく、ソクラテスにおける如く無知を自覚する、あるいはデカルトにおける如く自己遡及的思惟を遂行する、否定=限定（生成・消滅、コト・モノ）の自己意識の活動とする以外にないであろう。けだし存在は虚無の否定であり、虚無は存在の否定であるからである。とするならばファウストにおける如く「はじめに否定=限定という行為ありき」と言える、あるいはそう言うべきということになろうか。

上で引用したいくつかの古典中の古典のテクストからは、〈存在論〉的な「存在」・「虚無」・「生成」、〈認識論〉的な「ロゴス（光、秩序）」・「パトス（闇、混沌）」・「テオーリア（観照）（theôria）」、そして〈行為（実践）論〉的な「プラクシス・ポイエーシス（praxis, poiêsis）（活動、行為、製作、作用）」等々といった基礎範疇を抽出できるであろう。否定の否定（Negation der Negation）によって「虚無（Nichts）」から「存在（Sein）」を、すなわち、「闇」から「光」を、そして限定（Bestimmung）ないし限定的否定（bestimmende Negation）によって「存在（Sein）」から「定在（Dasein）」を現出せしめるのは、作用・活動・行為・製作（Wirken, Tun, Handeln, Herstellen）である。ここで人間存在（human being）を軸にして、一方で「存在（ousia, Sein）」と「生成（genesis, Werden）」、他方で「生成（Werden）」と「活動（ergon, Wirken）」を対概念として設定するとき、必要な変更を付すならば（mutatis mutandis）、古代ギリシア語の自然（physis）と人為（nomos）、観照（theôria）と実践（praxis）という対概念を重ねて考えることも可能であろう。但しノモスとプラクシスは、いずれも人為・行為・実践（prattein, pragma, Handeln）と作為・製作（poiêin, Herstellen）の両義を含意しうる。

周知のようにハンナ・アーレント（Hannah Arendt）は、人間の活動的生活（vita activa）における活動（action, Tätigkeit）を、行為（Handeln, action）、製作（Herstellen, work）、労働（Arbeiten, labour）の三つの類型に概念区分

している。すでに初期マルクスは、自然と人為の関係を前提にした人間の歴史的・社会的な生産活動を、つまり人為を、〈生産〉（Produktion, Hervorbringen）と〈交通〉（Verkehr）とに概念区分していたが、アーレントはそれを三区分したわけである。ここで重要なのは、〈労働〉を前提とした、〈行為〉と〈製作〉との概念区分であろう。問題はこの二つの活動概念を、Handeln と Herstellen を、丸山真男のように未分化のままにしておくことでもなく、またハーバーマスのように、切り離したままにしておくのでもなく、この二つ活動概念の間の異同のみならず相関をも考えようとすることであろう。

こうした人間の活動は、人間と自余の自然との、人間と人間との〈交換（Austausch, Wechsel）〉関係でもある。柄谷行人は、人類の文明史（Zivilisationsgeschichte der Menschheit）を展望して、人間と自然との間の〈交換〉関係を前提にした、人間の社会的労働における人間と人間との相互行為（Interaktion）（〈交換〉関係）（„Austausch"-Relation）を三つの理念型に分けている。すなわち、「贈与―返礼」（互酬）、「商品―商品」（排他的結合）、「略取―再分配」（支配・非支配あるいは統治＝非統治の関係）がそれである。これら三つの類型、アーレントにおける「活動（Tätigkeit）」のそれと、柄谷行人における「〈交換〉関係」とは、人類史において広義の「文明」と「国家」が成立して以降、古今東西、世界史のどの段階においても、現代においてもまた、多かれ少なかれ見られるであろうが、もちろん、前近代と近現代では、〈活動〉と〈交換〉関係との三類型のどれにウェイトが置かれるかは、著しく、あるいは決定的に異なる。

いずれにしても、人間の〈活動（行為）〉は、まずは〈関係（相関）〉あるいは〈交換〉において、次に若きマルクスの言い方でいえば、社会的・歴史的な「生産・交通（Hervorbringen, Vehrkehr）」の諸関係のアンサンブル（協奏）として、捉え返されうる。この生活諸過程の総体において、人間にとっての諸「価値」（生存、安全、帰属、承認、等々）と「生きる〈意味〉」（自己実現）とが可能になる。生物・動物としての人間もまた自然（一神教の創造神からすれば、被造物総体）の一部に他ならないが、人間の生活活動（Leben）は、自余の生物・動物のそれと同じく、生活環境（Lebensumwelt）への、すなわち内外の自然への、適応（Anpassung）を前提とした、内外の自然の〈交換（Austausch）〉の過程である。マルクスにしたがえば、それは「人間と自然との（社会的）物質代謝（Stoffwechsel zwischen Mensch und Natur）」過程である。しかし上で触れたように、それは単なる物質代謝（Stoffwechsel）ではなく、人間の活動（Tätigkeit）の三類型は、人間の歴史的・社会的な生活活動（Leben）における、人間と自余の自然、人間と人間との〈交換〉と行態（関係態度）（Verhalten）との三類型がそうであるのと同じく、いつもすでに、なんらかの、ロゴスとパトス、理性（知性）と意思（情動、欲動）（intellectus et voluntas, Wissen und Wollen）を伴っているがゆえに、まさにその人間の社会的・歴史的な活動において、「意味（Sinn）」、「価値（Wert）」、「規範（Norm）」が析出（創出）（schaffen, herstellen）される、そうした〈交換〉過程である。

かつて、「労働（Arbeit, labour, работать）」という言葉は、奴隷制社会であれ農奴制社会であれ、（あるいは、現在の資本制社会においてもまた）強いられた労働、奴隷労働を意味していた。いまでは、チェコ語のrobotnik（農奴）という語に由来するrobotは、必要労働・奴隷労働を人間に代わって担う人工機械を意味する。だが、それが可能だとしても、奴隷労働はともかく、必要労働から人間が完全に解放されることが、人間の仕合せ（eudaimonia, felix, Glück）ということになるのであろうか。いずれにせよ、初期マルクスが設定した「必要労働」としての「労働」概念の含意においては、古代ギリシアの広義の「技術（texnê）」がそうであったように、よかれあしかれ基本的には、〈活動〉としての「製作（poiein）」と「（必要）労働（ponein）」とは、そして〈交換〉関係としての、「実践」（相互行為）（prattein: Interaktion）と「作出（制作）」（操作・支配）（poiein: Manipulation）とは未分化であった。

しかし、マルクスにしたがえば、自生的に展開された社会的分業（gesellschaftliche Arbeitsteilung）を前提とした階級社会における支配者と被支配者の関係において強いられた「（必要）労働」においては、〈活動〉と〈交換〉のそれぞれの両アスペクトが、すなわち、〈行為（Handeln）〉が〈制作（Herstellen）〉に、この両者が〈労働（Arbeiten）〉に、そして、〈互酬的交換〉が〈排他的商品交換〉に、〈統治（Regieren）〉（シラス）が〈支配（Herrschen）〉（ウシハク）に、分化あるいは転化することになる。かくして、人間の歴史的・社会的な必要「労働」は、人間と自余の自然、人間と人間、これらの関係における搾取・被搾取、収奪・被収奪（Ausbeutung, Exploitation）の含意を帯びることになる。

これに伴い、理性（綜合的直接知、logos, noêsis, intellectus; Vernunft）は悟性（論証的間接知、dianoia, ratio; Verstand）に変容し、理性（intellectus）とこれによって制御されるべき意思（voluntas）とは解離（乖離）し、悟性に変容した理性が意思（欲望）の裁量に委ねられて、人間は自余の一切を、それどころか自己自身さえも、支配・疎外・物化することに駆り立てられる。かつてK・レーヴィット（Karl Löwith）が指摘したように、マルクスが人間の「自己疎外（Selbstentfremudung）」、「物（件）化（Versachlichung）」と、M・ヴェーバーが「世界の合理化（脱呪術化）（Rationalisierung=Entzauberung der Welt）」と、そして、ホルクハイマー（M. Horkheimer）とアドルノ（Th. Adorno）が「啓蒙の弁証法（Dialektik der Aufklärung）」と、あるいはハーバーマス（J. Habermas）が「〈システム〉による〈生活世界〉の植民地化（Kolonialisierung der Lebenswelt durch System）」と、呼んだ事態が、これである。しかしこれらの事態が、顕在的にせよ潜在的にせよ決定的かつグローバルに進展している近現代世界において、リベラリストであれコミュニストであれ、あるいはソーシャリストであれシステム論者であれ、規範論者・制度論者であれ、〈活動（行為）〉―〈関係（交換）〉―〈制度〉、要するに〈諸関係の関係〉の総体の問題としては、そしてなかんずく自然そのものの自己代謝における、すなわち、natura naturans における、Gemeinwesen としての人間による、人間にとっての〈価値〉と〈意味〉の創出過程の問題としては、必ずしも捉えられていないように思われる。

（4）抽象から具体へ（vom Abstraktem zum Konkretes）——活動（行為）・関係（交換）・制度（習俗）←共同存在（Tat（Handeln）— Verhältnis（Austausch）— Institution（Sittlichkeit）← Gemeinwesen）

当該論文「憲法体制と実定憲法（Verfassung und Verfassungsrecht）」は、スメントによれば、国家学が扱う「国家」と国法学が扱う「憲法」とを「精神科学」的方法で理論的に根拠づけようとする「国家理論」と「憲法理論」との梗概にすぎないのであるが、当該論文の理解の成否を分かつ鍵となるような諸概念、例えば、他でもなく「統合（Integration）」、「意味充溢（Sinnerfüllung）」、「価値法則性（Wertsgesetzlichkeit）」、さらには「精神（Geist）」、「文化（Kulur）」、「善（das Gut）」などの諸用語は、賛否を問わず評者によって指摘されているように、決して、あるいは必ずしも、明晰・判明とは言えないであろう。すでに「統合（Integration）」という言葉の語源的な諸含意については、上でいくらか触れておいた。以下においては、スメントの「統合論」の核を成す「統合」、「意味」、「価値」、「精神」などの諸概念の基礎となっている思惟構造を、あるいはこれらの諸概念が孕む哲学史的、精神史的あるいは社会学的な諸含意の根源に遡及して、以下のような諸観点から、考察してみたい。すなわち、①叙述方法としての〈抽象—具体〉、②〈部分と全体〉の相関、〈特殊と一般〉の相互限定、③「活動」—「関係（交換）」—「制度」（「システム統合」と「社会統合」）、④これらのさらなる前提となる「否定=限定」——これらがそれである。

周知のようにマルクスは、数世紀にわたって西欧世界で形成され、一九世紀中葉には確立されようとしていた、資本制経済システムの自己再生産過程を、ヘーゲルの「抽象的なもの（etwas Abstraktes）」から「具体的なもの（etwas Konkretes）」へという叙述方式（Darstellungweise）にならって呈示しようとした。抽象概念の「商品（Ware）」の転形（転態）諸過程（Transformationsprozesse der Ware）（商品 Ware — 貨幣 Geld — 資本 Kapital）がそれである。この場合「具体的（konkret）」というのは、知覚可能な現象態というよりも、むしろ無数の諸限定（規定）（Bestimmungen）の統括態（Verfasstheit）という意味である。こうした叙述（Darstellung）の前提には、まず資本制社会という直観的な全体表象があり、この表象が含意している無数の諸規定を抽象化（度外視）していき、最終的に叙述の出発点とする「商品」という概念を資本制社会の本質存在（Wesen）として、この社会における人間関係の在り方の原型ないし本質として特定するという、探求（Untersuchung）と決断（Entscheidung）がある。

すなわち「商品」という概念には、マルクスの批判的意識が凝縮されている。「商品」はひとつの「物件（Sache）」に他ならないが、ここにはその「物件」の交換において、そのそれぞれの所有主体である諸「人格」が相互に相手を手段化・道具化することを通じて相互に「物件化」されているという関係と、この関係そのものがこの関係項としての当事者たちの性格（人格）（Charakter=Person）に反映されているという、ある種の価値判断（Werturteil）があるのである。よく知られているように、「人格（Person）」の語源のラテン語 persona は、ギリシア語の xaraktēr と同じく、もともとは演劇において演者たちが被る〈仮面〉のことである。すなわち、Person には、性格づけられた固有の人格のみならず、いわば物（件）化された人格という、相反する含意があるのである。マルクスは、ヘーゲルと同じく市民法（ius civilis, das bürgerliche Recht）とりわけ所有権法における、Person と Sache という用語に批判的な意味を読み込んでいるのである。

マルクスが『資本論』においていわゆる上向法（die aufsteigende Methode）と呼ばれる叙述方法をとる際にモデルにしたであろうヘーゲルのそれにおいては、すなわちいわゆる概念実在論とされる「論理学（Wissenschaft der Logik）」においては、存在（Sein）―本質（Wesen）―概念（Begriff）の順で叙述が展開される。ここでは、概念（Begriff）は認識主体の思惟範疇のみならず、認識客体の形象・構造をも意味している。認識は、認識論で言われる単なる反映（Reflexion）でも構成（Konstruktion）でもなく、相関する主体と客体の相互的な自己形象化過程であり、まさにこれがヘーゲルにとっては概念把握（begreifen）を可能にせしめる概念（Begriff）なのである。この概念を、ヘーゲルはまた精神（Geist）と言い換えている。ヘーゲルにおける精神は、哲学史的には起動因（arxē）あるいは自己原因（causa sui）をも含意するであろうが、ヘーゲルにあってはまさに自己形象化運動そのものでもあり、これは同時に、人間の「自己意識（Selbstbewußtsein）」の自覚（対自）化過程でもある。ヘーゲルはまた、「客観的精神」として、„Recht"（正義・法・権利）あるいは„Freiheit"（自由）という抽象的「概念」の自己展開を、①抽象法（das abstrakte Recht―②道徳態（Moralität）―③習俗規範態（Sittlichkeit）の順で叙述している。③についてはさらに、（1）家族（die Familie）―（2）市民社会（die bürgerliche Gesellschaft）―（3）国家（der Staat）の順で叙述は展開されている。

ちなみに、ヘーゲルにおける「自由」概念には、基本的に単に消極的・抽象的な個体性の自由を意味するのではなく、古代ギリシア語の„eleutheriā"の語源的な含意が含まれている。eleutheriāは、文字通りには〈人々の中にある〉ということであるから、Genossenschaftあるいは人間存在の共同性（Gemeinwesen, Gemeinschaftlichkeit）を示唆している。このことは羅語のlibertasや独語のFreiheitにおいても、事情は同じであろう。もっとも前五世紀末にはすでに、同じeleutheriāという言葉が放恣、放埓といった逆の意味の個体的な消極的自由を含意していたことを、プラトンのテクストは示している。いずれにしても、ヘーゲルにおける„Freiheit"は単に消極的自由のみならず積極的自由をも意味しているというよりも、むしろまさしく両含意の相関を意味している。

ところで、マルクスは、かれ自身が基本的に継受したこのヘーゲルの叙述形式を、観念論的に逆立ちしている（auf dem Kopf stehen）として批判している。だが、一概にそう言えるであろうか。マルクスが叙述の出発点としているのは、排他的な関係において交換（売買）されうる「商品（Ware）」という物件（Sache）である。一般的には、この物件に使用価値がなければ交換価値もないことになるが、交換がなされるかぎり、買い手にとっては使用価値があっても、売り手にとっては交換価値しかない。そのかぎりで、この物件の属性には相互に排他的な当事者間の排他的な交換関係そのものが反映されている。逆にいえば、当事者たちの排他性という属性には、この排他的な関係そのものが反映しているのである。同じことは、こうした排他的な交換関係が展開することで成立する転形した「商品」としての「貨幣」と「資本」についてもいえる。

ヘーゲルが叙述の出発点にしているのは「抽象的法（権利）（das abstrakte Recht）」であるが、ここではまず「所有（権）（Eigentum）」が問題になる。所有というのは、人格（Person）と物件（Sache）との関係において、「物件の中に人格の意思を定立すること（in die Sache den Willen der Person setzen）」である。さしあたり、このことは占有（Besitznahme）にすぎない。この占有という意思行為と、それを自余の他者たちが承認（anerkennen）するという行為と関係（すなわち「契約（Vertrag）」締結という〈行為〉と〈関係〉）によってはじめて、所有の権利の萌芽が成立する。この関係構造は、個人間でも集団間でも同じである。こうした人間と自然の間の、そして人間と人間との間の活動（Tätigkeiten）と関係（Verhältnisse）が、要するに「生産と交通」が交錯・交差し、折り重なって、所有権という制度（Institution）が、そしてやがては、国家権力を前提とした実定的法（権利）体系が成立することになる。このように見るなら、ヘーゲルにおけるRechtあるいはFreiheitという「概念」の自己展開、「精神」の自己実現などと表現される事柄（事態）（Sachverhältnisse）は、単に観念論的な虚構として済ませるわけにはいかないであろう。なぜならば、出発点の「抽象的法（権利）」には、マルクスの「商品」がそうであるように、すでにして、近代自然法論におけるような、人間個人と、その〈行為〉と〈関係〉との、在り方に対する、批判的意識が、込められているはずであるからである。

スメントの「統合理論」に基づく「国家理論＝憲法理論」の構想もまた、必要な変更を付すならば、単なる観念論的な構想としてではなく、社会理論・歴史理論としてよりラディカルに再構築されうるのではなかろうか。ロラン・ロッタ（Roland Lhotta）は、ヘーゲルにおける抽象的な „Recht" あるいは „Freiheit" が具体化された形姿（Gestalt）としての「習俗規範性（人倫）（Sittlichkeit）」という概念を援用して、「倫理的制度主義」の観点からスメントの「統合理論」を解釈しなおそうとしている。いずれにしてもその際には、「抽象的なもの（etwas Abstraktes）」から「具体的なもの（etwas Konkretes）」へ、すなわち、「活動（行為）（Tat, Handeln）」—「関係〈交換〉（Verhalten, Austauschen）」—「人倫的諸制度（sittliche Institutionen）」の上向（具体化）と、その逆方向の下向（抽象化）との、往還運動が問題となるであろう。そこでは「国家体制」、「憲法体制」、「政治的統一性（die politische Einheit）」そして「政治的なるもの（das Politische）」、これらの諸概念が、諸〈制度〉とその諸〈機関〉や諸〈機能〉を「統合」する上位の習俗規範（人倫）的な制度として、捉え返されることになろう。

ヘーゲルにおいてそうであるようにスメントにおいても、そしてまたロッタのスメント解釈においても、マルクスにおける歴史的かつ社会的な „Stoffwecksel zwischen Mensch und Natur“ という、自然を基礎にした事態の捉え方（Auffassung）は、表面には現れず潜在化しているように見える。しかし、スメントの Verfassung 概念は、マルクスのこうした Auffassung から再獲得（rückgewinnen）されうるのではなかろうか。なぜならば、ヘーゲルの〈精神〉にせよ、スメントの〈意味（Sinn）〉や〈価値（Wert）〉にせよ、いずれも単なる精神的・文化的な諸現象だけに係わる概念ではなく、自然、感覚、活動は〈意味〉や〈価値〉の成立の前提にあるからである。唯物論であれ、観念論であれ、ヘーゲルやスメントは、そうした二分法をとらないのではなかろうか。いずれにしても、さらにいえば、その際、メタ認識批判的・言語哲学的な探究が不可欠になるであろう。

マルクスの、哲学的唯物論ならざる、いわば方法的ないわゆる史的唯物論（Historischer Materialismus）においては、一方では「必要（必然）の王国（Reich der Notwendigkeit）」から「自由の王国（Reich der Freiheit）」へといったいわば終末論的（eschatologisch）な通時的な歴史観を前提にして、他方では建築物を比喩として「土台と上部構築」（これは、社会システム論的にいえば、おおよそ、経済システムと文化システムに該当するであろう）という共時的な社会的再生産の構造と体系が提示され、イデオロギーの諸形態とされる後者には、法や政治のシステムも含まれ、前者が後者を制約（bedingen）するとされる。社会システム論的にいえば、構造的搾取を孕む階級社会においては、「システム統合（Systemintegration）」が「社会的統合（Sozialintegration）」を制約しているが、この構造的な被搾取者たちの自覚的な革命的実践を通じて、階級支配の道具でしかない国家が廃棄され、将来コミュニスト共同体が成就すれば「システム統合」と「社会的統合」との統合が達成される、という展望が語られる。

いずれにしても、構造的搾取を孕む階級社会が続くかぎり、自然と人間、歴史と社会、経済と文化、「システムと生活世界（System und Lebenswelt）」、これらの二元論（Dualismus）は消滅しないことになる。この点では、現在論じられているような、「生活世界」をそっくり「システム」に還元してしまうような社会システム論も、このシステム論を批判して、二元論に留まるか、そうでなければ社会システム論とは逆に「システム」を「生活世界」に還元してしまうような、いわゆる「コミュニケーション行為の理論（Theorie des kommunikativen Handelns）」も、どちらもいわば本来的な（いわゆるマルクス主義とは異なる）マルクスの発想にとっては、相容れないものなのではないか。いわば本来的なマルクスにとって問題だったのは、システム論的な自然支配でもなければ、この自然支配を前提にした特権的な人間同士の単なるコミュニケーション障害の除去でもなく、自然存在以外の何ものでもない人間が自余の自然との関係（交換）としての広義の労働（二重の関係的な活動・交換）を通じて、まさしく自然の中で、自然の中から、自らが生きる「意味（Sinn）」を産出・発見（hervorbringen, herstellen, entdecken）していくこと、すなわち必然からの自由ではなく、必然を見極め、必然を担う自由であったはずだからである。„Arbeit macht frei.“とか、„Jedem das Seine.“とか、かつて無残にも全体主義国家の強制収容所の門口に掲げられた標語（命題、法諺）は、本来それらに含意されていたはずの内実がグロテスクにも歪曲されている。

スメントの「統合論（Integrationslehre）」は、しばしば、「システム統合」と「社会的統合」との両次元を区別しない折衷主義（Eklektismus）として、それどころか反啓蒙主義（Obsklantismus）として批判される。たしかにスメントは、法と政治の関係、「憲法」と「国家」の関係は十分に意識していたようであるが、〈言語（Sprache）〉、〈権力（Macht）〉、〈貨幣（Ware）〉を媒体とする法システム、権力システム、経済システムの関係は必ずしも明確には対自化していなかった、とはいえよう。とはいえ、スメントはそれらを区別しないのではなく、もちろん区別した上で、いわば諸関係の関係として、人間の歴史的・社会的な生活活動（Leben）を通じて、社会的分業（gesellschaftliche Arbeitsteilung）と同様に、自然発生的（naturwüchsig）に成立する、言語媒体の再生産過程において析出される「意味（Sinn）」として、捉え返そうとしたのではないであろうか、あるいは、すくなくともそのように解釈することが可能ではないであろうか。

（5）部分と全体の相互限定——Reflexionsbestimmung

さてここまでさまざまなレヴェルでの、すなわち人間と自然との、個人と個人との、集団と集団との、個人と集団との、相互の関係、活動・交換・制度の展開をスケッチしてみた。この問題は、古典古代国家と西欧近代国家を比較して後で再び取り上げるが、西欧近代のいわゆる〈契約国家論〉における、社会〈契約〉（横の関係）から支配・服従〈契約〉（縦の関係：国家）を論理的に導出（推論・演繹）することのアポリアは、縦・横の関係における trust, covenant, contract の限界は、何処から来るのであろうか。それはやはり西欧近代哲学における〈人間〉と〈自然〉との関係の、とりわけ人間〈個人〉の捉え方から来るのではないか。

そこでは人間〈個人〉を生得的に能動知性・悟性（dianoia, Verstand）を備えた原子論的・要素論的に自己完結した不変かつ自明の実体として設定する。こうした遊離化・孤立化（isolieren）した諸個人が構成する、社会や国家の諸制度・諸機構・諸組織（Institutionen, Einrichtungen, Organisationen）は、要するにアリストテレスにおける全体あるいは国家〈ポリス〉とは対照的に、そうした諸個人にとってはかれらの生存のための手段・道具にすぎない。したがって、アリストテレス的〈全体〉・〈国家〉は、ここでは、形而上学的〈実体（hypokeimenon, Substanz）〉として、単なる擬制でなければ幻想ということになってしまう。西欧近代哲学が、とりわけ自由主義的な思惟がこうした発想をとるかぎり、社会契約論・契約国家論が孕む原理的難点は免れようがないように思われる。

だが、果たしてアリストテレスのいう「〈部分〉に対する〈全体〉の優位」という場合の〈全体〉とは、言われているような単なる形而上学的な虚構・幻想なのであろうか。ここでは、アリストテレス的な発想における〈全体〉を、西欧近代的な思惟範型を揚棄する形で捉え返そうとしたヘーゲルにおける個人と集団との、一般的にいえば〈部分〉と〈全体〉との関係と構造について言及しておきたい。これは個と個、全体と全体、個と全体、これらの〈関係・相関〉の問題であり、さらには同一性（一般性）と差異性（特殊性）の同一性、同一性と差異性の差異性、これらの〈関係・相関〉の問題である。

たしかにヘーゲルもまたアリストテレスと同じく、〈全体〉の優位という発想に立つと言えよう。しかしヘーゲルは、西欧近代哲学が〈部分〉（要素）を実体化しているようには、〈全体〉を実体化しているわけではない。なるほどかれは「主体は実体である（Subjekt ist Substanz）」、「限定は否定である（definitio est negatio）」といった、にわかには理解し難い謎めいた命題を発してはいる。けれども仔細に見れば、これは現代の哲学的人間学、社会学、言語哲学などにおける構造論、機能論、システム論、制度論、あるいは生物学や物理学における動的均衡論などに類比しうるような発想を示していたようにも思える。ヘーゲルの発想に見られるのは、一方の動態（Dynamik）、作用（Wirkung）、機能（Funktion）、運動（Bewegung）、活動（Tätigkeit）と、他方の静態（Statik）、形象（Gestalt）、構造（Struktur）、体系（System）との相互限定（相関）的な諸関係の総体を〈全体（das Ganze, die Totalität）〉として概念把握（begreifen）することである。諸要素（部分）はこの意味での〈全体〉から限定されながら、翻ってこの〈全体〉を形成・維持・発展させる不可欠な諸〈契機（Momente）〉として捉え返されているのである。この静態＝動態の諸関係の総体は、有機体（Organismus）そのものとは言えないであろうが、それを比喩（metaphora, analogia）としては語れるであろう。

「対立するものの一致（coincidentia oppositorum）」（Nicolaus Cusanus）とか「絶対矛盾の自己同一」（西田幾多郎）などと言われれば、一体何のことかと思われようが、おそらくヘーゲル的思惟の核にあるのは、やはりスピノザにおける「限定＝否定（definitio=negatio）」と「産出的被産出態（natura naturans）」、すなわち限定的否定＝否定的限定、能動的かつ受動的な自己限定作用（活動）であろう。ここで問題になるのは、「存在（Sein）」か「虚無（Nichts）」か、「存在（Sein）」か「定在（Dasein）」か、「一般性（Allgemeinheit）」か「特殊性（Besonderheit）」か、「同一性（Gleichheit）」か「差異性（Verschiedenheit）」か、ではなく、「存在」＝「虚無」、あるいは、「存在」にせよ、「虚無」や「定在」にせよ、いずれも他方を前提にして、あるいは他方を〈否定する〉という作用あるいは活動（選択・決断）によってはじめて〈意味（Sinn）〉を有しうる、ということである。人間〈個人〉が内外のさまざまな条件（制約）によって限定されて定在（生活）していることは、与えられた諸条件以外の無限の可能性が否定（放棄）されているということである。だが、人間〈個人〉がこうした所与の限定された「定在」を脱しようと決断し、新たな可能性を選択するとすれば、まさにかれは自らが選択した可能性以外の、つまり自余の無限の可能性を、意識的にせよ無意識的にせよ、否定（放棄）した（している）のであり、自らの決断・選択＝行為によって自らを限定し、新たな形で定在（生活）しはじめるのである。いずれにしてもかれは、その定在においても自らの決断・選択＝行為においても、いつもすでに諸関係とその可能性の総体としての〈全体〉に制約（限定）されているのである。人間が人間として、一定の適合域（境位）（Element）において、あるいは一定の共同体において有意味に生活活動を営む（sinnhaftig leben）とは、そういうことである。

ここで、「全体」と「部分」のそれぞれを実体化（hypostasieren）してしまうことのない、ヘーゲルにおける両項の関係についての、あるいは「自己意識（Selbstbewußtsein）」の生成過程についての平明な説明を、多少長くなるが引用しておこう。

「ヘーゲルにおける全体は、いつ均衡が破れて自己展開を遂げないとも限らない全体である。それゆえ、それは、この束の間の安定を維持するために、自己を内部的に分節させ、それぞれに形式を与え、相互に支え合うような関係をつくり出す。〔したがって、それは、〕均質平板な全体ではなく、内部に自立した分節部分を含む全体である。これらのそれぞれが相互に機能的に依存し合って有機的〈全体〉を構成する。部分は部分でありながらも全体に依存し、部分には〔部分と部分〕、全体〔と部分〕の〔諸〕関係〔の総体〕が反映している。〔ヘーゲルは、これをReflextionsbestimmungと呼んでいる。〕

この関係をヘーゲルは〔また〕〈即自〔an sich〕〉の状態と呼んでいる。この関係は基本的には媒介された関係で、部分はこの全体との関係の内部でしか部分たりえないし、全体もこの窮屈な部分に拘束されている。だが、これ〔この即自態〕はひとつの否定〔自余の無数の可能性が否定された限定態（Bestimmtheit）〕であり、変化の可能性を度外視した抽象状態〔die von den Möglichkeiten der Änderung Abstrahiertheit, abstrakte Allgemeinheit〕である。部分は全体を向こうに回して、これと対立するようになる。この緊張した関係は、逆にいえば、全体が部分と対立関係にはいったことでもある。この状態をヘーゲルは〈対自〔für sich〕〉の状態と名づける。部分は部分のほうで、全体は全体のほうで、自分を中心に相互の一致に達しようとする関係といってよかろう。が、これら双方のいずれもが対立しつつも、相手に制約〔bedingen〕され・媒介〔vermitteln〕された関係である。なぜなら、この対立がそもそもこの関係の枠内でしか起こりえないからである。したがってこの対立の解消は、双方がその解消を許すような、ある新しい関係の形式にはいることによってしか、実現できない。これがいわゆる〈即かつ対自的〔an und für sich〕〉な状態である。（…）〔改行〕

ヘーゲルにおける全体は、部分との相互制約〔wechselseitige Bedingung〕のなかで、関係の既存状態を〔自余の無数の可能性の〕一つの否定と見なし、これを繰り返し否定しつつ発展を遂げる全体である。それゆえ、伝統的な形而上学に見られるような、部分に対して一方的に目的的ないし制約的にはたらく閉ざされた不動の全体ではない。むしろ、対立する部分によって支持され、不断に変質を遂げる全体なのである。（…）それぞれ別個に自存するかの外見にも拘らず、実は、単に、部分が自らをしだいに明確に部分たらしめていくための関係の総体にすぎない（…）。全体はそれ自体として何の実質も有してはいない。全体とは、部分が部分として自らを維持するために〔自らを〕過程的に再生産する関係、（…）自らを自らによって媒介する運動〈Selbstvermittelung mit sich selbst〉にすぎない。それゆえ、くり返し行われる否定の行き着く先は、部分をそれぞれのユニークな個性において自立させ・維持してくれるような調和的関係、（…）「特殊態〈Besonderheit〉」を真にうちに包括する「〔具体的〕一般態〈konkrete Allgemeinheit〉」なのだ」（ヘーゲル『法権利の哲学あるいは自然的法権利及び国家学の基本スケッチ』三浦和男訳、未知谷、一九九一年、訳者まえがき、五四―五五頁）〔段落の変更、若干の字句の変更・付加は引用者による〕。

このヘーゲルにおける「全体」と「部分」の関係（限定的＝否定的な媒介運動）についての説明と対応して、「国家」と「個人」のそれについても、同じテクストにおいてきわめて平易に次のように述べられている。但し、ここでの「国家」は、もちろん、単に統治や行政（Regierung und Verwaltung）あるいは支配（Herrschaft）の機能を果たす政府機関、すなわちヘーゲルのいう「必要国家・悟性国家（Nots- und Verstandesstaat）」のことではなく、スメントのいう「統合」機能を果たす政治的な諸制度と諸機関の総体であるとともに、そこにおいて諸個人が、生存と安全のみならず、「意味充溢（Sinnerfüllung）」と自己同一性（Identität）の形成・維持を可能ならしめうる、ヘーゲルのいう意味での「習俗規範（人倫）態（Sittlichkeit）」（あるいはロッタのいう「人倫的制度」）としての「国家」である。

「人間は諸制度の総体たる国家に生きている。そして、これら諸制度は一見バラバラに見えるが、相互に微妙に調整し合い支え合っている有機体的な合理的秩序を形成している。この枠組みが与えられればこそ、例えば人間が個人としてあるいは一人格として登場し、〔能動的〕思惟や利己的動機に基づいて行為しうる余地も生まれている。こうした個人の眼には、国家秩序は、あるいは、自分とは無関係な彼岸に独自に存しているように映るかもしれない。けれども、それら〔国家秩序を成す諸制度〕は、実は、単に個人を個人たらしめる根拠を成すばかりでなく、かれが、日々個人として生活し、活動することを通じて、自ら生み出し、維持している〔諸〕関係でもある。それは、言わば自ら創り出している自分の世界である。それゆえ、わたしたちは自らの理性〔ロゴスとパトス〕を用いて、この合理的な関係を見極め、今度は自己責任においてこの関係を担わなければならない。〔排他的結合の諸関係の反映にすぎない消極的自由を自己に内属する本性と錯覚し、あらゆる束縛・強制・権威から解放されていると思い込んでいる、近代主義的な個人が、〕所詮は所与に縛られた単なる「恣意」〔の状態〕を脱して、「自己意識」〔自律的個人〕になるべき〔であるならば〕」（同上、六一頁）〔若干、字句を変更し、かつ付加している〕。

（6）〈事実〉と〈価値〉の分離と結合（Trennung und Verbindung von Faktum und Wert）——〈行為〉と〈意味〉（Handeln und Sinn）

さて、ここで示したヘーゲルにおける、「全体」と「部分」の——あるいは、「国家」と「個人」の——関係を、「媒介（Vermittlung）」や「限定＝否定（definitio=negatio, Bestimmung =Negation）」といった思惟範疇によって捉え返そうとする方法は、換言すれば、ヘーゲルにおける「実在と理念」、「存在と当為」、「静態と動態」、「価値と事実」、「法と権力」、「規範と決断」等々を、無前提にかつ抽象的・無媒介的に分離するあらゆる二分法・二元論（悟性的思惟）を、理論的に克服しようとする志向は、スメントにおける「統合」概念を基軸にした「国家理論」、「憲法理論」の構造論的・機能論的かつ意味論的・語用論的な構想のそれと繋がるところがあろう。

西欧近代の思惟範型における「事実と価値（Faktum und Wert）」、「事実問題と権利問題（quid facti et quid iuris）」、この両項の分離と結合（Trennung und Verbindung）の前提は、第一に人間の活動（ergon, actio, Tätigkeit, Handeln, Wirken）、第二にそれらの諸活動の関係（相互限定）（Vehältnisse, wechselseitige Bestimmung）第三にそこから帰結する制度（Institutionen）あるいは習俗規範性（Sittlichkeit）である。

Faktumという言葉は、ラテン語の〈なる（fio）〉という自動詞と、〈する（facio）〉という他動詞との、完了分詞から派生している。したがって、それは生成と行為（人為・作為）の完了を示している。後者の他動詞（facio）は、行為の完了と同時に所相をも含意する。すなわち、それは行為された結果を示している。ドイツ語では、ここからTatsache, Tatsächlichkeitという言葉が成立する。TatはTunから派生し、Sacheは事態・関係態を含意する。人間の活動としての行為（Handeln）は、そこにWissen und Wollen（〈知〉と〈意〉）がいつもすでに伴うことによって、自余の動物のそれと区別される。逆にいえば、上述したように、認識（Erkennen）を伴う行為（Handeln）

において、ロゴス（logos）とパトス（pathos）、悟性（Verstand）と感性（Sinnlichkeit）、知性と意思（Wissen und Wollen）（intellectus et voluntas）は結合する。

この結合を可能にする能力あるいは機能を、カントのように本源的統覚（ursprüngliche Apperzetion）と呼ぶかどうかはともかく、共同存在（Gemeinwesen）としての、あるいはhomo loquensとしての人間は、その歴史的・社会的に制約された生活活動（Leben）において、まさにこれを通じて、いつもすでにこの結合を果たしているはずであろう。しかし翻って考えてみれば、この結合だけではなく分離もまた、人間の活動・行為の結果であろう。人間がこうした生活活動を営むかぎり、そこから「意味」と「価値」の体系は、析出・創出されるであろうが、分離にせよ結合にせよ、人間にとっては自らが自らの「活動」を通じて生み出した「意味」あるいは「価値」に他ならないからである。共同存在としての、homo loquensとしての人間存在にとって、最重要課題は、既得権の単なる正当化に陥ることなく、歴史的必然性において、ヘーゲルの言い方を使えば活動現実的な理性態＝理性的な活動現実態（wirkliche Vernünftigkeit=vernünftige Wirklichkeit）において、とりわけ正義（公正）感覚と正義（公正）価値を、すなわち、「規範」的な「意味」ないし「価値」を、見極めることであろう。

5「国家」概念（Gemeinwesen, Nation, Staat, Regierung）

（1）古典古代国家（polis, civitas）

歴史的・社会的な人間存在の原型的な「活動（行為）」、「関係（交換）」、そして「制度」について述べてきたが、ここではさらに、第一にスメントの「国家」概念の基礎にある古典古代国家概念、第二にこの古典古代国家と西欧近代国家との同一性と差異性、第三に諸「制度」の「制度」、諸「統合」の「統合」、スメントにおける習俗規範的（人倫）制度＝統合秩序としての「国家」体制＝「憲法」体制、そして第四にその上でもう一度、人間の「活動」

定関係）、これらについて考えてみたい。の社会性と歴史性における、個体性（individuality）と共同性（collechtivty）の、部分と全体の、相関関係（相互限

よく知られているように、初期のマルクスは人間は類的存在（Gattungswesen）であると述べている。さらにかれはフォイエルバハに関説して、人間の本質は抽象的な自己完結的・原子論的な「個人（das atomistische Individuum）」にあるのではなく、さらにフォイエルバハにおけるように「我と汝（Ich und Du）」の関係にあるばかりでなく、「社会的諸関係の協奏《アンサンブル》（Ensemble der gesellschaftlichen Verhältnisse）」にある、としている。

すでに触れたように、マルクスに決定的な影響を与えたヘーゲルは、「客観的精神」の活動現実態（Wirklichkeit）としての広義の近代「国家」を構成する共同性（習俗規範態）（Sittlichkeit）を、「家族、市民社会、国家（Gm.―Gs.―Gs.=Gm.）」の三層構造として描いている。ここで「市民社会（die bürgerliche Gesellschaft）」を構成する市民（Bürger）は、ヘーゲルにとって単なる都市住民でも、いわゆる「ブルジョア」私民（Bourgeois）でもなく、ブルジョアであると同時に国家公民（Staatsbürger）になりうる人びとである。「市民社会」はヘーゲルにとって、一方ですでにかれのいう「必要国家＝悟性国家」であり、さらに「福祉国家（Wohlfahrtsstaat）」でもあるが、他方で禁欲＝合理に基づき自己利益（私益）の追求に駆り立てられたブルジョア（私人）たちが競合・相殺し合う市場（Markt）であるばかりでなく、私民（Bürger, bourgeois）が公民（Staatsbürger, citoyens）へと自己陶冶（Bildung）を遂げうるトポスでもある。その上で、「家族」と「市民社会」が揚棄されて、それを前提として習俗規範（人倫）的な「国家」が存立する（している）ことになる。この「国家」は、図式的にいえば、Gemeinschaft であると同時に Gesellschaft であり、Gesellschaft であると同時に Gemeinschaft であるような、Sittlichkeit である。この Sittlichkeit は、ヘーゲルにとって将来達成されるべきモデルではなく、いわばすでにいまここで存立している「国家」の本質構造である。

近代以前には、基本的には「市民（ブルジョア）社会（br. Gs.）」は存在しなかったから、古代ギリシアの都市国家（polis）は、「家族（oikos）—国家（polis）」の構造を成していたということになろう。古代ローマの civitas も基本的には同じ構造であったが、古代ローマの civitas は、res publica から imperium へと転形している。ブルクハルトやヴェーバーによれば、古典古代ポリスの祖型は「戦士共同体（Kriegerzunft）」であり、奴隷制経済（戦争経済）を基礎にしていたから、ポリスを構成するポリス市民（politai）は、家における奴隷「支配」を基礎にした家政（oikonomia）を前提にして、すなわちポリス内外の二重の排除（Abschließung）（征服と奴隷支配）を前提にして、基本的には戦争・政治・学芸にのみ係わる〈自由かつ平等（eleutheroi kai homoioi）な〉人びとであり、こうしたポリス市民たち（politai）から成るのがポリス市民国家（polis）であったとされる。ちなみに、ここでの自由（eleutheria）は、すでに上で述べたように、Gemeinwesen としての polis から解放されていることではなく、逆に polis に帰属し、polis によって保護される平等な市民権（politeia）を有する状態を意味した。

かくして周知のように、例えばアリストテレスは次のように述べている。すなわち「人間は、自然本性からして、ポリス的動物である（ho anthrôpos physei politikon zôion politikon（estin））」、さらに「偶然によってではなく自然本性によって国家を形成しないものは、劣悪なものか、あるいは人間より優れているものである（ho apolis dia physin kai ou dia tuxén êtoi faulos estin hé kreittôn hé anthrôpos）」と。自然本性（physis）とは、「それぞれのものがそれらの生成の終極に達したところのもの（hoion hekaston esti tês geneseôs telestheisês）」、すなわち「終極目的（telos）」である。またアリストテレスによれば、国家（polis）は諸個人（heis hekastos）や家族（oikos）よりも〈先なるもの（to prosteron）〉である。なぜならば、「全体は部分よりも先にあることは必然であるからである（to gar holon prosteron anagkaion einai tou merous）」。

ここでいわれていることは、生物学・動物学における「個体に対する種・類の優位（先在性）」ということだけではないであろう。アリストテレスがここで示唆しているのは、人間存在に固有のまさに「個体性と共同性の相互限定関係」、すなわちプラトンの『クリトン』篇の中でソクラテスが述べているように、人間は国家（polis）においてて生育することで人間と成るべき存在であり、そのことによってまた、その当の国家（polis）を再生産すべき存在である、ということであろう。人間は、広義の国家において生活活動を営むことによって、その個体性と共同性の相互限定関係に参与することを通じて、〈価値・意味・規範〉を析出・実現するのである。〈生存と安全〉に係わる諸価値（welfare values）だけならば、必ずしも国家においてでなくても、他の諸団体においても、それどころか条件次第では個人だけで、実現が可能であろう。しかし、〈帰属・承認・自己実現〉に係わる精神的な諸価値（deferential values）の実現は、単なる「必要国家」ではない広義の人倫的「国家」なしには不可能であろう。なぜならば、自生する「自然言語」を基礎にして歴史や文化を伝承することで集合的自己同一性（collective identity）を再生産する国家共同体と、これを前提にして「自然言語」を使用し、生活活動を営みながら、それぞれの個体的自己同一性（individual identity）を形成・維持するその成員たちは、相互限定関係にあるからである。初期プラトンは、生存のために脱獄することを選択しなかったソクラテスに、こうも言わせている。「大事なことは、生きることよりも、善く生きる（eu zēn）ことだ」と。もちろん、「生きること」と「善く生きること」は必ずしも二者択一になるわけではないし、また切り離すべきでもないであろう。しかし、早晩死を迎えることになる「死すべきもの」としての人間〈個人〉は、それがいかに逆説的なことであろうとも、「善く生きるために」自死を選択することもありうべし、というわけである。

（2）西欧近代国家——必要国家・悟性国家（Nots- und Verstandesstaat）

古来人間は、homo sapiens あるいは homo loquens と自称し、自余の生物・動物存在と比較してその種差を、パトス〈受動感性〉のみならずロゴス〈能動知性〉を有することに見出してきた。しかしながら、〈個体〉と〈種・類〉との〈生存と安全〉という価値基準に照らして、本能と呼ばれる遺伝子情報によって伝えられた生得の制御装置に関していえば、人間存在は、自余の生物・動物存在よりも、環境への適用能力（Adaption）という点でも、同種内の闘争制御能力（Fähigkeit zur Streitenkontrolle）という点でも、むしろ劣っている。動物行動学的には欠陥動物（Mangelswesen, homo demens）と呼ばれる所以である。この条件において、人間存在には生得のロゴスの可能性が与えられている。ロゴスの実現〈その可能性の現実化〉によって、人間存在の生得の生存能力の欠陥は補完される。さらには、その可能性の現実化に伴って、〈生存・安全〉という〈利害に係わる功利的・効率的な、真偽に係わる〉価値のみならず、いわば剰余価値（Mehrwert）が、すなわち〈善悪、美醜、正邪の判別基準に係わる〉精神的あるいは規範的な諸価値が創出される。この人間存在の潜在的ロゴス能力の顕在化は、人間諸「個体」から成る歴史的・社会的な共同体における「自然言語」の形成・維持・発展・伝承による、「個体」と「共同体」の相互限定的な再生産からのみ帰結する。この意味で、人間存在は「共同存在（Gemeinwesen）」なのである。

古今東西、いずれの時処においても、こうした「共同体」の解体は、すなわち、「個体」と「共同体」の自己同一性の危機は、いつでも発出しうる。例えば、最盛期の古代アテーナイ民主制下においても、こうした危機の趨勢が、相対主義・懐疑主義・虚無主義・権力主義という形で現出していたことを、プラトンのテクストは示唆している。ユダヤ教やそこから派生したキリスト教は、他の世界宗教と同じく、こうした決定的な危機を防遏する必要から成立したと見なすこともできよう。西欧近代人がかつて「暗黒」のイメージを以て語った西欧中世においては、キリスト教信仰が受容されて、というよりも受容されていたにもかかわらず、自然経済に基づくむしろ比較的安定した世界が形成されていた。マルクスの言い方でいえば、「生産力（Produktionskräfte）」〈技術革新 innovation〉の、M・ヴェーバーの言い方でいえば、「合理化（Rationalisierung）」の進展に伴う、自然経済から商品交換経済への漸次的・飛躍的な構造転換に伴って、西欧世界は一気に拡大し、いわゆる「西欧近代」の未曾有の発展と「危機」の時代がはじまる。

すでに古典古代末においてだけでなく、中世末のキリスト教神学の「普遍論争」においても、とりわけスコトゥス（Michael Scotus）やオッカム（William of Ockam）の唯名論（nominalism）の形で、分裂・対立・遊離・危機の徴候はより明確に現れていたが、一六世紀から一七世紀（ルネサンスからバロック）にかけての、商業資本と産業資本の発展と連動して、西欧の宗教（キリスト教）は分裂・対立し、学問・科学・芸術は〈質料・形相〉論から〈主体—客体（関係）〉論へと、ドラスティックな範型転換を遂げていく。内外の政治的な〈脱統合（Deintegration）〉状況に伴い、西欧世界は、この〈脱統合〉状況を〈再統合（Reintegration）〉する必要に迫られる。かくして成立したのが、絶対主義国家と呼ばれる集権国家（官僚制と常備軍を備える家産国家にして法律国家）と多くの主権国家が対立しながら相互に依存する国民国家システムである。こうした近代国家は、立憲君主制（die verfasste Monarchie）であれ立憲共和制（die verfasste Republik）であれ、契約国家論（Vertragsstaat）と広義の法治国家論（Gesetzes- und Rechtsstaat）の形で、その構造と存立が、そしてその正統性が論証された。

このいわゆる「社会契約論」と法治国家論は、基本的にローマ法（所有権法）から継受された「所有」と「契約」という基礎範疇によって構成されている。内乱の時代に生きたトマス・ホッブズが思考実験として提示した周知の横と縦の契約（contract, covenant）による国家権力の論証と正当化が孕む原理的矛盾は、ヘーゲルが『法権利の哲学』において、的確にパラフレイズしている。古来「契約」という概念はきわめて多義的であるが、西欧近代のそれは、諸個人間のそれであれ諸国家間のそれであれ、信頼と不信の端的に相反した両義を含意している。とりわけ「近代」における「契約」は、その当事者たちに「拒否権（veto）」が留保されているとされる。pacta sunt servanda, rebus sic stantibus（契約条件が契約時と同じであるならば、そのかぎりで、契約は遵守されるべし）というわけである。この絶対奪格の条件句、この「事情変更原則＝拒否権」、これが付されているのが近代の「契約」論の特徴である。議論の前提として、没価値、没規範、善悪無記の自然状態（natural condition）から出発しているから、いわば唯物論を前提にしている以上、一人称単数現在の veto（ego veto: ich mache wirkungslos, ich verbietet, ich gestattet nicht, ich hindere）（〈私〉は禁ずる、許さない、妨げる）という動詞には（拒否という行為事実（quid facti）には）「権利（ius, right）」（quid iuris）の含意を付加しえないはずである。なぜなら、権利（Recht, right, droit, πραβο）は、当事者間の最低限の相互承認という相互行為を待ってはじめて成立するのであって、これに先立って与えられているわけではないからである。したがって、（唯物論あるいは自然主義の）前提からして、ここで、そもそも天賦・生得の自然権（natural right）などという言葉を使うわけにはいかないはずである。そこ（個人の自然権）から出発することは、それ自身がいわゆる「自然主義的誤謬（naturalistic fallacy）」である。そして、何かの偶然により論証的間接知（推論知、形式的理性、計算理性、悟性）（dianoia, reasoning）を備えた原子論的な諸個人が互いに正確に利害得失を計算した上で、妥協（Kompromiß）としての契約が成立したとしても、当事者双方によってそれが遵守される保障はどこにもない。それが遵守されるためにはそれを保証しうる第三者が必要である。しかし、社会契約論の推論に従えば、契約が成立し遵守されるという事実（行為結果）がなければこの第三者は成立しない。したがって、ここでは論理（推論）は循環してしまわざるをえない。いわゆる推論の前提と帰結の倒逆論法（prosteron・hyusteron）ということにならざるをえないのである。

　歴史的にいえば、古代市民国家（polis, civitas）においては〈自由〉かつ〈平等〉な市民たち（politai, civis）の間の横の〈契約〉関係（synthēkē）は、奴隷制支配といういわば最広義の縦の〈契約〉関係を前提にしていた。後者は〈契約〉というよりも〈支配〉であるから、これを〈契約〉関係と呼ぶことには抵抗が感じられるかもしれない。しかし、奴隷制支配（主人と奴隷の関係）には、ヘーゲルがいわゆる「主と奴の弁証法」と呼ばれる議論において見極めているように、この支配と服従の〈関係〉について、被支配者の側に最低限の黙示的な自発性（Spontaneität）と承認（Anerkennung）があるかぎり、この〈関係〉もまた、広義においては〈契約〉関係といえるはずである。歴史的にはさまざまなヴァリエーションが見られようが、集団帰属メンバー間の横の〈契約〉関係の前提として、征服（支配）集団と被征服（被支配）集団との間に、不文であれ成文であれ、すくなくとも黙示的な事実上の支配・服従〈契約〉があったはずであり、それどころか現在でも、広義の国家内外に厳存しているはずである。そうでなければ、支配・被支配関係そのものは存立しえないはずであるからである。例えば、古代のユダヤ民族と唯一神との間の、あるいは、原始キリスト教における人間個人と超越神との間の、〈契約〉関係は、歴史的現実における事実上の支配・服従の〈契約〉関係の投影と見ることもできようし、中世末のイングランドの議会制の成立にも、征服（支配）集団と土着の被征服（被支配）民との間の黙示的・明示的〈契約〉の名残を見出すことも可能であろう。

ここでは、「国家」概念における広狭の両義性について再確認しておきたい。まず狭義の「国家」についていえば、すでに上述したように、この言葉はラテン語の „status" に由来する西欧諸語、„stato"（伊）、„état"（仏）、„state"（英）、„Staat"（独）の翻訳語である。ここではこれらの言葉の概念史に詳しく立ち入る余裕はないが、いくつかの勘所を押さえておこう。„status" は自動詞 „sto（stare）" の完了分詞であるから、〈状態〉あるいは〈静態を〉意味する。ここからまた、〈混沌（xaos）〉あるいは分裂・対立（stasis）・危機（krisis）・脱統合（Desintegration）が、人為的に、つまり〈権力（dynamis, kratos, potestas, Macht, Gewalt）〉――〈主権（souveraineté）〉――とその統制（支配・統治）諸機関とによって収拾・制御された、〈秩序〉状態（taxis, ordo, Ordnung）といった意味が派生しうる。

歴史的にいえば、すでに一六世紀前半のルネサンス期にマキァヴェッリは、むしろ古典古代的な共和国 „res publica" を信奉していたにもかかわらず、「国家理性（ragion di stato, raison d' état）」あるいは „ultima ratio"（究極の理性＝最大の実行力を有する暴力〉という概念によって、〈権力（potestas, violentia: Macht, Gewalt）〉による〈危機（Krisis）〉の克服――いわば〈脱統合の統合〉――という喫緊の課題を、すなわち権力国家（Machtstaat）の必要性を見極めていた。狭義の「国家（état, state）」概念は、とりわけ一六世紀以降に西欧世界において現出した伝統的共同体の解体、資本制経済システムの形成・発展、宗教戦争（内乱（stasis, civil war, Bürgerkrieg）といった内外の分裂・対立の〈危機〉を、克服する必要から形成された常備軍、官僚制、法律体系を備える集権国家を、すなわち、ブルボン朝のそれを典型とするような、絶対主義国家（état absolutiste）を、さらにいえば、君主制であれ共和制であれ、いわゆる最初の国際条約とされるミュンスターとオスナーブリュックで締結されたウェストファリア条約以降に形成されはじめるヨーロッパ公法（国際法）の相互承認システムの下で成立する、西欧近現代の主権国家・国民国家（sovereign state, nation-state）を意味している。

一七世紀と一八世紀に成立した、近代的な「自然法（自然権）」と「社会契約」という概念を基礎にして展開された、すでに上で触れた、いわゆる「社会契約論」ないし「契約国家論」においては、「国家」概念に関して、例えば、ホッブズやルソーにおいては、近代的な „state" や „état" ではなく、古典的な „res publica" やその訳語の „republique" や „commonwealth" が用いられている。しかし、ルソーにとって問題であったのはあくまでも „res publica" とこれを構成すべき „civis（citoyens）" の現実的可能性（と、政治権力の正当性の真実性問題（Wahrheitsfähigkeitsproblem der Legitimität der politischen Macht））であったのに対して、ホッブズにおいてさしあたり問題であったのは、„commonwealth" というよりもむしろ „state" を構成せざるをえない „individuen"（自己保存のみを志向する原子論的諸個人）であった。そして、ロック（John Lokke）においてさしあたり問題であったのは、„commonwealth" でも „state" でもなく、„government" でしかなかった。ロックにおいて「政府（government）」を構成するのは、„citizen" というよりもむしろ、勤勉且つ理性的な自立的個人（„industrious and rational self-made men“）としての „bourgeois“ であった。

「国家」概念に限らず一般的にいえることであろうが、「国家」について論じるに当たって重要なことは、仏語でいえば、republique, état, gouvernement といった言葉（概念）の歴史的な諸含意を的確に識別し、その上でそれらの諸含意の現実的な交錯・交差・累積を考究し尽くすことである。とりわけ肝要なのは、さしあたり „state“ と „government“、„Staat“ と „Regierung“ の区別である。だが、この区別について語る前に、もう一度「国家」概念の区別に関して整理してみよう。まず二種類の区別の仕方がある。第一は歴史的な区別であり、第二に国家形態、国制、国体の区別である。第一の歴史的区別についていえば、まず、例えば部族国家、オリエント的専制国家、古典古代的国家、中世封建国家、絶対主義国家、西欧近代市民国家・資本制国家、社会主義国家、現代福祉国家、等々の区別があり、それぞれにまた地域的な区別もあろう。ここで重要なのは、前近代と近代との区別である。この区別は、国家権力から相対的に自律した資本制経済システムが確立し、よかれあしかれこれに基づくブルジョア社会が成立しているか否かが目安になろう。第二の国家形態（Staatsformen）の区別は、伝統的な王制（僭主制）、貴族制（寡頭制）、民主制（衆愚制）といった区別や、君主制か共和制かといった区別、そして議会制、官僚制、権力分立制、連邦制の有無などによる区別である。

次に、ここで指摘しておきたいのは、„state“ と „government“ の概念的区別である。„state“ という、すぐれて近代的な言葉の羅語からの語源についてはすでに上で触れたが、要するにこの言葉は、もともとは静止状態を意味し、それが派生して、人為的秩序状態、権力機構、統治機構を意味することになる。他方、„government“ の語源は、ギリシア語でもラテン語でも（kybernaō, guberno）巨大な船舶を操船するという意味である。この意味が転じて、この語もまた統治ないし統治機構を意味することになる。したがって、両語はいずれも社会システム論の用語を使うならば「システム統合」の機能、そしてこの機能を担う機関ないし機構を意味するのである。かくして狭義の国家（state）は政府（government）と等置され、この機能を担うのは制度あるいは手続きによって選抜された議員と官吏ということになる。

しかしながら、この意味での国家は、すでに何度も言及したように、ヘーゲルやスメントからすれば、広義の「国家」ではなく、「必要国家＝悟性国家」あるいはブルジョア社会、そうでなければ、これと連動する統治機関、要するに政府（Regierung ないし Verwaltung）にすぎない。端的に言えば、ヘーゲルやスメントからすれば、広義の「国家」は、「政府」そのものではなく、「統治府（„Regierung"）」と「行政機関（„Verwaltung"）」、そして「国民（„Nation"）」の総体なのである。そして、この「国民」は形式的に国籍を有する、いまここに生存している人びとというよりも、当該の国家共同体（Staatsgemeinschaft）あるいは習俗規範（人倫）的な国家（der sittliche Staat）の枠の中で自己同一性を形成し、有意味に生活してきた、している、そしてするであろう、そうした過去・現在・未来のすべての人々のことである。

この「国家」と「政府」の概念的差異に関連して、いわゆる抵抗権、反抗権、革命権について考えてみよう。例えば、ジョン・ロックが反抗権、„Appeal to Heaven"を認めているのは、common wealth に対してではなく、非合理・不条理と認証された現在の government に対してである。当然ながら、ホッブズであれ、ルソーであれ、カントであれ、ヘーゲルであれ、res publica, common wealth あるいは広義の「国家」そのものに対する抵抗権・革命権など認めていないはずである。これを認めれば、論理の前提が破綻してしまうばかりでなく、広義の「国家」の自己同一性が諸個人の自己同一性の根拠であるかぎり、こうした「国家」を闇雲に否定することは自己破壊のテロルに帰着する以外ないからである。内乱や革命といった政治変動に際して、抽象的な自由・平等・友愛の理念や、天賦の人権、市民権、社会権などのスローガンが振りかざされようと、それらに歴史的経験に基づく common sense が含意されていないのであれば、それらは早晩、独善・欺瞞となり、剥き出しの暴力行使の手段となるだけである。このような歴史的な事例は、枚挙に遑なし、というところであろう。

(3)「国家」―「国民」と「政府」(Staat ― Nation und Regierung)

「国家成員(Staatsglieder)」についても同じことが言える。現在の日本語で庶民、住民、市民、公民、人民、国民、そしてとりわけ大衆といった諸語は、明晰に区別されているであろうか。「国家の構成主体(公民・市民・臣民・国民・人民)」に関しては、なかんずく「国家公民」„citoyens (Staatsbürger)"と「市民(ブルジョア)」„bourgeois (Bürger)"の識別が肝要ではある。しかし、上で触れたように、一七・一八世紀の古典的な「社会契約論・契約国家論」においては、抽象的・形式的あるいは形而上学的に自己完結的な原子論的個人、合理的・能動的な主体として理論的に設定されている自由かつ平等な「契約」諸主体と、現実的に形成されつつあった資本制社会において利己的な私益の追求(pleonexia)にのみ駆り立てられているいわゆる「ブルジョア」とは未分化である。まさにこの理念と現実の乖離についての無自覚にこそ、依然として、「国家」を「政府」に還元してしまうような自由主義なるものが「イデオロギー(虚偽意識)」であり独善・欺瞞である、ということの因って来る所以がある。だからこそ、自由主義にとって「国家=政府」は、独善的・欺瞞的な個人が自己の生存と安全を確保するための手段・道具にすぎないことになるのである。

「国家」=「政府」でないことは、「市民・国家公民」=「国民」ではないことと対応している。「国民(Nation)」とは、単に法律上、「必要国家・悟性国家」に対して義務と権利(国籍)を有する構成メンバーではない。こう言えば、否、「国民」は、現実的な共同体が失われた近代における「想像の共同体(imaged community)」にすぎない、と反論されるかもしれない。しかし、それを単なるillusion、単なるideologyとするわけにいかない。共同性の喪失によって、自生的であれ人為的であれ、そこに必然的に共同性の表象が成立してくるのであれば、まさにそれゆえに、その表象によって、単なる幻想の共同性ではなく何らかの共同性の真実が示されているといえるはずだからである。それは人間が単に物質的に生存するためだけでなく、人間として生きるために、すなわち生きる「意味」を発見し、「自己同一性」を形成・維持するために、不可欠の擬制・虚構 fiction であるからである。それが単なる幻想やイデオロギーにすぎないのであれば、それは打ち砕かれるべきであろう。しかし、よかれあしかれ表象や象徴（Vorstellungen und Symbole, Sinnbilden）を有することは、homo loquens としての人間が有意味に生きるためには、必然的なことである。とすれば、近現代世界にあってもまた、nation は単なる幻想でも、イデオロギーでも抽象的理念でもなく、むしろ bourgeois と citoyens とのいわば対立的結合の――そしてまた mass の――根底にあって、これらを支えている sine qua non、あるいはそう言いたければ、hypokeimenon なのである。

ところで、「国家」を「領土、人民、主権」によって特徴づけるいわゆる三要素説は、正鵠を外してはいないにしても、いかにも形式的である。周知のように、スメントから見れば形式主義を免れていないマックス・ヴェーバーは、国家権力〈主権〉という要素を強調して、「国家」を次のように定義している。すなわち、「国家とは、正当的権力（暴力）の独占を要求する団体である。国家をこれ以外の形で定義するわけにはいかない。（Der Staat ist derjenige Verband, der das Monopol legitimer Gewaltsamkeit in Anspruch nimmt. Er ist nicht anders zu definieren）」と。この定義は、「国家」という団体の種差を「正当的暴力の独占」〈主権〉に求めて、いわゆる多元的国家論をきっぱりと退けている。この定義によれば、この種差に注目するかぎり「国家」は、伝統的共同体や家族のような単なる自生の Gemeinschaft でもなければ、「国家」以外のあらゆる任意団体のような、利害で排他的に結合する Gesellschaft でも、理念・信念・職業などで自発的に結束する Assoziation や Genossenschaft でもないからである。

しかし、「国家」の解体を防遏し、「国家」の〈秩序〉と〈統合〉の究極的担保となる「国家理性（ultima ratio Staatsvernunft）」としての「主権（souveraineté）」という概念は、キリスト教における絶対・至高・無謬・無限・不死・不可侵の完全な唯一神・創造神が有するはずの権能・属性、あるいはそうした唯一神の意思としての「一般意思（volonté général）」に由来する。とすれば、それはもともと、可死・可謬・不完全な人間の如きものが保有しうる権能・属性・意思ではない。したがって、言うまでもなくそれは比喩的に言われているのであって、人間について言われるかぎり語義矛盾ではあるが、一定の領域内における、いわば相対的に絶対的な、つまり常に状況によって限定された相対的な権能にすぎない。問題になりうるのは、そうした「主権」の所在である。議論の余地が大いにありうるところであるが、およそ君主主権、国民（人民）主権、議会主権、国家主権、ノモス主権といった言い方がなされてきた。「主権」の主体を意思を有する生身の人間とするなら、君主主権か国民（人民）主権か、ということになろう。しかし、いずれにしても世襲制に基づく一見非合理な君主の意思は擬制的に国民意思を「再現前（repräsentieren）」しているという想定よりも、現在生きている国民大衆の（議会における票決あるいは人民投票の形で示される）多数意思は、同じく擬制的ではあるが「国民」の「一般意思」をより合理的に表示しているという断定の方が、信憑性（説得性）がより高い、とは一概に言えないであろう。いずれにしても、いまここで現存している大衆国家の構成メンバーの一人ひとりに、単に理念としてではなく現実的に主権が存すると強弁することは、虚偽・欺瞞にならざるをえないであろう。しかし、「国家」における、「主権」、政治的権力、当該統治者の意思は、すくなくとも長期的に見れば、対内的かつ対外的に、二重の意味で制約されている。第一にそれは単なる恣意ではありえず、多かれ少なかれ被治者たちの意思によって、事実上制約・限定されている。現存する統治・被治の関係は、事実上相互限定関係であるからである。第二にそれはそれが関係する自余の諸「国家」の意思によって条件づけられている。現存する当該主権国家の独立は、自余の諸主権国家との諸関係においてのみ、事実上可能となるからである。

ヴェーバーによる上記の「国家」の定義は、必要な変更を付すならば、近現代の主権国家のみならず、人類〈文明〉の成立以降に現出したあらゆる広義の「国家」に当てはまるであろう。さらにいえば、これまた周知のように、ヴェーバーが他方で提示している、「支配（権力の正当性）」あるいは「正当性信仰（Legitimitätsglaube）」の三つの「理念型」（伝統的（traditionell）、カリスマ的（charismatisch）、合法的（legal））は、「現世の合理化＝脱呪術化（Rationalisierung=Entzauberung der Welt）」という観点からすれば、通時的あるいは不可逆的な段階論として捉えうるが、しかし、いずれの段階においても、多かれ少なかれ自余の類型が混在するかぎり、諸段階の差異は、むしろそれぞれの共時的な段階における三諸型のウェイトの差異として捉えるべきであろう。

いずれにしてもヴェーバーは、事実に即した「国家」の定義や「支配の正当性（Legitimität der Herrschaft）」の〈事実性〈Faktizität, Tatsachlichkeit〉〉の諸類型を提示しているにすぎない。すなわち、ヴェーバーは「正当性信仰」の「事実性」だけを示しているのであって、「正当性」の妥当性（真実性）、あるいはその「事実性」の正当化可能性（真実性）を問題にしているわけではない。ヴェーバーは、むしろ「事実性」と「妥当性（真実性）」の分離に踏みとどまることに、倫理的な意味（der ethische Sinn）を見出している。ここから、よく知られた「責任倫理〈Verantwortungsethik〉」と「信条倫理（Gesinnungsethik）」の分離が帰結する。

ここから示唆をうけたと思われるのが、カール・シュミットの機会原因論的な決断主義（der okkasionelle Dezisionismus）である。シュミットは、例外状態（Ausnahmezustand）における、例外状態についての、政治家ないし主権者の決断を、「無からの決断（„definitio ex nihilo"）」としている。たしかに、主権者（政治家）の決断は、われわれ一般的大衆のそれよりも限りなく重いであろう。しかし、政治家に限らず、総じて、われわれ人間個人は、日々、意識的にせよ無意識的にせよ、何らかのいわば実存的な決断・選択を繰り返している。人間が生きるとはそういうことである。しかし、決断・選択する瞬間には、その主体にとって、その決断そのものは、definitio ex nihilo かもしれないが、所詮神ならざる人間如きものの決断・選択が「無から（ex nihilo）」であるはずがない。政治家であれ一般大衆であれ、決断・選択という行為は、それが人間の行為であるかぎり、それは歴史的・社会的に形成されている「意味」の体系に制約されているはずである。もちろんそのことは、事後的に検証されうるにすぎないとしても、いかなるカリスマ的な指導者であっても、その決断は definitio ex nihilo である、などとは言えないのではあるまいか。

ヴェーバーの「国家」の定義に戻るならば、かれが legitime Gewaltsamkeit といっているのは、統治者の権力（支配）は被治者たちよって、いつもすでに事実上（行為結果として）(immer schon tatsächlich)、黙示的あれ明示的であれ正当化されている、という事実である。この正当化を可能にするものは何か。それはさしあたり、その時々に事実上妥当しているSittlichkeit、あるいはスメントのようにいえば、「意味（Sinn）」の体系、「価値法則性（Wertgesetzlichkeit）」と呼ばれているようなSachverhältnisseということになるであろう。スメントの観点からすれば、問題は権力、支配、正当性の単なる〈事実性〉だけでなく、まさしくその〈事実性（行為結果）〉と〈妥当性（真実性）〉との、〈権力性〉と〈規範性〉との、関係ということになろう。

歴史的・社会的な存在としての人間は、マルクスに従えば、古今東西、いつもすでに社会的生産活動（生産 (Produktion) と交通（Verkehr））を通じて生活活動を営んでいる。社会的生産の成果は、これまたいつもすでに、縦・横の関係（交換）を通じて、現実的にはいつもすでに（再）分配され、かつ、いつもすでに多かれ少なかれ略取（搾取）されているであろう。かくして、文明（農業・牧畜）の成立以後、社会的〈生産〉と「略取と再分配」の〈交換〉とを統制しうる権能（権力）を有する広義の「国家」が現出する。諸「国家」間には、生活と生産のエレメント（境位）としての希少な土地と奴隷の獲得をめぐる緊張関係があり、それぞれの「国家」は、相互に闘争・承認・交易の可能性の現実化を通じて自己再生産を遂げる。スメントにとって本質的に問題になりうるのは、広義の「国家」の自己再生産の遂行において、すなわち、かれの言い方に従えば「国家〈統合〉」において、「略取なっているか否か、これをいかにして見極めうるか（論証しうるか）否かであろう。

西洋史に登場するオリエント的専制国家、古典古代的奴隷制国家、中世の封建制的農奴制国家、そして西欧近代の資本制的ブルジョア国家、そして二〇世紀に現存した社会主義・共産主義を標榜した国家、さらには、広がり尽くしたグローバル化と国際金融資本の影響力の下で存立している現代の国家資本制国家、いずれも構造的な搾取・収奪を潜在的に孕んでいた（いる）かぎり、マルクスに従って理論的にいえば、階級闘争が顕在化したか否かを問わず、階級国家であろう。近代以後の階級社会と近代以前のすべてのそれらとの差異は、マルクスによれば、前者が不可視的な「物（件）化された支配（versachlichte Herrschaft）」であるのに対して、後者が可視的な「人格的支配（persönliche Herrschaft）」であるという点にあるにすぎないとされる。生産力（技術革新）の飛躍的発展（人間による内外の〈自然支配〉を前提にして、人間による〈人間支配〉が廃棄された、「必要に応じて労働し、欲求に応じて分配される」、将来の「自由人たちの結合体（Verein（Assoziazion）der freien Menschen）」においては、「階級支配の道具」としての〈国家〉の消滅が可能となるとされた。

こうした一九世紀的グランド・セオリーにおける世界史の回顧（retrospect）と展望（prospect）は、もちろん、戦争と革命の世紀と言われた二〇世紀の人類の経験に照らすならば、それ自身、いわば「イデオロギー批判」のイデオロギーとして批判されることになろう。一方では、マルクスにとって課題であった資本制社会と官僚制国家との依存関係は廃絶されることなく、いわゆる現存社会主義国家（die realexistierenden sozialistischen Staaten）が解体され、いまや国境を越えた金融資本主義と市場原理主義が、そして他方では、これと依存関係にある巨大な覇権国家（Hegemoniestaaten）が人類の運命を左右しようとしているからである。これに伴い、資本制経済システムの盲目的進展による「国家」内外の経済格差の増大化、人類的規模の自然（エコ・システム）破壊、それよりもなによりも人間精神の荒廃――こうした喫緊の諸問題に、真剣にかつ現実的に取り組もうとすることなく、色褪せた鵜の如き自由民主主義、社会民主主義、コスモポリタニズムなどを標榜しながら、自らの本質が空疎な無政府主義・虚無主義に帰着することを正面切って自覚しようとすることもなく、欺瞞度・浅薄度をますます高めている――オルテガ・イ・ガセットの口吻にならえば――文字通りの大衆（Masse）と、エリートと称せられる専門人という同質の大衆との、虚偽意識と偽善・独善とが、意識的にせよ無意識的にせよ、それぞれ既得権を謳歌している。ヴェーバーの表現によれば、「信条を欠く享楽人（Genußmensch ohne Gesinnung）」と「精神を欠く専門人（Fachmensch ohne Geist）」が終末論的な意味での「末人（letzte Menschen）」として、シロアリの群れ（Termitenhaufen）の如く、「虚無（Nichts）」の頂点に向けて登りつめている情況が現出している。こうしたとりわけ二〇世紀以降の近現代世界についての時代診断（Zeitdiagnose）こそ、スメントが西欧近代主義とその近現代国家を批判することで、人間存在にとっての広義の「国家」の意義を見極め、ラディカルに問い返えそうとしていた所以であろう。

6 「憲法」概念（Verfassungs, Verfassungsgesetz）

「憲法（Verfassung, constitution）」という言葉は、第一に、とりわけ近現代のドイツや日本においてそうであるように、通常、どちらかといえば諸法律の根拠となる成文の根本法（geschriebenes Grundgesetz）、すなわち憲法典・憲法律（Verfassungsurkunde, Verfassungsgesetz）を意味している。ところが第二に、イギリスでは、中世以来、外来の征服者と土着の被征服者（君主と諸等族）との間で交わされた「協定（契約）」諸文書が、一七世紀の内乱（civil war）以降の「勅書」や「権利章典（Bill of Rights）」など、いわば既得権あるいは特権の確認という形で、歴史的に伝承・集積されたさまざまな諸協定文書の総体を含めて、慣習法として、不文の「憲法」（unwritten „constitution"）と呼ばれた。第三に、この「憲法（constitution）」という言葉はまた、ギリシア語の„politeia“（国制、市民権）の訳語として、伝統的な既存の国制・国体・国家形態（Staatsformen）あるいは統治機構一般の意味でも用いられていた。第四に、一八世紀後半以降、とりわけ自由主義（カルヴァン主義）に基づく「自然権」（個人の自由権）という原理と「権力分立」制度とを備えた国家体制を、いわばまったく新たに創設したアメリカ、そして従来の国家体制をまったく決定的に転換させて、同様の国家体制を同様に新設しようとしたフランス、こうした近代諸国家において、いわゆる「憲法制定権力（potestas constituens, pouvoir constituent, die verfassungsgebende Gewalt）」によって歴史的な連続性（伝統）をドラスティックに断絶させ、「基本権（fundamental rights, Grundrechte）」あるいは抽象的な人権と市民権を基軸にして新たに創出・構成・起草・制定（constituer）された国家体制についての未来志向的な理念の「宣言（déclaration）」文書が、制定・成文「憲法」（„constitution“ écrite; cnsitutional code; geschiebene Verfassung, Verfassungsurkunde, Verfassungsgesetz）として、要するに将来実現されるべき事柄についての綱領（Programm）として成立した。

ドイツの「ビスマルク憲法」や日本の「明治憲法」（欽定憲法）は、制定・成文「憲法」ではあったが、よかれあしかれ、アメリカやフランスにおけるような、伝統文化の歴史的な連続性を遮断するという意味での革命性を有することはなかった。したがって、両憲法は成文と不文、制定と慣習の両方の性格を有していた。敗戦後の日・独の「憲法」（日本国憲法、ヴァイマール憲法、ボン基本法）は、明治憲法やビスマルク憲法と比較してさえ、歴史、文化、伝統のエレメントを著しく稀薄化させ、きわめて擬制的な形で、成文と制定の性格を強めている。「マッカーサー憲法」と称される「日本国憲法」の問題点には、ここではあえて立ち入らない。

いずれにしても、独語の„Verfassung“という言葉もまた、上で述べたことを繰り返すならば、第一に広義の総括・統括・統合（Zusammenfassung, Integration）、第二に諸法律の根拠となる「根本法（ius fundamentalis）」としての不文と成文の実定憲法（positives Verfassungsrecht）、第三に統治者と被治者との既得権（あるいは特権）の確認としての協約（契約）、第四に国制、国体、国柄、あるいは国家の精神（Politeia, Staatsform, Geist des Staates）、第五に憲法制定権力（die verfassungsgebende Gewalt）によって制定（setzen, geben）され、むしろ将来実現されるべき理念としての、自由主義的な原理（個人の自由権）と（権力分立の）制度とを備えた、狭義の成文憲法あるいは憲法律（Verfassungsgesetz）、これらを含意しうる。いずれにしても、「憲法」概念（Begriff der „Verfassung"）は、「国家」概念（Begriff des „Staates"）がそうであるのと同じく、両義的というより、きわめて多義的な言葉である。しかし、狭義の「憲法」概念は、狭義の「国家」概念がそうであるように、特殊近代的なものである。したがって、いずれの概念においても、「国家」一般と近代国家、「憲法」一般と近代憲法、これらの差異性と同一性を問題にしなければならないが、窮極的に問題になるのは、いずれのケースも、法・権利（Recht）と権力・権能（Macht）との、規範性と権力性との関係である。

この訳書では、さしあたり、„Verfassung"を「憲法体制」と、そして、これに対して、„Verfassungsrecht"をあえて「実定憲法」と訳しているが、注意が必要なのは、「実定（positiv, gesetzt）」という限定語（形容詞）である。すなわち、「自然法（Naturrecht）」に対して「実定法（das positive Recht）」といえば、普通は狭義の成文法を意味する場合が多いであろうが、スメントにおいては、„Verfassungsrecht"は不文憲法（慣習法）（ungeschriebene Verfassung ← Sittlichkeit）と成文憲法（制定法）（C・シュミットにおけるVerfassungsgesetz）の、そしてまた実定法と自然法の、両方を意味しうることである。

実定法という場合、独語では das positive Recht というであろうが、das positive Gesetz といえば奇妙な感じをうける。定立する、措定する、というラテン語の pono（ponere）は独語の setzen とほぼ同じ意味の言葉であり、それらの完了分詞 positum, gesetzt も基本的には同じ意味だからである。要するに、実定法という言葉は、人間が Recht を定立（限定）（setzen, bestimmen）したものを意味するのであるから、その意味ではすなわち、広義においては慣習法（Gewohnheitsrecht）もまた、その定立主体が不明であるとしても、実定法と言えるはずなのである。自然法（das Naturrecht）は、実定法や慣習法の基礎・根拠とされるが、それはその定立主体が自然そのもの、あるいはその創造主体の神とされるかぎりにおいてである。しかし、何を以て自然とし、何を以て神とするか、あるいはしないか、これを認識し解釈し決定するのは、やはり人間なのである。すなわち、ここで問題になるのは、独語のRecht、Sitte, Gesetzという諸語の関係であり、そしてまた、Rechtが所与の事柄であるとしても、誰がいかにして、そのRechtを把捉・理解・解釈して、Recht bestimmenし、その上でRecht setzenするのか、そして、実定化されたRechtを適用・運用（anwenden, verwenden）するのか、ということである。Rechtの根拠として持ち出される自然法（Naturrect）や根本法（Grundrecht）あるいは根拠規範（Grundnorm）そのものも、やはり絶えず解釈に晒されざるをえないのである。ここに「国家」体制や「憲法」体制に関するスメントの議論を理解する際の眼目の一つがある。とすれば、さしあたりこの点に意識を凝らしておくことが必要と思われる。

　憲法は法の法、つまり根本法（lex fundamentalis）、ドイツ語でいえばdas grundlegende Gesetzであるとすれば、この根拠づけるGesetzの根拠は何なのか。かりにそれは何らかの自然法（Naturrecht）であると答えるとしても、しからばそのRechtとは何なのか、この解釈が当然のことながら問題になるであろう。ドイツ語のVerfassung, Verfassungsrecht, Verfassungsgesetz等の用語の含意を考える際にも、さしあたりRechtとGesetz、（他の諸欧語においても同じであるが、例えば、iusとlex, droitとloi, rightとlaw, правоとзакон等々）、これら両語の言語的・文法的な関係を問題にしなければならない。Rechtとは、言うまでもなく〈正しいこと（公正なこと）〉、あるいは、〈正しいとされること〉、〈正しいと思われること〉であり、Gesetzとは、これが定立・限定・定義（setzen, bestimmen, definieren）されたことである。とすれば、ここで問題になるのは、繰り返しになるが、そのRechtを、何時、何処で、誰が、いかにして bestimmen, deuten, setzenしたのか、ということになろう。さしあたり、定立主体として考えられるのは、神、自然、人間ということになろうが、神であれ自然であれ、あるいは、人間であれば、慣習という形であれ、それを認識・理解・解釈するのは人間であろうから、その人間とは誰なのか、ということになろう。それが君主あるいは人民だとすれば、どちらにしても、そもそも、それにどうして Recht bestimmen, Recht setzen ということが可能なのか、ということがさらに問われることになろう。

憲法律（das Verfassungsgesetz）と憲法制定権力（die verfassungsgebende Macht（Gewalt））との関係についても、同様の問いが立てられるであろう。君主あるいは人民がこの制定法（欽定憲法、民定憲法）としての憲法を定立したというのは、表面的・形式的なことにすぎない。王権神授であれ天賦人権であれ、いずれもイデオロギーであることには変わりがない。Dēmokratia, Demokratie という言葉は、プラトン、アリストテレス以来、多数制、衆愚制という国制（politeia）を意味していたが、いまでは人民主権というイデオロギーにすっかり化してしまっている。しかし、スメントにおけるように――あるいは、ルソーやシュミットにおいてもまさにそうであるが――Demokratie が統治者と被治者の同一性という原理として解されるならば、それはさしあたり政治権力の正当化の理念あるいは原理を意味しているにすぎないから、君主制的な共和制も共和制的な君主制もありうる。

上述したように、Verfassung ということは、たしかに歴史的にも原理的にも、ある意味で統治者と被治者の間の広義の「契約」なのである。この「契約」は、「契約国家論」におけるような原子論的個人を前提とした抽象的・形式的ないわゆる「社会契約」ではなく、これには歴史的にも原理的にも、むしろ具体的な「統治契約」が先行している。もちろん、この「統治契約」は、現実に「支配契約」のアスペクトを孕んでいる。だが、「主人と奴隷」という極限的な支配関係でさえ、その根底に単なる「支配契約」ではない「統治契約」がなければ、存立（すくなくとも、長期的には存続）しえない。上述したように、ヴェーバーは被治者による国家権力の正当化という行為結果（事実性）について言及しているが、かれは、この統治＝被治の関係そのものは将来消滅することになるなどとは思ってもいなかったであろう。

周知のように、マルクスは支配＝非支配の関係としての Reflexionsbestimmung を次のように見事に表現している。

「例えば、この人間が王であるのは、他の人間たちがかれに対して臣下として振る舞う（関係態度をとる）からにすぎない。かれらは、逆に、かれが王であるから、〔自分たちは〕臣下であると信じている（Dieser Mensch ist z.B. nur König, weil sich andere Menschen als Untertanen zu ihm verhalten. Sie glauben umgekehrt Untertanen zu sein, weil er König ist）」（MEW. 23, 1. Fußnote, 21）。

当然ながら、マルクスはこの Reflexionsbestimmung における支配＝非支配の関係が遠からぬ将来に廃棄〈されうる〉、あるいは廃棄〈すべき〉、と考えていたはずである。しかしながら、従来の階級社会・階級国家における支配（Herrschaft）が、近い将来に統治（Regierung）と行政（Verwaltungn）に転化するとしても、統治＝被統治の関係も行政も、原始共産制にでも復帰しないかぎり、現実的には、よかれあしかれ廃棄されえないであろうし、されるべきでもないであろう。それどころか、この支配（Herrschaft）の廃棄を目指して、社会主義や共産主義を標榜し、過渡的と称された、諸現存社会主義権力国家において、実際には、この支配＝被支配の関係（Herrschaft）は廃棄されるどころか、新たな形で存立した（している）のである。

憲法は権力を縛るなどということが、しばしば自明の如く語られる。なるほど、憲法が、統治者と被治者との間のある種の「契約」であるかぎり、それにも一理あるであろう。しかし、立憲主義的法治国家という立場からそれを言うなら、かつて憲法律が被治者のみならず統治者をも縛ったように、統治者＝被治者という Demokratie

の制度あるいは原理からすれば、すなわち、いわば自らが自らを縛るという自律の原理からすれば、憲法律は、統治者のみならず、その憲法律で統治者を縛る当の被治者をも同時に縛るはずである。とすれば、被治者だけを神の如く仕立て上げ、この関係の外に置くわけにはいかないはずである。まさに一方を関係の外に置くこと自体が、他方をも関係の外に置くことになるはずだからである。憲法律はたしかに統治者と被治者の間のある種の「契約」文書であるとしても、しかし、考えるべきことは、この「契約」関係そのものを成り立たしめている総体的諸連関である。すなわち、スメントがそれを志向しているような、Verfassung — Verfassungsgenbende Macht — Verfassungsgesetz — Verfassungsrecht のトータルな関連を捉え返すことなのである。

憲法律（Verfassungsgesetz）をめぐって、シェイエス（Abbé. E. J. Sieyès）以来しばしば議論されるのは、いわゆる憲法変遷（Verfassungswandlung）と憲法変更（改正）（Verfassungsänderung）の問題である。憲法変遷とは、憲法律の条文が改正されることなく、その解釈や運用によってその内実が変わりうることである。カール・シュミットによれば、憲法改正（Verfassungsänderung）、憲法停止（Verfassungssuspension）、憲法廃止（Verfassungsbeseitigen）は、いずれも同一の憲法制定権力（pouvoir constituent, Verfassungsgebende Gewalt）によって制定された憲法律の枠の中で行なわれるかぎり、憲法否定（Verfassungsvernichtung）とは異なる。この憲法制定権力は政治的な権力（politische Gewalt）であるが、それ自身が制定した憲法律に限定（規定）された政治的な権力とは異なり、当該の憲法律を否定（vernichten）することが可能である。とはいえ、超越神ならざるこの憲法制定権力は、やはり否定（Vernichtung）の決断を definitio ex nihilo の形で行なうことはできない。憲法制定権力は、いわば Verfassungsgesetz は否定（vernichten）しえても、Verfassung そのものを否定することはできない。けだし、それは自己否定（Selbstnegation）というよりも、自己破壊（Selbstzerstörung）に他ならないからである。それは、やはり、歴史的・社会的にいつもすでに形成・再生産されている、「意味」と「価値」の体系に制約されているからである。

すでに上で言及したように、自由主義的な憲法論においては、近代的憲法律が備えるべき要件として、異口同音に、第一に「基本権」（人権、市民権）が、第二に統治機構、権力組織としての「権力分立」制度が語られる。たしかに、同じ憲法律の枠の中で権利と義務が、そしてその関係が語られはするが、多くの場合無造作に自己完結的な抽象的・普遍的な個人の天賦人権が前提とされてしまう。そもそも、Recht は法であれ権利であれ、人間の現実的かつ理性的（wirklich und vernünftig）な〈行為〉と〈関係〉に先立って実体としてある事柄ではなく、その〈行為〉とその〈関係〉において（in Wirklichkeit）、そう言いたければ「権利をめぐる闘争（Kampf ums Recht）」を通じて、はじめて成立するのである。

実体化された個人の自由なるものから出発する自由主義には、厳密に言えば「国家」論も「憲法」論も存在しないと言えようが、そこで統治機構の基礎として語られる「権力分立（Gewaltenteilung）」論もまた、原理的矛盾を孕んでいる。Gewaltenteilung とは、もちろん、政治権力ないし主権そのものを分割することではなく、権力機能を機能的に分割することである。こうした実体と機能との区別を無視するならば、何らかの任意団体についてならいざしらず、そもそも国家について語ることさえ無意味である。「政治的統一体（die politische Einheit）」としての広義の「国家」を前提にしなければ、権力諸機関の間の「抑制と均衡（checks and balamces）」という機能メカニズムも永遠に実現しないであろう。たしかに、Demokratie の原理からして、内外の政策に関して共同意思・国家意思を決定するに際して、立法機関（議会）が主要な役割を演じるべきであろう。しかし、討議（Diskurs）は永遠に続けるわけにはいかないし、そもそも、「国家統合」のセンス（der Sinn der Staatsintegration）を有さない代議士たちが特殊的な諸利害の妥協をめぐって意見を戦わせるだけならば、それは時間と国費の無駄であろう。

もちろん、実際には議会（Parlament）における本会議の議論（Diskussion）が形骸化し、各種委員会（Ausschüsse）

の討議〈Diskurs〉が〈私的〉利害の妥協にすぎないものに帰着せざるをえないとしても、議会の討議においては、手続きと時間が許すかぎり、〈公的〉な国家意思が析出されうるような合意〈Konsensus〉の成立が追求されなければならない。しかし、公共性〈Öffentlichkeit, Publizität〉がより高い決定についての判断・解釈の行われる最終審廷〈letzte Instanz〉はどこにあるべきなのか、それは立法機関である議会以外の行政〈執行〉機関、あるいはやはり司法機関、それも憲法裁判所のような特別な機関なのか、これは一概には決められないし、決めるべきでもないであろう。いずれにしても、内政・外交に係わる最終意思決定は、カール・シュミットが主張するように、いずれかの形〈権限〈Zuständigkeit〉〉において下されなければならない。ここでもまた、結局のところ、「国家統合」のセンスが問題となるであろう。

「国家統合」というとき、ドイツでは、歴史的にいつも連邦国家と地方諸国家〈諸邦〉との、中央政府と地方政府との関係がいかにあるべきか、これが課題となってきた。ドイツの場合、歴史的、文化的、宗教的に地方の独立性が強かったからである。まさにそれゆえに、逆にいえばそのことが近代においてナショナリズムが強調された所以でもある。これは、ヨーロッパのいずれの近代的な国民国家〈nation-state〉も抱えている問題であるが、資本制経済システムのグローバル化の波が顕在化させる問題でもある。それでもやはり、それぞれの国民国家は言語、歴史、文化、宗教などの最低限の共通性が基礎にあるかぎり、内在的理由からして、にわかに消滅するとは考えにくい。この点は、アメリカ、ロシア、中国のような、いわば構成主義的な巨大な人工国家とは、事情は異なる。欧州統合、欧州共同体の現実的な可能性は、すくなくとも現在の見通しは楽観しえないであろうし、いかに国際経済グローバル化が喧伝されようと、いかに移民・難民の問題が深刻であろうと、東アジア共同体、さらには世界共和国などの構想の現実性はきわめて低いとしなければならないであろう。それどころか人類共同体の理念の現実化は、逆ユートピアの現出に帰着しかねない。とはいえ、人類統合などが空想にすぎないとしても、人類的な規模での環境問題や資源枯渇は人類的なレヴェルで考えざるをえない喫緊の課題となっており、グローバリズムとナショナリズムが、人類統合と国民国家統合が、あっさりいずれかに帰着させうるような問題ではないことは確かであろう。

7 権力性と規範性の相互限定――有意味性と自己同一性の形象化

スメントにおける、ロラン・ロッタのいう「人倫的制度（sittliche Institutionen）」としての「国家」概念と「憲法」概念の奥行きを、見てきた。ロッタはそれらの概念の奥底に「隠れたる神（deus absconditus）」を見ようとしている。およそ一五〇〇年前、ゲルマン世界は原始キリスト教を受容した。これを濫觴として、以後一〇〇〇年にわたり、西欧精神世界にはキリスト教が浸透しつくす。近世以降のキリスト教世界の合理化、世俗化、没意味化（Rationalisierung, Sekularisierung, Sinnlos werden）の趨勢が極まりながら、これをさらに加速させようとする西欧「近代」世界の涯際においてなお、精神（Geist）の糧を、生きる「意味（Sinn）」を、希求する者が、その源泉を der verborgene Gott とすることに不思議はない。

「意味」は与えられるものというよりも、むしろ、homo loquens たる人間たちの〈活動（行為）（Tat, Handeln）〉、〈関係（交換）（Verhältnis, Austausch）〉、〈制度（Institutionen）〉において、すなわちそこで生成する習俗規範（人倫）性（Sittlichkeit）において、発見されるべきものである。「我と汝」の関係を、功利主義的倫理やこれを退けるカント主義倫理におけるように、単に〈手段と手段〉との関係のみではなく、〈目的と目的〉とのそれにすべく、強制あるいは要請することは、まさに結局のところ自由主義がそうであるように、盲目的な権力主義か、あるいは空虚な形式主義のいずれかに帰着せざるえない。

Recht は、その客観的アスペクトとしての〈法〉としても、その主観的アスペクトとしての〈権利〉としても、所与のものではなく、生成するものである。Recht が Gesetz となる際にも、その Gesetz が妥当性と実効性を有して現実に機能する際にも、homo loquens にして Gemeinwesen たる言語行為の諸主体間の関係において、まさにそれら諸主体の常に intellectus を伴う voluntas に発する〈活動（actio）〉がいつもすでに生成し、そしてここから「意味」と「価値」の体系が析出される。この「意味」と「価値」の体系は、人間の vita activa、自然と人間との関係、そして人間と人間との関係、これらの諸関係が交錯・交差する、いわば諸関係の関係、ここから成立するとすれば、Recht と Gesetz, そして Recht と Macht、これらの関係は、こうした「意味」と「価値」の体系から捉え返されなければならないであろう。

日本語の訳語としての「権利（権理）（Recht）」、「権力（Macht）」という言葉で用いられている「権」という漢字の含意には興味深いところがある。そこには諸種の漢和字典が示すようにハカリ、オモリ、ハカル、カワル、すなわち均衡、標準、代替の含意がある。ここから考えるならば、Recht の主観的アスペクトとしての「権利」は、その客観的アスペクトとしての実定法（das positive Recht）に先立つ、事態（関係態）の均衡（道理としての理性）を前提にして、はじめて成立するのである。「権力」についても同様のことがいえる。Macht, potestas, pouvoir, power は、もともとはいずれも機能的な能力を含意するにすぎない。しかし、これが個体間であれ集団間であれ、人間間の関係（pros allon）において現実に機能しうる「権力」という意味で使われる場合は、単なる物理的力ではなく、すでに関係態の均衡（道理）を前提にしてはじめて成立する「力」の含意が生じているのである。

古代ギリシア語で言われる「本性に応じて自分のことを果たすこと（to heautou kata physin prattein）」としての dikaion も、アリストテレスの配分的正義（dikaion dianomētikon）も、いずれも人間の関係態における「意味」的・「価値」な均衡配分を意味していよう。古代ローマ法においてウルピアーノス（Ulpianos）が定式化した原理の一つ、「各人に各人のものを配分すること（suum quique distribuere）もまた、同じ事態を示唆しているであろう。配分基準は、結局のところその時々の人倫的制度において、すなわち絶えず再生産されている「意味」と「価値」の体系においてad hocに、いわば実存的に確定（決断）されるしかないであろう。例えばマルクスのように、さしあたりその基準を労働時間の多寡とするとしても、やはり労働の質にウェイトをかけるに際しては、「欲求に応じて」などということが結局ユートピアあるいは進歩主義的幻想でしかないかぎり、sense of justiceとしての「意味＝感覚（Sinn）」に照らして判断するしかない。

アリストテレスは、すでに古代のPylēmorphismusの思惟範型において、「不動の動者（to kinoun akinēton）」、「形相—質料、起動—目的（eidōs-hyle, arxē-telos）」の諸要因と、可能態と現実態（dynamis-energeia）に関する存在論を前提にして、人間の徳（aretē）、倫理（ēthika）、正義（dikaiosynē）について語っている。そこではすでに、活動（ergon）、欲求（orexis）、選択（proairesis）、慣習・性向（hexis）、習俗規範（ēthos）、善（目的としての）（agathon telos）の諸概念が提示され、人間個人の自己実現としての徳（aretē）と善（agathon）が論じられている。そこでは正義（dikaion）に関しては、いわば合法性（Legalität）と正当性（Legitimität）が区別された上で、後者が論じられている。

上で触れたように、アリストテレスにおいては全体は部分に対して、国家は個人に対して本性からして〈先なるもの（prosteron）〉とされているが、近代倫理学においては、基本的に実体化された個人の先在性（Priorität）が前提にされて、しかも、功利主義的な快楽主義（utilitaristischer Hedonismus）とカント主義的なリゴリズム（kantianischer Rigorismus）が険しく対立している。これに対してヘーゲルやスメントにおいては、上述したように、国家と個人のいずれもが実体化されることなく、相互限定的な諸関係の総体として捉えられている。

プラトンは、周知のようにその主著と目される対話篇〔『国家』„politeia"——正義について〕において、魂（psychē）と国家（polis）のいわば構成秩序としての類比（analogia）について、主人公のソクラテスをして語らしめている。この内容は、厳密に考えるならば、通俗的に解釈されているような、いわゆる哲人王論といったものではないであろう。提示されている〈理性（logistikon）〉が〈意思（thymoeides）〉を介して〈欲望（epitymētikon）〉を制御（統治）するという構成秩序としての正義のモデルは、カースト制度のように固定した支配関係ではないであろう。これは〈支配〉関係ではなく、いわば〈統治〉関係であり、しかも、この統治・被治の関係は、いわばフィードバック（Rückkopplung）の関係と解釈されうるであろう。ここには、国家（polis）における構成秩序が個人の魂（psychē）における構成秩序に投影される形で、後者を制約すると同時に、後者のそれは前者をまた制約するというような、二重の意味での Reflexionsbestimmmung が、見出されるからである。

同じことの繰り返しになるが、人間存在が homo loquens かつ Gemeinwesen であるかぎり、Recht は Macht を欠けば、妥当性と実効性を有する形で機能しえないし、逆に、Macht もまた、Recht を欠けば、すくなくとも長期的には機能しえない。上で触れたように、人間の理論理性の限界を見極めてその能力を吟味・検討（批判）しようとしたカントが、そのいわゆる「第一批判」の叙述のはじめに提示した定式は、人口に膾炙している。

「経験を欠く理論は空虚であり、理論を欠く経験は盲目である（Theorie ohne Empirie ist leer. Empirie ohne Theorie ist blind）」。

ここでは、再びこの顰《ひそみ》にならい、次のように言ってみたい。

「権力を欠く法は空虚であり、法を欠く権力は盲目である（Recht ohne Macht ist leer. Macht ohne Recht ist blind）」。

もちろんすでに繰り返し述べたように、問題はこの Macht と Recht の相互限定の関係はいかにして可能かということである。ヘーゲルやスメントの思惟（Denken）の特徴は、この問題を二分法、二元論に留めることなく、両者の結節環を、言語能力を有する共同存在である人間の「活動」とその「関係」と「制度」において、すなわち人間の「精神的な生活活動（das geistige Leben）」において成立する「意味」と「価値」の体系に求めようとする、という点にある。ここで「精神」や「意味」という言葉を使っても、そのことは単なる「観念論（Idealismus）」を意味しない。なぜなら、「意味（Sinn）」や「価値（Wert）」はまさしく人間と自然との間の〈交換〉関係、人間の社会的・歴史的な〈物質代謝過程（Prozesse des Soffwechsels zwischen Mensch und Natur）〉から生まれるからである。

スメントは、個人と国家、憲法と国家、いずれが先なるもの（prosteron）かなどということは問わない。スメントの「統合論（Integrationslehre）」は、「脱統合（Desintegration）」としての「近代（die Moderne）」という時代診断（Zeitdiagnose）から出発して、この「脱統合」の「再統合（Reintegration）」、「システム統合」と「社会統合」との「統合」を再獲得（rückgewinnen）することを、一貫して志向していたように思われる。

＊

訳者は公法学、憲法学、教会法についてはまったくの門外漢であり、ドイツ近代政治史についても、専門家には程遠い素人である。その訳者がルドルフ・スメントの主著の翻訳を無謀にもあえてすることになったのには、いくつかの理由がある。

第一には、ヘーゲリアンの端くれと勝手に自認している訳者が、スメントの立論が難解・晦渋にもかかわらず、これに親近感を覚えたからである。訳者には、かれこれ半世紀近く前に、数年にわたって、三浦和男先生に、ヘーゲルのテクスト（スメントより、むしろより難解・晦渋と思われる、『精神現象学』）を、きわめて厳しく、かつ親身に、演習として講読していただいたという、いまから思い返せば得難い経験がある。以来、呉下の旧阿蒙のまま、訳者のヘーゲル理解はさっぱり深まっていないが、このことがあったからこそ、発想にヘーゲルと親近性があると思われたスメントに、関心が向いたのであろう。

第二に、ヘルマン・ヘラー研究の第一人者である安世舟先生からは職場でお世話になったばかりでなく、ドイツ国家学やドイツ政治史について親しくご教示いただいた。こちらの知識についても一向に深められないままであるが、有難いことに、その後も安先生にはずっとご教授・ご支援をいただいている。今回の訳書に関しても、いろいろ懇切な援助をいただいた。スメントのテクストのコピーも、安先生から譲っていただいたものを使った。こうしたご支援がなければ、そもそも訳者がスメントに取り組むこともなかったであろう。

今回のスメントのテクストの翻訳書の出版に際して、スメント的思惟とヘーゲル的なそれとの関連に関するロラン・ロッタの研究論文の訳文を付すことを考えたのであるが、それが出版助成との関係で許されないとのことであったので、その代わりに、ロッタの論旨を踏まえたうえで少し長めの訳者の「解題にかえて」を付した（Vgl. *Die Integration des modernen Staates — Zur Aktualität der Integrationslehre von Rudolf Smend*, Hrsg. von Roland Lhotta, 2005: Rudolf Smends Integrationslehre und die institutionelle Rückgewinnung des Politischen im modernen Staats des permanenten Übergangs, S. 37-68, Ethischer Institutionalismus und sittliche Pflicht zur Integration: Der Schatten Hegels in der Integrationslehre, S. 91-112：この二論文の訳文は、二〇一七年度の学部紀要『大東法学』に掲載予定である）。

というわけで今回もまた、浅学菲才の訳者の仕事にはさなきだに無数の誤解や誤訳があるに違いない。専門家の方々のご叱正をいただければ幸甚である。いつもながら風行社の犬塚満さん、伊勢戸まゆみさんには、いろいろご配慮をいただいた。今回も大東文化大学から、特別研究費（研究成果刊行助成金）として出版助成を受けた。ここで、援助をいただいた皆様にこころから感謝を申し上げたい。

二〇一七年　神無月　　永井健晴

リシュリュー（Armand Jean du Plessis de Richelieu） 96
リット（Theodor Litt） 2, 21, 84
ルソー（Jean-Jacques Rousseau） 100, 101
ルナン（Joseph Ernest Renan） 31
レーヴェンシュタイン（Karl Loewenstein） 88
レズロブ（Robert Redslob） 110, 125
レートリヒ（Joseph Redlich） 228
ロック（John Locke） 101

Salisbury)　71
ソレル(Georges Sorel)　62

■タ行

ディルタイ(Wilhelm Dilthey)　2, 36
テル(Wilhelm [William] Tell)　44
テンニエス(Ferdinand Tönnies)　36, 86, 88
トーマ(Richard Thoma)　54-56, 166, 225, 226
トマージウス(Christian Thomasius)　101
トリーペル(Heinrich Triepel)　175, 228
トレルチ(Ernst Troeltsch)　8

■ナ行

ニーチェ（Friedrich W. Nietzsche)　52, 186
ニュートン(Isaac Newton)　125

■ハ行

ハイデガー（Martin Heidegger)　2
ビスマルク(Otto von Bismarck)　97, 179-185, 188, 192
ビスマルク(Herbert Bismarck)　71
ビューヒャー（Karl Bücher)　51
ビルフィンガー（Carl Bilfinger)　87, 173, 174, 176, 186, 193, 244
ヒンデンブルク(Paul von Hindenburg)　206
フィアカント(Alfred Vierkandt)　23, 61
フィヒテ(Johann Gottlieb Fichte)　102
フォン・ヴィーゼ(Leopold von Wiese)　23
フッサール(Edmund Husserl)　2
プーフェンドルフ(Samuel von Pufendorf)　101
ブリンクマン(Carl Brinkmann)　105
プロイス(Hugo Preuß)　40
ヘーゲル(Georg Wilhelm Friedrich Hegel)　2, 102, 145, 156
ヘッケル(Johannes. Heckel)　228
ヘネル(Arbert Haenel)　137, 174, 190, 194, 223
ヘラー（Hermann Heller)　105, 106
ヘルパッハ(Willy Hellpach)　51, 203
ヘルファールト(Heinrich Herrfahrdt)　215
ヘンゼル(Albert Hensel)　228
ホッブズ(Thomas Hobbes)　101

■マ行

マイネッケ(Friedrich Meinecke)　7, 8, 97
マキァヴェッリ(Niccolò Machiavell)　143
マディソン(James Madison, Jr.)　248
マン(Thomas Mann)　44
メッテルニヒ(Klemens von Metternich)　157
モンテスキュー（Charles-Louis de Montesquieu)　125, 143, 161

■ラ行

ライプニッツ(Gottfried Wilhelm Leibniz)　101
ラガルド(Paul de Lagarde)　186
ラサール(Ferdinand Lassalle)　110
ラーバント(Paul Laband)　101, 173, 190, 191, 248, 250

〔人名索引〕
(本文中にある人名)

■ア行

アドラー (Max Adler) 89, 90
アリストテレス (Aristoteles) 99, 143, 165
アルトジウス (Johannes Althusius) 101
イェリネク (Georg Jellinek) 6, 8, 10, 11, 104, 111, 123, 131
ヴィーザー (Friedrich von Wieser) 51, 61, 105
ヴィーゼ (Leopold v. Wiesse) 23
ヴィットマイヤー (Leo Wittmayer) 162
ヴィルヘルム二世 (Wilhelm II) 42, 45
ヴィンケルリート (Arnold von Winkelried) 44
ヴェーバー (Max Weber) 7, 8, 22, 36, 46, 48, 53, 56, 57, 101, 104, 105, 126, 165, 170
ヴォルツェンドルフ (Kurt Wolzendorff) 101
ヴォルフ (Christian Wolff) 101
ヴント (Wilhelm Wundt) 140
エーベルト (Friedrich Ebert) 215, 250
エールリヒ (Eugen Ehrlich) 146, 147
エンゲルス (Friedrich Engels) 88
オーリウ (Maurice Hauriou) 100, 103

■カ行

カウフマン (Ehrich Kaufmann) 110, 137, 157, 208, 209, 231
カフタン (Julius Kaftan) 255
カント (Immanuel Kant) 101, 168, 192, 206
キエレン (Rudolf Kjellén) 74
ギールケ (Otto von Gierke) 10, 11, 192, 193
グラオ (Richard Grau) 154
グルム (Friedrich Glum) 217, 218
グロティウス (Hugo Grotius) 101
ケルゼン (Hans Kelsen) 6-8, 10, 11, 23, 24, 31, 49, 131, 134, 151, 223
ゴルトシュミット (James Goldschmidt) 122
コント (Auguste Comte) 36

■サ行

ザイデル (Max von Seydel) 190, 248
シュタール (Friedrich Julius Stahl) 102, 150
シュトゥッツ (Ulrich Stutz) 254
シュミット (Carl Schmitt) 54-56, 89, 90, 99, 105, 106, 123, 151, 154-157, 160, 197, 209, 214, 230
シュライエルマッハー (Friedrich Schleiermacher) 102
シュレーゲル (Friedrich Schlegel) 21
シュレーツァー (August Ludwig von Schlözer) 45
ジンメル (Georg Simmel) 23, 36
スペンサー (Herbert Spencer) 36
ソールズベリー (Robert Arthur

【訳者紹介】

永 井 健 晴（ながい たけはる）

現在、大東文化大学法学部政治学科教授、フランクフルト大学哲学博士。

主な著訳書

Natur und Geschichte — Die Sozialphilosophie Max Horkheimers（Dissertation, Goethe — Univ. Frankfurt a.M., 1982）、ヘーゲル『法権利の哲学』（共訳、1991年、未知谷）、L. ゴルドマン『啓蒙精神と弁証法的批判』（2000年、文化書房博文社）、C. ソーンヒル『現代ドイツの政治思想家』（共訳、2004年、岩波書店）、R. マオラー『プラトンの政治哲学』（2005年、風行社）、『プラトン政治哲学批判序説——人間と政治』（2008年、風行社）、『社会哲学のアクチュアリティ』（共著、2009年、未知谷）、M. B. フォスター『プラトンとヘーゲルの政治哲学』（2010年、風行社）、C. ソーンヒル『ドイツ政治哲学——法の形而上学』（共訳2012年、風行社）、H. ヘラー『ヘーゲルと国民的権力国家思想』（2013年、風行社）、『シュミットとハーバーマスにおける議会主義批判』（2015年、風行社）、学術論文に、「ハーバーマスの政治理論」（2002年、日本政治学会年報、岩波書店）など。

憲法体制と実定憲法——秩序と統合

2017年11月25日　初版第1刷発行

著　者　ルドルフ・スメント

訳　者　永　井　健　晴

発行者　犬　塚　　満

発行所　株式会社 風 行 社

〒101-0052 東京都千代田区神田小川町3－26－20

Tel. & Fax. 03-6672-4001

振替 00190-1-537252

印刷・製本　中央精版印刷株式会社

　ISBN978-4-86258-115-0